南开现代项目管理系列教材

项目质量管理

（第2版）

主　编　李金海
副主编　侯海东

南开大学出版社
天　津

图书在版编目(CIP)数据

项目质量管理 / 李金海主编. —2 版. —天津：南开大学出版社，2014.2

(南开现代项目管理系列教材)

ISBN 978-7-310-04343-9

Ⅰ.①项… Ⅱ.①李… Ⅲ.①项目管理—质量管理—高等学校—教材 Ⅳ.①F273.2

中国版本图书馆 CIP 数据核字(2013)第 250915 号

南开大学出版社出版发行

出版人:孙克强

地址:天津市南开区卫津路 94 号 邮政编码:300071

营销部电话:(022)23508339 23500755

营销部传真:(022)23508542 邮购部电话:(022)23502200

*

天津午阳印刷有限公司印刷

全国各地新华书店经销

*

2014 年 2 月第 2 版 2014 年 2 月第 3 次印刷

230×170 毫米 16 开本 21.75 印张 2 插页 400 千字

定价:37.00 元

如遇图书印装质量问题,请与本社营销部联系调换,电话:(022)23507125

《南开现代项目管理系列教材》编委会名单

总 序

随着全世界的经济逐步向知识经济迈进,创造和运用知识开展创新活动成了全社会人们创造财富和福利的主要手段。由于任何企业或个人的创新活动都具有一次性、独特性和不确定性等现代项目的特性,因此人们的各种创新活动都需要按照项目的模式去完成。任何项目都需要使用现代项目管理的方法去进行有效的管理和控制,因此现代项目管理成了近年来管理学科发展最快的领域之一。近年来甚至有人提出现代管理科学可以分成两大领域,其一是对于周而复始的日常运营的管理(Routine Management),其二是对于一次性和独特性任务的项目管理(Project Management)。因为实际上人类社会的生产活动就有这两种基本模式,而且至今人类创造的任何成就和物质与文明财富都始于项目,都是先有项目后有日常运营。只是过去人们从事项目的时间很短而从事日常运营的时间很长,然而在信息社会和知识经济中人们从事项目的时间变长,所以现代项目管理就获得了长足的发展。

现代项目管理实际上始于20世纪80年代,最重要的标志是1984年以美洲为主的项目管理协会(PMI)推出了现代项目管理知识体系(PMBOK)的草案,随后在1996年他们推出了PMBOK的正式版本,国际标准化组织于1997年推出了相应的ISO10006标准。最近十年是现代项目管理发展最快的时期,这主要表现在两个方面。其一是现代项目管理的学术发展十分迅速,不断形成了自己独立的学科,而且学科知识体系建设得到飞速发展,全球数百家大学已经设立了相关系科或研究院所。20世纪80年代以来,管理学界许多新的学术领域的发展都是与现代项目管理有关的,"虚拟组织"、"学习型组织"、"项目导向型组织与社会"都属于此列。其二是现代项目管理的协会和资质认证大发展,全球不但有以美洲为主的项目管理协会(PMI),还有以欧洲为主的国际项目管理协会(IPMA),各国的项目管理协会也相继成立。他们一方面不断组织自己的会员开展现代项目管理的研究,而且分别推出了自己的项目管理知识体系。另一方面,他们在现代项目管理职业教育方面推出了大量的课程和资质认证,这方面既有PMI的项目管理专业人员资质认证(PMP),也有IPMA的国际项目管理人员资质认证(IPMP)。这些对于推动现代项目管理的发展起到了巨大的作用,从而使得现代项目管理成了近年来发展最快的管理学科专业领域之一。

我国的现代项目管理学科发展最早始于20世纪最后几年，国内最早的现代项目管理译著应该是由南开大学张金成教授于1999年翻译出版的《成功的项目管理》。随后PMI和国家外专局的培训中心以及南开大学商学院于1999年夏天共同在南开大学举办了国内首次引进PMI现代项目管理知识体系(PMBOK)和项目管理专业认证(PMP)的新闻发布会。紧接着在2001年春节南开大学戚安邦教授等受国家外专局委托主持了在中央电视台播出的“现代项目管理”讲座，并且以PMBOK的1996年版为蓝本出版了国内最早的《现代项目管理》一书，该书成为国内PMP认证的指定教材。接下来IPMA也在中国开展他们的IPMP认证和推广工作，而且随着这些推广工作的开展，国内现代项目管理教育和培训的热潮空前高涨和迅猛发展。到了2004年国务院学位办和国家教育部全面认识到了中国信息社会与知识经济发展的需要，从而在充分论证的基础上专门开设了(现代)项目管理工程硕士的专业学位教育，并且当年首次就授权72家高校开办这一专业硕士学位的教育，到2005年经国务院学位办和教育部批准的项目管理工程硕士教育主办单位就已经超过了MBA专业学位教育经过15年批准的主办单位的总数。现代项目管理教育的这种快速发展充分说明，在当今信息社会和知识经济中现代项目管理是最为重要和发展最为迅速的管理学专业领域之一。

南开大学是国内最早开展现代项目管理研究和教育的著名高校之一，由此而形成了一个非常强大的研究创新群体和现代项目管理师资队伍。他们不但完成了许多国家和企业委托的科学研究和应用研究的课题，而且由南开大学出版社组织出版了一系列的现代项目管理专著、译著和教科书。最早他们于2001年就出版了《21世纪工程造价管理前沿丛书》一套8本专著；2003年他们出版的《项目管理学》(戚安邦主编)获得了“天津市社科成果奖”并且是天津市精品课教材(也是天津市2005年推荐申报国家精品课的教材)；2004年他们又出版了《南开·现代卓越项目管理普及丛书》一套4本；2005年他们出版了《南开现代项目管理译丛》一套6本，全面介绍了国际上最新的现代项目管理研究成果，为此国际项目管理协会前主席，现任《国际项目管理杂志》(*International Journal of Project Management*)主编的J. R. Turner教授还专门为他们作了英文序言。本次出版的《南开现代项目管理系列教材》已经是我们第四次出版现代项目管理的系列丛书了，由此可见南开大学和南开大学出版社在现代项目管理的研究和出版事务中具有深厚的积累和很强的实力。因此我们对于本套系列教材的质量和成功都信心十足，因为这是我们多年在现代项目管理领域的研究和教学的积累成果的体现。

南开现代项目管理系列教材

国际项目管理协会主席主编并亲自编写多部著作
亚洲最优秀项目管理教育团队倾力奉献

本套《南开现代项目管理系列教材》主要是面向现代项目管理工程硕士和现代项目管理本科专业以及现代项目管理高自考本科段教学的，所以它包括三个层面的教材。第一个层面的是现代项目管理的基础课教材，如《项目管理学》、《项目评估学》、《项目设计与计划》、《项目仿真模拟》和《项目管理法律法规及国际惯例》等。第二个层面的是现代项目管理的专业基础课教材，如《项目成本管理》、《项目时间管理》、《项目质量管理》、《项目采购管理》、《项目风险管理》和《项目沟通管理》等。第三个层面的是现代项目管理的专业课教材，如《建设项目管理》、《IT项目管理》、《研发项目管理》和《金融项目管理》等。本套现代项目管理教材的知识体系框架是按照PMI最新发布的PMBOK2004版组织的，所以本系列教材是与国际上现代项目管理的最新发展同步的。另外，本系列教材的最大特色是整个系列教材中的基础课和专业基础课都是面向一般项目管理的，即都是针对各种一次性和独特性任务的现代项目管理的，而不是传统以工程项目管理为核心内容的，所以本系列教材具有很强的普遍适用性。

当然，由于编者自身的水平所限和编写时间紧迫，所以本套系列教材难免会存在某些不足之处。我们真诚地希望广大读者和使用本系列教材的教师与学生，能够诚恳地指出我们的不足和失误之处。我们会在随后的出版工作中予以纠正，因为本系列教材将不断修订和推出最新的版本，以供广大的现代项目管理工作者使用。我们认为，现代项目管理的学科建设和教育发展是我们中华民族在走向信息社会和知识经济中必须倚重的一个专门的学问，开拓和发展现代项目管理事业既是我们大家的神圣职责，也是为我们伟大祖国贡献聪明才智的最好机遇。因为这是一个我国未来十分需要，而现在又相对较新和发展迅速的领域。我们希望能够与本领域的所有人共同合作，去做好这一份伟大的事业。

《南开现代项目管理系列教材》编委会

目录

1

第一章　项目质量管理概述

本章导读

项目质量是项目组织所追求的三大目标(质量、成本、工期)之一,是组织取得成功的关键;项目质量管理是在项目质量方针的指导下,运用质量管理工具与方法进行项目质量策划、项目质量控制、项目质量保证和项目质量改进,以最大限度地满足顾客的需求和期望的过程。它是项目管理的重要内容。本章阐述的主要内容包括:质量与项目质量,项目范围与项目质量的关系,项目质量管理有关的重要术语,全面项目质量管理,项目质量管理的基础工作。

第一节　质量与项目质量

项目作为一次性的活动来看,项目质量是由项目可交付物的质量和项目工作分解结构反映出的项目工作范围内所有各阶段、子项目、项目工作单元的质量所构成。项目可交付物作为一种产品,具有一般产品所共有的质量特性,同样可以用功能性指标、可靠性指标、安全性指标、适应性指标、经济性指标、时间性指标来衡量项目质量的好坏。当然,项目质量和产品质量相比,有其特定的内涵。

一、质量的概念

质量是指产品、工作或工程的优劣。[①] 质量作为专业术语,随着科学技术的发展和人们认识水平的提高,其内涵在不断地扩展与完善。质量(Quality)术语的这一演进过程在国际标准化组织

① 辞海.上海辞书出版社,1979:270

所给出的定义中得到充分的展示。

在 ISO8402:1986 标准中,质量的定义是“产品或服务满足规定和潜在需要的特征和特性的总和”,质量所涉及的范围仅仅包括产品和服务。

据 ISO8402:1994 标准,质量的定义是“反映实体满足用户明确的和隐含的需求能力的特性总和”。定义中的实体可以是某产品(硬件产品或软件产品)、某项活动(例如服务)或过程,或是项目的可交付物,或它们的任何组合。实体的概念十分广泛,因此质量就不再局限于产品和服务,而扩展至更广阔的领域。

在 ISO9000:2000《质量管理体系 基础和术语》和 GB/T19000—2000 标准中,质量的定义是“实体的一组固有特性满足要求的程度”。这一定义可以从以下几方面加以理解。

其一,“固有特性”是指实体本来就有的,是产品、过程、项目或体系的一部分。特性是指可区分的特征,当然特性可以是固有的或赋予的,可以是定性的或定量的,可以是物理特性、感官特性、功能特性等。

其二,“要求”是指“明示的、隐含的或必须履行的需求或期望”。“明示的”要求一般以书面形式确定或顾客明确指出的,如:合同、规范、标准、技术、文件、图纸中明确规定的;而“隐含的”要求通常是组织、顾客、其他相关方的惯例和一般做法,包括习惯、常识或不言而喻的要求和期望;“必须履行”的是指法律、法规等所规定的。对质量的要求除考虑满足顾客的需要外,还应考虑相关利益主体和社会的利益等多种需求,如《中华人民共和国节约能源法》、《中华人民共和国环境保护法》、《中华人民共和国大气污染防治法》等外部的强制性要求。

其三,质量不仅是指产品质量,也可以是某项活动、过程或项目的工作质量、工程质量,还可以是质量管理体系运行的质量。

其四,质量具有动态性和相对性。所谓动态性是指同一个人、群体或组织对质量要求是随着技术的发展、生活水平的提高和所处的境况的变化而变化;所谓相对性是指在特定的时点上,不同国家、不同区域因环境条件的不同、技术发达的程度不同、消费水平不同和风俗习惯等不同,会导致质量要求不同。

其五,质量所反映的是“满足要求的程度”,而不是反映为“特性总和”,因为特性是固有的,满足要求的程度是动态的,并且是基于顾客的,这样才能真正反映质量的内涵。

二、质量特性

质量特性是指实体所特有的、反映顾客要求的定量或定性的描述。通常用质量特征值和质量特性描述语言来反映实体满足需要的能力。质量特征值按质量指标特性不同可分为计数值和计量值两大类。

一般意义上的产品质量特性可归纳为六个方面的指标：其一，功能性指标，它反映顾客要求对产品所规定的功能；其二，可靠性指标，是指实体在规定的条件下和规定的时间内，完成规定的功能不出现故障的可能性；其三，安全性指标，它反映了把伤害或损害的风险限制在可接受水平上；其四，适应性指标，它反映了实体适应外界环境变化的能力；其五，经济性指标，用于反映实体在整个寿命周期内的费用；其六，时间性指标，用于反映实体在规定时间内满足顾客对产品交货期和数量要求的能力。

三、项目质量

1.项目的定义及其特点

项目作为人类的实践活动与人类历史同步，可以追溯到人类的远古时代。但是项目管理作为一种系统的管理理论和技术形成于 20 世纪五六十年代美国国防部实施的国防项目。项目管理的技术和实践的发展在很大程度上归功于军工部门，因为当时这类部门所面临的一系列重大任务，都无法简单地由传统的组织按照传统的方法运作完成。如美国的"曼哈顿计划"(Manhattan Project)、美国海军的"北极星计划"(Polaris Program)、美国国家航空和宇宙航行局(NASA)的"阿波罗太空计划"(Apollo Space Program)等大型项目，运用了项目计划评审技术、关键路径法、矩阵型组织结构、工作分解结构、挣值管理技术等，取得了前所未有的成效。经过半个多世纪的发展，项目管理已经形成了一套完整的理论知识体系，用于各行各业。《国际项目管理杂志》的编辑罗德尼·特纳预言："进入 21 世纪，基于项目的管理将会扫荡传统的职能式管理。"①

项目管理理论与技术的发展需要业界同仁的不断探索、总结、升华和推广。为此，国际项目管理理论和技术协会(IPMA)和美国项目管理协会(PMI)分别于 1965 年和 1969 年正式成立。其宗旨为促进项目管理理论和技术发展。IPMA 和各个国家项目管理组织的分工是：本国项目管理负责实现项目管理本地化的特定需求，而 IPMA 则负责协调国际间具有共性的项目管理的需求问题。IPMA 还提供范围更广的产品和服务，包括研究和发展、培训和教育、标准和认证，以及举行各种研讨会等。

1977 年，PMI 首先出版了第一部《项目管理知识体系》(BOK)，但是直到 20 世纪 80 年代中期 PMI 的《项目管理知识体系》(PMBOK Guide)才成为行业标准和评定准则。1983 年加利福尼亚大学正式授予项目管理硕士学位。1984 年

① Jeffrey K. Pinto and Om P. Kharbanda, "Lessons for an Accidental Profession," *Business Horizons*, Vol. 38, No. 2, 1995: 36

第一个项目管理职业认证开始确立。PMI的PMBOK Guide在80年代至90年代有过多次修改，目前有1996年和2000年两个版本，国际标准化组织以1996年版的PMBOK为框架，制定了ISO10006关于项目管理的标准。

1)项目定义

项目管理协会的定义为："为创造独特的产品或服务而开展的一次性工作。"①中国项目管理资深专家戚安邦教授给出的定义是：项目是一个组织为实现自己既定的目标，在一定的时间、人员和资源约束条件下，所开展的一种具有一定独特性的一次性工作。②

"项目"，作为一个广义概念，从空间范围说，在人类社会中它无所不在，可以说项目与世界各国、各行各业、每家每人都有密切关系。从时间范围说，自有人类社会起，项目又无时不在，总是有许许多多项目在开始、在进展、在完成，又诞生新的项目。关于"项目"，目前还没有公认的统一定义，不同机构、不同专业从自己的认识出发，对项目定义有不同的表达。见表1-1。

表1-1 基于不同角度的项目表述

投资角度	联合国工发组织《工业项目评估手册》	一个项目是对一项投资的一个提案，用来创建、扩建或发展某些工厂企业，以便在一定周期时间内增加货物的生产或社会的服务
	世界银行	所谓项目，一般是指同一性质的投资，或同一部门内一系列有关或相同的投资，或不同部门内的一系列投资
建设角度	我国建筑业	"建设项目"：在批准的总体设计范围内进行施工，经济上实行统一核算，行政上有独立组织形式，实行统一管理的建设工程
综合角度	《现代项目管理学》	项目是在一定时间内为了达到特定目标而调集到一起的资源组合，是为了取得特定的成果开展的一系列相关活动。即，项目是特定目标下的一组任务或活动
	美国《项目管理概览》	项目是为创立一种专门性的产品或服务而做出的一种短期努力。要在一定时间里，在预算范围内，须达到预定质量水平的一项一次性任务

综合上述各种定义，考虑到项目的一些特征，将项目定义如下：项目是完成某些特定要求的一次性任务，是在一定的组织机构内，在限定的资源条件下，在计划的时间里，按满足一定性能、质量与数量的要求去完成的一次性任务。项目是一种复杂的、非常规的、一次性的工作，受时间、预算、资源和满足客户需求的

① Project Management Institute, *A Guide To The Project Management Body Of Knowledge* (PMBOK), PMI, 2000

② 戚安邦著. 项目管理学. 南开大学出版社, 2003:12

性能规格的限制。

但是实际上各种对项目的不同定义都是从不同的角度去描述项目所具有的基本特性，所以，可以通过给出项目的特性来对项目作进一步的界定。

2)项目特性

项目有许多特征，综合各方面的见解，具有关键意义的特征有以下几点。

(1)项目的目的性。任何一个项目都是为实现组织的某些既定目标服务的，这些目标可以是经济的、技术的或者是竞争方面的等等[①]。项目的发起、实施、交付、运营、终止各个环节涉及不同的利益相关主体，各利益主体有各自的目的性。

(2)项目的独特性(新颖性)。项目的独特性是指每个项目的内涵是唯一的或者说是专门的。即任何一个项目之所以能成为项目，是由于它有区别于其他任务的特殊要求。

(3)项目的阶段性(或生命周期特征)。像有机体一样，项目也有自己的生命周期。它们的开始阶段比较缓慢，逐渐成长到一定的规模，即达到巅峰，此后开始下滑，最终必然走向终结。不同项目的寿命周期阶段划分不尽一致。

(4)项目的不确定性。项目具有的独特性导致项目的不确定性远远高于日常运营，同时带来高风险。正是由于项目具有较大的不确定性，充分体现提高项目质量的预见性和加强项目质量过程控制的重要性。

(5)其他特性。由于上述特性的存在还使项目衍生了一些其他的特性。例如，项目不确定性引发出项目的风险性、项目的独特性和阶段性引发出项目实施的渐进性等等。

正是项目所具有的这些基本特性，使得人们更加注重在项目范围界定、项目质量策划、项目质量保证、项目质量控制和项目质量改进中对项目进行深入地分析和研究。

2.项目质量

项目活动是应业主的要求进行的。不同的业主有着不同的质量要求，其意图已反映在项目合同中。因此，项目质量除必须符合有关标准和法规外，还必须满足项目合同条款的要求，项目合同是进行项目质量管理的主要依据之一。为此，项目质量与一般质量的概念并无本质的区别。项目质量就是项目的固有特性满足项目相关利益主体(干系人)要求的程度。加强项目管理，提高项目质量，目的是协调各方利益，以便提高各方对项目的满意度。对项目质量的要求来源于项目的各相关方，项目满足各方要求的程度反映出项目质量的好坏。

项目可交付物作为一种产品，具有一般产品所共有的质量特性，同样可以用

---

① 戚安邦著.项目论证与评估.机械工业出版社，2004:3

功能性指标、可靠性指标、安全性指标、适应性指标、经济性指标、时间性指标来衡量项目质量的好坏。当然,项目质量和产品质量相比,有它特定的内涵。以工程项目为例,如:

功能性指标是指工程项目满足使用目的的各种性能。包括:物理性能,如规格尺寸、保温、隔热、隔音等性能;耐酸、耐碱、耐腐蚀、防火、防尘等化学性能;结构性能,如结构的强度、刚度和稳定性;使用性能,如厂房应能满足生产活动的需要,道路、桥梁、铁路、航道等应能通达便捷等;外观性能,如建筑物的造型、布置、室内装饰效果、色彩等的美观大方和协调等。

可靠性指标是指工程项目在规定的时间和规定的条件下完成规定功能可能性。工程项目不仅在交付使用时应达到规定的指标,而且在一定的使用时期内应保持应有的正常功能。如工程项目的防水、抗震能力;化工、炼油项目的防"跑、冒、滴、漏"的能力等,均属于可靠性指标需要衡量的范围。

安全性指标用于反映工程项目实施过程中和建成后运营过程中保证结构安全、保证人身和环境免受危害的程度的要求。

适应性指标反映工程项目与其周围的生态环境相协调,与所在地区经济环境相协调,与周围已建工程相协调,以适应外部环境变化的需要。

经济性指标是指工程项目从规划、设计、施工、运营到项目报废处理的全寿命周期内的成本和消耗的费用尽可能满足项目各干系人在经济性方面的要求。工程项目的经济性具体表现为设计成本、施工成本、运行成本、报废处置成本之和。所以,判断工程项目的经济性必须从项目的全寿命周期考虑,而不能仅考虑项目的某一阶段所需要的费用。

时间性指标用于反映工程项目在规定时间内完成项目各阶段任务和要求能够满足项目相关方的进度要求和寿命周期要求。

第二节 项目范围与项目质量的关系

项目范围涉及两方面内容:产品范围界定——产品范围的特征和功能包含在产品或服务中;工作范围界定——项目工作的完成为的是能交付一个有特殊的特征和功能的产品。项目范围的界定与核实既是实现项目质量的前提,又是确认项目质量好坏的基准。本节重点阐述项目范围的概念、项目范围管理的内容,以及项目范围与项目质量之间的密切关系。

一、项目范围的概念

项目是为完成产品或服务所做的一次性努力。范围的概念包含两方面:一个是产品范围，即产品或服务所包含的特征或功能；另一个是项目工作范围，即为交付具有规定特征和功能的产品或服务所必须完成的工作。在确定范围时首先要确定最终产生的是什么，它具有哪些可清晰界定的特性。要注意的是特性必须要清晰，以认可和共识的形式表达出来，比如文字、图表或某种标准，能被项目参与人理解，绝不能含含糊糊、模棱两可，在此基础之上才能进一步明确需要做什么工作，才能产生所需要的产品。也就是说，产品范围决定项目工作范围。

产品范围的核实是对照产品要求来进行的，而项目工作范围的核实是对照项目计划来进行的。项目实施过程中对项目范围的进一步的分解，通常采用工作分解结构——WBS技术，是现代项目范围管理中的一项关键内容。通过对项目目标和工作内容的分解，WBS可以帮助你更加明确项目的具体工作内容，从而有效地计划和控制项目进程，以保证项目的可交付物最终满足用户的要求。

恰当且明确的范围界定是项目成功的开始。如果项目的范围界定不明确，在项目实施过程中，变更就会不可避免地出现，而变更的出现通常会破坏项目的节奏及进程，造成返工、延长项目工期、浪费资源、降低项目工作人员的生产效率和士气等，或造成项目最后的成本大大超出预算等后果，甚至产生合同纠纷。

二、项目范围管理

根据美国项目管理协会（PMI）项目管理知识体系中的定义，项目范围管理是指对于项目产出物范围和工作范围的全面识别、确认和控制的管理工作。

作为项目的产出物范围，既包括项目产出的产品或服务的主体部分，也包括项目产出的产品或服务的辅助部分，彼此之间既相互独立又相互关联，因此在项目范围管理中必须将它们作为一个整体去管理。所以，项目范围管理的内容既包括对于项目产出物主体部分工作范围的管理，也包括对于项目产出物辅助部分工作范围的管理。

1. 项目范围管理的主要工作

按照美国项目管理协会（PMI）项目管理知识体系中的说法，项目范围管理的主要工作内容包括如下几个方面。

1)项目的起始工作

项目起始工作就是项目决策方面的工作，它是指项目业主/客户自己或向某个组织内部的项目团队或者是组织外部的项目实施组织所开展的对于一个新项目的筹备工作、分析与决策是否开始一个项目或者项目阶段的工作。项目起始工作的主要内容包括：拟定项目或项目阶段的各种文件和说明书，分析和决策项目或项目阶段是否应该开展或继续下去等方面的工作。

2)界定项目的范围

界定项目范围是指根据项目目标和要求,全面识别和界定一个项目的产出物和项目工作的管理任务。通过项目范围界定,可以将一个项目的产出物和项目工作任务的范围予以明确,并将一个项目的产出物和项目工作进一步细分为更为具体和更加便于管理的部分和具体任务。

3)确认项目的范围

确认项目范围是指由项目的业主/客户或者其他项目相关利益主体等决策者确认并接受在项目界定过程中确定的项目范围,从而最终确认项目范围以及确认项目范围相关文件的管理工作。通过项目范围的确认可以使项目的产出物和工作范围获得正式的认定。

4)编制项目范围计划

编制项目范围计划是指由项目组织编写和制定一个书面的关于项目范围描述的文件。一个项目的范围计划文件规定了项目的产出物的范围、项目工作的范围以及项目范围所规定工作的计划和安排,它是未来项目各阶段决策的基础和依据。

5)项目范围变更的控制

项目范围变更控制是指对于那些由项目业主/客户、项目组织或团队等项目相关利益者提出并确认后的项目范围在进行变更时所做的各种控制与管理工作。这是一项贯穿于整个项目实施全过程的项目范围管理活动。

这些项目范围管理工作对整个项目的管理有着决定性的作用和影响。一般情况下,在项目的不同阶段都需要开展项目范围管理工作。

2.项目范围管理的作用

项目范围管理的作用主要体现在两个方面:其一,为项目实施提供范围框架。通过开展项目范围管理,可以在项目实施之前就明确定义出一个项目所需生产的产出物和所应开展的工作,以及明确在一个项目的全部工作中不应该包含那些无用的工作。通过项目范围管理可以明确界定一个项目的产出物和工作的范围,从而使人们避免那些不必要和不该做的工作。因此,项目范围管理最重要的作用,就是为项目实施提供一个项目产出物的边界和项目工作范围的框架。其二,对项目实施进行有效控制。通过开展项目范围管理,可以使项目组织按照项目范围计划去开展项目实施工作,并且能够使项目组织不断地在项目实施过程中监测和度量项目实际工作的内容以及项目实际产出物和工作与既定项目范围计划之间的偏差;然后根据这种偏差以及造成偏差的原因,对项目范围进行必要的调整,或者采取相应的纠正措施。其三,对项目结果(产出物)进行核实。对项目最终结果或者项目各个阶段所完成的可交付成果进行检查,核实其是否按预期的项目范围计划完成。项目范围的核实应当由所有关键的项目利益相关者来执行，所以关键的项目利益相关者都应当知道项目的范围和项目要提交的可交付成果。在进行项目范围核实时，项目团队必须向接收方出示能够明确说明项目（或项目阶段）成果的文件，如项目计划、技术要求说明书、技术文件、图纸等。

3.项目范围管理内容

项目范围管理是运用项目管理工具对项目产品范围和项目工作范围进行规划、定义、核实以及变更控制的过程。其主要内容包括项目范围规划、项目范围定义、项目范围核实和项目范围的变更控制。任何一个项目都需要对项目范围进行严格认真的管理，都需要将项目产出物的范围和项目工作的范围很好地结合在一起进行管理，以确保项目实施组织或项目团队能够为项目业主/客户提供满意的项目工作成果。

三、质量与范围的关系

任何一个项目都有三大主要目标：范围说明、预算及完工时间。项目的最终结果必须要与项目预先设定的目标相吻合，必须要满足项目业主和其他利益相关者的要求。范围涉及两方面内容：产品范围界定——产品范围的特征和功能包含在产品或服务中；工作范围界定——项目工作的完成为的是能交付一个有特殊的特征和功能的产品。按照范围的界定，明确项目实施所需要的资源，制定相应的项目预算，项目完工不能超过财务预算，没能在预算内完成的项目会减少项目利润和投资回报，并引发更严重的财务风险。有些项目没有直接的赢利动机，比如公司内部管理项目、纯科学研究项目、慈善机构项目、地方政府利用社会基金实施的项目等等。尽管其目标并不是赢利，但对其进行成本控制和财务管理也是十分必要的。如果一个项目在其完工之前就用尽了所有的预算资金，那么将不得不放弃该项目，在此之前投入的资金和精力就算白白丧失掉。任何项目都规定具体的完工期限，项目实际进度要和计划进程相匹配。项目关键步骤的开始不得晚于预定日期，最终总完工时间要与计划完工时间相符或早于计划完工时间。经常违背交付时间的承诺，会有损承包商的市场信誉。推迟交工的项目会继续消耗资源，这会产生撞击效应，严重影响正在建设的或等待建设的其他项目。

毫无疑问，优秀的项目经理应使项目的三大目标都出色完成。项目三大主要目标范围、预算及完工时间与质量之间的关系可以用一个三角形来解释（如图1-1）。这个三角形帮助项目经理和项目团队将其注意力集中于三大目标的优先顺序上，他们常常自问：如何排列项目目标的主次顺序才更适合于自己的项目？尽管答案比较容易得出，但这个问题回答绝不可草率行事，因为项目的三个基本目标是彼此影响着的,其中任何一个目标的改变都会影响到另外两个。项目质量的高低取决于对三者的平衡与协调。

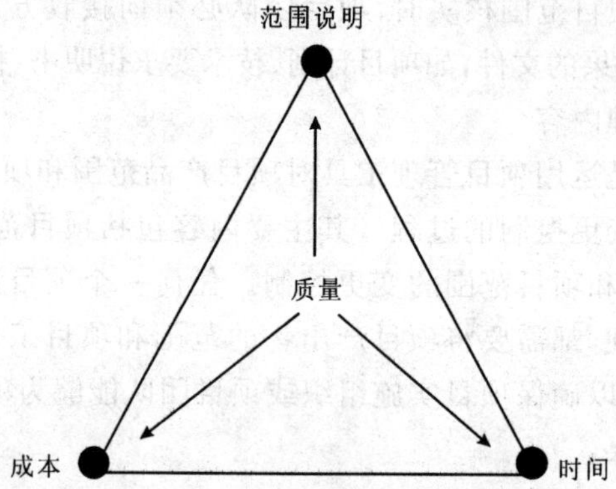

图 1-1　项目质量与范围、成本、时间的关系

第三节　项目质量管理有关的几个重要术语

为了加强质量管理,提高产品(项目的可交付物)质量,改进工作质量和工程质量,从事质量管理的相关人员以及项目各个相关利益主体有必要遵守质量管理的共同语言——质量管理相关的术语。

一、质量管理

质量管理是为确保达到质量要求所开展的活动,主要是指在质量方面指挥和控制组织的协调活动。在质量方面的指挥和控制活动通常包括制定质量方针和质量目标以及质量策划、质量控制、质量保证和质量改进。质量方针是由组织的最高管理者正式发布的,是该组织总的质量宗旨和方向;质量目标是组织在质量方面所追求的目的,质量目标通常是依据组织的质量方针制定,并根据组织的层次和相关职能进行细化、分解。从纵向来说,质量管理包括质量方针、质量目标以及贯彻方针与实现目标的质量体系;从横向来说,质量管理包括质量计划、质量控制、质量保证和质量改进。

质量管理是一个组织各级职能部门领导的职责。满足客户需求,不断改进工作质量、工程质量、产品质量是任何组织的一个永恒主题。因此,质量管理应由组织最高领导负全责,应调动与质量有关的所有人员的积极性,共同做好本职工作,才能完成质量管理的任务。一个组织要想以质量求生存,立足于国内市场,竞争于国际市场并求发展,就必须制定正确的质量方针和适宜的质量目标。

围绕着一定时期质量目标，为了保证质量管理任务的实现，组织必须进行质量策划，建立、健全完善的质量管理体系，并对影响产品质量的各环节进行质量控制和展开质量保证活动，持续地开展质量改进。

二、质量策划

质量策划是质量管理的首要部分，按照质量目标的要求，配备必要的资源和行使必要的运行程序以实现质量目标。编制质量计划也可以是质量策划的一部分。

质量策划既是质量控制和质量保证的前提，又是质量控制、质量保证的依据，质量控制、质量保证和质量改进只有经过质量策划才可能有明确的对象和目标，才可能有切实的措施和方法。质量策划的主要程序是：首先，就是要根据质量方针的规定和质量目标，并结合具体境况进行质量目标的分解；其次，按照质量目标规定相应的作业过程和配备相关资源；再次，借助质量控制、质量保证实施质量策划的内容；最后，运用质量改进的手段不断地实现客户对产品（项目可交付物）质量要求的提高。

通过质量策划，将质量策划设定的质量目标及其规定的作业过程和相关资源用书面形式表示出来，就是质量计划。因此，编制质量计划的过程实际上就是质量策划的一部分。

三、质量控制

质量控制的对象是过程，如设计过程、采购过程、实施过程、生产过程等，质量控制的范围涉及产品质量形成全过程的各个环节，任何一个环节的工作没有做好，都会使产品质量受到损害，从而不能满足对质量的要求。控制的结果应能使被控制对象达到规定的质量要求。

为了使控制对象达到规定的质量要求必须采取适宜的、有效的措施，包括质量控制的作业技术、方法和活动，也就是包括专业技术和管理技术两个方面。如：为了控制采购过程的质量，首先要制定采购文件（规定采购的产品及其质量要求），然后通过评定选择合格的供货单位，规定对进货单位质量的检查、验证方法，同时做好质量记录的保管并定期进行业绩分析。又如：为了控制某一工序的质量，可以通过作业指导书规定生产完成该工序使用的设备、工艺装备、加工方法、检验方式等，对关键工序或控制点还可以通过控制图法随时监控控制点的质量波动。可以看出，要做好质量环的每一环节的工作，应对影响其工作质量的人、机械设备、材料、方法、环境、资金等因素进行控制，并且对质量活动的成果分阶段验证。质量控制应贯彻预防为主与检验把关相结合的原则，同时，对干什么、为何干、怎么干、谁来干、何时干、何地干做出明确的规定，并对实际质量活动进行监控。按照质量控制的动态性原则对质量控制进行持续改进。

四、质量保证

质量保证是为了提供足够的信任表明实体能够满足质量要求，而在质量体系中实施并根据需要进行证实的全部有计划、有系统的活动。质量保证分为内部质量保证和外部质量保证，内部质量保证是向组织内部管理者和内部顾客提供信任；外部质量保证是通过合同或其他方式向外部顾客或其他方提供信任。

信任的依据是质量体系的建立和运行，质量体系将所有影响质量的因素，包括技术的、管理的、资金的、人员的，都应采取有效的方法进行控制，以便减少、消除、预防质量缺陷。

质量保证与保证质量的概念不一样。保证质量是质量控制的任务，即使用户不提"质量保证"要求，生产制造组织仍应进行质量控制，以保证产品的质量满足用户的需要。如用户提出"质量保证"要求，生产组织就要针对用户的质量保证要求，开展外部质量保证活动，就得对用户提出的设计、生产全过程中的某些环节的活动提供必要的证据，以使用户放心，提高用户的信任度。

五、质量体系

质量体系是为实施质量管理所需要的组织结构、程序、过程和资源。组织结构是一个组织为行使其职能按某种方式建立的职责、权限及其相互关系，见图1-2。

过程是将输入转化为输出的一组彼此相关的资源和活动，见图1-3。任何一个过程都有输入和输出，输入是实施过程的基础和依据，输出是完成过程的结果，既可以是有形产品也可以是无形产品，也可以两者兼有。完成一个过程就是将输入转化为输出。过程本身是价值增值的转换，完成过程必须投入适当的资源和活动，同时，为了确保过程的质量，对输入过程的信息、要求和输出的产品以及在过程中的适当阶段应进行必要的检查、评审和验证。

资源可包括人员、设备、设施、资金、技术和方法，质量体系应提供适宜的各项可以确保过程和产品(项目可交付物)的质量。

质量体系是相互关联或相互作用的一组要素。建立方针和目标并实现目标的体系称为管理体系。因此，质量管理体系是建立质量方针和质量目标，并实现这些目标的一组相互关联的或相互作用的要素的集合。质量管理体系把影响质量的技术、管理、人员和资源等因素都综合在一起，使之为一个共同目的——在质量方针的指引下，为达到质量目标而互相配合、努力工作。

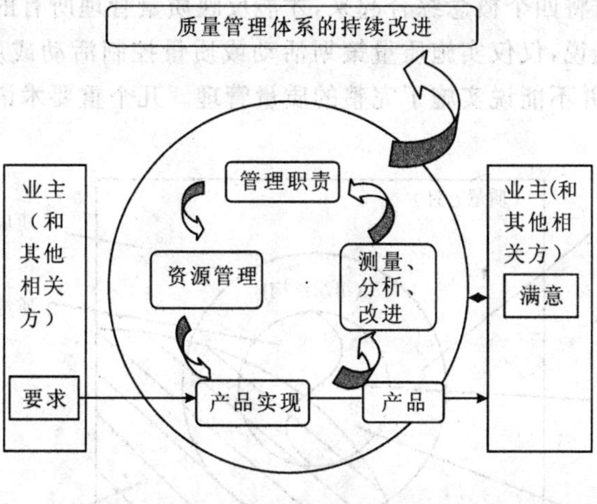

图 1-2　以过程为基础的质量管理体系模式

图 1-3　简单的过程

六、质量改进

质量改进是为本组织及其顾客提供更多的收益，以追求更高的过程效益和效率为目标的持续活动。质量改进通过改进过程来实现。质量改进工作应致力于经常寻求改进机会，而不只是等待问题暴露再去抓住机遇。质量改进是通过不断采取纠正和预防措施来增强组织的质量管理水平，提高产品、体系或过程满足质量要求的能力，对现有的质量水平在控制的基础上加以提高，使质量达到一个新水平、新高度。

质量改进必须按照一定的科学程序来进行，其基本过程是 PDCA 循环，它包括：①确定、测量和分析现状；②建立改进目标；③寻找可能的解决办法；④评价这些解决办法；⑤实施选定的解决办法；⑥测量、验证和分析实施的结果；⑦将更改纳入文件。必要时，对结果进行评审，以确定进一步的改进机会。可以通过内部审核、外部审核、管理评审及顾客反馈来识别改进的机会。

七、几个基本质量术语之间的关系

质量管理和质量策划、质量控制、质量保证、质量改进的概念是从属关系，它们都是一种活动：质量策划致力于设定质量目标，规定过程和资源；质量控制致力于达到质量要求；质量保证致力于提供信任；质量改进致力于提高满足质量要求的能力。只有将四个概念综合起来，才能反映质量管理所有的特性，因此是从属关系。也就是说，仅仅实施质量策划活动或质量控制活动或质量保证活动或质量改进活动，并不能说实施了完整的质量管理。几个重要术语之间的关系，见图1-4。

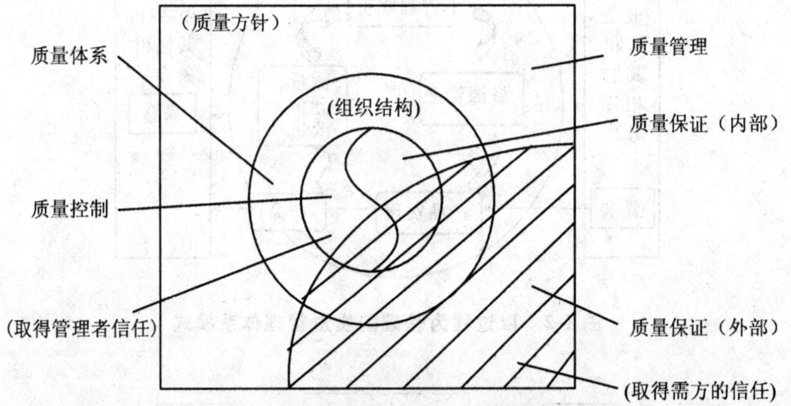

图1-4 质量术语关系图

为了使质量管理职能中的质量职能活动能够切实有效地运转起来，首先要制定质量方针，然后建立质量管理体系，在组织措施上加以落实。也就是说，质量管理体系是以质量方针为基础，以质量目标为目的、有一套组织机构、所有员工都有自己的质量职责、按规定的程序进行工作和活动、将资源转化为产品的有机整体。它包括了质量管理的全部内容和要求。

第四节 全面项目质量管理

随着人们认识世界和改造世界水平的提高，在人们的质量知识逐渐丰富的同时，对质量要求不断提高，质量管理也得到了不断的发展与完善。按照质量管理所依据的手段和方式，我们可以将质量管理发展历史大致划分为以下四个阶段，即：传统质量管理阶段、质量检验阶段、统计质量管理阶段与全面质量管理阶段。本节的内容主要包括：质量管理发展阶段、项目质量管理的内涵、项目质量管理的主要原则。

一、质量管理发展的几个阶段

随着人们认识世界和改造世界的水平的提高，生产力的发展水平不断提高，质量的含义也在不断地丰富和扩展，从开始的实物产品质量发展为产品或服务满足规定和潜在需要的特征和特性之总和，再发展到当今的质量内涵是实体的一组固有特性满足要求的程度。丰富了质量这一术语的学术内涵，同时也记载了不同时代、不同人群对质量的不同要求的痕迹。人类历史上自有商品生产以来，就开始了以商品的成品检验为主的质量管理方法。根据历史文献记载，我国史书《周礼·考工记》(公元前403年)记载了周王朝手工艺品的质量检验方法，就已有了青铜制刀枪武器的质量检验制度。

随着社会的发展，人们对质量要求的提高，质量管理也得到了不断的发展与完善。按照质量管理所依据的手段和方式，我们可以将质量管理发展历史大致划分为以下四个阶段，即：传统质量管理阶段、质量检验阶段、统计质量管理阶段与全面质量管理阶段。

1.传统质量管理阶段

这个阶段主要是指19世纪末资本主义工厂以前的时期。该时期受小生产经营方式或手工业作坊式生产经营方式的影响，产品质量主要依靠工人的实际操作经验，靠手摸、眼看等感官估计和简单的度量衡器测量而定。工人既是操作者又是质量检验、质量管理者，且经验就是“标准”。质量标准的实施是靠“师傅带徒弟”的方式口授手教进行的，即所谓的学艺与传艺。因此，有人又称之为“操作者的质量管理”。《周礼·考工记》开头就写道：“审曲面势，以饬五材，以辨民器。”所谓“审曲面势”，就是对当时的手工业产品做类型与规格的设计；“以饬五材”是确定所用的原材料；“以辨民器”就是对生产出的产品要进行质量检查，合格者才能使用。

先秦时期的《礼记》中“月令”篇，有“物勒工名，以考其诚，工有不当，必行其罪，以究其情”的记载，其内容是在生产的产品上刻上工匠或工场名字，并设置了政府中负责质量的官员职位“大工尹”，目的是为了考查质量，如质量不好就要处罚和治罪。当时的手工业产品主要是兵器、车辆、量器、钟、鼓等。由于兵器的质量是决定当时战争胜负的关键，是生死攸关的大事，因此质量管理就更详尽严格。如对弓箭，就分为“兵矢”、“田矢”和“旋矢”三类；对“弓”的原料选择规定“柏最好，其次是桔、木瓜、桑等，竹为下”，对弓体本身的弹射力、射出距离、速度、对箭上的羽毛及其位置等亦有具体规定。这些规定都是根据实践经验总结出来的，目的是要生产出高质量的弓和箭。

到公元1073年北宋时期，为了加强对兵器的质量管理，专设了军器监，当时军器监总管沈括著写的《梦溪笔谈》中就谈到了当时兵器生产的质量管理情况。据古书记载，当时兵器生产批量剧增，质量标准也更具体。如对弓的质量标准就有下列六条：其一，弓体轻巧而强度高；其二，开弓容易且弹力大；其三，多次使用，弓力不减弱；其四，天气变化，无论冷热，弓力保持一致；其五，射箭时弦声清脆、坚实；其六，开弓时，弓体正、不偏扭。

这些质量标准基本上还是实践经验的总结，产品质量主要依靠工匠的实际操作技术，靠手摸、眼看等感官估量和监督的度量衡器测量而定，靠师傅传授技术经验来达到标准。

2.质量检验阶段

从20世纪初至30年代末期属于质量检验阶段。其主要特点是通过事后检验剔除不合格品达到保证产品质量的目的。在此之前，产品质量检验是通过工人的自检进行的。20世纪初，美国管理专家泰勒(F. W. Taylor)提出科学管理理论，其中强调执行和监督分离，要求按照职能的不同进行合理分工，首次将质量检验作为一种管理职能从生产过程中分离出来，建立了专职质量检验制度，并且对产品质量起到积极的保证作用。在这一阶段，大量生产条件下出现的互换性理论和规格公差的概念为质量检验奠定了理论基础，根据这些理论，人们规定了产品的技术标准和适宜的加工精度。质量检验人员根据技术标准，利用各种测试手段对零部件和成品进行检查，做出合格与否的判断，不允许不合格品进入下道工序或出厂，起到了质量把关的作用。

专职质量检验对保证产品质量有其突出的作用，但不久也暴露出其弱点。主要是它属于事后把关，质量状况既成事实，已无法改变，不能起到预防控制的作用；其次，在质量检验中要求全数检查，在经济上不合算，有时在技术上也不可能(如对产品进行的破坏性检验)；其三，过分强调质量标准的制定部门、产品制造部门和检验部门各管一方，只强调相互制约的一面，忽视互相配合、促进和协调的一面，容易互相扯皮，影响了质量管理的正常进行。如果将质量检验安排在产品制造出来后进行，这样的质量管理显然是一种被动管理。而在大量生产的情况下，由于事后检验信息反馈不及时所造成的损失很大，故在这一阶段萌发了"预防"的思想。伴随着统计科学的发展质量控制理论的诞生，20世纪20年代英国数学家费希尔(R. A. Fisher)结合农业试验提出方差分析与实验设计等理论，为近代数理统计学奠定了基础。与此同时，美国贝尔电话实验室成立了两个课题研究组：一个是过程控制组，学术负责人是休哈特(W. A. Shewhart)；另一个是产品控制组，学术负责人是道奇(H. F. Dodge)。休哈特提出了统计过程控制理论并首创进行过程监控的工具——质量控制图，为质量控制理论奠定了基础。道奇提出了抽样检验理论，构成了质量检验理论的重要内容。这两项研究成果对质量管理科学的发展产生了深远的影响，休哈特与道奇是将数理统计方法引入质量管理的先驱者，也是统计质量控制理论的创始人。

3.统计质量管理阶段

从休哈特发明质量控制图到20世纪50年代末是统计质量管理阶段。其主要特点是：从单纯依靠质量检验事后把关，发展到进行工序控制，突出了质量的预防性控制与质量检验相结合的管理方式。根据测定的产品质量特性值，按照休哈特所提出的“6σ”原理绘制出质量控制图，不仅能了解产品或零部件的质量状况，而且能及时发现问题，有效地降低了不合格品率，使生产过程处于受控状态。休哈特等人作为将数理统计方法引入质量管理的先驱，他们的研究成果为产品质量管理奠定了科学的基础，但是由于30年代资本主义国家发生严重的经济危机以及运用这种数理统计方法需要增加大量的计算工作，造成这些科学的理论和方法在当时并没有被普遍地接受。直到第二次世界大战期间，国防工业迫切需要保证军火质量，才为上述新理论的应用提供了平台。由于质量管理新理论的应用取得了显著效果，使得在第二次世界大战之后，这些理论更加广为应用并得到了进一步的完善。例如，英国、日本、原联邦德国、法国、瑞典、挪威、丹麦、意大利、荷兰等国都积极推行统计质量控制活动，并取得了成效。这一质量管理阶段的手段是利用数理统计原理，提供了预防不合格品产生和进行抽样检查的具体方法；同时，在质量职能的方式上也发生了由专职检验人员承担，转向他们与专业质量控制工程师共同承担的变化。这标志着对事后检验和全数检查的重大突破，大大地加强了对预防质量事故发生和事先加以预防的可能性和现实性。

在统计质量管理阶段，强调“用数据说话”和应用统计方法进行质量管理，因此，通常将这一阶段称之为统计质量管理阶段，简称为“SQC阶段”。统计方法的应用提高了质量管理的效果，应当看到，当时在统计质量控制阶段由于过分强调质量控制的统计方法，忽视了质量管理的各种组织管理工作，使得人们误认为“质量管理就是统计方法”。人们对数理统计方法的原理又感到深奥莫测，对质量管理产生了一种“高不可攀”、“望而生畏”的感觉。但由于影响产品质量的因素是多方面的，因此单纯依靠统计方法并不可能解决所有质量管理问题。随着社会的发展，产品的生产越来越复杂，影响因素也越来越多，质量管理已并非简单问题，而发展成一个系统问题，这就不仅需要借助数理统计方法进行质量管理，而且需要考虑组织、管理等一系列问题，其结果导致质量管理进入了一个新的阶段。

4. 全面质量管理阶段

20世纪50年代末，科学技术突飞猛进，产品的复杂程度越来越高，个人或群体对产品质量的要求也越来越高。所有这些都促使全面质量管理（Total Quality Management，TQM）的诞生和不断发展与完善。提出全面质量管理概念的代表人物是美国的费根堡姆，他于1961年首先提出了全面质量管理的概念。费根堡姆的“全面质量管理”概念具有三层含义。

其一，所谓的“全面”是相对于统计质量控制中的“统计”而言的。即只用数理统计方法，是无法满足现代产品的质量要求的，必须综合应用多种方法，主要应用组织管理手段,系统地保证和提高产品质量。

其二,“全面”是指管好产品质量所形成的全过程,而不是像过去那样只注重制造过程。

其三,质量管理的有效性应当以质量成本来衡量和优化。

随后,全面质量管理的概念受到世界一些国家的普遍关注,首先在一些发达国家得到传播。其中,日本是推行全面质量管理实践最为成功的国家,并在不少方面有所突破。日本著名质量管理专家石川馨教授把日本的质量管理称为全公司质量管理(Company-wide Quality Control,简称 CWQC),主要有以下特点。

其一,公司所有部门都应参加质量管理。不仅仅是技术部门,而且营销部门、计划部门、采购部门、人力资源部门、行政管理等部门都应参加。

其二,全员参加的质量管理活动。领导和工人都要积极参加,并为此创建了质量管理(QC)小组活动。

其三,质量管理多目标化。不仅要搞好产品质量,还要搞好与之相联系的工作质量、服务质量、成本的质量、进度的质量等。

综合全面质量管理概念的代表人物美国的费根堡姆提出的全面质量管理的含义和日本著名质量管理专家石川馨教授的全公司质量管理实践,全面质量管理的核心可以概括为全面性、全员性和全过程的“三全”管理。

全面性是指全面质量管理所讲的是对整个组织的管理,将“质量”概念扩充为全部管理目标,即不仅包括产品质量,而且包括服务质量和工作质量等;全员性是指质量管理工作即要有最高管理者强有力和持续的领导,又要有全员的积极参与,质量管理不仅是某些人员、某些机构的重要工作,而且是所有人员都需要予以关注的工作,质量第一,人人有责。同时,开展全员的质量教育与培训,学习质量管理知识、技能,提高质量意识是一项重要的经常性的工作,是改善工作质量、提高产品质量、确保工程质量的有效手段;全过程是指质量管理不仅包括产品的生产过程,而且包括市场调研、产品开发设计、生产技术准备、制造、检验、销售、售后服务等质量环节的全过程。

二、项目质量管理的内涵

1.项目质量管理定义

项目的质量管理的水平高低主要反映在项目各阶段的工作质量的好坏和项目可交付物满足客户要求的程度。项目管理包括项目各方面的计划、组织、监测和控制,以便实现过程的内部和外部各方的要求。进行项目质量管理的目的是确保项目所有的功能活动能够按照原有的质量及目标要求得以实现。项目各阶段的工作质量和项目管理过程的质量对项目的成功和项目的质量有重大的影响。项目质量管理是一个系统过程，在实施过程中，应配置必要的资源条件，使之与项目质量要求相适应。项目质量管理复杂性还在于项目各阶段涉及不同的项目干系人，不同的干系人拥有不同期望和要求，项目干系人通常包括：项目业主或用户、项目承包商或实施者、项目供应商、项目设计或研制者、项目的政府管辖部门。不同的干系人对待项目的不同的要求与期望主要表现在：业主希望以最小的投入获得最大的收益，承包商或实施者期望以最小的成本获得最大的利润，供应商关心的是销售收入，设计或研制者注重设计效果，政府则更加关注环境污染、提高就业率与提高社会福利。

在项目生命周期各个阶段，项目各参与方都必须保证其工作质量，做到工作流程程序化、标准化和规范化，围绕一个共同的目标——实现项目质量的最佳化，开展质量管理工作。

项目质量管理内容通常包括制定项目质量方针和质量目标以及项目质量策划、项目质量控制、项目质量保证和项目质量改进。项目质量方针是由组织的最高管理者正式发布的，是该组织总的质量宗旨和方向；质量目标是组织在质量方面所追求的目的，质量目标通常是依据组织的项目质量方针制定，并根据组织的层次和相关职能进行细化、分解。在项目生命周期内，需要持续使用质量计划、质量控制、质量保证和改进措施，最大限度地满足顾客的需求和期望，并争取最大的顾客满意度。

2.项目质量管理特点

项目质量管理与产品质量管理相比，既有共同点也有不同点。其共同点是质量管理的原理及方法基本相同，其不同点是由项目的一次性、独特性、目的性、不确定性等特点所决定的，主要体现在以下几个方面。

第一，阶段性与系统性的结合。为了对项目质量进行监控，任何项目都应分阶段进行管理，主要包括阶段划分、阶段进度控制、阶段成果测评、阶段转移等，阶段划分的详细程度取决于项目质量管理层次和要求。项目不同阶段有不同项目可交付物的产生与形成，对不同的可交付物有不同质量要求。项目的不同阶段构成了一个项目的全过程——项目生命周期。根据项目生命周期理论，任何一个项目前后阶段是相互衔接的，项目的前一个阶段未完成以前不能够开展项目后续阶段的工作。因为项目的后续阶段是要以前一阶段的产出物和工作作为基础和前提的，任何跨越不同阶段的项目工作都会将上一阶段中的问题导入后续阶段，这样前一阶段的各种质量问题和失误就会直接转入下一个阶段，从而造成项目失误或质量问题的扩散，造成项目质量管理的混乱和项目损失的无谓扩大。同时，项目的各个阶段形成的项目质量特性又有一定的继承性和相互影响性。所以，项目的质量管理要体现阶段性和系统性相结合的要求。

第二,资源的积累性与不可逆性的结合。任何一个项目都需要有资源的投入,这种项目资源的投入是随着项目生命周期阶段的展开而不断积累的,所以绝大多数项目的资源消耗会呈现一种"S"曲线,这种曲线表明了项目资源投入不断累积的特性。在多数项目生命周期的前期阶段(项目的定义与决策阶段)项目的资源投入相对较少,而到了项目生命周期的中间阶段(项目实施阶段)项目的资源投入较多,当进入项目生命周期最后阶段(项目完工与交付阶段)则项目的资源投入又会相对较少,这就是项目资源投入不断累积的特性所造成的项目资源投入的基本规律。随着项目资源的积累、组合和转化,逐步形成各个阶段的项目可交付物,所形成的质量问题难以补救和挽回。所以,需要对项目的每一个环节、每一个要素更要予以高度重视,强化项目的工作质量和过程质量,否则就可能造成无法挽回的影响。

第三,复杂性与一致性的结合。所谓复杂性是由于项目涉及的干系人多、风险因素多、项目阶段多所引起的项目质量管理的复杂性。项目中不同的干系人(如:项目发起人、项目业主、项目承包商或实施者、项目供应商、项目设计者等等)对待项目会有不同的要求与期望,好的项目管理体现在能够协调、平衡各方利益,使各方都不同程度地得到满意;项目的风险因素形成的风险事件会导致风险后果和项目损失,而风险因素又是由不确定性因素造成的,风险因素是由项目的独特性和一次性所决定的,主要来源于以下几个方面:其一,人们的认识能力的有限性。人们对事物认识的这种局限性的根本原因是由于人们获取数据和信息能力的有限性和客观事物发展变化的无限性这一对矛盾造成的,这一矛盾使得人们无法获得事物的完备信息。人们对于项目的认识同样存在这种人类认识能力的限制问题。在很多情况下,人们尚不能确切地预见项目未来发展变化和最终结果,从而加大了项目质量管理不可预见性。其二,信息本身的滞后性特性。从信息科学理论出发,信息的不完备性除了人们的认识能力限制外,还有一个根本原因就是信息本身具有的滞后性。由于只有在事物发生后才能获得数据,而且只有在对数据加工以后才能产生对于人们决策有用的信息,所以有关一个事物的信息总是会比该事物的发生有一个滞后时间,这就形成了信息的滞后。从这个意义上说,项目本身的信息都是滞后的,这种带有滞后特性的信息影响了人们正确地认识项目,所以项目中的不确定性事件是不可避免的。虽然项目管理复杂性是客观存在的,但是通过不断地学习和知识的积累,复杂性是可以降低的,甚至是可以解决的。同时,在处理项目质量问题时,在质量方针的统领下只有一个宗旨——尽量满足顾客的要求,这是项目各方为了生存与发展所应遵循的一致性。

第四,动态性与稳定性的结合。项目质量管理的发展史经历了传统质量管理阶段、质量检验阶段、统计质量管理阶段与全面质量管理阶段，这充分体现了项目质量管理发展的长期动态性。从单个项目来看，项目的可交付物是在经历了不同阶段、集成了不同资源、考虑各种约束、处于不断变化的环境当中逐步形成的。由于不同阶段影响项目质量的因素不同，质量管理的内容和目的不同，所以项目质量管理的侧重点和方法要随着阶段的不同而做出相应调整。即使在同一阶段，由于时间不同，影响项目质量的因素也可能有所不同，同样需要进行有针对性的质量管理。所有这些说明项目质量管理具有动态性。从另一个方面，对于特定项目所对应特定用户在项目的特定阶段应体现项目质量管理标准的稳定性、项目质量管理制度的稳定性、项目质量管理方法和手段的稳定性，项目质量管理方法和手段的选择以简便、实用、高效为原则。

3.项目质量管理的内容框架

见图1-5。

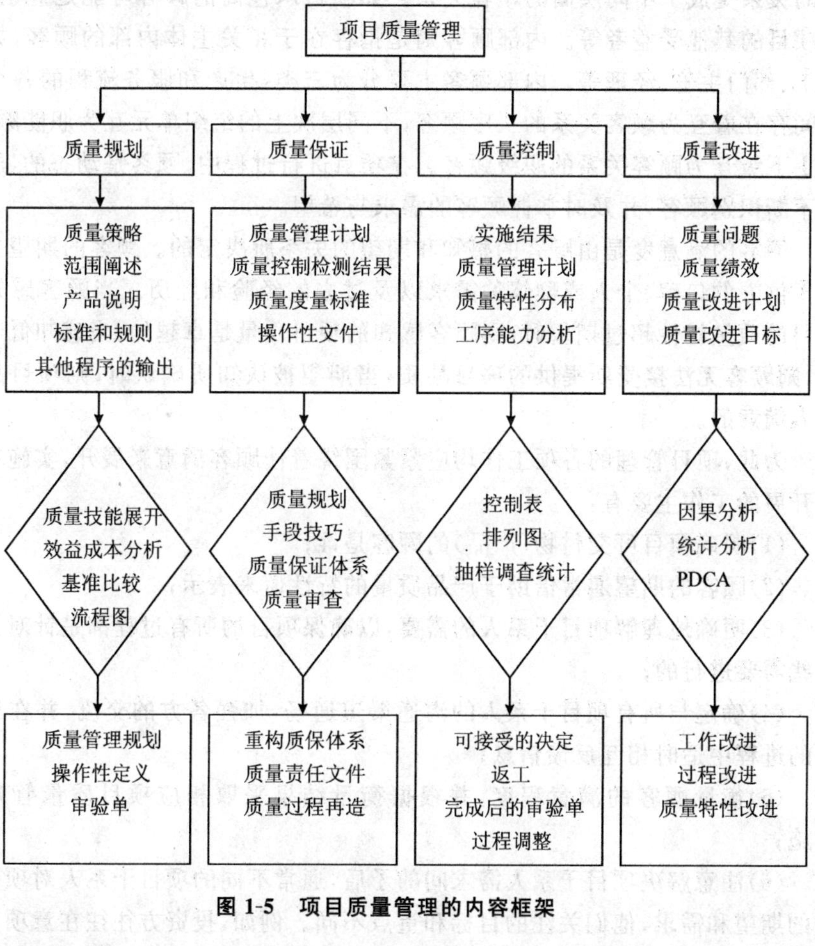

图1-5　项目质量管理的内容框架

三、项目质量管理的主要原则

质量管理的原则在 ISO9000:2000 中有明确的陈述，是在总结质量管理实践的基础上的一种高度概括，同样适用于指导项目质量管理的实践，不过由于项目质量的特点同时也赋予了新的内涵。

1. 满足顾客需求的原则

项目干系人包括项目当事人以及其利益受项目影响的(受益或受损)个人和组织。满足项目干系人的明示的、隐含的或必须履行的需要和期望是项目组织的最终目标。在整个项目进展过程中，持续不断地关注各项目干系人需求的变化，包括新的项目干系人的需求，以利于修正项目目标，保证项目质量。

根据顾客满意管理理论，顾客既包括外部顾客，又包括内部顾客，项目干系人的关系变成了不同层面的顾客关系。如项目承包商的顾客可能是业主、用户或项目的其他受益者等。内部顾客则是指存在于相关主体内部的顾客，如基层员工、部门主管、经理等。内部顾客主要分为三类：生产和服务流程的各个环节之间存在着互为顾客关系的工序顾客，不同层次上的组织单元互为职能顾客，纵向上下级互为顾客关系的职级顾客。在项目进行过程中，顾客是动态的，所以必须不断识别顾客，并及时掌握顾客的需求与希望。

顾客的满意度是由顾客的感知和期望的关系所决定的。顾客的期望主要来源于供方的口碑、个人或群体的需求以及过去的经验和经历。当顾客感知到的项目的质量特性超过期望时，则顾客感知的项目质量是卓越的；当感知低于期望时，则顾客无法接受所提供的项目品质；当期望被认知所确认时，则项目品质是令人满意的。

为此，项目管理的各项工作均应紧紧围绕着使顾客满意来展开，实施本原则要开展的工作主要有：

(1)明确项目可交付物(产品)的顾客是谁；

(2)顾客的期望通常借助于产品质量的特性值来表示；

(3)明确地理解项目干系人的需要，以确保项目的所有过程都是针对并满足这些需要进行的；

(4)确定与所有项目干系人的沟通渠道通畅，加强各方的交流，并在整个项目的进程中适时相互反馈信息；

(5)衡量顾客的满意程度，并根据衡量结果采取相应项目质量管理活动措施；

(6)注意解决项目干系人需求间的矛盾，通常不同的项目干系人对项目有不同的期望和需求，他们关注的目标和重点不同。例如，投资方往往在意项目质量和项目的盈利状况;承包商关注施工的难易程度、施工成本和施工进度;而公众则关注项目带来的好处以及是否能够尽量减少不利的环境影响等。当不同项目干系人的需求发生矛盾时,在遵照国家政策、法规的前提下,应首先考虑项目直接干系人的需求;直接干系人的需求发生矛盾时,应首先考虑重要直接干系人的需求。矛盾的解决应经各项目干系人同意,并形成项目干系人正式协议。

2.领导作用原则

项目经理不仅是项目实施的指挥者,又是项目资源的调配者,同时又是项目质量环境的营造者。在项目管理中,项目经理都应针对项目的特点和要求,使员工理解项目的目标并激发员工的积极性,以统一的方式来评价、协调和实施活动,营造一个相互和谐的工作氛围。为了保证项目的工作质量、过程质量和可交付物(产品)质量,项目经理不但要对项目本身、项目组织有充分的了解,还需要对项目的内、外部环境进行管理。所以,项目经理应该以身作则,努力为项目组织及项目过程创建一个好的质量环境,尽量使组织内形成共同的价值观、行为方式、制度和惯例。为此,应做到如下工作:

(1)制定项目组织的质量方针、质量目标,以便清晰地描述组织的愿景;

(2)建立相应的项目质量组织机构(QC组织、质量部等),并且项目经理亲自主持,定期或不定期开展项目质量活动;

(3)明确地提出项目质量的未来前景,为项目编制可行的质量计划;

(4)促使项目有关人员(包括项目组织成员和供应商)积极参与保证项目过程质量和项目产品的最终质量;

(5)营造一个适合于项目特点的质量文化环境,向员工提供所需要的资源和在履行其职责和义务方面的自由度;

(6)与资源提供方和其他相关组织建立互利合作关系。

3.全员参与的原则

员工是项目的具体实施者,项目质量管理不仅需要管理者正确领导,还有赖于全体员工的参与。员工质量意识的强弱、道德水平的高低、质量管理技能的多少,这些都会直接或间接影响到项目质量水平。所以,组织应不断地加强对员工质量意识、职业道德水平的教育,加强对员工的质量理论、质量技能的培训,从而激发他们的积极性和责任感并提高解决项目质量问题的才能。这一原则充分体现了全面质量管理的思想。

在质量方针的引导下,项目质量目标应是明确的。作为处于不同层面、不同阶段、不同环节、不同工种的项目成员都应清楚地知道项目存在的目的和意义,知道自己在做什么,如何做,做到什么程度,工作的最终目的是什么等。项目的各级领导要想员工所想,要善于激发员工的工作热情,凝聚每一个员工的力量,促使全员参与的实现。

实施本原则应开展的主要工作有：

(1)对全体员工经常性地进行质量意识、职业道德、敬业精神的教育，按照不同员工的质量工作要求进行相应的质量技能的培训，以便提高处理质量问题的能力；

(2)项目内的员工应受到激励，尽职尽责、勇于参与；

(3)员工应熟知所从事的本职工作，在工作中不断创新，并从中得到满足，同时按照绩效测评结果给予合理的奖惩；

(4)按照员工所处的职位赋予相应的自主权，并承担相应的责任；

(5)在项目组织内部，提倡共享知识和经验。

4. 基于过程控制的原则

项目是一次性的渐进过程，从它的开始到结束可划分为若干个阶段，构成它的整个生命周期。一个过程包含将输入转化为输出的一个或多个活动，输入和输出通常既有有形的也有无形的内容。要在过程中实施活动，还应分配适宜的资源。过程控制就是通过不断识别项目的关键过程，加以控制，以达到使顾客满意的目的。一个项目必须按照一系列规划好的、并互相关联的过程来实施。首先，在项目规划时，项目的各过程的负责人及他们的职责和权限都应当确定，并形成文件。其次，项目各过程都应该确定各自的范围和目标，过程的相互依赖性应当定义、协调并综合在项目目标中。再次，要依据质量源头治理思想，设计过程时，要把项目生命周期中较迟出现的过程考虑在内，比如项目的实施过程、运营过程等。最后，为评定项目业绩，必须制订进展评价计划。每一个项目阶段都以它的某种可交付成果的完成为标志。例如，产品设计任务的项目设计要交付产品设计书、工艺设计书。前一阶段的可交付成果通常经批准后，才能作为输入，转入下一阶段的工作(采用基于事实的决策，并运用系统方法制定的“快速跟进”也可以让项目阶段相互搭接进行)。

PDCA 循环是一种常用的过程控制方法，同样适用于项目管理。通常情况下，项目在经过进度计划安排后，可分成更多阶段的小项目执行。对于每一个阶段性小项目，都可以用 PDCA 循环按过程执行，遵循计划、实施、检查、处理四个过程，将“处理”过程的经验转入下一阶段小项目。这样循序渐进、周而复始，不断提高项目的工程质量和产品质量。

实施本原则应开展的主要工作有：

(1)识别项目所需要的过程，并对过程给予明确的界定，过程是将输入转化为输出的一组彼此相关的资源和活动；

(2)明确每个过程为取得所预期的结果所必须开展的关键活动；

(3)为过程配备合理的资源并对关键活动规定明确的职责和义务;

(4)规定在项目内各职能之间关键活动的接口,各个过程、子过程的交界面,并形成规范的过程网络,以达到控制项目质量预期的结果;

(5)识别过程内部和外部的顾客、供方和其他受益者;

(6)评价过程结果,发现改进机会,采取适当措施,实现项目质量持续改进。

实施本原则后将会增强结果的可预见性,更好地使用资源,缩短循环时间,降低成本;将对各个过程能力更明确,更有助于确立更具有挑战性的目标;采用PDCA循环的过程控制方法,能够以降低成本、避免失误、控制偏差、缩短循环时间、增强对输出的可预见性的方式得到满意的运行结果。

5. 持续改进的原则

项目组织改进的根本目的是不断满足各项目干系人的需要。项目是一次性的,但项目管理是开放性的、连续性的。不管是对于项目组织本身还是对于承接商而言,都应把项目管理看作一个过程。为了提高过程的效果和效率,就必须持续改进过程。又由于项目的一次性、成果的缺陷不可挽回性等特点,使项目组织改进的重点应该放在过程的持续改进上。

持续改进在项目质量管理中是一个永恒的主题,也是迎合顾客需求不断提高的质量原则。在项目质量管理过程中,就是通过策划明确的项目质量过程,并通过过程设计提出项目质量计划、管理实施和监控,把项目质量管理分为策划、控制、保证、改进、收尾几个阶段进行,其中策划阶段主要是项目的前期可行性研究和决策立项,包括提出项目需求和目标、决策成本、效益等可行性研究,以保证项目决策质量。质量控制、质量保证和质量改进是项目实施中的质量管理内容,重点是为了确保质量策划的落实,并根据项目实施过程中出现的不可预见因素及时地得到处理和化解,使得项目的质量预期得到保障,甚至通过工作质量的持续改进,使项目质量得到满意的提高。持续改进应贯穿于项目质量管理的全过程,以适应条件、环境的变化及顾客需求和期望的变化。

质量的持续改进是质量管理活动中最活跃、最富创造性、最具生命力的活动。它往往追求持续性与有效性相结合;强调过程的改进性与质量的稳定性相结合;强调项目质量管理手段,坚持预防和纠正措施相结合。

实施本原则应开展的主要工作有以下主要内容。

(1)持续改进是经常性的活动,应逐步使持续改进活动变成一种习惯。

(2)持续改进无处不在,但也有轻重缓急,同时也要消耗资源。具体做法是:首先,确定、测量和分析改进对象的现状;其次,分析并验证产生问题的根本原因;再次,明确改进的目标;最后,协调各层次的改进活动。

(3)对改进的结果加以分析,对已经肯定的成果加以推广,对不满意的改进结果进入下一循环的改进。

(4)为保证持续改进的顺利进行,应为员工提供有关持续改进的方法和技能的培训。

(5)通过循环改进确保项目有效运行并使得项目的质量得到持续改善。

(6)对持续改进取得的阶段性成果,应及时地给予相应的鼓励和激励。

6.以事实为决策依据的原则

有效决策是建立在数据和信息分析的基础上。在项目质量管理过程中,决策将会随时伴随其中,决策的有效性将决定质量管理的有效性。

项目的进展,离不开人流、物流、信息流,其中任何一项流通过程发生不畅、停顿,都会对项目的正常进行造成严重影响。其中信息流的畅通是保证项目进展过程中的人流、物流畅通的前提条件,信息流调节着人流和物流做有目的、有规则的活动,同时也及时反映项目进展的运行状态。所以,树立科学的信息观,以事实为决策依据也是项目质量管理成功的关键。项目的进展伴随着各种各样的数据、资料和信息。如项目机会的分析,项目可行性研究的制定,项目范围的明确,项目预算的编制,进度计划的安排,实施过程中测评与评价,以及对未来的预测等。对数据的要求包括及时性、准确性和可靠性。

决策者应采取科学的态度,以事实或正确的信息为依据,经过合乎逻辑的分析,做出正确的决策。在项目质量管理过程中必须避免盲目的决策和只凭个人主观意愿的决策。事实证明,成功的项目取决于实施之前的精心策划和正确的决策。

实施本原则应开展的主要工作有:

(1)按照项目质量问题的种类,明确收集信息的种类、收集渠道和收集方法;

(2)确保数据和信息的及时性、准确性、可靠性和可获取性;

(3)使用有效的方法分析和处理信息;

(4)建立项目质量管理信息系统,确保信息渠道的畅通;

(5)基于事实的分析,权衡经验,综合评判,理智决策。

7.系统性原则

项目质量是在项目进展的过程中逐步形成的。它受项目的不同的环节、不同的阶段、不同的要素的影响,包括同一环节、同一阶段中的不同因素之间的相互影响与相互制约,也包括不同阶段、不同环节之间的相互影响与制约。系统性的原则就是从全局性和整体性出发,围绕总体目标,分析、解决和协调局部与整体的关系问题。具体到项目质量管理当中,就应该围绕着组织所设定的质量方针和质量目标确定实现这一方针和目标的关键活动,优化由这些活动构成的过程,分析这些过程间相互作用、相互影响的关系,按一定的方法和规律将这些过程有机地组合成一个系统。

项目质量管理的客体是项目,项目质量管理的主体是项目干系人,项目的干系人各方客观上存在着相互矛盾又相互统一的关系。无论是从项目质量管理的主体还是从项目质量管理的客体来看,项目质量管理都可以被视为一个完整的系统。对系统的管理与优化应采用系统的原理和方法,通过各分系统协同作用、互相促进,实现项目质量目标。

实施本原则应开展的主要工作有:

(1)结合项目质量目标,建立项目质量管理体系;

(2)明确项目质量体系的组织结构、程序、过程和所需的资源;

(3)明确项目质量管理过程的顺序、过程的关系和过程结果;

(4)理解项目质量管理的各个过程之间的内在关联性,具有辨识和把握过程的能力,具有优化和再造关键过程的能力;

(5)不断衡量和监测过程状态,定期或不定期地评价项目质量管理体系,持续改进项目质量。

8. 共赢互利的原则

项目质量好坏在某种程度上可以同客户的满意程度统一起来,以满足外部和内部客户的期望,共赢互利是项目质量管理的出发点和落脚点。项目组织在客户关系上来说,它既是供方又是顾客,具有双重身份。作为供方的项目组织有它自身的受益者,各受益者有各自的期望,见表 1-2。作为顾客,项目组织又是供方(供应商)提供项目资源的接受者,资源包括人力资源、物力资源、技术服务资源等,资源本身的质量直接或间接地影响着项目质量。

表 1-2　供方受益者的典型期望

供方的受益者	典型的期望或需要
顾客	项目质量
员工	工作/职业的满意
所有者	投资效益
分供方	继续合作的机会
社会	公平/稳定的社会环境

供方提供的项目所需要的资源对项目质量产生重要的影响,它决定着是否能向顾客提供满意的、合乎质量标准的产品。因此,项目的承包商和供应商是相互依存、共赢互利的关系。供方在项目质量管理中一般具有以下作用:为项目提供原材料、产品和服务,为项目实现并获得利益创造条件;关键供方业绩的持续

改进有利于项目质量的改进与提高。

随着项目大型化和复杂化的提高，资源外取和任务多层外包将是项目实施的常用方式，建立与供方互利的原则是供需双方共同利益的追求，正确认识供方的作用，保持与供方正确的关系，监控供方所提供资源的质量也将是改进项目质量管理的有效途径。

实施本原则应开展的主要工作有：

(1)按照项目资源要求，识别并选择主要的供方；

(2)基于项目质量持续改进的要求，对资源提出新的改进和要求；

(3)对供方的改进和成就应给予承认、鼓励和补偿；

(4)与关键供方共享专门技术和资源；

(5)供方作为项目资源的提供者，应共同理解顾客的需求；

(6)与供方的关系建立在互利共赢和长远信任的基础上。

八项项目质量管理原则是对项目质量管理长期实践的高度概括和总结，是开展项目质量管理的最一般的规律，体现了质量管理的精髓和基本理念。八项项目质量原则可以看成是项目组织开展质量管理的整体性要求框架，各个原则之间既有联系又有区别，对项目组织所存在的质量问题不同、所拥有的资源不同、所处的境况不同，执行各项原则时应有所侧重。每条原则清楚地说明了在项目质量管理活动中，项目的各个管理者和所有员工应当从事的主要工作。掌握并运用好项目质量管理原则对规范项目工作质量、过程质量，改进产品(可交付物)质量，提高顾客满意度具有积极的效果。

第五节　项目质量管理的基础工作

项目质量管理的基础工作，是指为实现项目质量目标和加强项目质量管理所必备的不可少的工作。其主要工作包括标准化工作、计量工作、质量信息工作、质量责任制和质量教育工作等。这些工作是项目质量管理工作开展的立足点和出发点，也是开展项目质量管理工作的前提和保证。

一、标准化工作

标准化是指制定标准、推广贯彻标准和改进标准的过程。标准是经主管机构批准的，以科学、技术和实践经验的综合成果为基础，以特定形式发布作为共同遵守的准则和依据。标准，一方面是衡量产品质量和各项管理工作质量的尺度，另一方面又是项目组织进行各项生产技术活动和管理活动的依据。

标准，按标准的应用范围、标准的内容性质等可形成不同分类：其一，按标准的适用范围分类，可分为国际标准、国家标准、行业专业标准和企业标准。国际标准是指国际标准化组织（ISO）和国际电工委员会（IEC）所制定的标准，还包括其他有权威的国际组织，如国际电信联盟（ITU）、国际电报电话咨询委员会（CCITT）、国际无线电咨询委员会（CCIR）、国际铁路联盟（UIC）、世界卫生组织（WHO）、联合国粮农组织（UNFAO）等国际组织中规定的有关标准。国家标准是全国范围内统一的技术标准。在我国，国家标准由国家标准主管部门委托有关部门起草，经审查后由国家标准主管部门公布，全国范围内必须共同遵守。行业专业标准是全国性的各专业范围统一的技术标准，包括在全国同行业中适用的技术标准，产品质量标准和检验标准。行业专业标准由各行业专业主管部门发布或由有关部门联合发布，并报国家标准主管部门备案。企业标准是由企业组织制定的技术标准，在企业内部统一贯彻执行的技术标准。其二，按标准的内容性质分类，可分为技术标准和管理标准两大类。技术标准是对技术活动中需要统一协调的事物所制定的技术准则，是可直接用于衡量质量特性的尺度，是进行项目质量管理活动的主要依据；管理标准是为了有效地组织各有关质量管理部门行使其管理职能而制定的标准。管理标准的内容主要有技术管理标准、行政管理标准、管理业务标准和工作标准和程序等。其三，按标准对象特性分类，可分为基础标准、产品标准、方法标准、安全卫生标准和环境标准。基础标准是制定其他各类标准的依据，具有普遍指导意义；产品标准是对产品的性能、结构、规格和检验方法所做的技术规定；方法标准是对施工、生产、工艺技术和组织管理活动中最佳方法所做的统一规定；卫生安全和环境保护标准用于规定产品应达到的安全要求，生产、使用中的排污极限，控制不符合规定产品的生产和使用等。

项目质量管理离不开标准。标准化工作是项目质量管理的基础工作，加强标准化工作，对改善项目工作质量、工程质量，提高项目产品质量具有重要意义。

二、计量工作

计量工作是项目实施过程中不可缺少的重要环节，是确保工作质量和产品质量的重要手段和方法。计量工作包括计量检定、测试、化验和分析工作，主要是用科学的方法和手段对项目实施过程中质与量的数值进行监控。

做好计量工作重点应抓好下列工作：

(1)按照项目质量特性值的要求，对计量器具和仪器进行合理配置和使用；

(2)规定计量检测设备的校准周期，坚持定期校准制度，完善计量保证；

(3)加强计量检测的日常管理，建立健全的计量管理程序和制度。包括计量人员岗位责任制、计量器具检定制度、计量器具分级管理制度、周期检定制度、计量室工作制度、计量器具维护保养制度、计量器具损坏赔偿制度等；

(4)不断改进计量器具和计量方法，实现测试手段的现代化。

三、质量信息工作

项目质量信息工作渗透于项目质量管理工作的全过程，项目质量信息是项目质量活动中的各种数据、报表、资料和文件，是反映项目实施过程中的质量工作状态和项目质量产品的主要依据，是搞好质量管理不可缺少的一项基础工作。项目的实施可以视为一个系统，大型项目是一个复杂系统，小型项目是一个简单系统。在整个系统中，贯穿着两种“流动”，一种是人、财、物的流动，另一种是随之产生的大量数据、资料、图纸、报表、指标等信息的流动。信息流的任何阻塞都会使人流、物流和资金流产生混乱。

做好项目质量信息工作的关键主要体现在以下几个方面：

(1)注重原始信息的完整性和真实性；

(2)正确地收集和处理信息；

(3)明确信息源，即信息的发生或发出的始端；

(4)规定信息流程，明确信息传递、反馈的渠道，确定输入输出条目、流向及时间的具体要求；

(5)建立健全质量信息管理系统。

四、质量责任制

项目质量责任制是指组织在实施项目的过程中在质量问题上所规定的责任、权利和利益的一种规章制度。好的项目质量责任制明确规定各个职能部门和每个岗位的员工在质量工作中的职责和权限，并与考核奖惩相结合的一种质量管理制度和管理手段。质量责任制的核心在于项目质量工作事事有人管，人人有专责，办事有标准，结果有检查，质量有保障。

质量责任制按质量责任范围可以分为：项目经理的质量责任制，各职能部门的质量责任制，各种岗位人员的质量责任制。进行质量责任制的贯彻落实，首先要做好培训工作，让每个员工都能熟悉本岗位应该做什么、怎样做；工作要求达到的结果是什么，工作的好坏对结果产生的影响；所承担的工作的重要性；工作中会发生什么问题，如果发生，会导致什么结果；应采取什么措施可以预防或防止问题的再发生。其次，应对每个岗位人员适应岗位工作要求的能力和技能进行考核，考核合格者，具备岗位资质能力保证的方准许上岗。最后，要与考评、奖惩等激励措施相结合，充分体现“责权利一致”的原则。

五、质量教育工作

项目质量教育工作主要包括质量意识教育、质量管理知识教育和专业技能培训。质量意识是一个项目组织从最高决策层到每一个员工对质量和质量工作的认识和理解，它对质量行为起着极其重要的影响和制约作用。质量意识体现在每一位员工的岗位工作中，也集中体现在最高决策层的岗位工作中，是一种自觉地去保证项目可交付物(硬件、软件和流程性材料)质量的意志力。质量意识教育的内容包括质量的内涵、质量对组织的意义、质量责任、质量理念等内容；质量管理知识教育的内容包括质量管理的基本理论、基本方法和基本技能。如：ISO 质量标准体系、统计原理、抽样技术、质量控制方法与工具、PDCA 循环、正交设计方法等内容；专业技能培训包括施工技术和技能的培训，让员工清楚地掌握材料的性能、用途、施工特性、工艺流程和检验办法等。

本章小结

本章作为本书的开张篇，从质量的本源和特点作为讨论的起点，论述了质量发展的概念；随着项目管理理论与实践的发展，项目质量及其质量管理已经构成了项目管理的重要内容之一，本章结合项目的特点，阐述了项目质量和项目质量管理的内涵；项目质量与项目范围密切相关，项目成本、项目质量和项目范围被视为项目质量管理的铁三角，充分理解项目范围的概念，深刻领悟项目质量与范围、成本、时间的关系对取得项目成功至关重要；本章作为本书的第一章，对从事项目质量管理所遵循的共同语言——项目质量管理的相关术语进行梳理和归纳，并扼要分析了项目质量术语之间的关系；本章从质量管理发展的阶段出发，详尽地阐述了项目质量管理的内涵、项目质量管理应遵循的主要原则；最后，对实施项目质量管理的前提和保证，即项目质量管理的基础工作做了简单介绍。全面掌握本章的内容是学好本书的基础。

思考练习题

1. 什么是质量、产品质量、项目质量？
2. 简述质量观念的演变。
3. 项目的特点是什么？
4. 结合具体的项目说明项目的质量特征应包括哪些？
5. 什么是项目范围和项目范围管理？
6. 项目范围管理的作用是什么？
7. 简述项目范围与质量的关系。

8. 简述质量管理发展的几个阶段。

9. 什么是项目质量管理？简述项目质量管理的内容。

10. 项目质量管理的主要原则包括哪些？您是如何理解的？

11. 项目质量管理的基础工作包括哪些？

12. 结合您所了解的公司，谈谈如何加强项目质量管理基础工作。

进一步阅读资料

1. 王祖和. 项目质量管理. 机械工业出版社，2004

2. 顾勇新. 施工项目质量控制. 中国建筑工业出版社，2003

3. 韩福荣. 现代质量管理学. 机械工业出版社，2004

4. 赵涛，潘欣鹏. 项目质量管理. 中国纺织出版社，2005

5. Project Management Institute Standard Committee, *A Guide to The Project Management Body of Knowledge*, PMI, 2000

参考文献

1. 戚安邦主编. 项目管理学. 南开大学出版社，2003

2. 王祖和. 项目质量管理. 机械工业出版社，2004

3. 顾勇新. 施工项目质量控制. 中国建筑工业出版社，2003

4. Dennis Lock 著，李金海等译. 项目管理(第八版). 南开大学出版社，2005

5. 韩福荣. 现代质量管理学. 机械工业出版社，2004

6. Project Management Institute Standard Committee, *A Guide to The Project Management Body of Knowledge*, PMI, 2000.

7. 毕星，翟丽主编. 项目管理. 复旦大学出版社，2000

2

第二章　项目范围管理

本章导读

项目质量是项目的固有特性满足项目相关利益主体(干系人)要求的程度。项目产品范围的完成情况是依据客户的要求来界定和核实的,而项目工作范围的完成情况则是参照项目计划来检验的。项目工作范围是实现项目产品范围的保证,明确的项目产品范围又是实现项目质量的前提。本章就项目范围管理的内容进行了详细的论述,主要包括项目范围的规划、项目范围的定义、项目范围的核实以及项目范围的变更控制。

第一节　项目范围管理内容概述

项目范围管理是对项目范围进行规划、界定、核实和变更控制的过程。目的在于保证项目在特定资源、特定时间和特定预算范围内实现项目的可交付物,以满足项目各方的要求。项目范围管理的内容框架见图 2-1。

一、确定项目范围规划

做好项目范围规划是项目取得成功的关键。范围规划是将产生项目产品所需进行的项目工作(项目范围)渐进明细和归档的过程。做范围规划工作需要参考很多信息,比如产品描述、项目章程、约束条件、假设前提等,所有这些通常对项目范围已经有了粗线条的约定,范围计划须在此基础上进一步深入和细化。

范围计划中究竟应该包含哪些内容呢?不同的计划详尽程度自然不一样,其中范围说明和范围管理计划必须包含在内。

范围说明在项目参与人之间确认或建立了一个项目范围的共

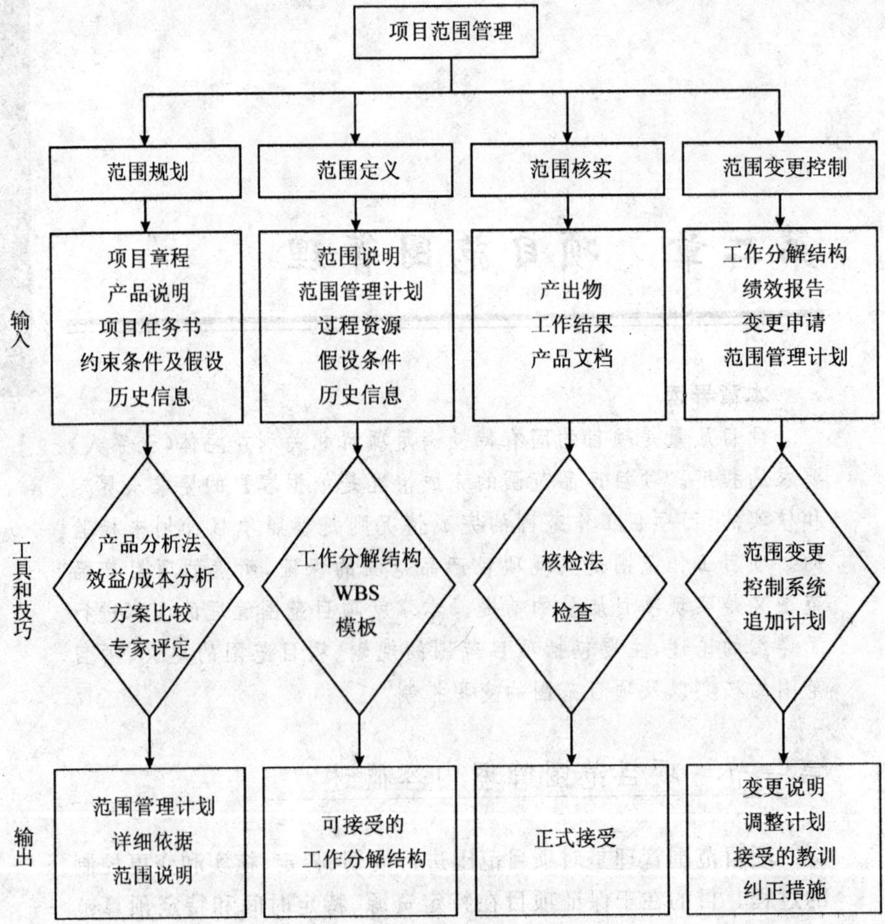

图 2-1 项目范围管理内容框架

识，作为未来项目决策的文档基准。范围说明中至少要说明项目背景、项目产品、项目可交付成果和项目目标。项目背景是项目由来的简要描述，项目产品是产品说明的简要概况；项目可交付成果一般要列一个子产品级别概括表，如：为一个软件开发项目设置的主要可交付成果可能包括程序代码、工作手册、人机交互学习程序等。任何没有明确要求的结果，都意味着它在项目可交付成果之外；项目目标是要考虑到项目的成功性，至少要包括成本、进度表和质量检测。范围管理计划主要描述项目范围如何进行管理，项目范围怎样变化才能与项目要求相一致等问题。它也应该包括一个对项目范围预期的稳定而进行的评估(比如：怎样变化、变化频率如何及变化了多少)。范围管理计划也应该包括对变化范围怎样确定，变化应归为哪一类(当产品特征仍在被详细描述的时候，做到这点特别困难,但绝对必要)等问题的清楚描述。

二、项目范围定义

项目范围定义的最终结果是给出一份关于项目的工作分解结构及其说明。项目工作分解结构(WBS)是由那些构成并界定项目总体范围的项目要素和项目工作包,按照一定的原则分类编组所构成的一种层次结构体系。它是有关项目产出物和项目工作的详细描述,这种分层细化的项目工作分解结构详细地描述了一个项目的产出物和工作范围。其中,所有为实现项目目标所需的工作都应该包括在项目工作分解结构之中,而所有未包括在项目工作分解结构中的任务就都不应属于项目范围之列。

恰当的范围定义对项目成功十分关键,当范围定义不明确时,变更就不可避免地出现,很可能造成返工、延长工期、浪费资源、降低团队士气等一系列不利的后果。

项目工作分解结构是使用结构化分析方法获得的有关项目要素和项目工作的分解结构。常见到的一些其他的结构化分析方式有:

(1)项目合同工作分解结构;

(2)项目组织分解结构;

(3)项目资源分解结构;

(4)项目物料清单;

(5)项目活动清单。

比较常用的方式是以项目进度为依据划分工作分解结构,第一层是大的项目成果框架,每层下面再把工作分解,这种方式的优点是结合进度划分直观,时间感强,评审中容易发现遗漏或多出的部分,也更容易被大多数人理解。

三、项目范围核实

项目范围核实又称范围验收。当项目或项目某个阶段结束时,项目经理要把已经完成的项目可交付成果交给该项目成果的使用者或其他有权接收的项目干系人,如发起者、项目业主或项目使用者。而在正式移交之前,接收方要对已经完成的工作成果或项目活动结果进行审查,核查项目计划规定范围内的各项工作或活动是否已经完成,可交付成果是否令人满意。如果项目阶段完成,则应该查明有哪些工作已经完成,或是已经完成到了什么程度,并将核查结果记录在案。

对于项目经理或项目管理人员来说,可以通过检查来实现范围的核实。检查一般包括测量、测试、检验等活动,以确定结果是否符合要求,检查又可以被称为审查、产品审查、审计、巡回检查等。在进行项目范围核实时，应向接收方出示能够明确说明项目（或项目阶段）成果的文件，如项目计划、技术要求说明书、技术文件、图纸等。

四、项目范围变更

制订项目的范围计划应尽可能多地考虑到各种因素，收集到尽量多的有用信息，但是想获得制订计划所需要的完备信息是不可能的，也是不经济的。所以说要想制订一个完美无缺的范围计划，在实施过程中不出现任何改变几乎是不可能的。因此，对变更的管理是项目经理必备的素质之一。适当的变更并不糟糕，糟糕的是缺乏规范的变更管理过程。项目经理在管理过程中必须通过监督绩效报告、当前进展情况等来分析和预测可能出现的范围变更，在发生变更时遵循规范的变更程序来管理变更。

第二节　项目范围规划

项目范围规划分为广义范围规划和狭义范围规划。所谓的广义项目范围规划是指从项目选择分析、项目产品描述到形成项目范围管理计划的过程，狭义的项目范围规划仅指项目范围计划的编制过程。项目范围规划的内容框架见图2-2。本节从广义的项目范围规划角度加以论述。

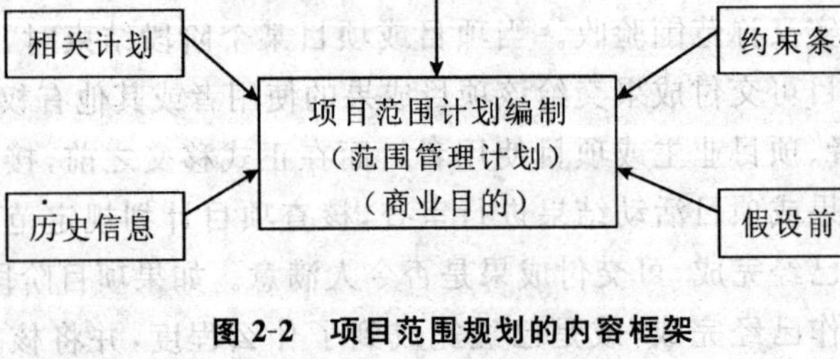

图 2-2　项目范围规划的内容框架

一、项目需求分析

项目的发起产生于各种原因，但主要是项目发起人识别到其中需求的机遇萌发动机而产生的。需求主要来自以下几个方面。

(1)市场需求(如某汽车公司针对市场上汽油短缺,价格上涨的现象,而批准一个项目,以研制更省油的汽车发动机)。

(2)商业需求(如为了迎合中小型公司获得商业贷款需要进行商业资信评价的要求,某咨询公司开设该类新业务)。

(3)顾客需求(如某电力公司批准一个项目,建立新的变电站向一个新的工业开发区提供电力资源等)。

(4)技术进步需求(例如一家电子公司在计算机内存不断增加的情况下,批准开发一个新型内存加工技术项目)。

(5)法律需求(如为了满足《中华人民共和国环境保护法》对汽车尾气排放标准的要求,汽车制造商申请上马新型发动机R&D项目)。

上述需求有的是大众的需求,即公共需求;有的则是个人、单位或企业的需求,即个体需求。无论是公共需求还是个体需求,都需要进行需求识别分析、可行性研究、SWOT分析等环节,权衡各方利益得失,考虑各种因素,最后科学决策是否立项。项目需求分析是项目选择必不可少的过程,是项目取得成功的起点。项目选择通常涉及两类基本选择模型——数学模型和非数学模型。

在项目立项前期,对于委托人或项目干系人对产品、服务和过程明确的或隐含的需求,应当用文件的形式来表述,即需求建议书。需求建议书要经过双方的同意。

1.项目需求建议书

项目需求建议书(Request For Proposal,RFP)就是客户向承约商发出的用以说明如何满足自己已经识别的需求的建议书。其主要内容包括:项目的工作陈述、对项目的要求、期望的项目目标、客户供应条款、付款方式、契约形式、项目时间等,见表2-1。项目建议书、可行性研究报告、立项批准、承接合同等在项目范围规划阶段属于里程碑事件。

此外,RFP中还可以包括客户用来评价相互竞争的承约商的申请书的标准。如承约商在类似项目中的经验、他们提出的技术方法、他们的进度计划以及所用的成本等。尽管RFP中很少指出客户所拥有的可用于此项目的资金量,但在某些情况下,客户暗示一下大约的费用数额,将会对项目的迅速签约很有帮助。这样,承约商提交的申请书就能够与资金水平相适应。否则,很可能所有承约商提交的申请书中的价格都大大超出客户可支配的资金。于是,客户不得不要求所有的承约商重新提交申请书。

表 2-1 项目需求建议书的内容

主要内容	详细说明
工作陈述	描述项目的工作范围,概括说明客户要求承约商做的主要工作内容或任务范围
客户要求	客户要求应转化为项日质量特性指标进行描述,包括描述项目产品性能、大小、数量、颜色、速度等物理参数和非物理参数
项目目标	客户对可交付成果的期望说明。这是承约商所提供的实体内容,也可能是客户要求承约商提供的定期进度报告或结束报告
客户供应条款	说明客户可以提供给承约商的设备、资源及其提供的条件等
付款方式	付款方式、数额、结构比例的约定,是承约商关注的重要内容。有些项目可能会在项目开始前或结束后一次性将款项支付给承约商;有的项目则可能由于项目周期较长,资金额较大,并考虑到项目可交付成果的质量问题,客户会按一定的进度或某种比例,分批将项目款项支付给承约商
契约形式	说明使用的合同类型。合同可能是按固定价格合同或成本补偿合同签订。所谓固定价格合同是不论承约商实际工作花费是多少,客户都得按照既定的价格支付承约商款项。合同也可能还规定了时间、原材料限制,在这种情况下,客户不管实际成本是多少,都会给承约商特定的报酬
项目时间	客户对项目的时间提出明确的要求,包括项目交工期限和各阶段完工时间

2. 合同

为了项目管理的目的,客户和承包商之间的合同应该是书面的。这也同样适用于所有的项目承包商和分承包商以及物资劳务供应商之间的合同。适当起草的文件能确保每项协议的所有方面可作为以后工作的参考,包括对合同的管理和作为需要解决争端的根据。

1)签订合同的前提条件

合同文件应是一个采购订单,一份交换的证书,一个特别起草的合同或一份预先打印的标准格式。为了一份合法的有约束性的合同成立,必须满足以下条件。

其一,意图。双方必须使合同具有合法性和有约束力。在项目合同中这种意图将被认为除了双方特别提到的内容,其他方面合同只是“君子协定”的正式形式。项目经理一般不涉及该问题,除非问题可能由管理层和贸易联盟之间的集体协议所引起。

其二,报价和承约。承包商必须在合同中以特别的条款表明其报价的意愿,当客户告知承包商报价没有问题地被接受时,合同对双方就成为合法而有约束力的。客户必须在任何承包商规定的报价时间终了前取得确认。可能会发生报价和实际接受的价格变得不清楚的情况。因此报价必须尽可能由完全及时的说明书来规定,对谈判期间所有认可的变化都进行必要的修改。

其三，对等性。一份合同必须确保每一方承诺给另一方带来利益。在项目中这通常意味着一方承诺在特定日期前交付一定的货物、资产或服务，另一方承诺接受相应货物、资产或服务并支付报酬。任何一方不能履行其承诺都能导致另一方违背合同。

其四，能力。如果某个公司的报价脱离其联合备忘录条款中说明能力的范围时，公司就没有能力执行报价并且合同是无效的(越权或"超出能力之外")。

2)合同范围

合同文件应详细说明承包商应承担的准确职责。采购商和承包商必须都清楚地知道任何价格或费率中包括什么，不包括什么。在其最低范围，应将分包商限制在最小的参与活动中。在另一极端，承包商应完全管理大项目，对全部工程负有责任(这意味着只有当项目全部完工并交付使用时才移交给客户)。

为了避免错误和遗漏，并提高合同的使用效率，很多机构用标准或范例形式来指导起草新合同的过程或将有用部分全部使用。最常见的是，为了将起草新合同需要将内容移过来的标准合同是通常的采购订单，在其背面印有标准条款。

专业机构(特别是工程协会)、国家机构、贸易联合会和一些大型公司，已经开发了与其特定行业或专门学科相关的样式合同。对所有样式合同的日期与版本在使用时都应加以修改，使用者应明确自己有最新的版本。

3)合同定价

任何项目组织都会精心设定全面定价策略。利润目标和估计成本与销售价格的关系会被严格制定。对某些重要项目的定价决策通常不属于项目经理，而是由最高管理层做出。公司一般对核准的报价单有一套手续，在公司对潜在客户做出任何承诺前，新提议通常要在高级管理层或董事级的会议讨论和得到批准。

有人可能会想固定的销售价格可以由在特定级别一系列项目估算和成本加成来获得。不幸的是，实际上很少能这么直接。即使一个项目在固定价格或可收回成本基础上定价，设定费用的级别也是专家判断的问题而不是简单的会计问题。

正确的项目定义和可靠的成本估算对定价过程极为重要。它们提供了一个平台，在这里利润可以根据价格的设定而预测。不可信的估算造成一种趋势，使得意外准备金和价格加成比率提高以弥补增加的风险，可能造成在激烈竞争市场上失掉获得订单的机会。可靠的估计也是和客户后续价格谈判的重要基础：承包商必须尽可能准确地知道，在利润减少到一定程度前还有多少价格降低的空间。

4)合同类型

合同的种类很多，主要的合同种类及其适用条件见表 2-2。

表 2-2 主要的合同种类及其适用条件

合同类型	适用条件
固定价格合同	固定价格合同是在相同情况下的一个或多个承包商对采购商明确说明的工作进行投标，对全部工作提出一个统一的价格。一般情况下承包商不能增加报价。但如果有承包商控制之外的特殊因素发生（国家行业工资奖励是很平常的原因）时，允许重新谈判价格或增加额外费用
目标价格合同	目标价格合同与固定价格合同相似，但当一些关于项目事先定义成本的不确定性存在时，才被应用。如果审计过的项目最终成本超过估计，或者显示有结余，合同就允许价格调整，这样风险和收益一定程度上在客户和承包商之间分担
最高保证价格合同	最高保证价格合同是一种目标成本合同，虽然成本节省能被分享，但承包商在一定程度上被限制将其超过成本加到目标价格中
简单成本补偿合同	简单成本补偿是承包商的成本和费用的补偿，但没有利润。这种付款类型有时当工作被母公司或被同一集团下属的全资子公司完成时发生。这种情况一般不使用正式的合同
成本加成合同	成本加成合同是补偿合同的常见形式。如同简单补偿合同，承包商对使用材料和时间表上记录的工时收费，但客户同意的费用不仅是补偿直接成本和经费，还产生一定的利润
进度费用合同	进度费用合同是一种成本补偿合同（通常是成本加成），根据完成的工作量来收费。对包括的每种工作单位的收费要经客户事前同意
成本补偿加管理费合同	这是一种承包商的成本补偿合同，其利润以固定费用形式，而不是作为费用的加成。不同于成本加成，承包商的利润收益不随成本增加，而是当项目成本升高时按比例下降，是使承包商保持低成本的一种激励方式

二、项目范围说明

项目范围说明的目的是记录项目的目标、可交付成果以及要求，以便把这些内容作为未来项目决策的基线。或者说，范围说明书是进一步明确或规定一个项目参与者之间能达成共识的项目范围，为制定未来的项目决策提供一个坚实基础。随着项目实施不断取得进展，阐述的这个范围可能需要修改或不断精确，从而更好地反映项目范围的变化。

完成项目章程的同时，也完成了有关范围说明的大量工作。项目章程可以作为范围说明的输入，其中包含了项目目标和主要可交付成果。范围说明书可以直接进行分析得出，也可以通过参考其他文件得出。一般来说，项目范围说明书要由项目团队来编写，而且在编写时，需要考虑到限制或制约自己行动的各种因素。例如，准备采取的行动是否有可能违背本组织的既定方针。

编写时的重要一点是内容要清晰、准确，要将项目目标、可交付成果和要求在范围说明书中加以清晰、准确的描述，以便事后不会产生误解。通常要做到以下两点。

(1)内容全面。范围说明书中应该包含一个关于所有项目要求的综合列表，因为这份文档形成了项目利益相关者和项目组从此以后工作的共同出发点。拟订好的范围说明书应该给一些关键的项目利益相关者过目，因为不同的人对同一事物的理解不同，只有阐述得清楚、准确，才不会产生歧义。大家通过之后，才能公布。项目团队将用这份文档来比较项目产生的结果和预期的规定是否一致，从而确定项目是否成功完成，因此一定要在范围说明书中覆盖所有必要的方面。

(2)达成共识。与项目章程相似，范围说明书应该公布并且分发给项目利益相关者、关键管理人员和项目团队成员。当项目利益相关者签发并且同意了这个范围说明书后，他们也就同意了项目的可交付成果和要求。他们的同意以及对项目要求和可交付成果的签字将很可能使他们积极参加此项目并在今后的工作中予以合作。

在编写项目范围说明书时必须有项目的成果说明书，作为范围规划的前提依据。所谓成果，是指任务的委托者在项目结束或者项目某个阶段结束时要求项目团队交出的成果。显然，对于这些要求交付的成果都必须在书面上有明确的要求和说明。

范围说明书因项目类型的不同而有所不同。规模大、内容复杂的项目，其范围说明书可能会很长。政府项目通常会有一个被称为工作说明书的范围说明。有的工作说明书可以长达几百页，特别是要对产品进行详细说明的时候。总之，范围说明书应根据实际情况做适当的调整以满足不同的、具体的项目的需要。

通常，项目范围说明书还应配有附加说明，以便为项目范围说明做辅助说明。它应根据需要记录和编组一些文件，并通过其他项目管理程序，使之便于使用。附加说明总是包括所有已认定的假设文件和制约因素。附加说明的数量在不同的领域中会有所不同。

项目的范围说明书主要应该包括以下四个方面的内容。

(1)项目的合理性说明。即解释为什么要实施这个项目，也就是实施这个项目的目的是什么。项目的合理性说明为将来提供了评判各种利弊关系的基础。

(2)项目目标。项目目标是所要达到的项目的期望产品或服务。确定了项目目标，也就确定了成功实现项目所必须满足的标准。项目目标至少应该包括费用、时间进度和技术性能或质量标准。值得注意的一点是，如果项目目标不能够被量化，则要承担很大的风险。

(3)项目可交付成果清单。如果列入项目可交付成果清单的事项一旦被完满实现，并交付给使用者——项目的中间用户或最终用户，就标志着项目阶段或项目的完成。

(4)项目产品介绍。说明书应介绍产品的简要概况，阐明项目工作完成后，所生产出的产品或服务的特征。产品说明通常在项目工作的早期阐述较少，而在项目的后期阐述较多，因为产品的特征是逐步显现出来的。产品说明也应该记载已生产出的产品或服务同商家的需要或别的影响因素间的关系，它会对项目产生积极的影响。尽管产品说明的形式和内容是多种多样的，但是，它们都应足够详细，以便对今后的项目规划提供详细的、充分的资料。

三、项目范围管理计划

项目范围管理计划是项目计划中一个重要的组成部分。由于项目所做的是前所未有的工作，因此，计划编制对项目来说是非常重要的，是一项贯穿项目整个生命周期的持续不断的工作。

范围管理计划就是将生产项目产品所需进行的项目工作(项目范围)渐进明细而形成的文档。此文档描述项目范围是如何被管理的，以及项目范围的变更是如何被集成到项目中去的。范围管理计划应当包括对项目范围所预测的稳定性的评估(例如，可能发生范围变更的原因、变更的频率和变更量)。范围管理计划也应当清晰地描述如何对范围变更进行确定和分类。当产品特征仍在被详细描述阶段的时候，要做到这一点尤其困难，但却是非常必要的。

项目范围计划的编制是以项目产品描述、项目章程、各种约束条件和假定的最初定义为依据的。在进行范围计划编制时，可以使用多种不同的工具和技术，如产品分析、收益/成本分析、项目方案识别技术、专家评定等。

(1)产品分析。产品分析的目的是为了加深对项目结果的理解。它主要运用系统工程、价值分析、功能分析等技术。在一个项目的范围计划过程中，可以使用不同的项目产出物分析方法和技术，从不同的角度对项目产出物进行全面的分析和界定，从而更好地制订出一个项目的范围计划。

(2)收益/成本分析。收益/成本分析就是估算不同项目方案有形的和无形的费用和效益，其中最主要的是从项目业主/客户的角度出发，全面进行项目财务评价的方法。这种方法可以使用项目投资回报率、项目投资回收期、项目投资净现值分析和内部收益率分析等项目财务评价指标去确定一个项目范围计划方案的经济性。使用这种收益/成本分析方法，可以确定出采用哪个项目范围计划方案更为经济合理。

(3)项目方案识别技术。一般指用来提出实现项目的各种不同方案的所有技术。有许多通用的管理技术。其中，最常用的项目管理技术方法是“头脑风暴法”和“横向思维法”。头脑风暴法是一种有利于创造性思维的集体思辨和讨论的会议方法。这种方法要求参加人充分想象，畅所欲言，任何人不允许批评他人的观点或建议，所有提出的方案都需要记录在案，直到最后大家一起来分析和评价这些建议和想法，并从中找出可行的方案。横向思维法与传统的纵向思维方法不同，它不要求人们按照一种模式或程序去思维，而要求人们打破原有的框框，重构一种思维模式。

(4)专家评定。一般情况下，当人们开展创新性和独特性很强的项目时，都会遇到许多前所未有的项目管理方面的问题，此时最好的办法就是借助专家们的专业知识，即采用专家判断法以制订项目的范围计划是唯一的选择。因为这种项目有许多范围界定方面的问题涉及项目所属专业领域的专业知识以及其他方面的知识；不管是对项目产出物的描述，还是对项目目标和项目工作的定义与确定，都会涉及一些专家才能够掌握的专业知识。所以，在制订项目范围计划时，就需要有一些项目管理和项目所属专业领域等方面的专家为这类项目提供专门的项目管理和业务专业方面的知识。

范围管理计划应该是书面形式的，并且基本上在公布范围说明的同时分发给相关人员。如果尽早地把范围管理计划发到项目干系人手中，就可以消除以后在项目中将会出现的一些范围更改方面的问题。

综上所述，广义项目范围规划包括基于需求分析的项目建议书的拟订、合同的生成、项目范围说明和项目范围管理计划等方面的内容。一般情况下，一个项目的范围计划可以是正式的或者是非正式的、详细的或者是粗略的，这是根据一个项目的具体需求而定的。项目范围计划是项目管理中的一个重要的专项计划文件，它需要在项目集成计划的指导下制订。一份精心编制的项目范围计划也是整个项目计划的基础和核心。

第三节 项目范围定义

项目范围定义是以范围规划的成果为依据，把主要的可交付成果分解成较小的并易于管理的单元，即形成工作分解结构(WBS)，更便于管理的许多组成部分，以及通过这种分解定义出项目全部工作的一种项目管理活动。项目范围定义的目的在于：明确界定项目的产出物和工作，提高对项目成本估算、项目工期和项目资源需求估算的准确性，为项目的绩效度量和管理控制确定一个基准，便于明确和分配项目的任务与责任等。恰当的范围界定对项目的成功是十分关键的。当范围界定不明确时，就会不可避免地出现变更，并破坏项目实施的节奏，进而造成返工、浪费资源，或延长项目工期、降低项目团队成员的士气和工作效率等一系列坏的影响，从而造成项目最后的成本大大超出预算。

一、项目范围定义的依据

项目范围定义工作必须要有足够的依据和信息。项目范围定义工作的主要依据有:项目范围说明、项目范围管理计划、项目的限制条件与假设前提条件以及其他一些相关的信息。其中,项目范围说明、项目范围管理计划、项目限制条件和假设前提条件是最为重要的依据和信息。需要特别说明的是,当一个项目是依照合同由承包商实施时,承包合同中确定的各种约束条款都是在项目范围定义过程中着重考虑的项目限制条件和项目假设前提条件。在项目范围定义时,还应该注意核查一下项目实施组织的日常运营和组织的其他项目计划是否会对本项目的范围定义形成影响或造成制约。另外,在项目范围定义时,还应该考虑利用相关项目的历史资料和信息。项目范围定义的流程图见图 2-3。

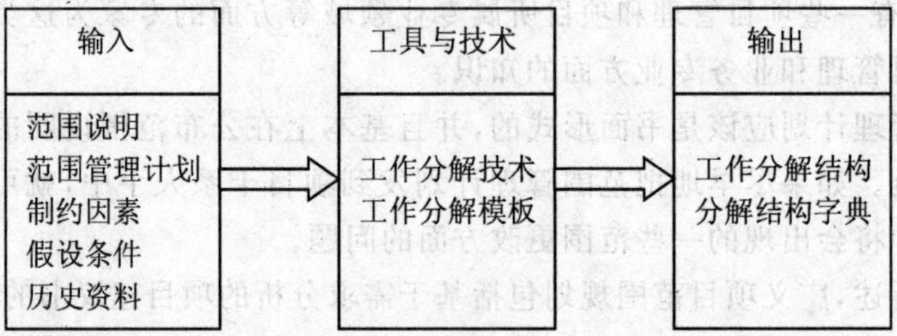

图 2-3 项目范围定义的流程图

二、项目范围定义的工具与技术

项目范围界定的过程是在充分研究客户的需求建议书的基础上,依据项目范围说明书将项目范围内的工作分解为具体、细致、明确的执行单元,并以此为依据绘制工作分解结构图(Work Breakdown Structure,WBS);然后编写出项目工作分解结构字典,对项目工作分解的所有工作包(Work Package)进行详细说明;最后,将这个树型结构中的每一项工作都落实到项目成员上,建立起描述项目责任落实情况的项目组织分解结构(Organization Breakdown Structure,OBS),同时还需要为各项目成员配备必要的资源,建立起描述资源配置情况的项目资源分解结构(Resource Breakdown Structure,RBS)。

开发项目的工作分解结构是项目管理活动链条中必要的一个步骤。Devaus(1999)在强调 WBS 的重要性时写道:"对每个项目来讲,如果让我来提期望并且只能提出一点期望的话,我愿意该项目能有一个全面而又详细的

WBS。"[1]缺乏良好WBS的项目可能会比任何其他一种原因更能导致工作的无效率、工期进度的耽搁以及成本的超支。

项目范围定义是一项非常严密的分析、推理和决策工作,因此需要采用一系列的逻辑推理的方法和分析识别的技术。在这项工作中经常使用的关键技术方法主要包括如下几种。

1.工作分解技术

工作分解技术是指将(根据项目目标确定的)项目产出物和项目工作进行逐层细分,最终确定出项目工作包(Work Package),从而界定一个项目的范围的一种技术方法。换句话说,工作分解技术是用来建立一个项目的工作分解结构(WBS)的技术方法。这种技术方法可以通过从项目目标分解到项目产出物,再到项目工作包的逐层分解,最终分解得到项目全部工作包,并由此最终定义出一个项目的范围。在项目工作分解结构中,项目目标可以作为项目工作分解结构中的第一级要素给出;通过项目目标分解出项目的产出物,所以项目产出物可以作为项目工作分解结构的第二级要素给出;然后根据项目目标和项目产出物可以进一步分解得到项目的主要工作或项目生命周期的主要项目阶段,而这些项目主要工作或项目阶段可以作为项目工作分解结构的第三级要素给出;通过项目主要工作和项目各阶段的进一步分解就可以得到整个项目的全部工作包了。通常,项目工作包应该是项目工作分解结构中的最低一级的要素,是工作分解结构中不能够再进一步分解的最低级的要素。

除了将项目工作分解看作一种系统树之外,还可以把它看作一种智力拼图游戏(Jigsaw Puzzle),即把每一块儿都放在适当的位置,并且不得遗漏任何一个部分。应用此种方法要保证以下两点。

其一,必须找到一种能够简单明了识别出每一个组成部分并且能够指明该部分与其他部分之间位置关系的一种方法。达到此目的的方法是为每一个分解后的工作包赋予一个标识编码,这种识别编码是通过应用一种仔细设计的合乎逻辑的系统来生成的,可以用来表示每个组成部分的定位或地址。编码是精确传递某个工作细目必要信息的一种速记方式。从项目管理的角度考虑,工作细目可以是从整个项目到项目最小的工作分解结构间的任何组成部分。工作细目可以是具体的,也可以是抽象的,可能是项目的一个零部件、一张图纸、一件具体工作、一项生产作业、一个建筑任务、一项工程设计活动、一部分计算机程序等等项目实际需要的任何东西。这些工作细目具有共同的特征,就是它们都与成本

---

① Devaus, S. A., "Total Project Control: A Manager's Guide to Integrated Planning", *Measuring and Tracking*, New York, Wiley, 1999:6

紧密相关。每一个工作细目(工作细目自身或与其他工作细目组合起来)都要发生成本,而对这些成本来说,都需要进行估算、预算、支付、估量、报告、评估以及适当的回收工作。给这些工作细目分配编码,不单单是为了用语言对它们进行描述,还有许多其他的原因,例如,编码应该设计得准确而又清晰。它们还应具有便于在计算机系统中归档、分析、编辑、分类报告和控制的优势。每个编码必须作为唯一的名称,且该名称能够与它代表的工作细目一一对应;每个识别码(自身或与其子码结合起来)的设置应该能够通过一定的排列将其所指代的工作细目进行分类、定性或其他方面的描述。一个好的编码系统要能够应用于公司的管理信息系统之中。

其二,在进行项目工作分解工作时,不能遗漏任何项目工作而破坏了项目的整体结构性,这一目标实现起来更具难度,但通过运用恰当的工作列表核查清单是可以降低出现这种遗漏的风险的。对于一些以前没有类似事件的项目来说,头脑风暴法可能是最有效的。

图 2-4 所示的是大型采矿项目的工作分解结构图。

大型采矿项目的工作分解的整个过程从项目自身开始,以图中最顶部的方框来表示。第一个大方框显示了工作分解的第一层次的工作包,这些是构成项目总体的主要工作包。该图是基于实际的项目设计生成的,它显示了工作分解是如何从项目总体开始,逐步向下分解到非常具体的细节上。完整的工作分解可能会细分到所有的单独任务甚至小的采购订单上。

项目工作分解结构中第一层次上的每一个工作包又能进一步分解为更小的工作包,也就进入了项目工作分解的第二层次。为了简单起见,只将第一层次中的一个工作包(采矿联合企业)继续进行第二层次的工作分解,第三层次也只是对来自于采矿联合企业中的"选矿车间"工作包进行了工作分解。实际上,所有的工作包都还能继续向下一层次延伸,直至分解到一个最低的层次,此时,整个项目所需要的这些单独的任务和小的采购订单都能得以实现。对这样规模的项目进行完整的工作分解,通常会伴随着大量详细而又复杂的文档产生。

图 2-5 是修建一段全新铁路的项目工作分解,该项目整体的合理的工作分解与实施该项工作的管理结构紧密相关。为简单起见,只给出了工作分解结构的第一层次和第二层次,实际上,在以下的层次中还会有对更多的工作包的分解工作。该图只是提出了一般的构想。这个例子不单对具体的组成部件进行了工作分解,而且还提出了组织结构这个问题,指出应该由哪些经理来负责项目的哪些部分。

2. 工作分解结构模板

除了项目工作分解技术以外,多数项目的工作分解会使用工作分解结构模

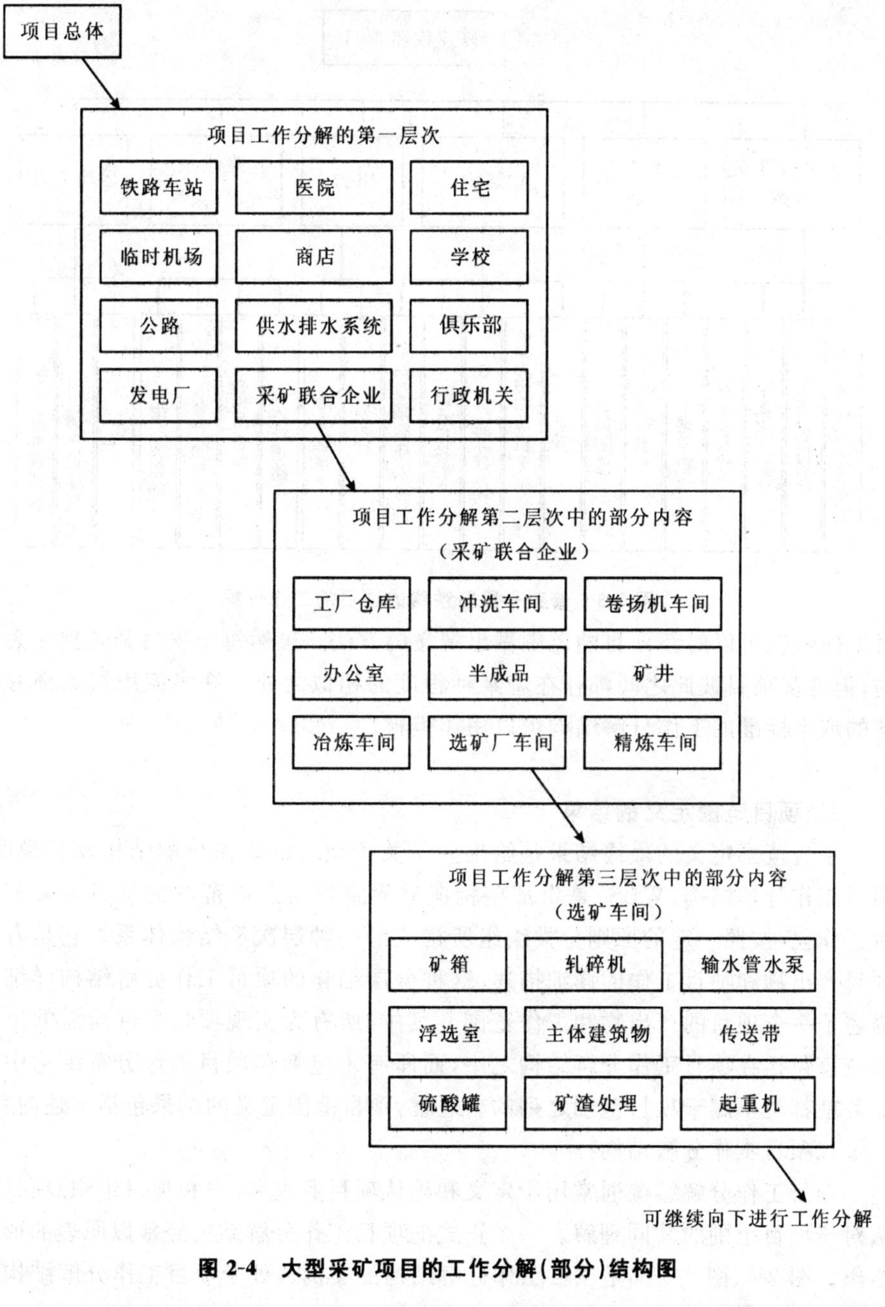

图 2-4 大型采矿项目的工作分解(部分)结构图

板。所谓工作分解结构模板是指某种项目的标准化或者半标准化的工作分解结构，甚至是某个历史项目所使用过的工作分解结构（WBS），可以用作一个新项目工作结构分解的模板使用；根据这一模板和新项目的情况与条件，通过增删项

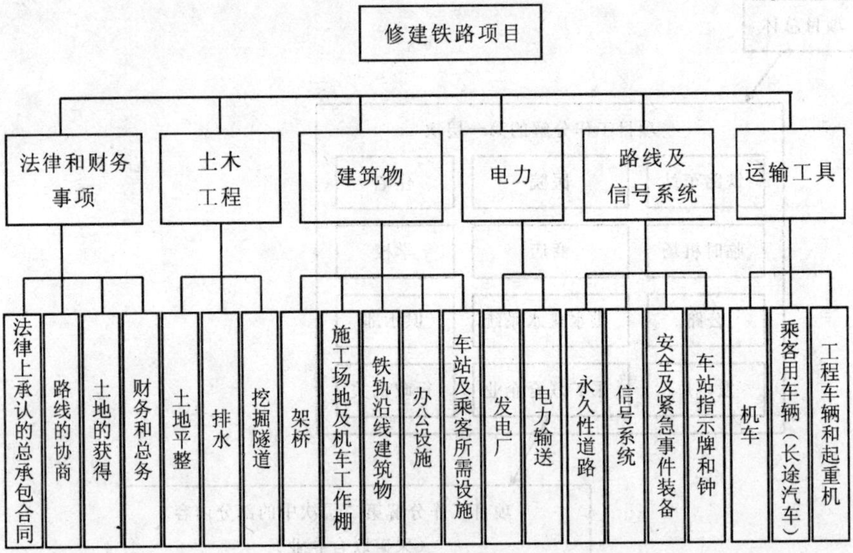

图 2-5　修建一段新铁路的项目的工作分解

目工作包就可以对新项目的范围做出定义的方法。虽然每个项目都是独一无二的，但许多项目彼此之间都存在着某种程度的相似之处。许多应用领域都有标准的或半标准的工作分解结构可以用作模板。

三、项目范围定义的结果

项目范围定义的最终结果是给出一份关于项目的工作分解结构及其说明。项目工作分解结构（WBS）是由那些构成并界定项目总体范围的项目要素和项目工作包，按照一定的原则分类编组所构成的一种层次型结构体系。它是有关项目产出物和项目工作的详细描述，这种分层细化的项目工作分解结构详细地描述了一个项目的产出物和工作范围。其中，所有为实现项目目标所需的工作都应该包括在项目工作分解结构之中，而所有未包括在项目工作分解结构中的任务就都是不属于项目范围之列的。通常，项目范围定义的结果包括下述内容。

1. 项目工作分解结构

项目工作分解结构通常用于定义和确认项目业主/客户和项目组织/项目团队对于项目范围的共同理解。一个正式的项目工作分解结构经常以图表的形式给出。图 2-4、图 2-5 都是项目工作分解结构的实例。处于项目工作分解结构最低层次上的要素被称为“工作包”（Work Package）。

2. 项目工作分解结构字典

项目工作分解结构字典是对于项目工作分解结构的详细说明，而且是将项目工作分解结构中的各项目要素与各工作包按照逐条分列的方式所进行的说明。在项目工作分解结构字典中，项目工作分解结构中的各个要素都需要逐个划分成词条并进行较为全面的描述。通常一个项目工作分解结构中的所有要素，都应该被收集在工作分解结构字典里。典型的项目工作分解结构字典的内容，包括对于项目要素和项目工作包的描述以及其他一些计划和控制信息，如对于项目工期、成本预算、人员的计划安排等等。

此外，项目实施过程中，工作分解结构技术应用得非常广泛，且种类较多、功能各异。不要将项目工作分解结构与项目的其他一些分解结构的概念相混淆。常用的工作分解结构种类及其功能见表2-3。

表2-3 工作分解结构种类及其功能

工作分解结构类型	主要功能和作用
纲要性工作分解结构	美国军方所采用的指导性的、战略性的工作分解结构。一般分为三级：第一级，整个系统防务装备项目；第二级，防务装备项目的重大单元；第三级，从属第二级的单元
项目工作分解结构	项目工作分解结构是将项目产出物和项目工作进行逐层细分，最终确定出项目工作包(Work Package)，从而界定项目范围的一种技术方法
合同工作分解结构	项目合同工作分解结构(Contract WBS)是用来定义项目的承包商或分包商为项目业主/客户提供的产出物和劳务的说明报告。项目合同工作分解结构与项目工作分解结构相比，项目合同工作分解结构相对较粗略，因为它主要是对项目产出物和项目工作的初步分解和描述；而项目工作分解结构则是用于为开展项目范围管理使用的，所以要详细得多
项目组织分解结构	项目组织分解结构(OBS)是按照项目工作分解结构给出的项目要素、项目工作以及工作关系对项目组织、项目团队或个人进行职责划分的一种结构化文件。这种组织分解结构侧重于对项目责任和项目任务的组织落实情况的描述，属于项目组织管理与人力资源管理中使用的技术和工具
项目资源分解结构	项目资源分解结构(RBS)是项目分解结构的一种，当一个项目的组织分解结构将项目的工作分别分配给了项目团队或项目组织的某个群体/个人后，项目管理还需要使用这种项目资源分解结构去说明项目资源的整体配置情况
项目物料清单	项目物料清单(Bill of Materials,BOM)是项目实施中使用的项目所需资源或项目工作的清单。例如，在工程建设项目中的工料清单(Quantity List)就是一个工程建设项目所需材料、人工、设备、费用等方面的物料清单
项目活动清单	项目活动清单(Bill of Activities,BOA)也是一种结构化的项目工作分解结构变形，它是在对项目工作分解结构进一步细化和分解的基础上所生成的，是对于项目各项具体活动的一种详细说明文件。它与项目工作分解结构的关系最为紧密，因为项目活动清单是通过对项目工作包的进一步分解的结果

第四节 项目范围核实

项目范围核实(Project Scope Verification)又称项目范围确认和项目范围验收。项目范围确认是指由项目相关利益主体(项目业主/客户、项目发起人、项目委托人、项目实施组织或项目团队等)对于项目范围的正式认可和接受的工作。项目范围验收主要关注的是对工作结果的认可,是项目利益相关者正式接受项目范围的过程,需要审查可交付成果和工作结果,以确保它们都已经正确圆满地完成,一般在每个项目生命周期阶段的结束时进行,是项目收尾过程的一部分。以工作结果、产品文档、工作分解结构、范围说明和项目计划为依据,通过检查,正式接受项目范围。检查的方式多种多样,一般包括测量、测试、检验等活动,来确定结果是否符合要求。

项目范围的核实应当由所有关键的项目利益相关者来执行,所以关键的项目利益相关者都应当知道项目的范围和项目要提交的可交付成果。在进行项目范围核实时,项目团队必须向接收方出示能够明确说明项目(或项目阶段)成果的文件,如项目计划、技术要求说明书、技术文件、图纸等。范围核实不同于质量控制,前者主要关心对工作结果的“接受”,而后者主要关心工作结果的“正确性”。这些过程一般平行进行,以确保可接受性和正确性。

项目范围核实的流程如图 2-6 所示。

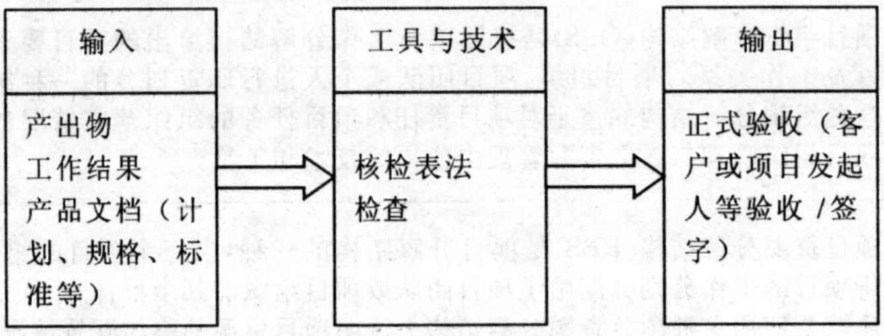

图 2-6 项目范围核实流程图

一、项目范围核实依据

项目范围核实的对象是项目范围定义所生成的主要文件和结果,这既包括在项目选择和定义中给出的项目说明书与项目范围综述,也包括在项目范围定义中给出的项目工作分解结构和项目分解结构字典等。

项目范围确认的依据主要有:项目选择与定义和项目范围定义中所使用的各种依据,以及有关项目实施的结果和项目产出物的文件等。

1.项目实施工作结果

项目实施工作结果是指在项目各项计划的实施过程中所生成的项目实际工作或项目实际产出物的情况，它反映了项目是否按计划实施的动态情况。例如，它提供了哪些项目产出物已完全或部分完成、项目发生了多大的成本和项目成本变化等方面的信息。项目实施工作的结果主要用于对某个项目后续阶段的范围确认，因为对整个项目范围的确认时实际上尚未开展项目的实施工作，所以还没有项目实施工作结果可以作为依据。

2.项目产出物说明文件

项目产出物说明文件是指有关项目和项目阶段产出物的全面描述性文件。在进行项目范围的确认时，必须将各种项目产出物的描述文件作为依据之一。项目产出物说明文件有助于项目实施组织或项目团队与项目业主/客户对于一个项目的目标、项目产出物和项目范围有一个共同和统一的理解。在不同的专业应用领域项目中，对于项目产出物说明文件的称谓是不同的。例如，有人将项目产出物说明文件称为项目说明书，有人则称其为项目规格书，还有人称其为项目技术文件或项目图纸等。

二、项目范围核实的工具和技术

项目范围核实工作就是对项目范围进行审查并接受和确认的工作。通过对项目范围的审查，最终确认项目范围是否包括了为实现项目目标所需的全部工作、有没有不属于项目范围的工作也包括在了项目范围之中，以及项目范围所能生成的最终结果是否与项目的要求相符等。项目范围审查的对象包括整个项目范围定义结果和项目工作分解结构等项目定义阶段给出的文件。主要是审查和确认它们的合理性和可行性。项目范围核实的工具和技术主要是核检确认技术，具体在项目范围确认中使用的核检表包括项目范围核检表，见表2-4；项目工作分解结构核检表，见表2-5。

这两种使用核检表的项目范围确认方法是在项目范围确认中最常采用的项目范围审查方法，实践证明，它们在项目范围管理中是行之有效的。当然项目范围确认还有一些其他的方法，但是这些方法的基本思路与上面给出的核检方法是一致的。

表 2-4　项目范围核检表

项目范围核检内容	满意程度		
	满意	一般	较差
1.项目目标是否完善和准确			
2.项目目标的指标是否可靠和有效			
3.项目的约束和限制条件是否真实和符合实际情况			
4.项目最重要的假设前提是否合理			
5.项目的风险是否可以接受			
6.项目的成功是否有足够的把握			
7.项目范围是否能够保证项目目标的实现			
8.项目范围所给出的项目工作最终的效益是否高于项目成本			
9.项目范围是否需要进一步深入研究和定义			

表 2-5　项目工作分解结构核检表

项目工作分解结构核检内容	满意程度		
	满意	一般	较差
1.项目目标的描述是否清楚			
2.项目目标层次的描述是否都清楚			
3.规定项目目标的各个指标值是否可度量			
4.项目产出物的描述是否清楚			
5.项目产出物及其分解是否都是为实现项目目标服务的			
6.项目产出物是否被作为项目工作分解的基础			
7.项目工作分解结构的层次结构是否合理			
8.各个工作包是否都是为形成项目产出物服务的			
9.工作分解结构层次划分是否与项目目标层次划分相统一			
10.项目产出物与项目目标间的关系是否具有传递性和一致性			
11.项目工作和项目产出物与项目目标之间的分解在逻辑上是否正确与合理			
12.项目工作分解结构中的工作包是否都有合理的关于数量、质量和时间的度量指标			
13.项目目标的既定指标值与项目工作绩效度量的既定标准是否相匹配			
14.项目工作分解结构中各个工作包的工作内容是否合理			
15.项目工作分解结构中各个工作包之间的相互关系是否合理			
16.项目工作分解结构中各个工作包所需资源是否明确与合理			
17.项目工作分解结构中的各个工作包的考核指标值制定得是否合理			

三、项目范围核实的结果

项目范围核实工作最终给出的结果就是全面审核、修订和批准项目范围定义所给出的结果。项目范围确认给出的结果可以确保项目的选择与定义正确以及项目范围计划编制和项目范围定义内容的正确、合理与可行。在项目范围确认中，可能会出现已经定义的项目范围没有获得确认的情况，此时可能需要进一步修订项目范围的定义或者宣告整个项目的中止或终结。如果项目范围定义得比较合理，那么项目范围确认的结果就是对项目范围定义工作的正式接受和认可。这种接受和认可一般需要有正式的书面文件予以确认。

项目范围核实一般包括两方面的工作内容。

1.审核项目范围界定的工作活动

确保所有的、必须的项目工作和活动都包括在项目工作分解结构中，而一切与实现项目目标无关的工作和活动应排除在项目范围之外，以保证项目范围的准确。它需要审核项目启动、项目范围界定生成的主要文件，包括项目说明书、项目范围说明书、项目工作分解结构、项目工作分解结构字典等等。

2.对项目或者项目各个阶段所完成的可交付成果进行检查

审核其是否按计划或者超越计划完成。项目范围审定既可以是对一个项目整体范围的审定，也可以是对一个项目阶段的任务范围的审定。如果项目提前结束，则应该查明有哪些工作已经完成，完成到了什么程度，并将审定结果记录在案，形成文件。

第五节　项目范围变更控制管理

在项目实施过程中，项目的各种条件和环境会发生变化，这种变化会导致项目范围发生变更。因此，项目团队需要根据环境的变化对项目进行变更。变更发生在项目的范围、进度、质量、费用、风险、人力资源、沟通以及合同等各个方面，并会对其他方面产生一定的影响。其中范围变更(Scope Change)的请求可能会以不同的形式出自不同的方面，有口头的或书面的，直接的或间接的，外部提出的或内部提出的，法律强制性的或可选择的等等。

项目范围变更的结果会导致项目工期、成本或质量等方面的全面改变。因此必须要对项目范围的变更进行严格的管理和控制，必须与项目管理的其他控制工作很好地结合，特别是需要与项目时间(工期)控制、预算(造价)控制和项目产出物的质量控制等管理控制工作结合起来，必须根据项目面临的实际情况以及项目变更要求和项目范围管理计划，运用项目范围变更控制系统和各种项目变更的应急方法，按照项目集成管理的思想和要求去控制好项目范围的变更。

如实施项目变更，应该修改有关技术文件和项目计划，并通知有关的项目干系人，对项目的变化采取一定的应对措施。在进行处理之后，应当将造成范围变更的各种因素、所采取的措施以及采取此措施的理由、从变更中吸取的教训和经验等都记录在案，并形成书面文件。

项目范围变更控制的工作流程，见图 2-7。

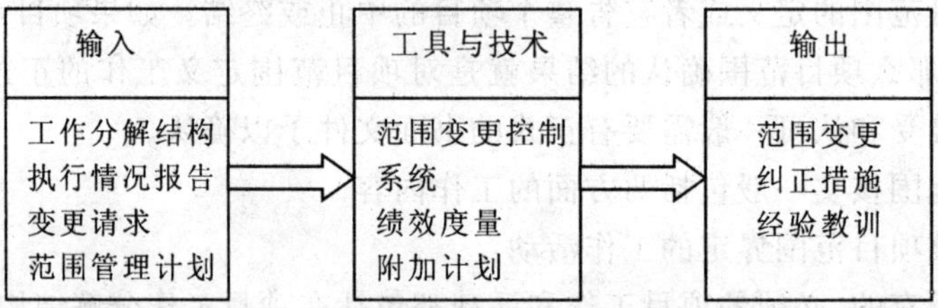

图 2-7 项目范围变更控制的工作流程

一、范围变更控制的依据

项目范围变更并不一定意味着产生不良后果，也可能产生好的结果。重要的是如何管理变更。因为过多的变更或者一个显著的变更都会影响项目的成本、进度、范围和质量。所以应该对这些变更加以管理，并根据项目组织机构的相关程序和流程监视变更的实施情况。

进行项目范围变更控制时，要以工作分解结构、项目绩效报告、项目变更请求和范围管理计划为依据，利用范围变更控制系统、绩效测量和补充计划编制作为变更控制的工具。范围变更出现后，应修改有关技术文件和项目计划，并通知有关项目干系人，及时对范围变更采取相应措施，并在进行处理之后，将造成范围变更的原因、采取的措施以及采取措施的理由、从这些变更中吸取的教训等都记录在案，形成书面文件并存档。

项目范围变更控制的依据主要包括以下几点。

1.项目工作分解结构

项目工作分解结构定义了项目范围的内容和基线。当项目实施工作超出或达不到项目工作分解结构规定的范围要求时，实际就已经表明发生了项目范围的变更(项目的实际情况严重偏离了项目的计划规定)，而有些项目范围变更则是由某个项目相关利益主体提出的主动请求。项目范围变更实际发生或者项目范围变更申请获得批准后，都必须对项目工作分解结构进行调整和更新。

2.项目实施情况报告

项目实施情况报告是有关项目工作绩效的度量报告，包括两类信息：其一是项目的实际进度情况,包括项目工作的实际开始/完成时间以及实际发生的费用等情况;另一类是有关项目范围、工期计划和成本预算变更情况的信息。例如,项目的哪些中间产品已完成、哪些还没有完成,项目的工期和预算是超过了项目计划、还是未超过项目计划等等。项目实施情况报告还能够提醒项目组织注意那些会在未来引发问题和项目范围变更的因素与环节。一般而言,项目实施情况报告都有确定的报告期,项目实施情况报告的频率视整个项目长短及项目复杂性而定。项目报告周期可以以小时、天、周、月等来计量。如果需要对项目实行更为严密的范围控制,那么可以采取缩短项目实施情况报告周期的做法,这是可行而且有效的项目变更控制方法和措施之一。

3.项目范围变更的请求

项目范围变更的请求是关于进行项目范围改动的申请,可以多种形式出现,也可以是口头或者是书面的,它可以是直接的或者是间接的,它可以是由内部提出的或者是外部要求的,它甚至可以是法律强制的。一般项目变更的请求应写明变更的原因、变更的内容和变更之后可能会产生的相关影响。

4.项目范围管理计划

项目范围管理计划是有关项目范围总体管理与控制的计划文件,它包括项目范围综述、相关支持细节和项目范围管理计划。具体内容请阅读前面相关内容。

二、项目范围变更控制的方法

项目范围变更控制的方法和技术主要包括如下几个方面。

1.项目范围变更控制系统

项目范围变更控制系统是开展项目范围控制的主要方法。这一系统包括项目范围变更控制的基本程序、控制的方法和控制责任划分等子系统。这一系统具体包括:项目的文档化管理工作系统、项目范围变更的跟踪监督系统、项目范围变更请求的审批授权系统等等。在项目的实施过程中,项目经理或项目管理者利用所建立的项目实施跟踪系统,定期收集有关项目范围实施情况的报告,然后将实际情况与项目范围计划相比较;如果发现差异则需要决定是否采取纠偏措施。当决定采取纠偏措施后,就必须将纠偏措施及其原因写成相应的文件,作为项目范围变更管理文档的一部分。同时要将项目范围的变更情况及时通知项目所有相关利益者,在获得他们的认可之后才可以采取项目范围变更的具体行动。

项目范围变更控制系统是整个项目变更控制系统的一部分,当项目范围发生变更时,项目其他方面也必然会受到影响,因此项目范围变更控制系统和其他方面的变更控制系统可以集成为一个整个项目的总体变更控制系统。如果项目是按照承发包的方式进行的，项目范围变更控制系统必须与相关的项目承发包合同条款规定保持一致，以达到依据项目合同开展项目范围控制的目的。

2.项目实施情况的度量

项目实施情况的度量也是项目范围变更控制的一种有效的技术方法。这一方法有助于评估是否已经发生了项目范围的变更以及它们所造成影响的大小。项目范围变更控制中有一项重要内容就是识别已发生的项目变更原因，以及决定是否需要对这种变更或差异采取纠偏行动，而这些都需要依赖项目实施情况度量的技术方法。特别需要注意的是，这种方法有一个关键的做法是在发现项目范围控制出现问题以后，通常需要立即缩短原有的项目实施情况的度量周期。

3.补救计划法

项目的实施是在变化的环境中进行的，项目范围的变更是不可避免的。这种项目范围的变更在多数情况下会要求项目管理者对原有的项目工作分解结构进行修改和更新，甚至会要求重新分析和制定新的可替代项目实施方案。项目范围的变更一定会引起项目各方面管理计划的变更，包括项目工期计划、成本计划和质量计划等。所以在项目范围的变更时，项目管理者必须针对项目范围变更的情况，制订新的项目范围计划。但是此时使用的计划方法多数是补救计划法，即将变更部分的计划追加到原来的项目范围计划中去；只有在很特殊的情况下，才会使用项目全面更新的方法(Updating Plan)去重新编制一个新的项目范围计划。这种“打补丁”式的计划方法也会在项目工期、项目质量和项目成本等方面的变更管理中使用，它们都被称为附加计划法或追加计划法。

三、项目范围变更控制的结果

项目范围变更控制的结果有两方面，一方面是全面保障和促进了项目工作绩效的提高，另一方面是生成一系列项目范围变更控制文件。这些文件包括：更新调整后的项目工期、项目成本、项目质量、项目资源和项目范围文件以及各种项目变更行动方案和计划文件。

1.项目范围变更控制文件

范围变更控制文件是在项目范围的全面更新修订中所生成各种文件的总称。因为最初的项目范围通常都是由项目业主/客户与项目实施组织/项目团队双方认可的，所以项目范围的变更同样需要双方认可，并且以正式的文件存档。项目范围变更通常还要求对项目成本、工期、质量以及其他一些项目要素的指标进行全面的调整和更新，以便项目范围的变更能够在这些项目要素的计划中得到及时反映。所有这些项目范围变更后更新的文件，都属于项目范围变更控制文件的范畴。

2.项目范围变更控制措施

项目范围变更控制中的措施包括:根据批准后的项目范围变更要求而采取的措施和根据项目实际实施情况的变化所采取的纠偏措施。前者是对人为提出的项目范围变更所采取的措施,属于调整计划以后根据计划采取的项目范围变更措施;后者是对项目实施中客观发生的项目范围变动(或叫偏差)所采取的措施,属于发现偏差以后通过努力改进自己的工作和提高工作绩效,从而使项目实施情况能够最终达到项目范围计划要求的行动。这两种措施都属于项目变更控制措施的范畴,因为它们的结果都是使实际的项目范围与项目范围计划规定能够保持一致。

3.从项目变更中获取的经验与教训

不管是何种原因造成的项目变更,都属于项目范围管理中出现的问题,所以在项目范围变更控制中,人们可以发现问题并从中吸取经验与教训。这些经验与教训都应该最终形成文件,以使这部分信息成为项目历史数据的一部分;从而既可作为本项目后续阶段工作的参考,也可用于项目业主/项目团队今后开展其他项目时使用。这实际上相当于一种项目的跟踪评估工作。一般在项目或项目阶段结束以后,都需要召开一次类似经验总结或项目跟踪评估的会议,这种项目经验总结或跟踪评估会议既可以在项目团队内部召开,也可以由项目团队与项目业主/客户共同召开。这种会议的目的是评估项目范围实施的绩效,确认项目范围等计划目标是否已经达到,以及全面总结项目范围控制的经验和教训。

总之,项目处在一个不断发展变化的环境之中,项目范围的变更是不可避免的。关键是要严格项目范围变更的管理程序,并与项目管理的其他控制工作很好地结合,特别是需要与项目时间(工期)控制、预算(造价)控制和项目产出物的质量控制等管理控制工作结合起来,运用项目范围变更控制系统和各种项目变更的应急方法处理好不可预见的各种变更,实现预期的项目目标。

本章小结

项目的范围包括项目产品范围和项目工作范围。它是由项目组织在明确的项目预定目标下所必须开展的一系列工作或活动构成的,是依据客户的要求来界定和核实的。明确的项目产品范围是实现项目质量的前提。本章首先对项目范围管理做了总括的阐述,在之后的四节中分别就项目范围规划、项目范围定义、项目范围的核实、项目范围的变更控制等内容按照依据(输入)—可采用工具和方法—结果(输出)的研究模式进行了系统、详尽的阐述。

思考练习题

1. 简述项目范围管理的主要内容。
2. 项目范围管理与项目质量管理是什么关系？为什么？
3. 项目范围管理有哪些主要的工作？为什么要开展这些工作？
4. 项目建议书的主要内容应包括哪些？举例说明。
5. 简述项目范围管理的主要作用。
6. 项目范围规划的内容是什么？如何做好项目范围规划？
7. 什么是工作分解结构？工作分解结构的作用是什么？
8. 项目范围核实的内容是什么？它的作用如何？
9. 项目范围变更主要有哪些？
10. 项目范围变更控制的主要内容是什么？范围变更控制的结果包括哪些？
11. 结合您所了解的项目，谈谈如何进行项目范围管理。

进一步阅读资料

1. 赵涛，潘欣鹏. 项目范围管理. 中国纺织出版社，2004
2. ISO/CD10006 质量管理—项目管理的质量保证指南
3. Project Management Institute Standard Committee, *A Guide to The Project Management Body of Knowledge*, PMI, 2000

参考文献

1. 戚安邦主编. 项目管理学. 南开大学出版社，2003
2. Dennis Lock 著，李金海等译. 项目管理(第八版). 南开大学出版社，2005
3. Rodney Turner 等著，李世其等译. 项目管理手册. 机械工业出版社，2004
4. Cray. C. F. 等著，黄涛等译. 项目管理教程. 人民邮电出版社，2003
5. 赵涛，潘欣鹏. 项目范围管理. 中国纺织出版社，2004
6. Project Management Institute Standard Committee, *A Guide to The Project Management Body of Knowledge*, PMI, 2000

3

第三章 项目质量策划

本章导读

项目质量策划是项目质量管理的首要部分，致力于制定项目质量目标并规定必要的运行过程和相关资源以实现质量目标。策划的正确与否将最终影响到项目可交付物的质量。项目质量策划的成果是项目质量计划的编制，项目质量计划是用于指导项目质量实践的质量管理体系文件，因此它在整个项目质量管理过程中具有重要的作用。本章阐述的主要内容包括：项目质量策划概述、项目质量策划的内容与程序、项目质量策划的工具与方法、编制项目质量计划的基本要求、依据和产出等。

第一节 项目质量策划概述

无论是组织还是个人，无论是传统运营模式还是现代项目管理模式，毫无疑问都需要进行计划工作。每一个社会组织的活动不但受到内部环境的影响，还将受到外来多方因素的制约，因此，组织要想不断地适应复杂多变的环境，只有科学地制订计划才能协调与平衡多方面的活动，以求组织的不断生存与发展。策划工作是对未来行动方案的一种说明，让管理者与执行者明确未来的目标，要采用什么活动达到此目标，达到此目标的时间范围、资源条件，以及由谁来进行此项活动。具体地说，“策划工作是一种预测未来、设立目标、决定政策、选择方案的连续程序，以期待能够经济地使用现有的资源，有效地把握未来的发展，获得最大组织成效”。因此，科学合理的策划是管理者指挥的依据，是降低风险的有效手段，是提高组织效益的方法，是组织进行控制的标准。项目一次性、独特性的特点更加要求项目管理者在实施项目之前必须进行整体项目计划工作，这其中就包括项目质量策划。项目质量策划的结果是项目质量计划，项目质量计划是项目质量管理的依据。项目质量管理是从对项目质量的策划安排开始，通过对项目质量计划的实施，完成项目质量保障与控制，因此项目质量管理中首要的工作就是项目质量策划。

一、项目质量策划的含义

项目质量策划阶段开始于项目的承诺和实施工作的授权，终止于项目质量实施的正式开始。项目质量策划是指确定项目应该达到的质量标准以及达到这些质量标准的工作计划与安排。具体地说，就是识别和确定必要的作业过程，配置所需的人力与物力资源，达到预期质量目标所进行的统筹安排工作。国际标准 ISO9000:2000 中对质量策划所下定义为："质量策划是质量管理的一部分，致力于制定质量目标并规定必要的运行过程和相关资源以实现质量目标。"

1.项目质量策划是项目质量管理的一个重要组成部分

项目质量管理是指为确保项目质量目标要求而开展的项目管理活动，通常包括项目质量策划、项目质量保证、项目质量控制和项目质量改进。项目质量策划是项目质量管理的第一步，通过质量策划可以明确项目范围以及项目质量目标，这样才能使后续的保证、控制与改进措施得以实施。项目质量策划的地位低于质量方针的建立，是设定质量目标的前提，高于质量控制、质量保证和质量改进。项目质量计划是将顾客以及项目相关干系人的需求和期望转化为项目最终目标的枢纽，是项目质量管理中重要的环节。因此，项目质量策划是项目质量管理诸多活动中不可缺少的中间环节，起到连接质量方针与具体的项目质量活动的作用。

2.项目质量策划的首要任务是设定质量目标

质量方针用于指导组织前进的方向，而质量目标是这方向上的"某一个点"。项目质量策划就是要根据组织质量方针的规定，并结合具体情况确定这"某一个点"——项目质量目标。项目质量目标是项目在质量方面追求的目的，可以分为总目标和各级具体目标。总目标就是项目拟达到的总体质量水平，项目质量具体目标可以分为横向目标与纵向目标，其中横向目标包括项目的性能性指标、可靠性指标、安全性指标、经济性指标、时间性指标和环境性指标；纵向目标是指项目各级管理者根据总体目标在各职能与各层次上建立起的相应质量目标，即总目标的组织任务分解。

项目质量目标的来源主要包括：顾客需求、技术推动、同行竞争等。顾客的需求通常与项目质量目标直接联系，项目管理者要识别顾客的需求，利用项目计划工具与技术设定目标，将目标选择与顾客满足达成统一。技术推动，是项目组织为自行开创市场而进行开发的新技术，主要体现技术领先，引导消费者的需求；与之相对应的是市场拉动，在现实中，往往二者混合使用。同行竞争，是组织迫于产品或技术落后于同类产品而导致自身产品市场狭小、赢利能力降低的现状，而采用的追赶同行业技术水平的跟随战略。

3.项目质量策划要为实现质量目标优化作业过程和相关资源

要实现项目的质量目标就必须规定必要的作业流程、全部人员在项目质量形成过程中的职责，以确保每个过程均能按照计划、执行、检查与处理的循环模式进行质量控制，以及为各个过程配备必需的资源，这主要包括人员、设备、材料、资金等硬件资源。通过项目质量策划设定的质量目标以及规定的作业过程和相关资源，才能使被策划的质量保证、质量控制和质量改进得到实施。

4.项目质量策划的文本化是形成质量计划

质量计划就是通过质量策划，将质量策划设定的质量目标及规定的作业过程和相关资源以书面形式表达出来。项目质量计划主要由三部分组成：质量管理计划、计划的实施说明、核检表。这一部分将以文字或图表的形式来表达项目质量目标，项目质量目标根据实际需要可以进行质量目标分解，并且充分体现目标的一致性、科学性、有效性、可操作性等。为实现质量目标所必须采用的措施，包括必要的控制过程，项目质量计划中所采用的具体方法、工具、图表和程序等，以及项目全部参与人员的质量职责。

5.项目质量策划是一个不断完善的动态过程

项目质量策划工作，首先要确定顾客满意度标准。通过顾客满意度标准制定出项目质量目标。如果项目管理团队可以充分、正确地了解顾客的期望，那么将极大地提升项目的完成质量。项目管理团队可以通过询问客户（内部客户和外部客户），确定客户评价项目质量的重要标准，对于客户表达出的满意度标准，必须加以分析才能确定出优先级，因为满足全部客户的要求是不可能的，因此，要确定提高哪些目标、保留哪些目标、放弃哪些目标。

由于最初客户表达出的满意度标准具有模糊性，因此随着项目的实施，满意度标准不可避免地会发生改变，并且逐步清晰化，这就要求项目管理团队必须对质量管理的过程或产品实现过程进行必要的改进，每次改进必须制订相应的质量计划，确保质量计划在受控状态下进行。

美国质量管理专家朱兰将质量管理划分为三个过程：项目质量计划、质量控制和质量改进，即“朱兰三步曲”。朱兰博士认为质量策划就是设定质量目标以及开发为达到这些目标所需要的产品与过程的一系列相关活动，具体包括以下步骤：

(1)设定质量目标；

(2)识别顾客——受目标影响的人；

(3)确定顾客需求，开发反映顾客需求的产品特征；

(4)开发能够生产具有这种特征产品的过程；

(5)设定过程控制，并将由此得出的计划转化为操作计划。

朱兰博士提出，质量策划是通过一系列步骤完成的，见图 3-1 所示。

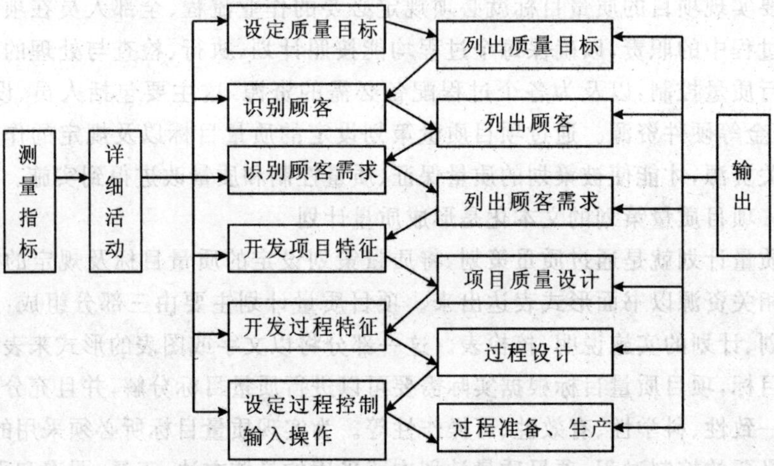

图 3-1　朱兰博士提出的质量策划路线图

总之，项目质量策划的基本工作方法就是：首先制定质量方针，根据质量目标设定质量目标，根据质量目标确定工作内容(措施)、职责和权限，然后确定程序和要求，最后付诸实施。

二、项目质量策划的作用

项目质量策划是项目质量管理的首要任务，策划的成功与否将最终制约着项目的成功。因此，项目质量策划必须要严格按照 GB/T 19000－ISO9000 族标准要求进行质量策划。通过项目质量策划，可以统一组织的行动或活动，降低质量损失费用，提高效率。

1.项目质量策划有利于实现项目组织行动或活动的统一

项目由于类型的区别而造成所需员工数量的差异，这样，对于项目的管理的难度会有所不同，大型工程项目通常需要成千上万的员工，管理起来相对较难；小型产品开发的项目需要员工较少，管理起来相对较易。但是，项目独特性与一次性的特点是造成管理项目难于管理一般组织的根本原因。对于项目而言，如何使全体员工统一步伐，既能各司其职，又能统一协作，显得尤为重要。事前的项目质量策划是统一项目全体员工行动最为有效的方法，通过质量策划实现对项目组织各部门和全体员工的安排、布置、控制和协调，从而从宏观上防止项目组织混乱局面的产生。

2.项目质量策划可以大大降低质量损失费用

项目质量策划，可以确定完成某一质量目标需要哪些作业过程以及这些过程所需要的资源。根据项目质量计划安排作业过程、提供必要的资源保证可以减少不必要的过程，使资源更充分地发挥效用、减少浪费。项目质量策划的实施将能从根本上提高项目最终产品的质量，从而防止了由于质量原因而造成的费用损失。

3.项目质量策划可以大大提高项目效率

项目质量策划的重点在于研究项目接口处的工作活动，经过策划，项目组织可以按统一的部署开展工作，活动与活动之间因策划而连接紧密，过程与过程之间接口良好，会减少连接或接口的时间和费用，避免效率损失情况的出现，进而可以大大提高效率。

三、项目质量策划的内容与程序

1.项目质量策划的内容

项目质量管理活动，不论其涉及的范围大小、内容多少，都需要进行项目质量策划。但是需要强调的是，对于项目质量管理体系的策划并不是包罗万象的，而是针对项目关键环节展开策划的。一般包括：项目质量目标的策划、项目质量管理体系的策划、项目实施过程的策划、项目质量改进的策划。

1)项目质量目标的策划

质量目标是在质量方面所追求的目标，项目质量目标对员工具有激励作用，对项目质量管理具有导向作用，因此，项目组织必须在项目组织的各相关职能和层次上建立相应的质量目标。

2)项目质量管理体系的策划

项目质量管理体系的策划是一种宏观的质量策划，由项目组织最高管理层负责，根据质量方针确定项目的基本方向，设定质量目标，确定质量管理体系要素，分配质量职责，等等。

无论是新建项目还是改建、扩建项目，都需要根据具体情况进行项目质量管理体系的策划。

3)项目实施过程的策划

项目质量策划，不仅需要设定质量目标，而且还需要规定项目实现的必要过程和相关的资源。这种策划既包括对项目全生命周期的策划，也包括对某一具体过程的策划，如设计、开发、采购和过程运作。在对实施过程进行策划的过程中，还应将重点放在过程的难点与关键点上。

4)项目质量改进的策划

质量改进目标是质量目标的重要组成部分。质量改进通常包括两种方式：一种是中长期质量改进的策划，另一种是年度进行质量改进的策划。详细内容将在第六章详细阐述。

2.项目质量策划的程序

项目质量策划实际上是一个过程，必须遵循特定的策划输入—转化过程—输出的特殊要求，如图 3-2 所示。

图 3-2 项目质量策划的程序

1)项目质量策划的输入

项目质量策划是针对具体项目展开的，因此，在进行质量策划时，首先要明确项目的类型和特点，在此基础上，力求将有可能涉及的有关质量管理活动的信息全部收集起来，作为项目质量策划的输入。虽然由于各个项目内容存在差异性，造成质量管理策划工作需要的输入内容不尽相同，但是，下列内容基本上是任何项目策划都需要加以考虑的。

(1)质量方针或上一级别质量目标的要求；

(2)顾客和项目其他相关方的需求和期望；

(3)组织本身和其他组织在类似项目质量管理方面取得的成绩；

(4)组织本身和其他组织在类似项目质量管理方面存在的问题；

(5)过去的经验教训；

(6)质量管理体系明确规定的相关要求和程序。

2)项目质量策划过程

项目被正式授权后，对于项目管理团队而言，则意味着项目质量策划工作的正式开始。无论是大型工程项目，还是企业自主进行的产品、技术研发类项目，毋庸置疑都需要进行质量策划。需要指出，一些大型、复杂、不熟悉的项目相对于那些小型、简单、熟悉项目而言，质量策划工作需要更加深入、细致，但是项目策划活动所遵循的步骤基本上是相同的，主要包括四个部分：项目质量目标的策划、项目质量管理体系的策划、项目实施过程的策划、项目质量改进的策划。本节主要介绍项目质量目标的策划、项目实施过程的策划，而项目质量管理体系的策划将在第四章项目质量保证中详细阐述；项目质量改进的策划将在第六章项目质量改进中详细阐述。项目质量目标的策划包括：确定顾客满意度标准、明确项目开发特征、设定项目质量标准；项目实施过程的策划包括：明确质量形成过程、配备相应资源、确定相关人员权责、确定要采用的工具与技术、设定具体过程控制。项目质量计划实施具体流程如图3-3所示。

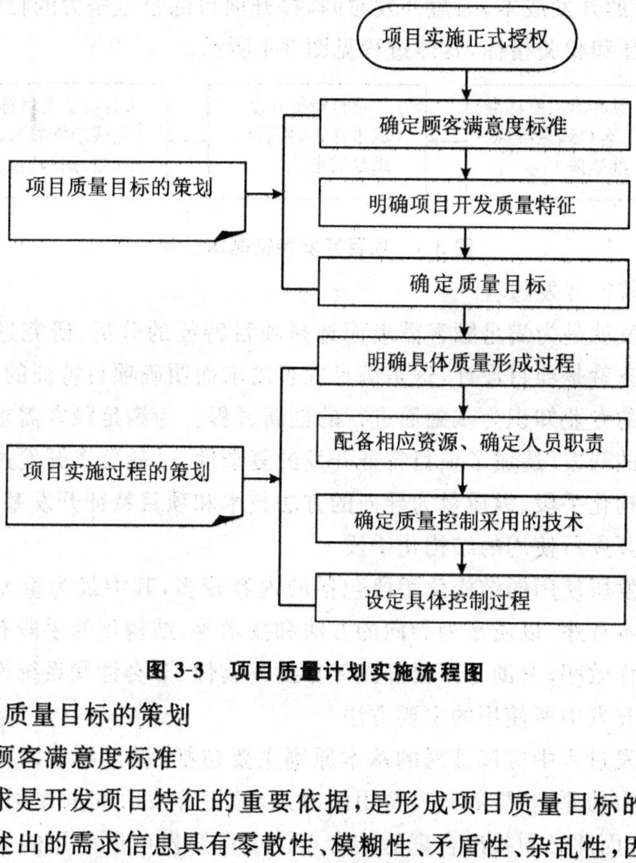

图3-3 项目质量计划实施流程图

(1)项目质量目标的策划

①确定顾客满意度标准

顾客需求是开发项目特征的重要依据,是形成项目质量目标的原始资料。顾客自身表述出的需求信息具有零散性、模糊性、矛盾性、杂乱性,因此,这些信息必须经过项目管理团队的转化,才能形成顾客满意度标准,这是形成项目质量目标的直接依据。顾客需求通常被划分为四类。表述需求:顾客通过语言明确表达出的需求;真正需求:顾客多项目的内在需求;感觉需求:这是顾客一种期望达到的需求,具有很强的不确定性和模糊性;文化需求:这是超越项目自身范畴的需求,主要包括一些服务质量、自尊、文化底蕴等方面的需求。识别出顾客需求后,需要以文字的形式表达出来,形成顾客需求清单。顾客的需求是多方面的,不可能全部实现,这就要求项目经理应该与每个客户团队进行充分沟通,确定顾客需求的优先级。

②明确项目开发特征

开发项目特征的动力来源于顾客,这其中既包括顾客(市场)的直接推动,也包括通过调查、分析、预测得出的顾客的需求,这是一种间接推动。确定项目开发特征主要包括三个阶段:项目开发的输入应该是顾客满意度标准,经过项目开发过程优化,采用优化的方法进行项目的特征开发,实现在满足顾客需求的同时,降低项目的开发成本,缩短开发时间,提升项目综合竞争力的目的,输出开发的一系列特征和相关指标,具体过程见图 3-4 所示。

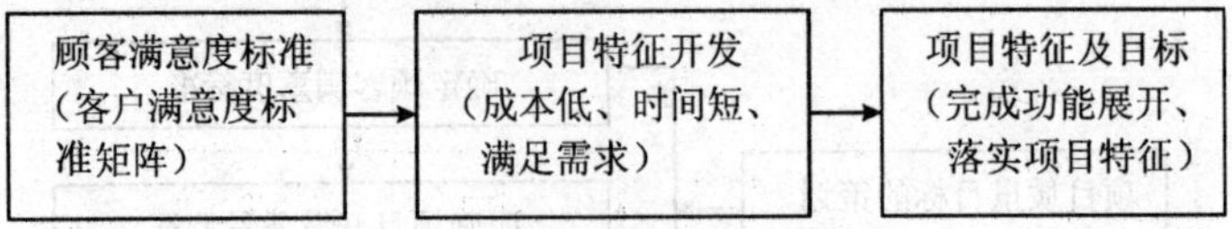

图 3-4　项目开发特征基本过程

●项目特征开发过程

项目开发就是为满足顾客需求而选择项目特征的分析、研究过程。项目开发的首要任务就是项目设计,这是满足顾客需求而明确项目特征的过程,以技术和功能方面的专业知识为基础而进行的创新过程。为满足顾客需求需要进行大量项目特征的开发,造成了项目特征开发的复杂性,这就要求开发过程中必须遵循与采用结构化手段、以质量为导向的方法技术和项目特征开发基本准则。

●项目开发所使用的结构化手段

项目开发所使用的结构化手段包括的内容较多,其中最为重要的是项目特征开发的基本程序、以质量为导向的方法和技术等,结构化的手段有利于提高项目开发的工作效率;有助于项目开发工作的连续性、节奏性和系统性。

●项目开发中所使用的主要方法

项目开发过程中应该遵循的基本原则主要包括:满足顾客需求的原则 、提升项目竞争力的原则、降低开发费用的原则、缩短开发时间的原则,但是这四点具有矛盾性,因此必须找出合理的结合点。项目开发中所使用的主要方法和技术包括:质量功能展开方法、收益/成本分析、流程图、决策树方法等。

③确定项目质量特征指标

质量特征指标是项目质量计划规定的硬性指标,由质量特征转化为质量特征指标,需要在充分考虑结合组织自身战略目标的前提下,根据同类产品现状结合自身技术研究能力制定。

(2)项目实施过程的策划

①明确质量形成过程

事实上,任何一个质量目标的实现都需要多种过程,这些过程既可以是链式的,也可以是并行的,还可能是上述两种方式的结合。因此,在进行项目质量策划时,首先要根据实际情况,确定要采用的过程。

②配备相应资源,确定人员职责

实现项目质量管理目标，就必须规定形成项目质量各个过程的作业流程、各类人员在项目质量形成过程中的职责，以保证每一个过程都能够按照计划、执行、检查和处理的模型进行控制，并为此提供必要的条件，包括人员、设备、材料、资金和必须的环境，以保证各质量过程得以顺利地进行。

③设定质量控制的具体过程以及采用的技术

项目在具体实施过程中不可避免地会产生偏差，因此事先对可能发生的质量问题进行估计并制定出相应的应对措施非常重要。在项目质量控制过程中，必须规定出项目质量标准的界定、项目实际情况的度量、项目质量实际与项目质量标准的比较、项目质量误差与问题的确认、项目质量问题的原因分析和采取纠偏措施以消除项目质量差距与问题等一系列活动。

④确定质量控制采用的技术

项目质量控制的技术依据项目类型的不同而有区别，但主要包括核检表、质量检验法、控制图法、帕累斯图法、统计样本法、流程图法、趋势分析法等，要根据项目实际情况计划出项目实际控制过程中使用的技术。

(3)项目质量策划的输出

质量策划都应形成文件输出，也就是说，应该形成项目质量计划文件。将上述质量策划内容以文字表达出来，就成为质量计划，详细介绍见本章第三节。通过上述分析，我们便可以明确整个项目在完成过程中每个人的职权和责任、项目具体的时间表、项目需要的资源、质量控制的程序、项目实施和考核的标准。一般项目质量计划文件应该包括以下内容：

①项目总目标以及各个分目标（包括横向和纵向）；

②质量管理流程，即项目各个组织、部门之间的信息沟通与协调；

③项目生命周期中各个阶段的职责、权限与任务；

④项目实施过程中所需要的总体和具体书面指导书；

⑤项目实施过程中质量检测的程序与方法；

⑥项目质量计划完成与持续改进的程序。

第二节　项目质量策划的方法与工具

运用科学的方法和技术，将有助于更好地完成项目质量策划，可以提高策划的科学性。虽然项目质量策划过程中会用到许多方法，但是最为普遍的方法主要包括以下几种：质量功能展开技术、成本/收益分析法、质量标杆法、流程图法、实验设计法、质量成本分析法。

一、质量功能展开技术

1.质量功能展开技术概述

质量功能展开(Quality Function Deployment,QFD)技术,产生于20世纪60年代的日本,后来得到广泛推广、发展与完善,现今已经被世界上许多国家和地区广泛采用,在实际应用中取得了显著效果。这一技术最初主要应用于产品设计和生产的质量保证,最近十多年不断向管理业、服务业等各个领域渗透,具有很强的适用性。质量策划技术的应用见表3-1。

表3-1 质量策划技术的应用

应用 方法	目标策划	过程策划	体系策划
质量功能展开技术	△	△	
成本/收益分析法	△	△	
质量标杆法	△	△	△
流程图法		△	△
实验设计法	△	△	
质量成本分析法	△	△	

质量功能展开(QFD)是把顾客(用户、使用方)对产品的需求进行多层次的转化分析,转化为产品的设计要求、零部件特征、工艺要求、生产要求的质量策划、分析、评估工具,可用来指导产品设计和质量保证。它是一个总体产品的设计概念,提供一种将顾客需求转化为对应产品开发和生产每一个阶段(包括市场战略、计划、产品设计与工程设计、原形生产、生产工艺开发、生产和销售)技术要求的途径。根据市场需求,将其转化为项目设计语言,然后进行两个层次具体展开:纵向进行部件、零件以至工序的展开;横向进行质量展开、技术展开、成本展开。常用的质量功能展开工具有顾客要求策划矩阵、设计矩阵、最终产品特征展开矩阵、生产/采购矩阵、过程设计和质量控制表、作业指导书等。

2.质量功能展开技术的基本方法

1)建立项目质量屋

项目质量计划最为重要的一个问题是:如何将识别出的用户、顾客对项目的需求与期望转化为用于实现用户需求的质量特征。质量功能展开的基本原理就是用"质量屋(Quality House)的形式,量化分析顾客需求与项目设计间的关系度，经过数据分析处理后找出对于顾客需求最大贡献率的关键设计要求或质量特征，指导产品设计人员，开展稳定性优化设计，开发出可以满足顾客需求的新产品。

质量屋也称质量表(Quality Table)，是一种形象直观的二元矩阵展开图表，其基本结构可参照图3-5所示。在实践中，其结构可以根据实际情况进行相应的裁剪与扩充。

(1)左墙——顾客需求及其重要度；

(2)天花板——设计要求或质量特征；

(3)房间——关系矩阵；

(4)地板——设计要求或质量特征的指标及其重要度；

(5)屋顶——相关矩阵；

(6)右墙——市场竞争能力评估矩阵；

(7)地下室——技术竞争能力评估矩阵。

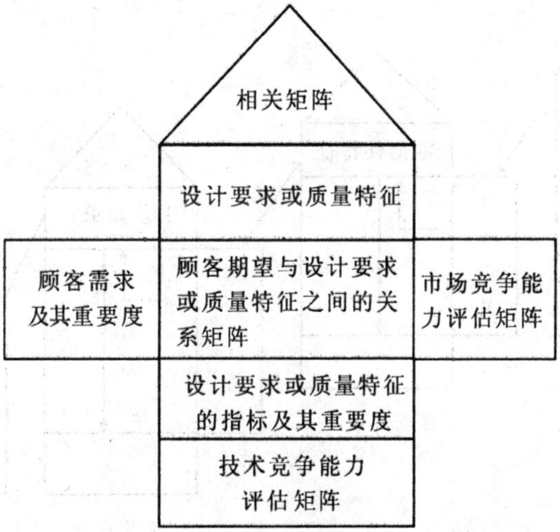

图3-5　项目质量屋

顾客需求及重要度。顾客的需求具有如下特性：其一，多样性，随着项目不断进展顾客需求会不断变化；其二，模糊性，顾客对于项目质量的需求和期望无明确的界定，其语言表达含糊不清；其三，矛盾性，顾客多方面需求之间，有时产生矛盾。因此，必须对原始信息进行整理、加工和提炼，形成系统的、有层次的、有前瞻性的顾客需求，填入质量屋的左墙，这是设定产品质量目标的基础。从技术角度出发，针对顾客的需求，进行产品质量特征的展开，必要时要把质量特征划分层次，按隶属关系整理成表格，填入质量屋的天花板。下一步就是确定关键质量标准或设计要求，首先对天花板中的产品质量特征进行顾客需求重要度评估，然后确定顾客需求与产品质量特征之间的关系度(关系矩阵)，最后分别计算每项产品质量特征与全部顾客需求的加权关系度之和。加权关系度之和大的那些产品质量特征被称为关键特征，是产品设计过程中应着力解决的。质量屋中，对新产品预期的竞争能力(市场竞争能力和技术竞争能力)做出相应评估，可以帮助项目管理团队明确产品的竞争态势。

2)项目质量功能展开

产品开发一般要经过产品规划、零部件展开、工艺设计、生产计划四个阶段，因此需要进行四个阶段质量功能展开。依据某一层次的产品是其隶属产品的"顾客"和本道工序是上一道工序的"顾客"的原理，四个阶段可以建立相互关联的质量屋，即上一个阶段质量屋中天花板中的主要内容将转化为下一个阶段的质量屋中的左墙。质量功能展开并不都是全部包括上述四个阶段，可以根据具体项目的复杂程度，对四个阶段进行剪裁或扩充。见图 3-6。

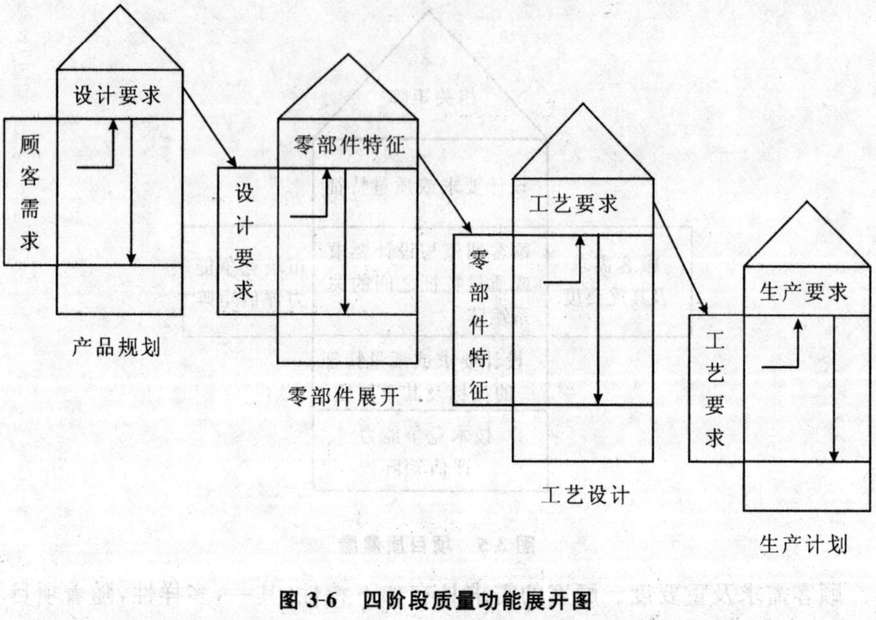

图 3-6　四阶段质量功能展开图

(1)每个阶段的质量特征必须足够具体和翔实，为下一个质量屋的建立做好充足准备。若上一步的质量特征不够翔实，那么构建下一步的质量屋的时候，就要先进行"顾客需求分析"，否则将不利于并行工程的实施。

(2)顾客需求和质量特征不宜过大，以便于操作。一般顾客的需求不应该超过 20 项，质量特征不应该超过 40 项。四个阶段的质量屋必须按照并行工程的原理，同步规划产品在整个开发过程中应该进行的全部工作，确保产品开发一次成功。

质量屋在编制后的实际运行中，需要根据实际情况，随时发现问题，如：没有完全理解顾客的需求或者对顾客需求理解有误，制定的设计要求或质量特征不能完全满足顾客需求或者根本无法实现。在这种情况下，要及时对质量屋进行修改，使其得到不断完善，使得四个阶段的质量屋均能满足最终顾客的需要。

3.质量功能展开技术的工作流程

按照科学的流程进行四个阶段的质量屋功能展开，将非常有助于完成项目开发和项目质量计划。QFD的流程主要包括四个大的步骤：①确定开展QFD的项目，组建工作小组；②顾客需求分析与市场竞争力分析；③确定项目设计要求或质量特征；④建立各级质量屋。

1)确定开展QFD的项目，组建工作小组

通常QFD的完成需要多部门协同完成，在具体实施过程中有一定的工作量，因此是否使用QFD技术，需要项目开发团队根据项目工作范围的大小、难易程度、涉及部门的多少确定。对于新产品的R&D项目，几乎涉及组织中的全部部门和专业，因此要由较高级别的负责人决定和批准QFD项目立项；而对于那些技改项目，一般涉及面相对较小，可以由低级别的负责人直接提出QFD项目立项。

应用QFD的核心工具就是矩阵管理，充分体现加强部门之间的联系，既包括纵向专业之间的联系又包括横向项目组织之间的联系。加强部门之间联系最为有效的方法就是组建由多部门组成的功能强的综合QFD工作小组，小组确定一至两名主要负责人，参与的人员主要来自市场营销、产品设计、工艺制定、产品制造、计划管理、质量管理、原材料采购、售后服务等相关部门，在特定的情况下可以邀请顾客代表参与。这样可以有效地消除不同部门、不同专业之间的隔阂，可以从多个角度考虑产品设计的相关问题，更好地满足顾客的需求。

需要指出的是，并非所有QFD工作小组的规模都这么大，要根据项目的性质、范围适当地缩小。比如，单纯的项目质量问题的改进、故障的排除、设计的纠正只需要涉及的部门人员参加即可。

为了保证QFD小组工作的有效性，小组中的核心领导必须对所有成员充分授权并提供资源保证，促使成员产生成就感和团队合作快感，积极投身到团队工作小组中。

2)顾客需求分析与市场竞争力分析

顾客需求信息是质量展开功能的信息输入，如果最初原材料有误，确定的质量特征指标肯定是不正确，因此，QFD小组应该对于“顾客”的需求给予充分重视，这里所指的“顾客”是一个“广义”的概念，除了未来产品的使用者外，还包括这个项目周期内涉及的全部组织成员，诸如主管部门、分销商、产品维修人员等。由于环境、安全等方面的国家和行业的法令、法规和标准、规范等构成了新产品开发的约束条件，因此，一些大型的涉及民生、环境等方面的项目，也应该列入顾客需求的范畴。

(1)顾客需求调查及重要程度的确定(左墙)

为了全面地收集顾客需求信息，可以从以下几个方面入手：

其一，市场调查，通过调查表、顾客代表座谈会等形式了解和归纳顾客对未来产品的需求；

其二，同类产品质量跟踪和售出产品反馈信息，了解现有产品中顾客满意和不满的质量特征；

其三，相关法律、法规以及行业标准都要成为产品开发的约束条件；

其四，咨询行业专家确定同类产品未来的发展方向；

其五，对于顾客提供的原始顾客需求，应进行规范化整理、分级以确定各类顾客需求的重要程度，最终形成顾客的质量需求展开表。具体过程如图 3-7 所示。

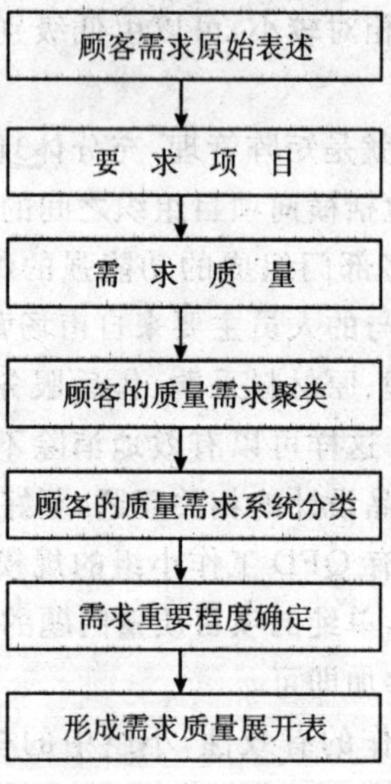

图 3-7 顾客需求转化为质量特征的流程图

顾客需求的表述应该语言简洁，无歧义；一项顾客需求只能表达一项特定含义，便于工程人员理解；同一级别的需求应该彼此独立，无内容重复与交叉现象。但是通常顾客需求的表述是不可能达到上述要求的，这就要求 QFD 小组要根据顾客提供的原始信息进行整理，得出便于工程人员理解的简单语言情报，即要求项目。通常采用头脑风暴法、专家咨询法进行实施。

要求项目与顾客的质量需求直接对应，一个要求项目要对应若干个顾客的质量需求，因此需要通过分析、研究，以确定与要求项目相对应的具体顾客的质量需求。

通常顾客的质量需求之间有些存在区别，有些存在联系，这就需要采用一定的方法将其进行聚类。常用的聚类方法包括：KJ 聚类和模糊聚类。KJ 聚类法是一种以分类者的经验、直觉为依据的分类实际操作方法，适用于概念清晰、界限明确情况下的归类问题。对于那些首先需要从理论上或方法上予以清晰处理的不确定问题，就需要用模糊数学方法来解决顾客的质量需求的模糊聚类问题。

顾客的质量需求系统分类，聚类后的顾客质量需求仍然存在层次上的混乱，这就必须建立顾客需求间的层次关系，将顾客需求系统而且有层次地组织起来，形成顾客质量需求表。

顾客的质量需求多种多样，全部达到顾客需求的要求是不可能的，这就需要加以分析，找出重点。顾客的质量需求重要度是衡量顾客的质量需求的定量性指标，确定这个指标通常采用的方法有两种：顾客需求重要度量化评估方法和模糊评价方法。

顾客需求重要度量化评估方法。采用加权评分法对顾客需求的重要性 K_i ($i=1,2,3\cdots,m$)进行综合加权评价。其中 K_i 可以取下列五个等级：

1——不影响功能实现的需求；

2——不影响主要功能实现的需求；

3——比较重要的影响功能实现的需求；

4——重要的影响功能实现的需求；

5——基本的、涉及安全的、特别重要的需求。

模糊评价方法。实际上，顾客对质量需求的重要度的评价并非是某一级别上的清晰抉择，实际情况通常是在各个级别中间的过渡状态，这种状态采用模糊评价的方法最为恰当，对于模糊评价的方法在这里不作详细介绍，读者可阅读相关书目。

(2)市场竞争力分析(右墙)

利用已经完成的需求质量表，对新产品在市场上的定位进行策划，这一过程又被称为策划质量的设定过程。

首先，应进行市场竞争能力比较分析，评定现有同类产品和竞争对手的竞争能力。如果有可能的话，应将这些产品综合起来，分别客观地定量评估它们对各项顾客需求的满足程度。其次，要进行自身产品的市场竞争能力定位分析，从公司自身技术能力以及组织未来发展战略入手确定新产品可以达到的满意程度，并量化分值。市场竞争能力 $M_i(i=1,2,\cdots,m)$ 竞争能力评分准则包括五项：

1——无竞争能力，产品积压，无销路；

2——竞争能力低下，市场占有份额减少；

3——可以进入市场，但并不具有优势；

4——在国内市场中拥有优势；

5——在国际市场中拥有较大优势，可以参与国际市场竞争，占有一定的国际市场份额。

通常组织的一般战略目标包括：扩展目标，成本领先地位；扩展目标，扩展产品；缩小目标，降低成本；缩小目标，收缩产品；降低成本与提高质量结合。

需要强调的是，大量项目均可行，但是能否适应组织发展的战略是决定能否启动的一个关键因素。

最后利用市场竞争能力指数计算公式和技术竞争能力指数计算公式，计算出具体数值。若算出的新产品市场竞争能力数值低于公司的要求或战略目标，则要重新设定新产品对各项顾客需求的满意程度，根据技术可行性适当提高量化分值。

$$\text{市场竞争能力指数：}M=\sum_{i=1}^{m}k_i m_i/\left(5\sum_{i=1}^{m}k_i\right) \tag{3-1}$$

3）质量特征指标的确定

（1）设计要求或质量特征的确定（天花板）

项目的设计要求或质量特征主要通过头脑风暴会议进行确定，会议在分析顾客需求的基础上详细讨论用于满足顾客需求的设计要求或质量特征。针对每一项顾客需求，都要系统划分产品应该具有什么质量特征并进行对应。质量特征应该从产品整体着眼，而不能从现有产品的零部件及工艺技术要求中总结得到，实现其系统性和全面性；同一级别的质量特征具有相互独立性；所有质量特征应该有利于提出量化指标，以便于对其实现方法和可实现程度进行科学评估，有助于为后续的方案开发指明方向。提出的质量特征仍然可以采用 KJ 聚类和模糊聚类将全部质量特征系统地、分层次地组织起来，产生质量特征展开表，完成质量屋的天花板部分。

（2）关系矩阵与质量特征重要度的确定（房间）

根据下述量化评估方法对各项顾客需求与对应的质量特征的相互之间的关系进行打分，完成质量屋的房间部分——关系矩阵，进行检查并计算得出各项质量特征的重要度。

①关系矩阵出现的问题，考察的重点

●若某项顾客需求与所有质量特征之间的关系值均为 0，应该讨论一下顾客需求的正确性或增加可满足顾客需求的质量特征。

●若某项质量特征与所有顾客需求之间的关系值均为0,应该考虑某项质量特征的合理性。

●若某一项顾客需求与大多数质量特征都有较强的关系,应分析量化数值的科学性或是顾客需求的系统分类不够合理。

●若某一项质量特征与大多数顾客需求都有较强的关系,应分析量化数值的科学性或是质量特征的系统分类不够合理。

②关系矩阵和相关矩阵评估

用关系矩阵来表示关系度 r_{ij}。

0——该交点所对应的质量特征和顾客需求之间不存在关系;

1——该交点所对应的质量特征和顾客需求之间存在微弱的关系;

2——该交点所对应的质量特征和顾客需求之间存在较弱的关系;

3——该交点所对应的质量特征和顾客需求之间存在一般的关系;

4——该交点所对应的质量特征和顾客需求之间存在密切的关系;

5——该交点所对应的质量特征和顾客需求之间存在非常密切的关系。

根据实际情况必要时可采用中间等级:

2——介于1与3之间;

4——介于3与5之间;

6——介于5与7之间;

8——介于7与9之间;

根据实际情况也可以采用1,3,9三个等级。

加权后质量特征的重要度:$h_j = \sum_{i=1}^{m} k_r r_{ij}$　(3-2)

(3)技术竞争能力评估(地下室)

通过分析组织自身技术研发能力以及竞争对手所采用的设计方案,以及顾客使用信息的反馈,初定确定项目质量特征指标。质量特征指标是从技术角度提出的,因此针对某一特定的质量特征指标的评价,应该找到技术上的评价标准,这是提高可信度的有效途径。可以按照下述准则进行技术竞争能力量化评估,量化后要计算新产品竞争能力和综合竞争能力。特别要强调的是,若项目竞争力不能符合组织产品发展战略,此时需要重新确定相应的质量特征指标,重新设定产品的竞争能力分值。

技术竞争能力 $T_j(j=1,2,\cdots,m)$ 表示第j项产品设计的技术水平。所谓技术水平包括指标本身的水平、本组织的设计水平、工艺水平、制造水平、测试水平等,采用下列五个数值:

1——技术水平低下；

2——技术水平一般；

3——技术水平达行业先进水平；

4——技术水平达国内先进水平；

5——技术水平达国际先进水平。

技术竞争能力指数：$T=\sum_{i=1}^{n} h_j T_j / \left(5\sum_{i=1}^{n} h_j\right)$ (3-3)

综合竞争力指数：$C=MT$ (3-4)

(4)确定关系矩阵(屋顶)

为了满足顾客的需求而得出的产品开发的质量特征通常包括若干项，通常这些特征绝非相对独立，它们之间存在着内在的联系。可以将这种联系分为：强正相关、正相关、强负相关、负相关和不相关。若两项质量特征实现过程之间存在着相互加强的促进关系，我们可以根据促进程度的大小设定为正相关或强正相关(正相关用○表示，强正相关用◎表示)；若两项质量特征实现过程之间存在着互相减弱的抵消关系，我们可以根据促进程度的大小设定为负相关或强负相关(负相关用＊表示，强负相关用♯表示)；若两项质量特征实现过程之间不存在任何关系，我们称为不相关。

(5)质量特征指标的确定

质量特征指标是项目质量计划要实现的硬性指标，所以对于指标的确定需要谨慎考虑。确定这些指标需要的方法将在下面的部分中详细介绍，这里只是介绍一下确定质量特征指标的基本原则，对于互为负相关或强负相关的质量特征而言，确定指标必须将二者权衡，这两者技术上存在着矛盾，不可能同时达到高指标。确定质量特征指标还应该根据成本控制方法、收益/成本分析方法、基准比较分析方法确定。

4)建立各级质量屋

在进行产品开发质量屋设计的同时，根据并行工程原理同步地建立零部件展开、工艺设计、生产计划阶段的质量屋。

二、成本/收益分析法

在进行成本/收益分析时，项目经理需要考虑，如果某个项目达到了规定的质量标准，那么，首先就减少了返工，这便意味着提高了生产效率，降低了成本以及提高了项目相关人员的满意度。质量、成本与利润这三者在一个项目中既有对立性又有统一性，解决这三者关系的关键是找到恰当的着力点。美国著名的质量管理专家朱兰有这么一句名言：提高经济效益的巨大潜力隐藏在产品的质量中。

成本/收益法也叫经济质量法，这种方法要求在制订项目质量计划时应该充分考虑完成项目质量的经济性。朱兰将质量成本定义为："为保证和提高产品质量而支付的一切费用，以及因未得到既定质量水平而造成的一切损失之和。"项目效益是指项目的高效率、低成本，质量标准的满足以及项目干系人的满意度的提高；在 ISO8402:1994 中项目质量收益是指开展项目质量活动能够带来的全部好处(如减少返工、提高生产率、降低成本)等。质量为组织带来的效益表现为：高质量产品和无误的高价格、高竞争力，有效的质量保证体系所带来的废品率减少，市场声誉和客户满意度的提升。

项目质量成本/收益方法的实质是通过运用质量成本与收益的比较分析法编制出能够保证项目质量收益超过项目质量成本的项目质量管理计划。任何一个项目的质量管理都需要开展两个方面的工作：其一是项目质量的保障工作，这是防止有缺陷的项目产出物出现和形成的管理工作；其二是项目质量检验与质量恢复工作，这是通过检验发现质量问题，并采取各种方法恢复项目质量工作。项目质量收益则是通过努力降低上述两种质量成本而获得的收益。项目质量的成本/收益法就是一种合理安排和计划项目的这两种质量成本，使项目的质量总成本相对最低而质量收益相对最高的一种项目质量计划的方法。

下面我们将从经济学的角度分析质量效益以及如何确定质量水平，如图 3-8 所示。项目的质量对项目的收益和成本都会产生影响，即质量的持续改进在带来收益增加的同时，成本同样会增加。具体分析如下分析过程，设质量改进为 Δq，质量效益为 ΔI，相对应的质量成本为 ΔC。当质量等级改进 Δq 时，质量效益会增加 ΔI，相应地，质量成本也会增加 ΔC。$\Delta\beta=\Delta I/\Delta C$。显然，当 $\Delta\beta>1$ 时，质量改进是可取的；当 $\Delta\beta<1$ 时，质量改进是不可取的；$\Delta\beta=1$ 时，要根据实际情况由项目组织自行决定。

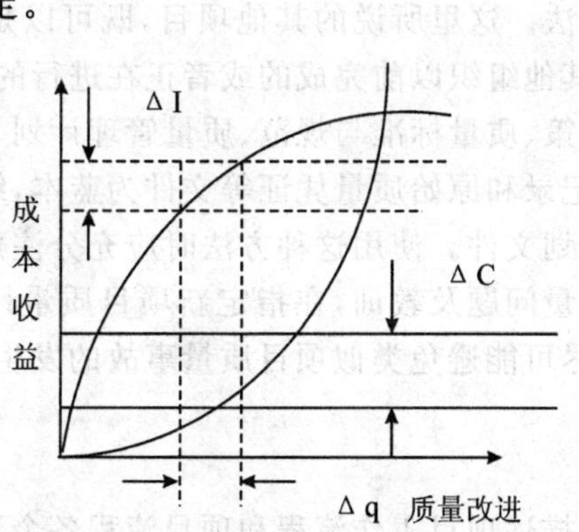

图 3-8　质量等级提高的效益成本经济学分析

三、质量标杆法(Benchmarking)

质量标杆法是利用其他项目实际实施的或计划的质量结果或项目质量计划作为新项目的质量参照体系和比照目标,通过比较,进行项目质量策划或制订出新项目质量计划的方法。具体地说,就是根据实际的或计划中的项目实施情况与那些在项目执行组织内部或外部的其他项目或产品的相应特性进行比较,从而产生质量改进的思想,并提供检测项目绩效的标准。就是对产生最佳绩效的最优的经营管理实践的探索,也就是以领先组织为标准或参照,通过收集资料、分析、比较、跟踪学习等一系列的规范化的程序,改进绩效,赶上并超过竞争对手,成为市场中的领先者。

质量标杆法用于项目质量计划,就是以同类优秀项目为标准或参照,对其进行分析、比较、跟踪学习,不断改进本项目质量,力求超过同类优秀项目,使本项目质量成为同类最优。实施质量标杆法的主要环节主要包括四个环节。

(1)收集信息。为了树立学习的标杆,首先需要选择标杆,并收集反映标杆对象的过去、现在的状态信息和未来的发展趋势信息。

(2)分析信息、资料。对了解的信息、收集的资料要进行对比分析、研究,以确定问题的关键点。

(3)找出差距。将本项目与标杆进行比较,以确定存在的差距。

(4)制定对策。根据所存在的差距,制定相应的对策。对策包括提高项目质量水平、改善项目特征、完善质量管理措施。

质量标杆法用于项目质量计划的制定过程,其基本思想就是利用其他项目实际的或计划的质量结果或项目质量计划作为新项目的质量参照体系和比照目标,通过对照比较最终制订出新项目质量计划的方法,这是项目质量计划中常用的一种十分有效的方法。这里所说的其他项目,既可以是项目组织自己以前完成的项目,也可以是其他组织以前完成的或者正在进行的项目。通常的做法是,以标杆项目的质量政策、质量标准与规范、质量管理计划、质量核检单、质量工作说明文件、质量改进记录和原始质量凭证等文件为蓝本,结合新项目的特点去指定出新项目的质量计划文件。使用这种方法时应充分注意"标杆项目"质量管理中实际发生的各种质量问题及教训,在指定新项目质量计划时要考虑采取相应的防范和应急措施,尽可能避免类似项目质量事故的发生。

四、流程图法

流程图法是使用描述项目工作流程和项目流程各个环节之间相互联系的图表去编制项目质量计划的方法,通常由若干因素和箭线相连的一系列关系组成。项目流程图有助于预测项目发生质量问题的环节,有助于分配项目质量管理的责任，有助于找出解决项目质量问题的措施等，因此项目流程图非常有助于编制项目质量计划。一般情况下，人们利用此方法去分析和确定项目实施过程和项目质量形成的过程，然后编制项目的质量计划。见图 3-9。

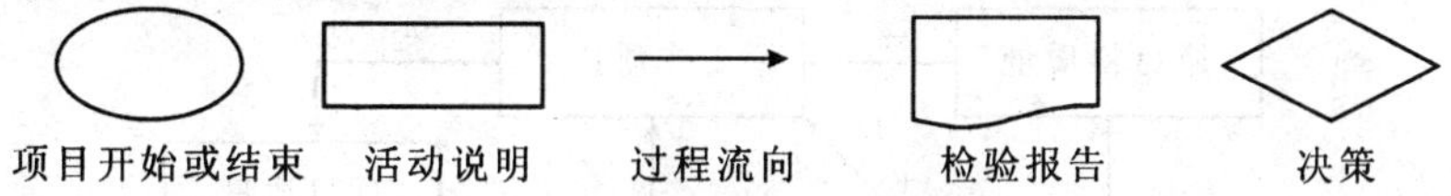

图 3-9　项目流程图符号表示

流程图既可以用于分析项目质量因素亦可以用于编制项目质量计划。编制项目质量计划常使用的流程图主要包括：项目的系统流程图、实施过程流程图、作业过程流程图等。这里主要介绍系统流程图、关联图、鱼刺图、过程决策程序图四种类型。

1. 系统流程图

系统流程图主要用于说明项目系统各要素之间存在的相关关系。利用系统流程图可以明确质量管理过程中各项活动、各环节之间关系，图 3-10 为描述内部审核系统流程图。

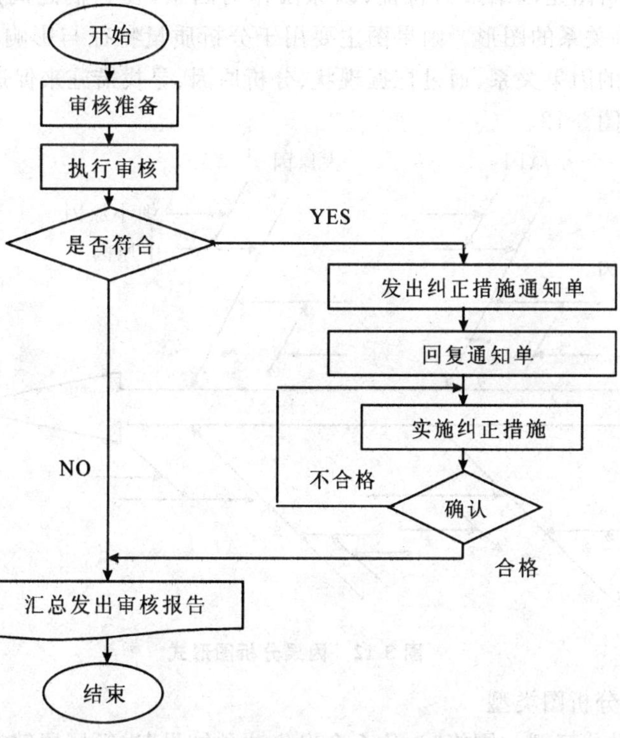

图 3-10　内部审核系统流程图

2.关联图

关联图主要用于分析和说明各种因素和原因如何导致或产生各种潜在的问题和后果，如图3-11。

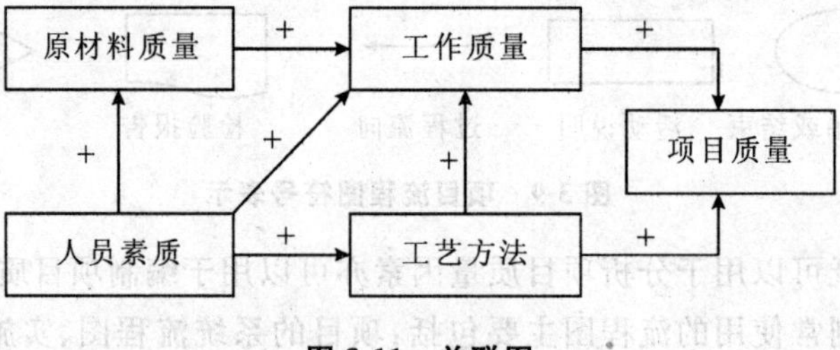

图3-11 关联图

3.鱼刺图

鱼刺图又称石川图或因果图，1953年由日本东京大学石川馨教授第一次提出。石川馨教授和他的助手在研究活动中用这种方法分析影响质量问题的因素，由于因果图较为实用有效，在日本的企业得到了广泛的应用，很快又被世界上许多国家应用。

因果分析图是以结果为特征，以原因作为因素，在它们之间用箭头联系起来，表示因果关系的图形。因果图主要用于分析质量特征与影响质量特征的可能原因之间的因果关系，通过把握现状、分析原因、寻找措施来促进问题的解决。基本形式见图3-12。

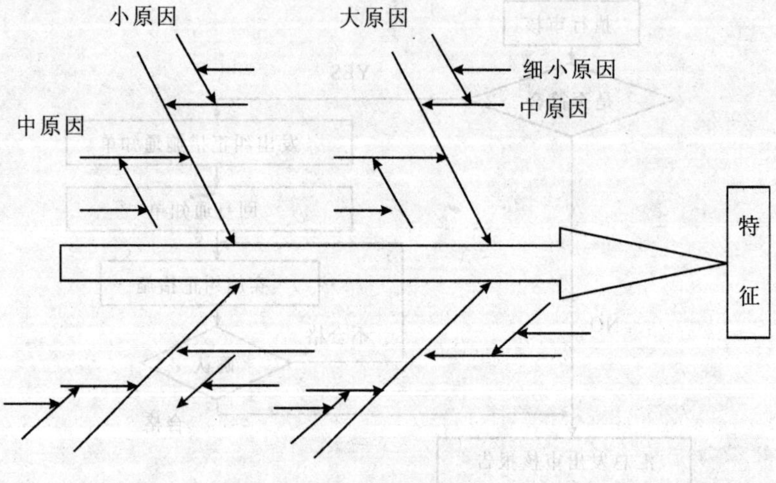

图3-12 因果分析图形式

1)因果分析图类型

(1)结果分解型。围绕"为什么会发生这种结果"进行层层解析。

(2)工序分类型。其基本做法是：首先按工艺流程将各工序作为影响产品质量的平行的主次原因找出来，然后把各工序中影响工序加工质量的原因查出来，再填入相应的工序中。

(3)原因罗列型。这种方法是允许参与分析的人员无限制地发表意见，把所有意见都一一罗列出来，然后再系统地整理出它们之间的关系，最后绘制出原因结果图。

2)构建因果图的四个步骤

(1)在构建因果图的开始阶段，使用排列图等技术确认质量问题的范围。

(2)设定各个阶段所需要设置的目标。构建因果图所涉及的每个人都要清楚将要达到的目标——即找出影响质量的主要因素。

(3)将各因素及细化后的因素以图（方框和箭线）的形式展现。在主干线两侧标出讨论所得结果，即影响质量的大、中、小及微小原因。影响质量的五大因素主要包括：人（Man）、机器（Machine）、材料（Material）、方法（Method）和环境（Environment），简称为“4M1E”。由于项目具体情况的差异，因此影响项目质量的因素也不相同，需要根据实际情况进行分析。

(4)针对因果图上的各种原因思考解决问题的方法。

3)画因果分析图时应注意的事项

(1)因果图只能用于单一目的研究，分析一个质量问题，不可以多问题交叉研究。

(2)征集原因时要集思广益，一般以召开质量会议的形式展开，会议中要发扬民主，畅所欲言。

(3)因果关系的层次要分明，最小层次的原因要落实到可以采取的具体措施。

(4)“要因”一定要确定在末端因素上，而不应该确定在中间过程上。

4.过程决策程序图(PDPC)

过程决策程序图(Process Decision Program Chart，PDPC)法是指在制订达到预期目标的计划时，应事先预测过程中可能发生的各种情况和结果，采取相应的预防和纠正措施，提出适应各种情况和结果的可能实施方案，以达到最终状态（理想状态或不理想状态）的一种动态管理程序方法。PDPC法在解决问题的过程中，能提供所有的手段和措施，迅速处理已发生的使目标难以实现的事态，具有极其灵活的性质。作为处理方法，PDPC法兼备预见性和随机性。

PDPC法的基本表达形式如图3-13所示。图中A_0表示初始状态，Z表示最终状态。对于期望的理想状态Z，如“不良品减少”，就应设法使A_0至Z的路径畅通；对于不期望的状态Z，如“重大事故发生”，就应设法使A_0至Z的路径不通。

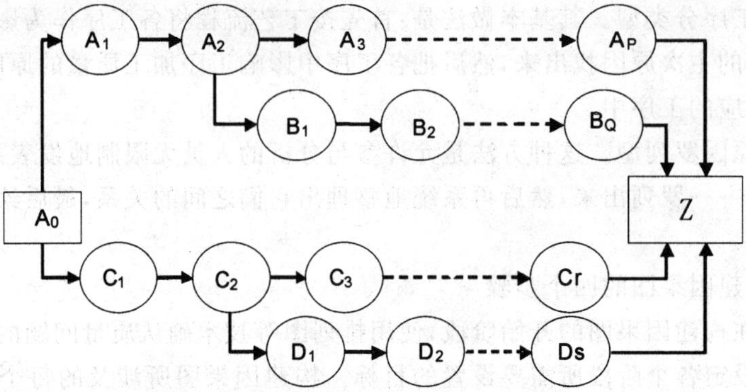

图 3-13 PDPC 示意图

1)PDPC 主要用途

(1)制订政策目标实施计划；

(2)制订新产品开发设计的实施计划；

(3)预测系统的重大事故并制定防范措施；

(4)提出选择处理质量纠纷的方案；

(5)制定生产过程中防止发生质量问题的措施。

2)PDPC 应用步骤

从初始状态 A_0 到最终状态 Z 的 PDPC 法为：

第一步：充分预测

假定图 3-13 表达的是从不良状态 A_0 到实现理想状态 Z 的 PDPC 示意图。

(1)要解决的问题是从不良状态 A_0 转变为理想状态 Z。

(2)根据以往的分析、经验和专业技术知识等，先设计一个初步程序如 A_1，A_2，A_3…，A_p。

(3)在一般情况下，潜在的质量问题绝不会像想象的那么简单。因此，有必要召集各方面的有关人员对已初步制定的程序逐个环节去讨论分析。若认为预计的措施，在情况发生变化时会使某些环节（如 A_3）难以实现时，应考虑设计新的可实现的程序（如 A_2 后转经 B_2，B_3，…，B_q）去实现目标。

(4)设计出还有可能实现目标的若干程序（如 C_1，C_2，D_1，D_2…，D_s 等）。

第二步：实施中的随机应变

(1)原则上讲，所涉及的多种程序都是可行的，但具体实施时只能是选择其中一种程序。这就需要根据当时的具体情况，以随机应变的审查，选择一种最有利于实现目标的程序。

(2)应注意到，第一步的所有判断未必是完全有利的，随着分析的继续进展，又出现意想不到的技术问题或新的情况，这就要求根据情况的变化随时补充新的程序。

(3)执行过程中还会获得许多新的信息、新的知识,要善于在不断的应用过程中去补充、完善原来的设想。

3)"防止重大事故发生"所采取的PDPC法

图3-14是PDPC的一种表达形式。A_0是系统的正常状态,由于种种外部干扰影响系统,状态A_0经一系列中间状态A_i,最终变化到B_i状态(可认为是不正常状态,$i=1,2,\cdots,n$; B_i为互不相容的事件)。这里,发生各个事件B_i的可能性是不同的。现不妨假设B_p是系统发生重大事故的可能性最大的一种状态,这当然是不希望的状态。这时,作为处置的对策就应使$A_0,A_1,A_2,A_3\cdots,A_p$,$B_p$所示的一系列事情不要发生。为此,必须切断这个通路中的某一环,将状态A_2引开,比如引导到两条比较安全(发生概率小)的路径上来,这就是"防止重大事故发生"所应采用的PDPC法。

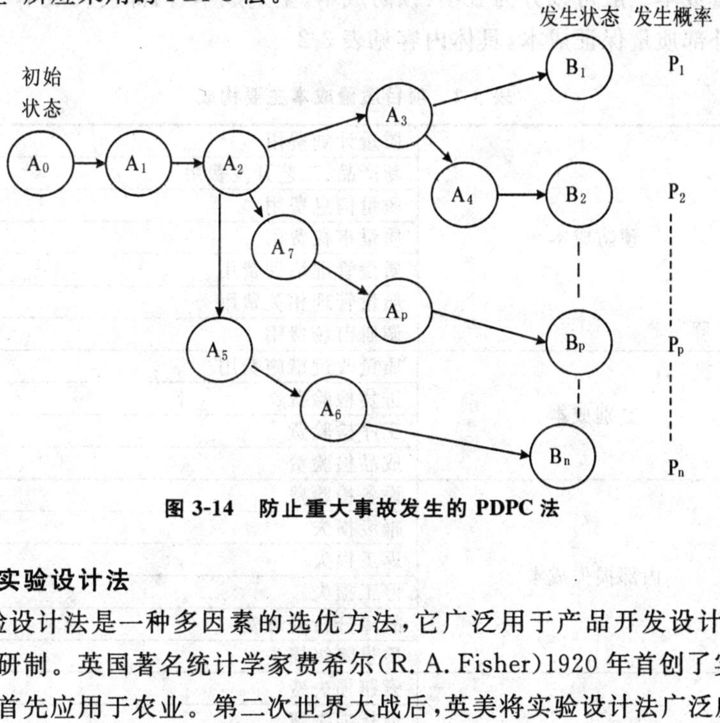

图3-14 防止重大事故发生的PDPC法

五、实验设计法

实验设计法是一种多因素的选优方法,它广泛用于产品开发设计、工艺优化、配方研制。英国著名统计学家费希尔(R. A. Fisher)1920年首创了实验设计方法,并首先应用于农业。第二次世界大战后,英美将实验设计法广泛应用于工程生产中,20世纪60年代"正交实验法"产生,70年代日本著名质量工程学家田口玄一博士发明了稳健设计,80年代我国数学家王元和方开泰发明了均匀设计。这里不作过多阐述,读者可阅读相关文献。编制项目质量计划常用到的方法主要包括:对分法、均分法和0.618法等等。

实验设计法需要采用试验的方法去识别出对项目成功影响最大的关键因

素，以此找出项目质量关键因素去编制项目质量计划。这种方法比较适用于那些独特性很强的原创性研究项目的质量计划编制，也可以用于权衡项目的成本和进度。如，通过试验设计计算开发不同类型的机器设备所需成本与使用寿命，从而可以从有限的相关方案中选择最佳者。通常还将应用于选择合适的配方、合理的工艺参数、最佳的生产条件以及如何安排核查方案才能做到最节省成本之类的问题中。

六、质量成本分析法

质量成本是全面质量管理活动的经济表现，是达到项目所规定的目标所需要的全部费用。质量成本分析法是将质量投入与质量损失联系起来的一种考虑质量问题的方法，是传递质量信息的一种载体，也是实施质量管理的一种有效工具。

质量成本一般可以分为五项：预防成本、鉴别成本、内部损失成本、外部损失成本和外部质量保证成本，具体内容见表 3-2。

表 3-2　项目质量成本主要构成

质量成本	预防成本	质量计划费用
		新产品、工艺开发费用
		质量信息费用
		质量审核费用
		质量管理培训费用
		质量管理相关费用
		调研市场费用
	鉴别成本	质量改进措施费用
		进货检验费
		工序检验费
		成品检验费
		设备检验费
	内部损失成本	报废损失
		返工损失
		停工损失
		故障分析处理费
		质量降级损失
	外部损失成本	索赔损失费
		退货损失费
		保修损失
		诉讼损失
		降价损失
	外部质量保证成本	质量保证措施费
		项目质量证实实验费
		项目质量评定费

项目的质量与项目质量成本之间存在着密切的关系，一般说来项目的预防、鉴定、外部质量保证等费用越高，项目的质量水平就越高；而项目的内部损失成本、外部损失成本则随着项目质量水平的降低而增加，如图 3-15 所示。

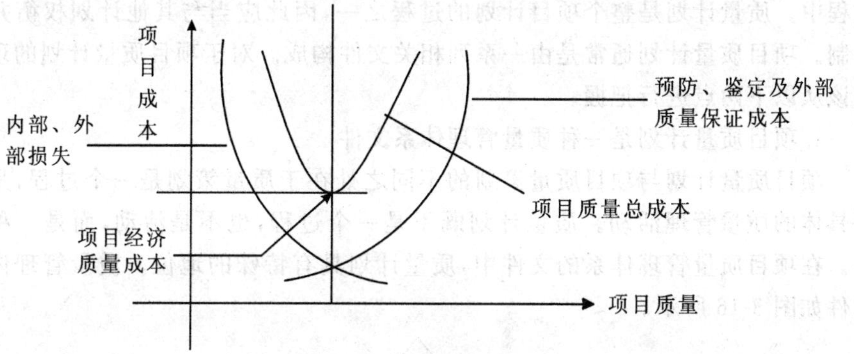

图 3-15　质量水平与质量成本之间的关系

第三节　项目质量策划的结果——项目质量计划

在项目管理的过程中，策划项目质量特征、编制项目质量计划是保证项目成功实施的重要过程，"质量来源于计划，而不是来源于检查"是对项目质量计划重要性的充分说明。项目质量管理计划是为了保证将要提供给顾客的项目产品或服务的质量而采取的必要措施。项目质量计划一般包括用于质量控制、质量保证、持续改进措施、授权与职责、组织内部的沟通，还应该包括质量政策、度量标准、质量管理文件以及检查、审计、报告和审查过程等。

项目质量计划应明确指出应该开展的质量活动，通过程序或其他相关文件指明如何实施所要求的活动。项目每一个阶段都要详细地列明需要开展的质量活动及资源要求，一般情况下，项目质量计划的主要内容有：项目组成介绍，项目质量总目标及其分解目标，项目质量管理组织机构的设置，项目各级人员的质量职责，项目质量控制的规范、规程、标准和文件，项目质量控制程序等。

一、项目质量计划的定义

项目质量计划的编制就是确定哪种质量标准适合该项目，确定达到这些标准的途径。具体地讲，就是对特定的项目、产品、过程和合同，规定由谁、什么时间、使用何种程序和相关资源的文件。

ISO9000 将项目质量计划描述为：说明项目质量体系，实施项目质量管理的组织结构、责任、程序、过程和资源等。质量计划通常需要引用质量手册的部分内容和程序文件，表述质量管理体系是如何应用到特定产品、项目、合同之中，这类文件被称为质量计划。在项目质量的计划编制中，重要的是确定每个独特项目的相关质量标准，把质量计划具体到项目的产品和管理项目所涉及的每一个过程中。质量计划是整个项目计划的过程之一，因此应当与其他计划权衡并行编制。项目质量计划通常是由一系列相关文件构成。对于项目质量计划的理解应该从以下两点进行把握。

1.项目质量计划是一种质量管理体系文件

项目质量计划与项目质量策划的不同之处在于质量策划是一个过程，是一项具体的质量管理活动。质量计划既不是一个过程，也不是活动，而是一种文件。在项目质量管理体系的文件中，质量计划具有特殊的地位。质量管理体系文件如图 3-16 所示。

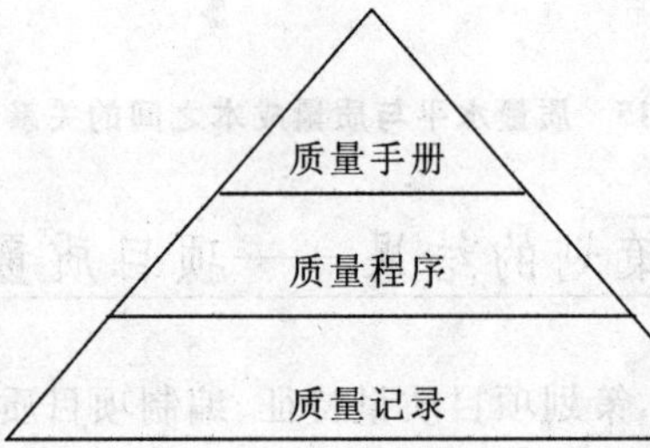

图 3-16 质量管理体系文件

项目质量计划涉及质量手册、质量程序和质量计划。因此，项目质量计划可以引用质量手册的部分内容或程序文件。项目质量计划是针对特定项目，既要规定质量目标（质量手册的内容），又要规定具体措施（需要质量程序文件予以支持），还可能规定所需的质量记录。

2. 项目质量计划是质量策划的输出形式

项目质量计划，实际上就是质量策划的输出形式。项目质量计划只是一种文件，而质量策划却是一个过程。除了编制质量计划，质量策划还要进行"设计"，提出每项工作的方案。但绝大多数情况，质量策划可以采用编制质量计划的方式来进行，可以把编制质量计划的过程当作质量策划的过程。

二、编制项目质量计划的基本要求

项目质量计划是用于指导项目质量实践的质量管理体系文件，因此在编制的过程中要始终考虑到如何实施和实施的效果。离开了实施，质量计划就失去了应有的作用。在实施状况中需要克服以下两种情况：其一是，组织只进行了质量策划，却忽视了将质量策划的结果用书面形式表达出来，分发到相关部门实施，导致质量策划的成果得不到落实；其二是，编制出的质量计划未能认真实施，结果依旧得不到落实。

1.根据项目质量策划编制项目质量计划

项目质量计划不能够离开质量策划去编制，应该将质量策划的输出内容以文字形式表达出来，使项目干系方了解和理解。

2.项目质量计划要针对具体的特定情况编制

任何一个质量计划均不可能涵盖全部质量活动，因此编制项目质量计划要有针对性，便于操作。

3.项目质量计划的文字应尽量简洁

根据GB/T19000－ISO9000族标准的规定，质量计划可以引用质量手册的部分内容或程序文件，不必重复罗列。

4.项目质量计划一定要明确规定出负责的部门或人员，以及完成的时间

由于项目质量计划可能涉及一些新的分配，因此在编制质量计划时，要进行必要的质量职责的分配。需要强调的是，项目质量计划必须明确规定负责人和完成时间。

5.项目质量计划要及时下发到相关人员手中

所有承担项目质量计划的负责部门或人员，都应该了解项目质量计划，便于具体的实施。因此，应将计划及时下发到相关人员手中。

6.必要时，要对项目质量计划定期审核

在项目质量计划编制的草稿以及正式计划编制出来后，应适当地对其进行评审以确保项目质量计划编制的效果。

三、项目质量计划编制的流程

PMBOK2000版将项目质量计划的编制过程分为三部分，即输入部分、工具和技术、输出部分，见图3-17所示。下面将分别对输入部分、输出部分进行详细阐述，工具和技术在第二节已经介绍，在这里不再重复。

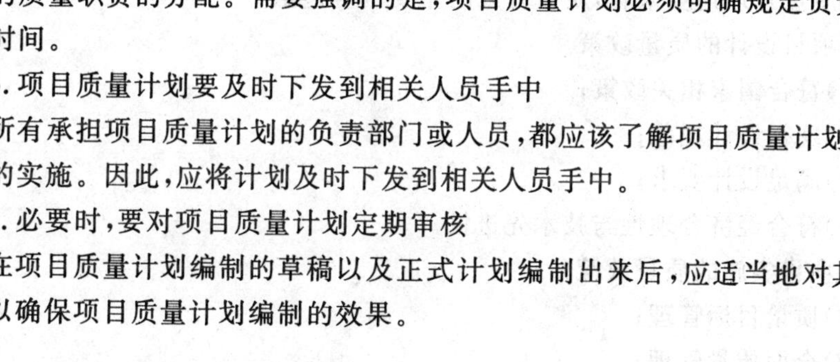

图3-17　项目质量计划的编制流程

四、项目质量计划编制的依据

所谓项目质量计划编制的依据就是编制项目质量计划所需要的各种信息与文件，通常包括五部分，即项目质量政策、项目范围说明书、产品说明书、标准和规定以及其他项目管理方面的信息。

1.项目质量政策

项目质量政策是组织中高层管理者明确表示的项目管理的总体指导思想，是一个组织对待项目质量的指导思想和中心意图。项目质量政策是指定项目质量计划的根本出发点，为制定质量目标提供框架。项目质量政策制定的基础是项目管理原则。如果项目实施组织以前没有正式的质量政策，或者项目需要多个组织参与，那么项目组织需要为这个项目单独设立一个质量政策，但是设立新的项目质量政策的前提是得到全部项目干系人的充分认可。需要指出的是，在项目实施过程中质量政策绝非一成不变的，需要根据实际情况，进行不断调整。从项目质量管理角度来看，质量政策的主要内容包括：

1)项目设计的质量政策

(1)符合国家相关政策；

(2)现行设计规范；

(3)满足设计要求；

(4)符合经济合理性与技术先进性。

2)项目实施的质量政策

(1)质量目标管理；

(2)全面质量管理；

(3)将国际标准化组织(ISO)的标准作为项目质量保障。

3)项目完工交付的质量政策

(1)全面质量检查与验收；

(2)进行必要的返工以达到顾客/业主满意。

2.项目范围说明书

项目范围描述是指明确项目需求方的需求和目标、规定项目的主要成果、项目的目标，以及何种状况会影响项目的质量问题，所以项目范围描述同样也是制订项目质量计划的主要依据之一。主要包括以下四项内容。

(1)项目目的说明。说明项目立项的原因，这是项目完工后衡量项目成功与否的一个重要指标。

(2)项目目标说明。项目所要实现的目的性指标的说明，既包括项目的总目标，也包括各专项目标。

(3)项目产出物的简要说明。对于项目最终交付产品在特征、性能、要求等方面的简要说明。

(4)项目成果说明。是项目完工后产出物的全部成果清单,既包括有形产出物也包括无形产出物(过程或服务)。

由于项目范围说明书规定了项目可交付的成果和项目目标,因此这个文件必须在得到所有项目利益相关者确认后,方可建立一个各方共识的文件。

3.产品说明书

产品说明书是对范围说明书的进一步具体化,要明确说明成果要点的细节及其他可能影响质量计划的因素。通常项目由一个组织(乙方)向另一个组织(甲方)提供产品(服务),这样,最初的产品说明需要甲方提供。

4.标准和规范

项目组织在制订项目质量计划时,必须要考虑所有可能对该项目产生影响的任何应用领域的专门标准和规则。如相关领域的国家、地区、行业等标准,规范以及政府规定等。如市政工程项目的质量计划就应依据相应的施工规范、工程项目管理规范、设计规范、国家强制性规范等一系列国家、行业、地方标准和法律法规。需要强调指出,如果项目所涉及的领域和行业尚没有标准和规范的时候,项目组织应该在充分考虑其他竞争对手情况和组织自身技术能力的前提下,聘请行业专家参与到项目中共同完成标准和规范的制定过程。

国际标准化组织(ISO)对标准和规则的定义规定如下:标准是一个"由公认的组织批准的文件,是为了能够普遍和重复使用而为产品、过程或服务提供的准则、指导政策或特征,它们不是强制执行的"。标准已经涉及全部的行业,按照范围可以分为国家标准、行业标准、国际标准。

规范是一种"规定产品、过程或服务特征的文件,包括使用的行政管理条例",与标准所不同的是规范具有强制性。

5.项目中其他关联工作的输入

项目管理中其他关联领域工作的输入同样会影响项目质量目标的实现,因此应该在制订计划的过程中要将其考虑进去。比如,项目进度计划、项目的工作分解结构、项目采购管理等等。

五、项目质量计划编制工作的输出

项目质量计划编制工作的最终结果即生成一系列的项目质量计划文件,通常包括项目质量管理计划、项目质量管理工作说明、项目质量核检表以及其他过程的输出。

1.项目质量管理计划

项目质量管理计划是项目的质量管理工作的核心性和指导性的文件,是项目质量计划编制工作重要的结果之一。质量管理计划应说明项目组织具体执行质量政策的过程,ISO9000 中指出,质量管理计划,就是说明项目的质量体系构成,即实施质量管理的组织结构、责任、程序、工作过程以及具体执行项目管理所需的资源。具体地讲主要包括:规定出管理者、操作者、执行者等项目干系人的职责权限与质量责任;明确达到项目质量要求所需的人力、物力、财力以及设备资源;规定出所开展的项目质量活动的基本程序;明确质量计划和检查部门的验证方法和验收标准、检测手段等。

项目质量管理计划是项目组织和项目管理者为实现项目质量政策而开展的项目质量管理工作的计划和安排。这一文件的内容应包括:项目质量体系的组织结构、质量体系的责任划分、质量体系的工作流程、项目质量管理的过程、实现项目目标所需的资源和项目质量管理的措施与方法等。

2.项目质量管理工作说明

项目质量管理工作说明(简称为项目工作说明),是指对于项目质量管理工作的具体描述以及对于项目质量控制方法的具体说明。这一文件通常由如何检验项目质量计划的执行情况、如何确定项目质量控制规定等内容构成。如:做质量检测,就应该明确规定是检测所有的项目活动还是仅仅对特定的子项目进行检测。

通常这种项目质量计划文件是一种项目质量管理计划的辅助性和支持性文件(附件),它应该全面给出项目质量管理各个方面的支持细节和具体说明,包括执行项目质量管理计划中所使用的具体方法、工具、图表和程序等方面的规定和说明。

3.项目质量核检表

为了确保整个项目生命周期的质量,需要在质量计划编制中设置各种检查表,以检查和核对某些必须执行的步骤是否已经得到充分贯彻。核检表是一种项目质量管理工具,用于检查需要执行的一系列步骤是否已经实施以及实施结果的状况,通常可以依据项目质量管理计划从对项目工作分解结构和项目工作流程的分析中得到。专业的不同,项目规模的大小,会造成核检表具有很大差异性,因此设计项目质量核检表时,要依据项目所属专业领域和项目本身特性完成。

常用的核检表主要包括时间、检查内容、检查责任人、检查结果等,表 3-3 和表 3-4 是两张实际应用的核检表。核检表为项目实施过程中按质量管理计划实施项目的质量控制提供了检查的计划依据和检查表格。

4.其他过程输出

在开展项目质量计划编制的过程中,能够产生为项目的其他过程和工作提供的各种信息。如项目采购管理、项目的进度控制等过程都要考虑到项目的质量管理计划。这些信息不仅有利于专项管理，而且更加有助于集成管理，在集成管理与专项管理均得到提升的前提下，项目质量管理会得到相应提升。

表3–3　内审不合格纠正跟踪表

部门：　　　　　　　　　　　　　　　　标识号：

序号	质量活动	ISO9002标准要求	不合格序号	不合格说明	建议完成日期	是否复查	复查结论		复查确认说明	复查人员	备注
							清除	尚未清除			

审核组长：　　　　年　月　日　　　　质保部门：　　　　管理者代表：

表 3-4 现场审核结果记录表

受审部门： 审核员：
标识号： 审核日期：

审核区域	审核项目	对应文件名称	审核区域负责人	陪同人
发现的情况与客观证据：				
审核员意见：				
审核区域负责人意见：				
审核组评审结果：				

说明：本表可用其他表式替代

本章小结

项目质量策划是指确定项目应该达到的质量标准以及达到这些质量标准的工作计划与安排。具体地说，就是识别和确定必要的作业过程，配置所需的人力与物力资源，达到预期质量目标所进行的统筹安排工作。项目质量策划的基本工作方法就是：首先制定质量方针，根据质量方针设定质量目标，根据质量目标确定工作内容（措施）、职责和权限，然后确定程序和要求，最后付诸实施。

项目质量策划的内容一般包括：项目质量管理体系的策划、项目质量目标的策划、项目实施过程的策划、项目质量改进的策划。项目质量策划是一个过程，必须遵循特定的输入—过程—输出的特殊要求。

项目质量策划最为普遍的方法主要包括六种：质量功能展开技术、成本/收益分析法、质量标杆法、流程图法、实验设计法、质量成本分析法。

项目质量管理计划是为了保证将要提供给顾客的项目产品或服务的质量而采取的必要措施。项目质量计划应明确指出应该开展的质量活动，通过程序或其他相关文件指明如何实施所要求的活动。项目每一个阶段都要详细地列明需要开展的质量活动及资源要求，一般情况下，项目质量计划的主要内容有：项目组成介绍；项目质量总目标及其分解目标；项目质量管理组织机构的设置，项目各级人员的质量职责；项目质量控制的规范、规程、标准和文件、项目质量控制程序等。

思考练习题

1.结合自身理解对项目质量策划的含义加以解释。

2.结合实际项目对项目质量策划的作用进行说明。

3.项目质量策划的主要内容是什么？

4.简述项目质量策划的程序。

5.简述项目实施过程策划的主要步骤。

6.结合您做过的实际项目，运用质量功能展开技术确定项目质量特征指标。

7.构建因果图的四个步骤是什么？

8.过程决策程序图的主要用途和应用步骤是什么？

9.项目质量计划的定义是什么？

10.编制项目质量计划的基本要求是什么？

11.结合实际项目，说明编制该项目质量计划时用到的主要依据和主要产出各是什么？

进一步阅读资料

1.戚安邦.项目管理学.南开大学出版社，2003

2.翟焱.项目质量管理.浙江大学出版社，2004

3.王祖和.项目质量管理.机械工业出版社，2003

4.张富山.GB/T19000－ISO9000 标准族 质量策划——良好的开端.中国

计划出版社,2001

5.卢向南.项目计划与控制.机械工业出版社,2003

参考文献

1.戚安邦.项目管理学.南开大学出版社,2003

2.翟焱.项目质量管理.浙江大学出版社,2004

3.伍春来,王振雨.最轻松的方法学习项目管理.经济管理出版社,2004

4.陈远,寇继虹,代君.项目管理.武汉大学出版社,2002

5.王祖和.项目质量管理.机械工业出版社,2003

6.北京广联达慧中软件技术有限公司译.项目质量管理.机械工业出版社,2005

7.付强,沈川,蒋峰.有效的项目管理.中国纺织出版社,2003

8.韩之俊,许前.质量管理.科学出版社,2003

9.薛岩,欧立雄.成功的项目管理.机械工业出版社,2005

10.张智勇.基础质量管理工具.广东科技出版社,2004

11.张富山.GB/T19000—ISO9000 标准族 质量策划——良好的开端.中国计划出版社,2001

12.卢向南.项目计划与控制.机械工业出版社,2003

4

第四章　项目质量保证

本章导读

质量保证是项目质量管理的第二个过程，为了确保先前制订的质量计划得以顺利执行，确保最终可以交付高质量的产品和服务，在项目质量管理中，提供相应的质量保证是非常重要的。与质量计划、质量控制及质量改进相比，质量保证属于整个项目质量管理活动的枢纽和灵魂，指导着其他三个质量管理活动的顺利实施。建立科学的项目质量管理体系是落实项目质量保证最为有利的方法，而采用过程方法、质量评审和质量认证是提高质量管理体系的有利途径。本章主要内容包括：项目质量保证概述、项目质量保证活动的内容、项目质量保证的工具与方法和项目质量管理体系的建立与实施。

第一节　项目质量保证概述

项目质量管理活动是由项目经理或项目团队完成实施的，虽然项目质量计划中明确了项目团队职责分工，也规定了相应的质量控制方法和程序，但是，这些质量管理活动是否真正严格按照程序进行，这些方法和程序是否确实有效，这就要求项目组织必须开展项目质量保证活动。项目组织需要配备一部分独立质量保证人员对直接影响项目的主要质量活动实施监督、验证和质量审核工作，以便及时发现质量控制中的薄弱环节，提出改进措施，促使质量控制能更有效地实施，提高顾客对项目质量的信任。

一、质量保证的概念

1. 质量保证的思想发展概述

质量保证的思想从总体上经过了四个主要阶段:第一阶段(传统手工作坊阶段)为注重自身信誉的质量保证原则,这一阶段基本思想认为,顾客购买自己产品的原因是看中产品的信誉;第二阶段(产业革命后)为严格检验交付产品质量的质量保证原则,这一阶段的基本思想是,质量管理与质量保证是检验部门的任务;第三阶段(20世纪60年代消费品大生产阶段)为内部质量管理原则,这一阶段的基本思想是,质量通过工序过程管理加以保证是最为有利的;第四阶段(近些年来)为质量保证体系原则,这一阶段的基本思想是,项目的质量要符合顾客的要求和期望,不仅要对公司内部还要对公司外部提供质量保证的依据。见图4-1。

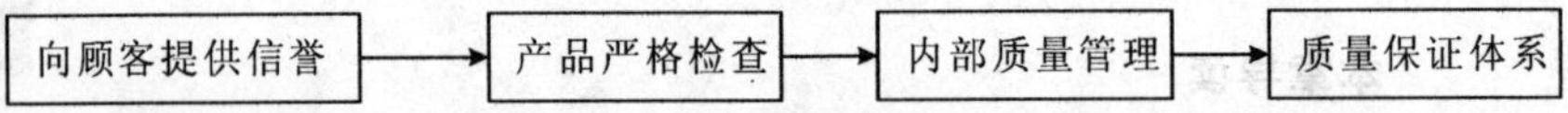

图4-1　质量保证发展历程

2.质量保证的定义

ISO9000:2000《质量管理体系　基础和术语》中给出的“质量保证”定义为:质量管理中致力于对确保产品达到质量要求而提供信任的工作。这就说明,为了提供足够的信任,表明实体能够满足质量要求,而在质量管理体系中实施并根据需要进行全部有计划和有系统的活动。

根据中华人民共和国国家标准《质量管理体系　基础和术语》(GB/T19000—2000)给出的质量保证定义,质量保证是质量管理的一部分,致力于提供质量要求会得到满足的信任。这个定义强调的是外部质量保证,除此之外项目相关方还需要提供内部质量保证,即使企业领导“确信”本企业所完成的项目能满足质量要求所开展的一系列活动。

二、项目质量保证的内涵

项目质量保证工作是一种具有事前性和预防性的项目质量管理工作,既不同于一般的“项目质量控制工作”的概念,又不同于一般的“项目保证质量”的概念,特别是自从ISO组织颁布和推行了ISO9000系列标准以后,项目质量保证与项目质量控制成为两项不同的项目质量管理工作。

项目质量管理包括四个阶段:项目质量计划、项目质量保证、项目质量控制、项目质量改进。质量保证是项目质量管理的第二个过程,为了确保先前制订的质量计划得以顺利执行,确保最终可以交付高质量的产品和服务,在项目质量管理中,提供相应的质量保证是非常重要的。

所谓项目质量保证,就是为了使项目干系人确信该项目将能达到有关质量标准,而在质量管理体系中开展的有计划、有组织的全部活动,即在执行项目质量计划过程中所开展的一系列经常性的项目质量评估、项目质量核查与项目质量改进等方面工作的总称。为了便于读者理解，现将其含义进行展开，如下面所述。

1.项目质量保证是质量管理中的一个重要组成部分

质量保证是项目质量管理的第二个过程，致力于提供质量要求得到满足的信任。为了提供信任，组织必须开展一系列质量保证活动，包括为其规定的质量要求有效地开展质量控制，并能提供已达到质量要求的客观证据，使顾客和其他相关方确信组织的质量管理体系得到有效的运行，具备了提供满足规定要求的产品和服务的能力。

要得到用户的充分“信任”，项目实施者就必须加强质量管理，完善质量体系，建立一套完善的质量控制程序、方法，并认真贯彻执行，对实施过程及成果进行分阶段验证，以确保其有效性。在此基础上，项目实施者应有计划、有步骤地采取各种措施，使干系人能了解其实力、业绩、管理水平、技术水平以及其项目在设计、实施各阶段的主要质量控制活动和内部质量保证活动的有效性，使其建立信心，相信完成的项目能达到所规定的质量要求。

质量保证的主要工作是促使完善质量控制，以便准备好客观证据、根据项目干系人的要求有计划、有步骤地开展提供证据的活动。可以看出，保证质量、满足要求是质量保证的基础和前提，质量管理体系的建立和有效运行是提供信任的重要手段，项目质量保证的核心是向项目干系人提供足够的信任，使顾客和其他相关方确信项目最终可交付的产品、项目管理体系和过程达到规定的质量要求。

2.项目质量保证的基本目的是提供“信任”

“质量保证”与一般概念“保证质量”有较大区别。“保证质量”是质量控制的任务，就项目而言，用户不提质量保证的要求，项目实施者仍应进行质量控制，以保证项目的质量满足用户的要求。用户是否提出“质量保证”的要求，这对项目实施者来说是有区别的。用户不提质量保证要求，项目实施者在项目实施过程中，如何进行质量控制就无须让用户知道，其满足用户需求的质量特性往往由最终检验反映，用户注重最终的项目成果。若项目顾客(包括相关利益主体)提出了质量保证要求，项目实施者就应开展外部质量保证活动，向项目干系人提供项目设计、实施等全过程中某些环节活动的必要证据，使干系人放心。但是，无论上述两种情况中的任何一种，保证质量都是必须要完成的。即“保证质量”是质量控制的任务，而“质量保证”则是以保证质量为目标，进一步引申到提供“信任”这一基本目的；“项目质量控制”强调的是项目交付成果的质量，而“项目质量保证”强调的是项目实施过程的质量。

3.项目质量保证借助内部质量保证和外部质量保证得以实现

质量保证有内部质量保证和外部质量保证之分。项目内部质量保证是向项目组织的管理者提供信任，依据证实质量要求以达到的见证材料，使管理者对组织的产品研究开发体系和生产制造的全部过程达到规定的质量要求充满信心。可以说，内部质量保证是企业领导的一种管理手段；外部质量保证是组织向项目顾客或其他相关方提供信任，使其确信组织的项目质量管理体系足以达到满足规定的要求，具备持续提供顾客要求的项目质量保证能力。

4. 项目质量保证要求供方提供充实证实

质量保证要求往往需要供方提供充实的证实，以使顾客有足够的信任。证实的方法主要包括以下几种：供方的合格声明；提供由其他顾客确认的证据；顾客亲自审核；第三方进行的审核；提供形成文件的基本证据；提供经国家认可的认证机构出具的认证证据。

总之，项目质量保证是为确保项目质量计划的完成而开展的系统性的和贯穿项目全部生命周期的项目质量管理工作，需要达到的目标有两个：其一，确保提供高质量的产品；其二，不断地改进质量。

三、开展项目质量保证活动的逻辑框架

质量保证是在质量体系中执行全部有计划、有系统的活动，以提供满足项目相关标准的信心。它贯穿于整个项目的全生命周期。在 ISO9000 质量体系出台以前，质量计划编制部分所描述的活动被广泛地包括在质量保证中。质量保证通常由质量保证部门或者类似名称的组织单位提供，但也不都是如此。这种保证可以向项目管理团队和执行组织提供（内部质量保证），或者向客户或其他没有介入项目工作的人员提供（外部质量控制）。具体质量控制框架模型如图 4-2 所示。

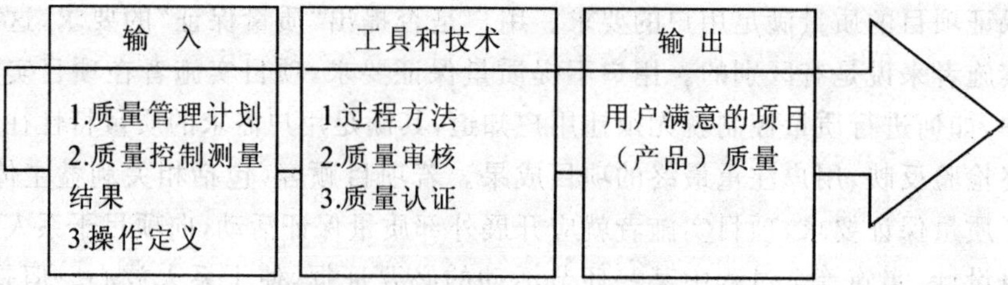

图 4-2 项目质量保证逻辑框架

第二节 项目质量保证活动的内容

项目质量保证工作既可以面向项目业主和项目其他相关利益主体，也可以面向项目实施组织或项目团队。它是在质量系统内实施的有计划的系统性活

动,是质量管理的一个更高层次,是对质量规划、质量控制过程的质量控制。因此,质量保证工作是一项系统活动,其完成的主要活动以及开展质量保证工作所需要的依据都应该有明确的规定。

一、项目质量保证的分类

对于项目质量保证的分类可以从多个角度划分。基于保证的目的可以分为:内部质量保证和外部质量保证;基于保证的对象角度可以分为:目标质量保证、过程质量保证和项目最终交付物的质量保证;从落实保证的方式可分为:项目质量管理体系保证和项目实施要素保证。

内部质量保证是向项目组织的管理者提供信任的一种保证形式;外部质量保证是针对项目干系人对于项目质量管理产生的疑惑,使其确信该项目能达到有关质量标准的一种质量保证活动。目标质量保证是确保项目最终产出物性能可以满足顾客需求的一种质量保证活动,过程质量保证是针对项目实施过程中各个环节开展的一种质量保证活动,项目最终交付物的质量保证是防止交付不合格的项目产出物的一种质量保证活动。项目质量管理体系保证是事前根据具体项目质量管理的要求所构建的组织结构、质量管理程序、过程和资源的质量保证活动;项目实施要素是保证主要针对影响项目的具体要素所开展的一种质量保证活动。

二、项目质量保证活动的主要依据

项目质量保证工作的依据主要包括:项目质量管理计划、项目实际质量的度量结果、项目质量管理工作说明、项目质量核检清单。

1.项目质量管理计划

项目质量管理计划是项目质量管理工作产出物的书面表述,计划部署了项目质量管理工作的全部安排,包括了质量管理所需的组织结构、责任、程序、过程和资源,规定了相应质量保证活动应该达到的目标、任务和要求,通过这些内容可以为项目质量保证工作提供最为原始的依据。

2.项目实际质量的度量结果

项目实际质量的度量结果是有关项目质量保证和控制工作情况绩效的度量与评价结果和项目产出物的实际质量度量结果的总和,是一种评价项目实际质量情况和相关事实数据的分析报告。质量控制测量结果是对项目实际执行结果的检测和测试记录。通过质量控制测量结果与质量基准的比较,可以发现执行结果的偏差,这为发现问题、及时调整项目执行过程提供了依据。

3.项目质量管理工作说明

项目质量管理工作说明是对项目质量管理涉及的具体工作的详细描述，如规定了项目质量控制过程中如何测量数据等，这是考查项目执行过程是否符合质量要求的依据。

4.项目质量核检清单

项目质量核检清单是一种结构化的质量管理工具，通常可以由工作分解结构的细化和转换得到。常见的形式是分别开列的一系列需要检查核对的工作与对象的清单。它主要用于检查项目各个流程步骤的质量计划执行情况和质量控制的实际结果，是对项目工作质量管理和控制的依据。

三、项目质量保证活动的基本内容

项目质量保证的主要内容包括：提出清晰明确的项目质量要求，制定切实可行的质量标准，制定质量控制流程，建立完善的质量保证体系，配备合格和必要的资源，持续开展有计划的质量改进活动，全面控制项目变更。

1.提出清晰明确的项目质量要求

如果没有清晰明确的项目质量要求，项目实施组织就无法开展项目质量保证工作，也就没有了项目质量保证的方向和目标。对于一个项目而言，项目质量保证的首要任务是提出清晰明确的项目质量要求，这既包括项目产出物的质量要求，也包括项目过程与工作的质量要求。这些项目产出物和项目过程的质量要求既包括对项目工作里程碑的总体要求，又包括对项目活动所生成的可交付产品的具体要求。通常，对项目产出物的质量要求越详细和具体，一个项目的质量保证工作就会越周密和可靠。

2.制定切实可行的质量标准

项目质量保证工作有赖于科学可行的项目质量标准，由于项目所涉及的领域不同，即使同一领域的项目，因所处环境和自身规模的不同，适应的标准也不会完全相同。进行科学可行的质量标准的设计工作是项目质量保证工作的主要内容。制定质量标准是为了在项目实施过程中达到或超过质量标准。制定质量标准可以直接采用现行的国家标准、行业标准，也可以制定出各种定性的、定量的指标、规则、方案等质量标准。

3.制定质量控制流程

不同行业和不同种类的项目，或同一项目的不同组成部分或不同实施阶段，其质量保证深度和力度不尽相同。制定质量控制流程要结合项目特点和干系人特点展开，抓住主要矛盾和重要问题加以解决。需要指出的是，项目质量控制往往不是孤立存在的，一般它和组织的质量管理体系紧密相连，要体现出全员参与的指导思想，项目的有关各方应该各负其责，有侧重地开展质量保证工作。

4.建立完善的质量保证体系

建立完善的有效的质量保证体系，全面地开展项目的质量管理活动是项目质量保证最重要的一项工作。项目质量体系是实施项目质量管理所需的组织结构、工作程序、质量管理过程和质量管理各种资源等所构成的一个整体。

建立质量保证体系首先应向项目全部职工贯彻质量方针，建立、健全对形成质量全过程有影响的所有管理者、执行者、操作者的质量责任，建立质量手册、质量程序文件等书面文件，建立质量保证体系的评估制度，确保质量保证活动在各个部门得以有效地运作。下面以工程项目为例，说明建立质量保证体系的流程，如图 4-3 所示；图 4-4 则描述了产品采购与分包的具体质量保证措施。

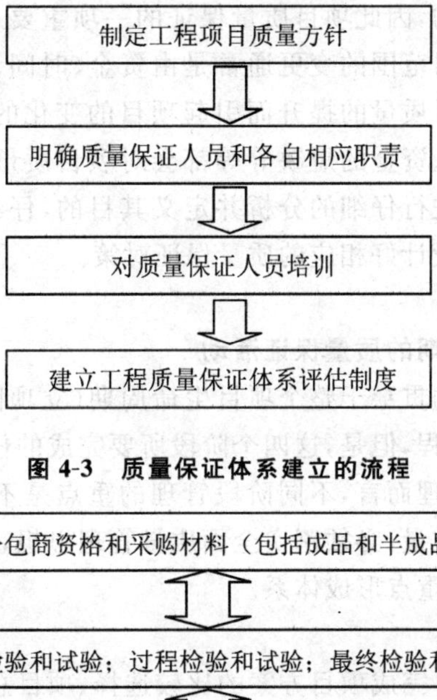

图 4-3　质量保证体系建立的流程

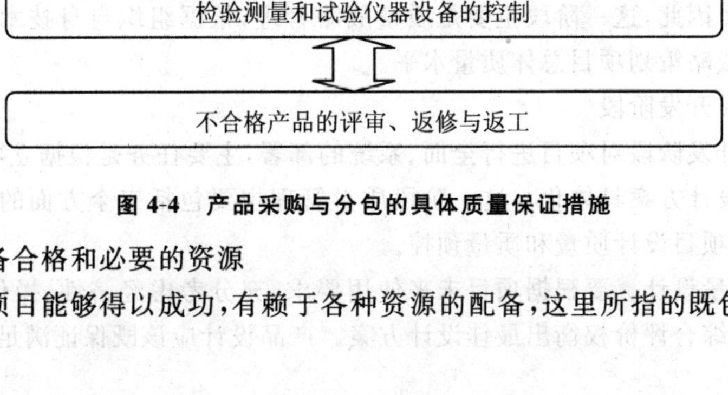

图 4-4　产品采购与分包的具体质量保证措施

5.配备合格和必要的资源

一个项目能够得以成功，有赖于各种资源的配备，这里所指的既包括人力资源又包括物力资源和财力资源等等。因此，项目质量保证的另一项工作内容就是为项目质量管理工作和项目质量体系配备合格的和必要的资源。

6.持续开展有计划的质量改进活动

有计划的持续质量改进活动是保证项目最终产出物达到质量要求的必要途径，持续的项目质量改进工作是一种不断改进工作方法与完善工作结果的活动，这既包括对于项目工作和项目产出物的持续改进和完善，也包括对于项目作业方法和项目管理方法的持续改进和完善。通过对项目质量进行有计划地持续地审核、评价和改进，来提高项目效益和效率。

7.全面控制项目变更

项目一次性、独特性的特点以及项目所处的环境不断地变化，决定了项目范围的变更是不可避免的，因此项目质量保证的一项重要工作就是开展项目变更的全面质量控制。项目范围的变更通常是由资金、时间、资源等因素引起，但也有由于顾客要求的项目质量的提升而引起项目的变化的。一般情况下，项目范围的缩小、工期的缩短、资金的短缺等等都会对项目质量产生不利影响，因此必须对项目的每个变更进行仔细的分析并定义其目的，仔细分析它可能对项目质量产生的各种影响并设计好相应的质量保证对策。

四、项目全生命周期的质量保证活动

项目质量保证活动贯穿于整个项目生命周期（立项阶段、开发阶段、实施阶段和完工阶段）的全过程，但是，这四个阶段所要完成的任务、达到的目标各不相同，因此就项目质量管理而言，不同阶段管理的重点是不同的。对于项目而言，若要真正地提高项目质量，必须落实全面质量管理思想，将质量管理落实到项目全部生命周期内，突出重点形成体系。

1.项目立项阶段

项目立项阶段主要完成项目方案的比较选择、项目总体质量标准的提出，以及在充分考虑项目费用、时间、质量目标之间的对立关系下，确定项目应达到的质量水平。因此，这一阶段主要是质量战略管理，根据组织自身技术能力，结合未来发展战略策划项目总体质量水平。

2.项目开发阶段

项目开发阶段对项目进行全面、系统的部署，主要任务是根据立项阶段确立的目标将设计方案具体化。这一阶段质量管理主要包括三个方面的工作：质量设计、控制项目设计质量和质量预控。

(1)质量设计。要根据项目未来使用要求，充分考虑经济性、操作性以及产品性能，经综合评价权衡出最佳设计方案。产品设计应该既保证满足用户意图，又符合相关标准、规范、规程等相关法规。

(2)控制项目设计质量。项目设计方案一经确定，项目开发、设计人员必须严格按照设计方案进行，为确保设计质量，必须采取有效措施严加控制，措施主要包括：设计评审、经济分析、严格控制设计程序、设计跟踪。

设计评审，在设计的每一个阶段，都要组织有关人员对设计结果进行严格的评审并将结果形成文件；经济分析，主要进行项目成本的计算，这里所指出的项目成本指项目生命周期费用，包括投资费用和使用维护费用；严格控制设计程序，确保设计质量；设计跟踪，定期对设计文件进行检查、审核，发现问题及时纠正。

(3)质量预控。针对可能对项目质量造成问题的因素，制订质量控制计划、实际控制程序、制定检验评定标准、提出解决对策、编制质量控制手册。

3.项目实施阶段

项目实施阶段是对资源投入到成品产出的质量管理过程，根据项目实施的不同阶段，可以把项目实施阶段的质量管理分为项目实施准备阶段的质量管理和实施阶段质量管理。

(1)项目实施准备阶段的质量管理。准备工作完成的质量将直接体现在项目完成状况的质量上，准备工作做得充分，可以对项目质量起到预防与预控的作用。准备阶段应该从以下两个方面着手开展工作：其一，开展技术培训。针对项目实施过程中可能遇到的各种质量问题，对操作者进行必要的技术培训和技术讲座；其二，严把材料质量关。对于原材料（半成品）的质量检验要严把三关：①入库（场）检验关；②定期检验关；③使用前检验关。采取科学管理办法，将质量检验与积极的预防结合起来，将材料供应的质量控制引入供货单位。

(2)实施阶段质量管理。项目实施阶段是形成项目实体的重要阶段，也是形成最终项目可交付物质量的重要阶段。项目最终质量能否达到规定的标准，在很大程度上取决于项目管理者的技术能力及实施过程的质量管理工作水平。因此，加强项目实施阶段的质量管理，是保证和提高项目质量的关键，是项目质量管理的中心环节。项目实施阶段质量管理的主要任务是：建立能够保证和提高项目质量的完整体系，抓好每一个环节的质量控制，保证工程质量全面达到质量标准的要求。项目实施阶段质量管理的重点是：把握影响项目质量的五个关键因素：人、材料、设备、方法和环境；加强工艺质量管理，工艺质量稳定良好，可以提高项目质量的稳定性，因此，必须加强对工艺的质量管理；严格控制生产工序，即根据各工序的特点，按照事先拟定的工序质量标准，运用质量控制的各种方法，对工序进行管理。工序质量包括：工序活动条件的质量；工序活动效果的质量。

4. 完工阶段

项目收尾阶段要对项目进行全面的质量检查评定，判断项目是否达到预期的质量目标，对不合格项目提交处理办法，确保项目产品符合质量要求。

第三节　项目质量保证的工具与方法

运用科学的方法和技术，建立科学合理的项目质量管理体系，进行项目质量控制，是完善项目质量保证工作的关键。项目质量保证工作主要用到的工具包括过程方法、质量评审技术和质量认证技术。见表 4-1。

表 4-1　质量保证技术的应用

方法＼应用	目标保证	过程保证	最终交付物保证
过程方法		△	
质量评审技术		△	△
质量认证技术	△	△	△

一、过程方法

1. 概述

1)过程的含义

过程是一组将输入转化为输出的相互关联或相互作用的活动。任何使用资源将输入转化为输出的活动或一组活动都可以将其视为过程，项目也不例外。项目的过程对于项目最终顾客而言，基本不了解；对于项目的各级管理人员而言，应该基本上了解或完全了解。

项目的过程不是彼此独立的，而是相互关联、相互影响、相互制约的，最终形成一个过程网络，如图 4-5 所示。

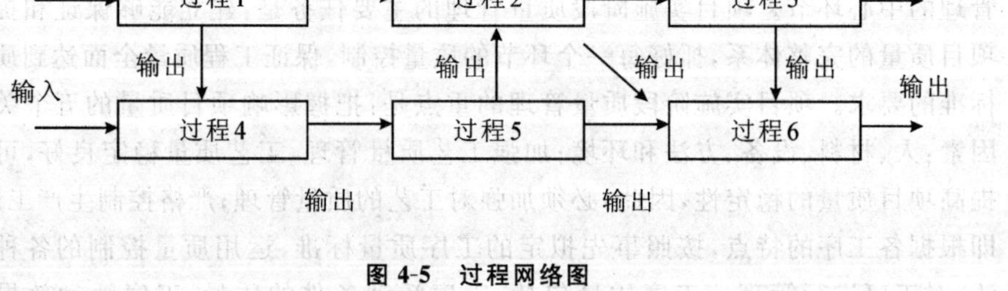

图 4-5　过程网络图

在过程网络中，任何一个过程的输入都不是单一因素，可能包括人、机械设备、材料、方法、环境(4M1E)的各个方面,而4M1E的每一个要素,又可能来自多个其他过程。同样,每一个过程的输出也不是单一的,也可能包括多种内容与形式,如产品和相关信息(产品的特性信息和状态信息、生产状况信息等)。

2)过程方法程序

应用过程方法进行质量管理,实质上就是系统地识别和管理组织内使用的过程,特别是这些过程之间的相互作用,主要包括以下九个步骤。

(1)识别过程。主要包括的工作是对组织整个大过程进行分解,识别出目标过程。

(2)强调主要过程。组织的过程网络错综复杂,因此就要求组织的各级管理者,要对自身相应的目标过程的重点过程进行控制。

(3)简化过程。简化过程主要包括将复杂的过程进行分解,对不必要的过程进行整合与取消。

(4)确定过程的优先级。按照过程的重要程度进行相应的排序,保证重要过程的实施。

(5)制定并执行过程程序。程序包括形成文件的书面程序以及工作习惯的非书面程序。

(6)严格职责。这点主要强调对任何一个过程必须规定由谁在什么时间什么地点去完成;必须严格按照规定去完成;对完成的结果进行必要的监督、检查,据此制定出相应的奖惩措施。

(7)关注接口。一个过程的输出和另一个过程的输入之间形成过程接口。过程的接口处是问题的多发处,会经常出现产品或信息传递的阻碍,这就要求上一级别的管理者要组织上下两个过程之间进行协调。

(8)严格控制。过程一经运行,管理者必须对其目标过程进行必要的控制,防止出现异常。对于异常情况及时采取措施,使其恢复正常。

(9)改进过程。过程的管理者要不断根据实际测量分析来寻找机会,并通过采取措施实施改进,以提高过程的效率和效益。

2.过程方法在项目质量保证中的应用

项目组织的质量管理体系由四大板块构成:项目管理职责、项目资源管理、项目最终可交付物和项目测量、分析和改进。从过程角度分析,这四者之间的相互关系见图4-6所示。

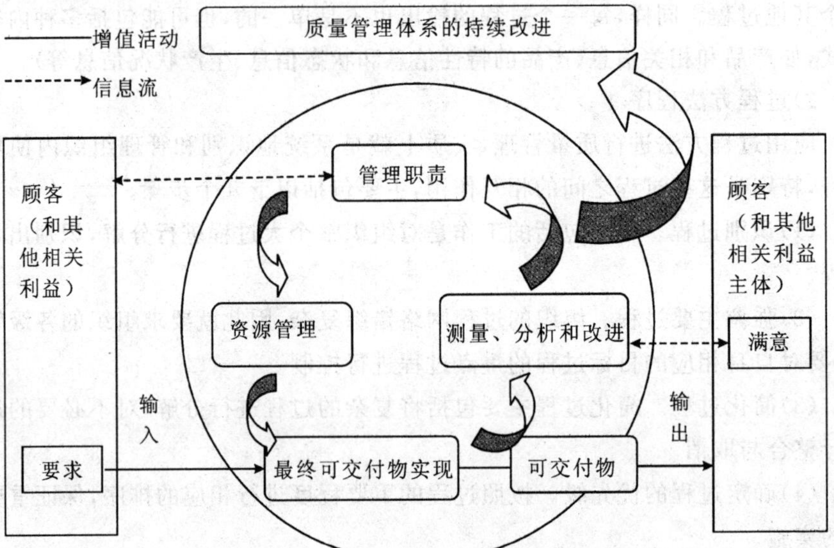

图 4-6　基于过程的项目质量管理体系模式图

1)项目相关利益主体对于过程的要求起到了非常重要的作用

项目过程的质量要求在很大程度上是由项目相关利益主体所决定的，这样才能使项目最终产出物得到相关方的满意。因此，组织在自身能力允许的前提下愈加符合相关方的要求，则项目愈加容易获得成功。相关方的要求是项目过程的输入，这种输入是一种需求输入，准确识别、理解和把握这种输入会使项目最终可交付物基本上达到相关的要求。

2)项目最终产出物的接受者是项目顾客(也包括其他相关利益主体)

项目组织从项目顾客(也包括其他相关利益主体)那里得到对于项目最终可交付物的要求以及其实现的过程要求。经过“可交付物的实现”过程，形成项目最终可交付物，成为输出。通过对于项目顾客(也包括其他相关利益主体)满意程度的测量来评价其是否达到了各方的要求。

3)项目组织内部的四大板块形成一个闭环过程链

项目组织中的质量管理体系由项目管理职责，项目资源管理，项目最终可交付物和项目测量、分析和改进四个板块构成，一个板块在以另一个板块作为其输入的同时，也成为其他板块的输入，这样四个板块相互联系构成一个闭环，从而实现项目质量的不断循环、不断改进和不断提高。

“项目管理职能”的输入是“项目测量、分析和改进”。项目质量管理体系运行状况如何、产品质量如何、顾客对于产品的满意程度等其他信息作为“项目管理职能”的输入，“项目管理职能”通过自身的“管理评审”加以改进，形成新的质量方针、质量计划和质量管理体系要求，这样“项目管理职能”就完成了自身的过程“增值”。

“项目资源管理”的输入是“项目管理职责”。具体地讲，就是根据“项目管理职责”确定的原则、方针和目标，配备相应的资源。“项目资源管理”的输出是资源的实物。

“项目最终可交付物实现”的输入包括两个方面：一是实物的输入，包括人员、基础设施、工作环境、信息、财务等；二是信息的输入，即项目顾客（也包括其他相关利益主体）的要求。同样，“项目最终可交付物实现”的输出也包括两个方面：一是实物的输出，即项目最终可交付物输出给项目顾客（也包括其他相关利益主体）；二是信息的输出，即对项目最终可交付物和项目最终可交付物实现过程的“测量、分析和改进”的文档化。

“项目测量、分析和改进”从“项目最终可交付物实现”及项目顾客（也包括其他相关利益主体）获得信息输入，同时向“项目管理职能”输出信息，而且，还为质量管理体系的持续改进提供信息输入。

4)“项目最终可交付物实现”在组织的质量管理体系中具有重要地位

“项目最终可交付物实现”直接从顾客（也包括其他相关利益主体）那里获得信息输入，又直接将“项目最终可交付物”提供给顾客（也包括其他相关利益主体），此过程的输入和输出都直接与项目相关利益主体相联系。顾客最为关心的是“项目最终可交付物实现”，而并非组织口头上的“管理承诺”，因此，“项目最终可交付物实现”是四个过程的核心，其他三个过程都是为“项目最终可交付物实现”做必要的保证。

二、项目质量管理体系审核技术

1. 质量审核概述

1)审核

ISO19011 给出的审核定义是：为获得审核证据并对其进行客观的评价，以确定满足审核准则的程度所进行的系统的、独立的并形成文件的过程。

上述定义强调了审核的三个重要特点：其一，审核必须运用系统论的方法，从目标、过程顺序、程序制定与实施到结果，全面地进行评价；其二，从事审核的人员必须与受审核的组织无任何直接的或间接的利益联系；其三，审核活动必须是正式的，审核活动必须形成一系列文件和记录，如审核计划、检查表、不符合报告、审核报告等。

2)质量审核

(1)质量审核的含义

ISO8402:1994 标准中给出的质量审核定义:确定质量活动及其有关结果是否符合计划的安排,以及这些安排是否有效地实施并适合于达到预定目标所作的系统的、独立的检查。从上述定义可以看出,质量审核包括的范围为:质量管理体系审核、产品审核和过程审核。其中,过程审核既包括产品实现过程、服务提供过程以及其他质量管理体系过程的策划和实施及其效果的评价,因而既涉及产品质量又涉及工作质量。

(2)质量审核的分类

审核可以被划分为内部审核和外部审核。内部审核又被称为“第一方审核”,是由组织自身或以组织的名义进行,用于管理评审和其他的内部目的,可作为组织自我合格声明的基础。外部审核包括“第二方审核”和“第三方审核”。第二方审核由组织的相关方(如顾客),或其他人员以相关方的名义进行。第三方审核由外部独立的审核组织进行。

(3)质量审核的目的

质量审核的目的就是评定受审对象满足要求或准则的程度。审核准则是审核过程评价的依据,主要包括与审核对象有关的方针、政策、法规、程序、要求和作业指导等。

(4)质量审核的一般原则

质量审核的最终结果是提供一种信任,只有在审核中严格遵循一些重要的审核原则,才能保证信任的可信度。一般审核应遵循的原则包括以下两条:以事实为依据,以标准为准绳。

① 独立性。独立性是保证审核的公正性和审核结论的客观性的基础。审核员必须与审核活动没有直接利益关系,在审核过程中应该始终保持客观公正的心态,立足于第三方的立场上坚持标准、实事求是地对受审核组织的质量管理体系做出客观的评价。

② 基于证据的方法。在审核过程中,只有采用基于证据的方法,得出的审核结论才可能可信且可复现。合理且科学地抽取样本,可以提升审核结论的可信性。

(5)项目质量审核方案的管理

无论是第一方审核、第二方审核,还是第三方审核,都需要管理审核方案。审核方案包括对审核的类型和数目进行策划和组织,以及在规定时间框架内为有效和高效地实施这些审核提供资源的所有活动。组织可制定多个审核方案以便比较和选择。组织的最高管理者应当对审核方案的管理进行授权。图 4-7 给出了审核方案管理的流程。

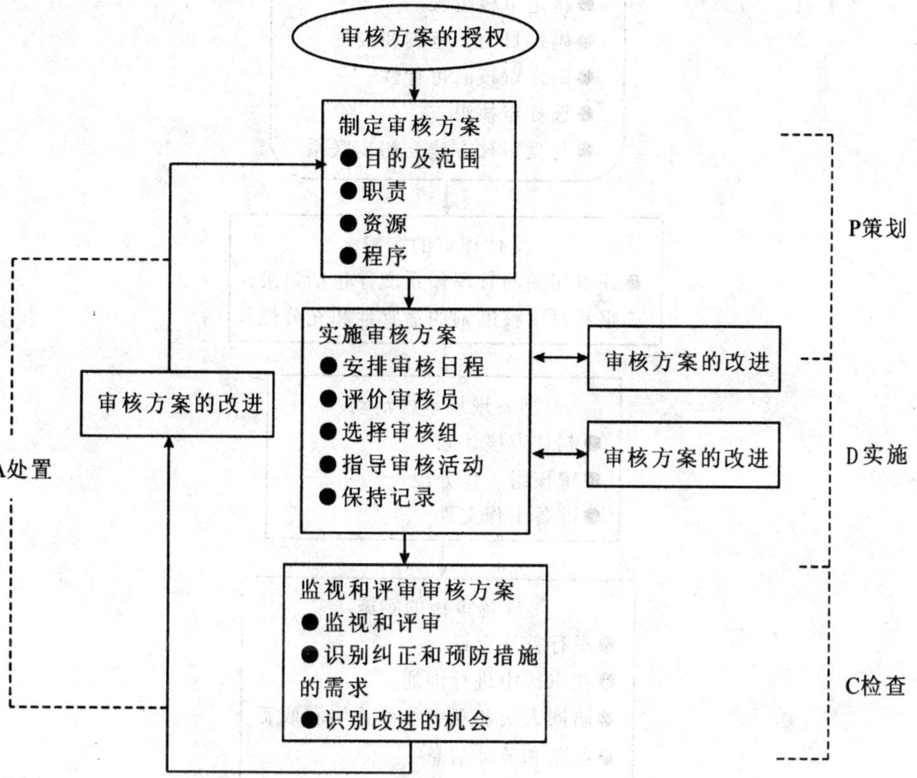

图 4-7　质量审核方案管理流程

(6)项目质量审核的一般流程

项目质量审核一般主要经历五个阶段:项目质量审核的启动,文件审核的实施,准备现场审核活动,现场审核的实施,审核报告的编制、批准并分发。具体过程如图 4-8 所示。

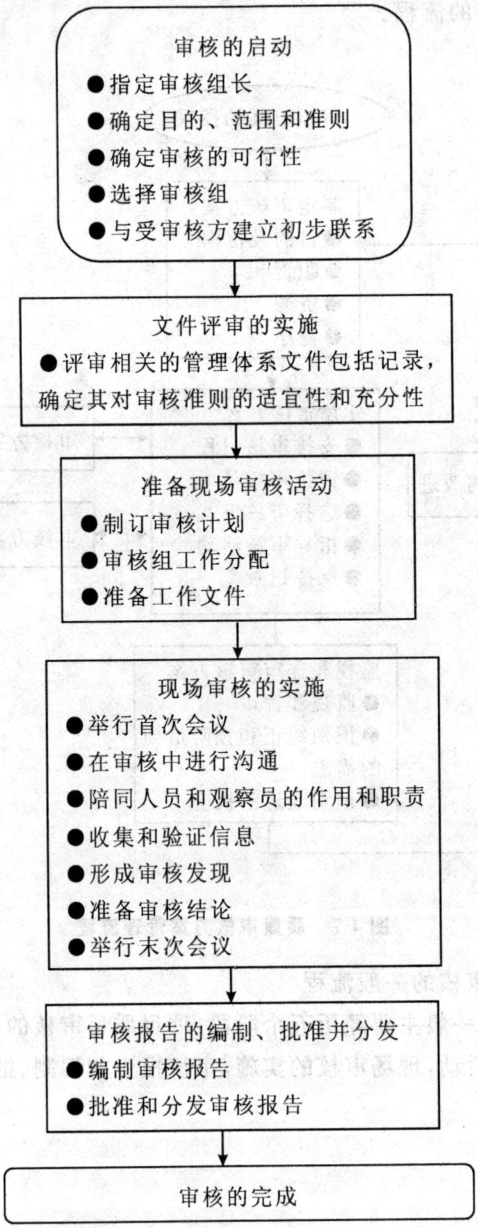

图4-8　审核的一般流程

2.项目质量管理体系审核

1)项目质量管理体系审核的定义

项目的质量管理工作均应以质量管理体系为指导，因此，项目质量管理体系将直接影响到未来项目的质量。所谓项目质量管理体系审核就是为获得质量管理体系的审核证据,并对其进行客观的评价,以确定满足项目质量管理体系准则的程度所进行的系统的、独立的、形成文件的过程。项目质量管理体系评审的目的是确定质量管理体系的符合性、有效性。项目质量管理体系评审的对象是质量管理体系的有关活动及其结果,对于质量管理体系的审核实质上就是对项目具体实施过程的评价。

2)文件评审

评审受审核方的主要体系文件,是进入现场审核的前提。若发现受审核方的文件不够充分而且该文件对审核的有效性又起到决定性的作用,则应要求受审核方修改体系文件,直至达到规定的要求,否则不应进行现场审核。文件审核贯穿于项目质量管理体系审核的全过程,即包括建立和批准文件化体系前的文件初审以及现场审核时对体系文件的继续评审活动。

(1)文件审核的内容

文件审核的对象应包括全部质量体系文件,即:

① 质量方针和质量目标;

② 质量手册;

③ 质量体系程序。在审核ISO9001规定的6个必要程序(文件、记录、不合格品、内审、纠正和预防措施)以外,还要注意文件的充分性,即为确保过程的有效策划、运行和控制所需的文件是否齐备;

④ 作业文件(质量文件、作业指导书等);

⑤ 质量记录。标准所要求的所有记录(ISO9001要求的21种记录)是否均建立和保持。

(2)文件初审

①文件初审的内容

●质量方针和质量目标是否符合标准要求;

●过程识别以及相互关系的阐述是否清晰;

●质量管理体系的范围是否明确;

●每个过程的建立、实施、保持的相关规定是否符合标准对该过程的具体要求;

●名词术语是否符合ISO9000标准;

●如何贯彻组织所在行业适用的法律、法规、规章、法令;

●质量手册管理;

●受审核方的基本信息。

②文件初审的结论

文件初审通常得出三种结论：

●基本符合，不符合部分现场后验证。

文件审核中未发现重大问题或所发现问题较易纠正，则一般不要求提交修改后的文稿，但在现场审核中必须关闭所提出的不符合标准要求的所有问题。

●基本符合，不符合部分修改后需要重新审核确定。

当文件审核中发现少量重大问题，其余皆为一般问题时，应要求审核方对文件须修改的部分，提交修改后的文稿。

●不符合，需重新修订后再提交审核。

当文件审核中发现较多重大问题和一般问题时，应明确给出文件不符合要求的结论。

(3)文件全面审核

在现场审核中除对文件初审发现的问题的纠正情况进行验证，对可疑的线索进行查证之外，还应就质量管理体系的其他程序、作业文件和记录进行审核，以便对质量管理体系文件做出全面的评价。

通过文件初审和现场深入审查之后，对质量体系文件应做出总体评价，评价内容一般可包括：

①体系文件总体上是否符合审核准则的要求；

②描述文件的结构和支撑关系。

3)现场审核

(1)现场审核概述

根据ISO19011《质量和(或)环境管理体系审核指南》的规定，现场审核的过程指从首次会议开始到末次会议结束的全过程。现场审核是评价受审核方质量管理体系运作能力非常重要的一个环节，通过现场审核不仅评价受审核方是否建立一个符合审核准则的质量管理体系，而且要验证受审核方所建立的质量管理体系是否有效运作，能否有效运行，能否保证所提供的产品和服务满足顾客要求，满足法律法规要求。其目的主要包括：① 审核质量管理体系的活动、过程与结果是否符合要求；② 审核质量管理体系运作的有效性；③ 审核质量管理体系实现其质量方针、目标的可信度。

(2)实施现场审核的基本要求

现场审核本质上就是收集和验证信息的过程，在审核中由于时间的有限性决定了审核必须采取抽取一定数量样本的方法，这样证据的全面性、抽样的代表性、审核过程的公正性、过程的系统性将直接影响到审核的最终效果。现场审核要抓住重点，始终以产品质量特性为主要线索，识别质量特性保证过程，评价其受控状态。为此，要准确地评价受审核方的质量管理体系，使结果不失真，应该做到:①全面、准确地收集客观证据,客观证据应该是实际存在的,不受情感影响;②有代表性地进行抽样,注意抽样的合理性和技巧,对每一样活动都要抽取样本;③保证审核的公正性,在现场审核中必须贯彻“回避的原则”,与受审核方有利益牵连者,一律不得参与审核活动;④运用过程方法进行系统审核,在整个检查过程中要始终按照 PDCA 的思路,对检查过程进行全面检查。

(3)现场审核的方式与方法

根据审核目的和其他客观条件,审核员可以采用多种途径进行审核。常用的几种方式及方法包括按部门审核的方式、按过程审核的方式、顺向追踪的方式和逆向追溯的方法。现场审核方式优缺点比较见表 4-2。

① 按部门审核的方式。此种方法适用于集中审核并且被审核组织的部门较多,通常制订质量审核计划时普遍采用此方法,审核员根据某一职能部门的质量职责所涉及的有关过程,确定审核内容。

② 按过程审核的方式。审核员要以质量管理体系的某一过程为审核对象,到各有关部门审核该过程有关活动的实施情况。此种方式比较适用于被审核组织的部门较少的情况,或一次审核过程较少的情况,也适用于滚动式审核。

③ 顺向追踪的方式。按照产品形成的活动顺序进行审核。此方法适用于查证文件控制过程。

④ 逆向追溯的方法。按照产品形成活动的相反顺序进行审核。此方法适用于查证检验、试验和测量设备控制过程。

表 4-2 现场审核方式优缺点比较

方法 \ 优缺点	优点	缺点
按部门审核的方式	效率高,一次即完成对该部门的审核	审核的问题过于分散,容易遗漏有关过程
按过程审核的方式	目标清晰,便于评价	审核效率低,一个部门涉及多个过程须多次审核
顺向追踪的方式	便于系统了解体系的过程	耗时较长
逆向追溯的方法	目标集中,针对性强	不适用于复杂问题的审核

(4)现场审核的实施

现场审核完成的工作主要包括:召开审核组预备会议、召开首次会议、现场调查、确定不合格项、审核组内部的沟通以及与受审核部门的沟通(主要包括审核组内部评议会、审核组内部评定会、情况通报会),对质量管理体系做出评价意见和审核结论、召开末次会议等。

①现场审核期间要召开的会议

在项目审核期间为了充分沟通，实现审核的目的，需要举行多次不同规模、不同类别、由不同人员参加的会议，主要包括审核组预备会议、首次会议、审核组内部评议会、审核组内部评定会、情况通报会、末次会议。

审核组预备会是在实施现场审核之前，全部审核组成员都要参加的会议。会议完成审核方和受审核方之间的沟通与了解，为实施现场审核做必要的准备。为确保审核工作的顺利进展，在实施审核之前，应确认审核计划、简述如何实施审核活动、确认沟通渠道，为受审核方提问提供机会，应由审核组与受审核方一起，在受审核方召开现场审核的首次会议。现场审核期间，审核组要及时沟通观察的结果。每天审核结束后要召开内部评议会。在评议会上，分别通报各自审核区域的概况，尤其是符合与不符合审核标准的证据及其理由。在全部不符合项报告成立以后，由审核组长主持内部评定会，全面评定审核的结果，审批不符合报告单，并确定其不符合项的分级，讨论审核结论。情况通报会的主要目的，是向受审核方管理层通报审核过程，并请就观察提出意见，同时提交审核报告初稿，受审核方可以对审核报告提出不同意见。末次会议也称结束会议或总结会议，是在审核工作结束前，审核组同受审核方的主要领导和有关职能部门的负责人共同参加的一次会议（也应当包括审核委托方和其他各方），是审核组正式提出所发现的问题和审核结论的会议。见图4-9。

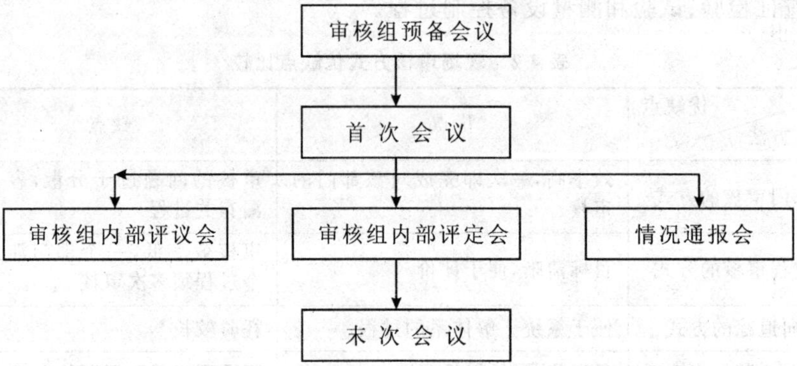

图4-9　现场审核期间要召开的会议

②现场审核信息的收集与验证

现场审核信息收集是指审核员在执行现场审核时调查取证的过程，常用的方法主要包括：面谈、观察、查阅文件与记录等。

●信息来源包括：与员工及其他人员面谈获得的信息；观察受审核部门的活动、工作环境获得的信息；查阅相关文件或记录获得的信息；综合分析相关数据获得的信息；顾客的反馈信息、供方的可信度信息及其他干系方的信息；查阅受审核部门数据库获得的信息。

③审核结论的形成过程

由现场收集到的信息，经过验证（此信息必须可查、可证实且在审核范围内与审核准则有关）将成为审核证据。将审核证据与审核标准对比，形成审核发现。结合审核目标，对全部审核发现汇总分析评价，得出审核结论。

④审核发现和不符合项报告

由审核准则评价审核证据，便可形成审核发现。通过审核发现可查明项目质量管理体系中哪些方面符合审核准则，哪些方面不符合准则，若是第一方审核，审核发现将为项目最终持续改进提供机会。对于符合项要予以总结，并将符合项的每一个审核发现及其支持特性证据予以记录。对于不符合项及其支持特性证据亦应当予以记录、分级，让受审核方代表确认，表 4-3 给出了现场审核结果表的一般格式。

●不符合项定义

ISO9000：2000 对于不符合的定义是“未满足要求”。要求的含义是“明示的，通常隐含的或必须履行的需要和期望”。要求包括产品质量要求、服务质量要求和质量管理体系要求等。

●不符合项类型和分级

质量管理体系中可能出现三种类型的不符合。

○文件规定不符合要求。质量管理体系文件与申请认证的质量管理体系标准、法律、法规、合同等规定不符。

○质量管理体系运行不符合规定要求。质量手册、程序文件和确保其过程的有效策划、运行和控制所需的文件规定得很清楚，但在体系运行中却未按规定要求实施。

○实施效果不符合目标的要求。这里所指的目标是一个宽泛的概念，即指质量管理体系目标、过程目标、各职能质量目标、层次目标和最终产品目标。

●不符合项分级

不符合项通常被分为三种：严重不符合、一般不符合和观察项，其定义区别和表现，如表 4-3 所示。

表 4-3　不符合项质量分类表

级 别	主 要 表 现
严重不符合(与审核准则要求有较大差距或是体系中系统失控)	导致质量管理体系失效
	同一类活动在多个部门未实施构成或体系的系统性失效，或某部门多个过程功能失效，构成体系的区域性失效
	对产品质量或顾客的利益有重大影响或造成严重后果
	违反相关法律、法规
一般不符合项(与质量管理体系标准要求轻微不符合或违反质量管理体系要求的孤立的、偶尔发生的事件)	不影响质量管理体系整体的正常运行
	对顾客和利益或产品未造成严重影响
	不导致违反有关法律、法规的要求
观察项(潜在的一般不符合项或可导致出现不符合的趋势。	具有出现不符合项的发展趋势

●不符合项报告内容

现场审核中，在项目质量管理体系审核中所发现的任何不满足要求的过程，均称为不符合。审核员根据实施审核所依据的要求，根据不满足要求的客观证据，完成不符合项报告，具体过程见图 4-10。

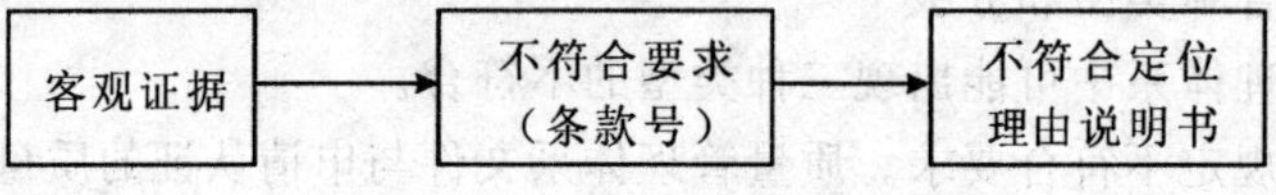

图 4-10　不符合项报告内容示意图

⑤审核报告

审核报告是将审核观察结果正式通知委托方和受审核方的文件。ISO19011 对审核报告编写提出的要求为：审核报告应当提供完整、准确、简明和清晰的审核记录，表 4-4 为审核报告一般格式。

审核报告的内容主要包括：审核的目标与范围；审核组长与成员；审核的时间与地点；审核的准则与发现(不合格报告可作为审核报告的附件予以记载)；审核结论。

表 4-4 审核报告一般格式

认证机构		编号	
受审核方名称			
地址(包括抽样的分支机构的地点)			
审核范围		专业类别	
审核准则	□ISO9000:2000□ (删减:)		
审核目的	□注册审核 □换证审核 □复审换证		
审核组成员	姓名 资格 注册编号 聘用编号 专业		
审核日期			
审核中会见的受审核方主要领导	姓名 职务 姓名 职务		
审核概况	1.审核了受审核方的质量体系文件(具体见质量手册审核报告) 2.审核组调查了受审核方对质量有影响的部门的活动(具体见审核计划) 3.审核中发现严重不符合项( )项、一般不符合项( )项、观察项( )项 (具体见不符合项报告及观察项报告)		
受审核方基本情况简介:			
不符合项分布(见不符合项分布表):			
审核组长对受审核方质量管理体系运行情况的评价:			
结论:□推荐注册 □不符合纠正措施有效,并经验证后注册 □不予推荐			
预计受审核方完成纠正措施所需时间:			
附件:□签到表 □审核计划 □不符合项报告 □观察项报告 □质量手册审核报告 □审核与会议记录			
审核组长/日期:			

⑥实施审核后续活动——纠正措施的跟踪

如现场审核过程中发现不合格,受审核方应针对审核组提交的“不合格报告”中所列出的不合格项采取有效的纠正措施,防止不合格现象的再次发生,并向认证机构或审核组报告纠正措施的实施状况;认证机构或审核组对纠正措施的完成情况及其有效性进行验证,并对纠正结果做出判断和记录,结束整个审核过程。一般不合格应在现场审核后1个月内完成,严重情况在现场审核后3个月内完成。

4)内部质量管理体系审核

由于质量管理体系审核绝大多数都属于内部审核,作为内部质量保证的一种手段,应将其单独归列为一个问题,将有别于外部审核的内容,进行详细阐述。

(1)评价结论的差异

内部质量管理体系审核目的有别于外部审核目的,具体地讲,内部质量管理体系审核重点在于发现项目质量管理体系中存在的问题,预防和纠正不符合,其主要目的是不断改进质量管理体系过程的有效性;外部质量管理体系审核的重点在于评价项目的质量管理体系满足审核准则的程度,从而决定是否批准认证或签订采购合同。因此,内部审核后形成的质量管理体系意见将围绕如何改善组织质量管理展开,主要包括:

①项目组织各部门的支持性文件是否与本组织的情况相适应?制定的质量管理体系是否具有可操作性?项目质量方针、质量目标是否真正适应组织的实际?

②项目质量管理体系的各项规定是否得到了实施和保持?配备的相关资源是否达到了规定的要求?

③质量管理体系最终运行结果是否有效?

④项目质量管理体系是否具备了不断完善、不断改进的能力?

(2)审核流程的差异

由于内部审核要达到不断改进质量管理体系过程有效性的目的,这样,内部审核流程应该简明可行,严格完整,闭环运行。通常内部审核包括四个主要步骤:审核策划、审核实施、审核报告、跟踪审核,具体过程见图4-11。

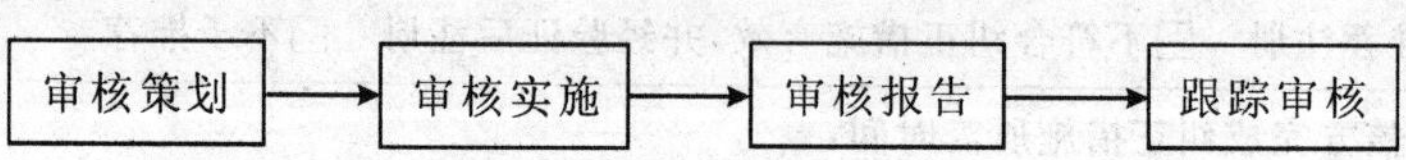

图4-11 内部审核一般流程

跟踪审核是实现项目持续改进的主要方法。一次审核完成后,应加强对审核后的区域、过程实施及纠正措施情况进行跟踪,并在紧接着的下一次审核时,对措施的实施情况及效果进行复查评价,将评价结果写入报告,实现审核闭环管理,以推动持续的质量改进。

(3)审核方式的差异

内部审核的特点决定了在实施过程中需要采用一些技巧,内部审核的对象是组织内部的过程,涉及的职责和岗位绝大多数与审核员有着千丝万缕的关系,因此,审核员应该首先识别这些“关系”,保证审核的公正性。贯彻“回避”原则就显得尤为重要,有潜在利益关系的组织不能进行相互审核。

三、项目质量管理体系认证

认证就是第三方根据程序对产品、过程或服务规定的要求给予书面的保证(合格证明),通常可以分为产品认证和质量管理体系认证,质量管理体系认证是一种外部质量保证的手段,因此,对于项目的质量而言有着重要的意义。

1.质量管理体系认证在中国的发展

1991年质量管理体系认证工作在中国正式提出,1992年原国家技术监督局成立了质量认证办公室体系认证处,与此同时开始着手筹建第三方实体机构,开展质量管理体系认证工作,1994年质量管理体系认证工作已进入全面规范化实施阶段。到2002年7月31日为止,经国家认证许可监督管理委员会批准的、经中国认证机构国家认可委员会认可的质量管理体系认证机构已经超过60个。到2002年12月31日为止,获准质量管理体系认证的企业已经达到了75755家。

2.中国质量管理体系认证制度的内容

1)相关法律、法规依据

我国质量管理体系认证制度总体组织管理的基本依据包括以下三项条款。

(1)2000年9月1日发布实施的《中华人民共和国产品质量法》第十四条第一款规定:"国家根据国际通用的质量管理标准,推行企业质量管理体系认证制度。企业根据自愿的原则可以向国务院产品质量监督部门认可的或者国务院产品质量监督部门授权的部门认可的或者国务院产品质量监督部门授权的部门认可的认证机构申请企业质量管理体系,经认证合格的,由认证机构颁发企业质量体系认证证书。"

(2)2003年11月1日发布实施的《中华人民共和国认证认可条例》第九条第一款规定:"设立认证机构,应当经国务院认证认可监督管理部门批准,并依法取得法人资格后,方可从事批准范围内的认证活动。"

(3)2003年11月1日发布实施的《中华人民共和国认证认可条例》第三十七条第二款规定:"除国务院认证认可监督管理部门确定的认可机构外,其他任何单位不得直接或者变相从事认证活动。其他单位直接或者变相从事认可活动的,其认可结果无效。"

2)国家主管机构

中国国家认证认可监督管理委员会(CNCA),是全国质量认证工作的主管机构。CNCA统一制定国家认证认可工作的方针政策,对全国的认证认可工作实施监督管理;审批、授权和监督国家认可机构对认证机构、认证培训机构、认证人员实施国家认可和注册制作;负责认证机构、认证培训机构、认证咨询机构设立的批准和设立后的监督。

3)中国认证机构国家认可委员会

由国家认证认可监督管理委员会确定的中国认证机构国家认可委员会(CNAB)负责实施质量管理体系认证机构国家认可制度。CNAB负责对认证机构、认证培训机构、实验室和认证人员实施资格认可及认可后的监督与管理。

4)自愿原则

企业根据自愿原则申请质量管理体系认证。自愿原则主要表现在:

(1)企业自主决定是否提出质量管理体系认证申请;

(2)企业自主选择质量管理体系认证机构。

3.质量管理体系认证的实施程序

质量管理体系认证的过程总体上分为两个阶段:一是认证的申请和评定阶段,完成的主要工作包括:受理申请、进行审核、决定是否批准认证给予注册并颁发认证证书;二是对获准认证的组织的质量管理体系进行监督审核和管理,确保已获准认证组织的质量管理体系在认证有效期内符合相应的质量管理体系标准的要求,具体程序如图4-12所示。

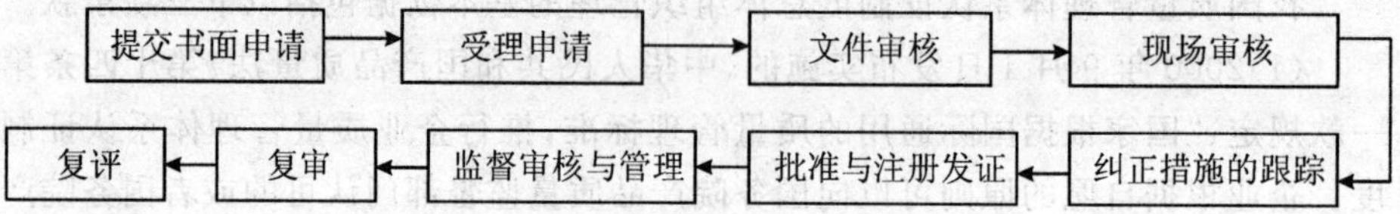

图4-12 质量管理体系认证的实施程序

由于质量管理体系的审核已经在上面详细介绍过了,这里不再重复,此部分将根据认证工作的特点进行介绍。

1)提出申请

申请人在选择质量管理体系认证机构时要考虑所选择机构的知名度、影响力和信誉,以期达到顾客可以充分信任与接受的目的。组织向认证机构提交认证申请时必须具备以下条件:①具有法律效应的证明文件;②按照ISO9000标准建立的质量管理体系文件;③相关生产许可证、资质证书等材料。申请人应该向认证机构提交一份正式的、由其授权代表签署的、由认证机构统一印制的申请书,申请书或其附件要包括:申请认证的范围,申请人同意遵守认证要求,提供所需要的信息。

2)受理申请

认证机构接收到申请书后,应通过信息交流、初次会议等方式了解申请人的基本情况。在规定时间内做出是否受理申请的决定,并以书面形式通知申请方。如果不受理应该说明理由;若给予受理,双方要签订"质量管理体系认证审核合同书”,明确双方在认证过程中应承担的责任。

3)审批与注册发证

经过审核后,认证机构的审核部首先对审核报告和相关资料提出初审意见,后由技术负责人提出审核意见,提交技术委员会。经技术委员会审定审核报告的公正性、客观性,做出最终结论。认证机构主任根据初审意见及审批结论审批报告,做出是否准予认证注册的决定。自收到审核报告到做出是否准予认证注册的决定,不得超过45天。认证机构应及时将审核结论以书面形式通知受审核方。认证机构向通过审核的受审核方颁发统一编号的印有认证机构标志和国家认可标志的质量管理体系认证证书,有效期为3年;同时应说明认证标志和认证证书的使用原则。

认证机构对注册的获证方应在每年规定时间定期以公告的形式公布。获证方在规定范围内,允许使用质量管理体系认证标志,但是不得用于产品上、包装物以及以此作为产品合格的说明。

4)监督审核与管理

证书的有效期为3年,3年内认证机构要对组织的质量管理体系进行定期或不定期的审核。首次监督审核在获证日期的半年后进行,以后每年一次,必要时(如接收到公众对获证组织质量管理体系投诉)可以增加审查,但每年一般不超过两次。每次监督审核应该覆盖获证方所申请的质量管理体系标准涉及的全部过程,但部门可以进行抽查。每次监督审核均应编制监督审核计划,并且严格按照计划实施审核,审核完成后,审核组长出具审核报告,按照审核报告的审定及审批程序进行审批。监督审核应监察认证证书和标志是否按照规定正确使用。在审核期间需要获证方按照要求向认证方机构提供有关对其投诉和依据质量管理体系标准要求或其他引用文件要求的采取纠正措施的记录,以便于对其进行审核。

对于监督审核与管理中所发现的问题,应依严重程度按以下3种方式加以处理,下面将分别对遇到的各种情况所应采取的处理方法进行阐述。

(1)认证暂停

①未经认证机构批准,擅自对认证的质量管理体系进行更改,且更改影响到了质量管理体系的认证资格。

②监督审核过程中发现该组织的质量管理体系未达到规定要求,但严重程度达不到撤销认证资格的标准。

③持证组织未按规定使用认证证书和标志。

④持证组织未按期交纳认证费用且经指出后未予纠正。

⑤其他违反质量管理体系认证规则的情况。

(2)认证撤销

①持证组织接到暂停质量管理体系认证资格的通知后，未按规定要求采取适当的纠正措施。

②监督审核时发现持证组织的质量管理体系存在着严重不符合规定要求的情况。

③监督审核时发现其他撤销认证资格的情况，此类情况已被认证机构与持证组织之间签订的正式协议中规定属于撤销认证资格的情况。

(3)认证注销

①持证组织质量管理体系认证资格发生变更，且该组织不愿或不能确保符合新要求。

②认证证书有效期届满，并且未在规定时间内向认证机构提出重新认证的申请。

③持证组织正式提出注销。

5)复审

当持证组织在认证证书有效期内对其质量管理体系做出了重大更改(如：所有权、关键过程等，质量管理体系认证标准变更或认证范围扩大或缩小等)或者发生了重大的产品质量事故或者顾客投诉严重，认证机构应当持证组织的质量管理体系进行复审。

6)复评

持证组织的认证证书有效期届满时，若该组织还要保持其认证注册资格，应向认证机构重新提出认证申请，由认证机构组织复评。

第四节　项目质量管理体系的编制与建立

项目质量保证与组织质量管理体系的建立分不开，项目相关方为开展质量保证活动必须建立起质量管理体系并使之有效运行。ISO9000 族标准为组织建立质量管理体系提供了指南。

一、质量管理体系的编制

质量管理体系致力于建立质量方针和质量目标，并为实现质量方针和质量目标确定相关的过程、活动和资源。建立质量管理体系的目的是在质量方面帮助组织提供持续满足要求的产品，以满足顾客和其他相关方的需求。

1.质量管理原则

国际标准化组织(ISO)在总结了质量管理百年经验的基础上,提出质量管理的八项基本原则。

(1)以顾客为关注焦点。

(2)领导作用。

(3)全员参与。

(4)过程方法。

(5)管理的系统方法。

(6)持续改进。

(7)基于事实的决策方法。

(8)与供方互利的关系。

2.质量管理体系方法

GB/T19000—2000《质量管理体系 基础和术语》标准给出了质量管理体系方法,分为八个步骤。

(1)确定顾客和相关方的需求和期望。

(2)建立组织的质量方针和质量目标。

(3)确定实现质量目标必需的过程和职责。

(4)确定和提供实现质量目标必需的资源。

(5)规定测量每个过程的有效性和效率的方法。

(6)应用规定的方法确定每个过程的有效性和效率。

(7)确定防止不合格并消除产生原因的措施。

(8)建立和应用持续改进质量管理体系的过程。

3.质量管理体系要求

GB/T19001—2000《质量管理体系要求》标准以顾客满意为目的,以过程管理为导向,鼓励组织在建立、实施和改进质量管理体系及提高其有效性时,采用过程方法,通过满足顾客要求,增强顾客满意度。

标准提出了质量管理体系要求,包括总要求和文件要求。

标准对四大过程管理:管理职能、资源管理、产品实现以及测量、分析和改进过程规定了具体要求。

4.过程方法

过程是一组将输入转化为输出的相互关联或相互作用的活动。对于项目而言,组织必须采用过程方法,根据一定的流程建立、实施质量管理体系并改进其有效性,通过满足顾客要求,增强顾客满意度,具体过程见图4-13。

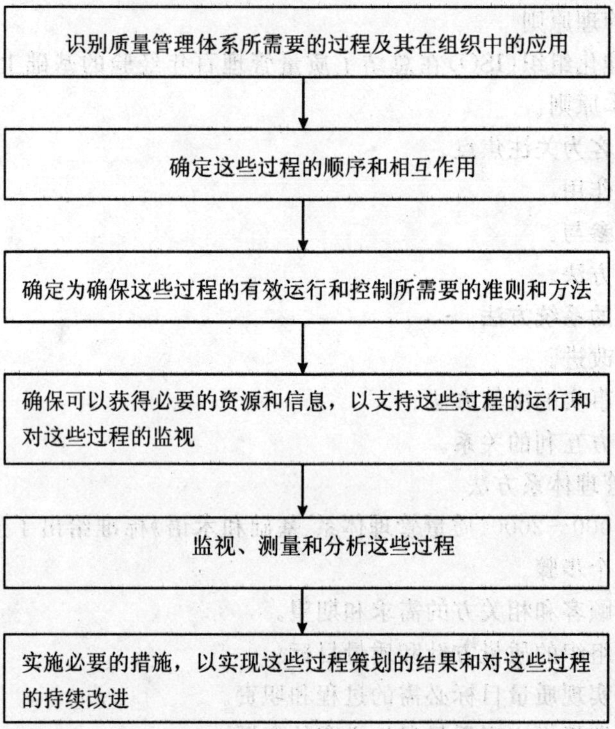

图 4-13 建立质量管理体系的流程

5.质量管理体系文件

项目组织应以灵活的方式将其质量管理体系形成文件。质量管理体系可以与组织的全部活动或部分活动有关。质量管理体系文件的用途是:满足顾客要求和质量改进,提供适宜的培训,重复性和可追溯性,提供客观证据,评价质量管理体系的有效性和持续改进适宜性。

质量管理体系中使用的文件类型主要有以下六种,六种文件之间的层次关系如图 4-14 所示。

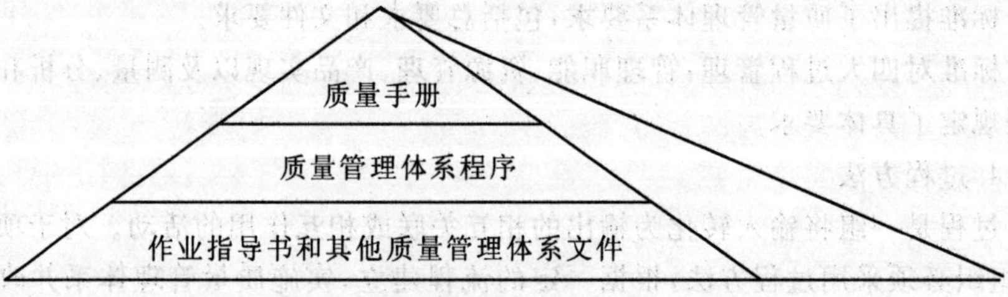

图 4-14 常见质量管理体系文件层次结构图

(1)质量手册。质量手册是“规定组织质量管理体系的文件”,它向组织内部和外部提供关于质量管理体系的一致信息。对于一个项目而言,质量管理体系是唯一的,质量手册是唯一的。质量手册至少应该包括:质量管理体系的范围,包括对于非适用情况的说明及对其判断的理由;编制质量管理体系形成文件的程序;质量管理体系过程及其相互作用的描述。

(2)质量计划。质量计划是“对特定的项目、产品、过程或合同,规定由谁及何时应使用何种程序和相关资源的文件”。

(3)规范。规范是“阐明要求的文件”。

(4)指南。指南是阐明推荐的方法或建议的文件。

(5)程序、作业指导书和图样。提供如何一致地完成活动和过程的信息的文件。

(6)记录。记录是“阐明所取得的结果或提供所完成活动的证据的文件”。

六种文件是分层次的,下一个层次的文件往往要参照上一个层次文件进行编写,上一个层次文件可以引用下一个层次的文件,从而形成清晰且简明的质量管理体系文件结构。

(1)质量手册处于质量管理体系文件的顶端,是对项目组织质量管理体系的一个大致描述,一般情况供项目管理者和项目相关利益主体使用。

(2)程序文件是根据质量手册的规定,将质量手册中规定的某些活动进行“细化”,一般供项目各个组织部门使用。

(3)作业指导书是根据程序文件的规定,详细说明如何执行某些工作,一般供作业人员使用。

(4)质量记录根据程序文件或未形成文件的程序以及质量手册的要求进行编制,它将贯穿于项目最终可交付物的质量生产、形成和实现的全过程。

(5)质量计划是一种纵向型文件,根据现有体系文件不能完全覆盖或无法覆盖特定的项目或合同的情况来进行编制的,既涉及(或引用)质量手册,又涉及(或引用)程序文件、作业指导书,还涉及(或使用)质量记录。

编制质量管理体系文件对于项目质量能否达到规定的标准非常重要,组织应采取灵活的方式将项目质量管理体系形成文件,质量体系标准所要求的是建立一个形成性文件的质量管理体系,并不要求将质量管理体系中所有的过程和活动形成文件。文件的复杂程度要根据项目自身复杂程度决定。

6.质量管理体系文件编写的要求

1)结合项目组织自身的实际,突出自身特色

任何项目的质量管理体系均不可能完全一致,因此必须严格制止抄袭其他组织或项目的质量管理体系文件,否则,将直接导致项目质量的完全崩溃。当

然，我们不反对在原有项目质量管理体系文件的基础上进行修改并融入本项目的特点，由于项目之间还是有一些共性的地方，这样既可以节约编制时间、降低编制成本也便于实际操作。

2)项目质量管理体系文件必须确保控制所需的程度

项目组织的质量管理体系文件的范围、详略程度应该得当，必须满足合同、法律规定要求以及顾客(包括项目相关利益主体)的期望和需求。

3)一个项目组织只能有唯一的质量管理体系文件

在编写质量管理体系文件时要与以往的管理文件和技术文件很好地融合协调，成为统一的质量管理体系文件。每一项活动只能有唯一的程序，不能有多重的、相互不统一的现象出现。每一项规定只能有唯一的理解，不应有歧义。这就要求文件用语必须明确、具体，不要用抽象的、概念化的和不确定的语言来表达。

4)项目质量管理体系文件应便于执行

编制出的项目质量管理体系文件应该对主要过程、人员的主要职责等重要环节作出详细的说明，以便于操作者具体操作，防止产生歧义，既有利于证实检查又有利于持续改进。

5)项目质量管理体系文件既要分层次编写又要相互协调

项目的质量管理体系文件是一个系统，同时该系统又被分成了若干层次，不同层次的文件应能够实现相互衔接和协调，不同层次文件之间的接口也应该能够控制。上一层次的文件对下一层次的文件起到指导作用，下一层次的文件为上一层次的文件起到操作上的支撑作用。

6)项目质量管理体系文件必须符合体系文件规定的控制要求

项目质量管理体系文件是指导项目质量活动的文件，质量活动要处于受控状态，则要求质量管理体系文件也必须处于受控状态。因此要求：

(1)授权。授权的管理或技术人员进行编写、审查和批准工作必须签名，对于文件进行修订应该制定相应的管理办法；

(2)登记。受控文件的所有持有者必须进行登记；

(3)分发。每份文件均应按规定编号并分发给个人或岗位，应有收到人的签名为证；

(4)更改。修改后的文件应发给受控文件所有持有者，并保留将原文件收回的证据；

(5)复制。复制应处于受控制状态，进行编号、登记。

7.质量管理体系文件的格式要求

1)质量手册格式

见图4-15。

- 概述
  - 封面
  - 目录
  - 批准及授权
  - 引言
  - 范围
  - 适用领域
  - 术语和定义
  - 管理职责
- 正文
  - 资源管理
  - 产品实现
  - 测量、分析和改进
- 附录
  - 附录（支持性文件或资料清单）
  - 附加说明（手册的编写说明）

图 4-15　质量手册格式

为了便于修改，质量手册采用活页形式，每页设有修改栏目，包括修改日期、修改内容、修改人和批准人、批准日期等内容。

2)程序文件的推荐格式

程序文件可采用如下标题结构：

(1)目的；

(2)适用范围；

(3)定义(只须列出由于项目的特殊性和管理的特殊性而在该程序文件中较多使用的词汇以及容易造成理解上差异的词汇)；

(4)职责；

(5)工作程序；

(6)相关文件；

(7)引用准则；

(8)质量记录。

8.质量管理体系评价

项目所处环境的易变性、项目自身的独特性、项目质量管理体系的不变性决定了最初制定的质量管理体系出现不完善与不适应环境的情况是必然的。这样，定期地对项目质量管理体系的适宜性、充分性和有效性进行评价是必要的。质量审计技术是评价项目质量管理体系的有力技术。

二、项目质量管理体系的建立

由于项目自身的差异性决定了不可能有完全一样的项目质量管理体系，因此项目组织在进行质量管理体系建立时，应该根据本组织和该项目的实际情况，采用合适的步骤和方法，才能取得最佳效果。项目质量管理体系的建立通常包括 10 个步骤：①统一认识、完成决策；②确定项目质量方针和质量目标；③策划项目质量管理体系；④确定职责和权限；⑤编制质量管理体系文件；⑥质量管理体系文件的发布和实施；⑦学习质量管理体系文件；⑧项目质量管理体系的运行；⑨项目质量管理体系内部审核；⑩管理评审。见图 4-16。

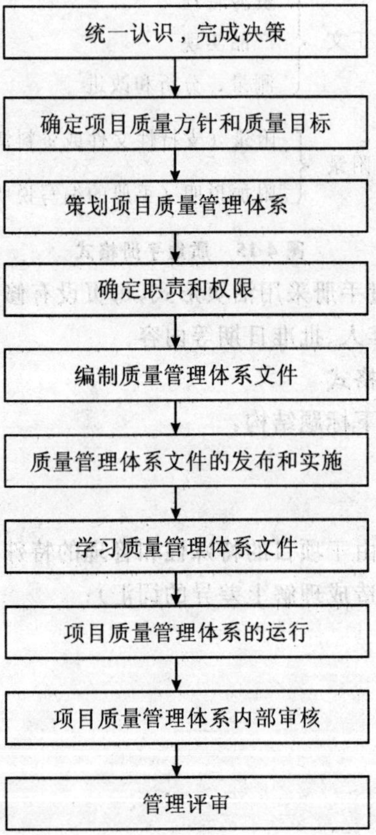

图 4-16 项目质量体系建立与完善的程序

1.统一认识，完成决策

组织的领导层应认真学习相关标准和文件，统一认识，在此基础上进行决策，建立项目质量管理体系。

2.确定项目质量方针和质量目标

根据组织的宗旨、发展方向确定项目的质量方针，在质量方针提供的目标框架内规定项目的质量目标及其相关职能和层次上的质量目标，需要强调的是质量目标必须可以测量。

3.策划项目质量管理体系

组织应该依据项目质量方针、质量目标，运用过程方法策划项目应该建立的质量管理体系，并确保所策划出的质量管理体系满足质量目标要求。在质量管理体系策划的基础上，进一步对项目产品的实现过程进行策划，确保这些过程的策划满足所确定的项目质量目标和相应的要求。

4.确定职责和权限

组织应依据质量管理体系策划以及其他策划的结果，确定各部门、各过程及其他与质量工作有关人员应承担的相应职责，赋予相应的权限并确保其职责和权限能得到沟通。最高管理者还应该在管理层中指定一名管理者代表，全权负责质量管理体系的建立和实施。

5.编制项目质量管理体系文件

组织应依据质量管理体系策划以及其他策划的结果确定质量管理体系构建的框架和内容，在质量管理体系文件的框架里确定文件的层次、结构、类型、数量、详略程度，规定统一的文件格式，编制质量管理体系文件。

6.质量管理体系文件的发布和实施

质量管理体系文件在正式发布前应认真听取多方面意见，并经授权人批准发布。质量手册必须经最高管理者签署发布。质量手册一经正式发布实施便意味着质量手册所规定的质量管理体系正式开始实施和运行。

7.学习质量管理体系文件

在项目质量管理体系文件正式颁布之前，项目所涉及的全部人员都要通过学习，清楚地了解质量管理体系文件对本岗位和其他岗位的要求以及相互之间的要求，只有这样才能确保质量管理体系在整个项目组织中得以有效的实施。

8.项目质量管理体系的运行

项目质量管理体系一经建立，在实施过程中就应该严格按照体系规定进行。项目所有质量活动都应依据质量策划的安排以及质量管理体系文件要求实施，质量管理体系运行符合要求并得到有效实施和保持。

9.项目质量管理体系内部审核

内部审核是项目不断完善与改进的一种重要手段。在质量管理体系运行一段时间后，应组织内审员对项目质量管理体系进行内部审核，以确保项目质量管理体系得到有效实施和保持。

10.管理评审

在内部审核的基础上，组织的最高管理者应对项目质量方针、质量目标和质量管理体系进行系统的评审，确保质量管理体系持续的适宜性、充分性和有效性。管理评审包括评价质量管理体系改进的机会和变更的需要，包括质量方针、目标变更的需要。

本章小结

项目质量保证工作是一种具有事前性和预防性的项目质量管理工作，就是为了使项目干系人确信该项目将能达到有关质量标准和要求，而在质量管理体系中开展的有计划、有组织的全部活动，即在执行项目质量计划过程中所开展的一系列经常性的项目质量评估、项目质量核查与项目质量改进等方面工作的总称。

项目质量保证的主要内容包括以下七个方面：提出清晰明确的项目质量要求，制定切实可行的质量标准，制定质量控制流程，建立完善的质量保证体系，配备合格和必要的资源，持续开展有计划的质量改进活动，全面控制项目变更。

项目质量保证工作主要用到的工具包括过程方法、质量评审技术和质量认证技术。

质量管理体系致力于建立质量方针和质量目标，并为实现质量方针和质量目标确定相关的过程、活动和资源。建立质量管理体系的目的是在质量方面帮助组织提供持续满足要求的产品，以满足顾客和其他相关方的需求。

思考练习题

1. 质量保证的定义？项目质量保证的含义？
2. 叙述保证质量和质量保证的区别。
3. 叙述内部质量保证和外部质量保证的差别。
4. 项目质量保证包括的基本内容有哪些？
5. 结合具体项目说明该项目整个生命周期内所做出的主要质量保证工作。
6. 叙述过程的定义以及运用过程方法进行质量管理的程序。
7. 结合具体项目运用过程方法建立项目质量管理体系模式。
8. 叙述质量审核的定义与分类。
9. 说明现场审核方式方法的适用范围和优缺点。
10. 叙述内部审核与外部审核的主要区别。
11. 我国质量管理体系认证制度的主要内容是什么？
12. 叙述质量管理体系认证的实施程序。

13. 说明质量管理体系的文件构成及其相互关系。

14. 结合实际项目说明该项目质量管理体系是如何建立的?

进一步阅读资料

1. 戚安邦. 项目管理学. 南开大学出版社,2003

2. 王祖和. 项目质量管理. 机械工业出版社,2003

3. 戴克商 ,雷金溪. 质量管理理论与实物. 清华大学出版社, 北京交通大学出版社,2004

4. 张富山. GB/T19000—ISO9000 标准族体系文件—运行的准则. 中国计划出版社,2001

5. 卢向南. 项目计划与控制. 机械工业出版社,2003

参考文献

1. 戚安邦. 项目管理学. 南开大学出版社,2003

2. 翟焱. 项目质量管理. 浙江大学出版社,2004

3. 伍春来,王振雨. 最轻松的方法学习项目管理. 经济管理出版社,2004

4. 陈远,寇继虹,代君. 项目管理. 武汉大学出版社,2002

5. 王祖和. 项目质量管理. 机械工业出版社,2003

6. 北京广联达慧中软件技术有限公司译. 项目质量管理. 机械工业出版社,2005

7. 付强,沈川,蒋峰. 有效的项目管理. 中国纺织出版社,2003

8. 韩之俊,许前. 质量管理. 科学出版社,2003

9. 薛岩,欧立雄. 成功的项目管理. 机械工业出版社,2005

10. 张智勇. 基础质量管理工具. 广东科技出版社,2004

11. 戴克商,雷金溪. 质量管理理论与实物. 清华大学出版社,北京交通大学出版社,2004

12. 张富山. GB/T19000—ISO9000 标准族体系文件—运行的准则. 中国计划出版社,2001

13. 卢向南. 项目计划与控制. 机械工业出版社,2003

5

第五章　项目质量控制

本章导读

项目质量控制是项目管理的一部分，是项目管理核心内容之一，它的主要目标就是致力于满足项目质量，满足项目业主/顾客等有关方面所提出的质量要求。项目质量控制的范围涉及项目质量形成全过程的各个环节，因此，相关项目干系人必须采取有效措施，应用科学的管理手段和方法，确保项目质量。本章就项目质量控制的内容进行了详细论述，主要包括项目质量控制的基本原理、项目质量控制的特点、项目质量控制的工具和方法、项目质量控制的 PDCA 循环以及不同阶段的项目质量控制等内容。

第一节　项目质量控制概述

一、质量控制与项目质量控制

1. 质量控制的概念

ISO9000:2005 和 GB/T19000－2008《质量管理体系　基础和术语》中对质量控制的定义是："质量控制是质量管理的一部分，是指为达到质量要求所采取的作业技术和活动。"上述定义可以从以下几个方面来理解。

(1)质量要求是指对产品、过程或体系的固有特性要求。固有特性是产品、过程或体系的一部分，赋予的特性不是固有特性。质量要求包括对产品、过程或体系所提出的明确和隐含的要求。

(2)质量控制应贯穿于产品形成和体系运行的全过程。唯有如此才能使对产品质量有影响的各个过程处于受控状态，持续提供符合规定要求的产品才能得到保障。

(3)质量控制是通过采取一系列作业技术和活动对产品形成

的各个过程实施控制的。其目的在于监控产品形成的所有环节，及时发现并排除这些环节中有关技术活动偏离规定要求的现象，使其恢复正常，从而达到控制的目的，使影响产品质量的技术、管理及人的因素始终处于受控的状态下。

为了使控制发挥作用，必须注重以下四个环节：

(1)对达到质量要求产生影响的各种作业技术和活动要制订计划和程序；

(2)确保计划和程序的实施，并在实施过程中进行不间断的评价和验证；

(3)对不符合计划和程序活动的情况进行分析，对异常活动进行处置并采取纠正措施；

(4)注意质量控制的动态性。

2. 质量控制实施的程序

有效的质量控制系统不但具有良好的反馈控制机制，而且具有前馈控制机制，并使这两种机制能很好地耦合起来，一般说来，质量控制中实施作业技术和活动的程序为：

(1)确定控制计划与标准；

(2)实施控制计划与标准，并在实施过程中进行连续的监视、评价和验证；

(3)发现质量问题并找出原因；

(4)采取纠正措施，排除造成质量问题的不良因素，恢复正常状态。

3. 项目质量控制的概念

PMBOK 指南将项目质量控制定义为："监控特定的项目成果，以判定它们是否符合有关的质量标准，并识别消除引起不满意绩效的原因的方法。"对项目质量控制的定义说明如下：

(1)项目成果是指为了完成项目或其中的一部分，而必须完成的可度量的、有形的及可以核实的任何工作或事项，既包括项目的最终产品（可交付成果等）或服务，也包括项目过程的结果。如项目启动阶段结束时，其成果就是可行性研究报告；收尾阶段结束，其成果就是完工产品和项目文件。过程结果如成本执行结果、进度执行结果等；

(2)项目质量控制的目的是采取一定的措施消除那些偏离质量要求的偏差，确保项目结果符合质量标准的活动，追求的是质量零缺陷；

(3)在项目进展的不同时期、不同阶段，质量控制的对象和重点也不相同，这需要在项目实施过程中加以识别和选择。质量控制的对象可以是项目所需要的生产要素、工序、计划、验收、决策等一切与项目质量有关的要素；

(4)项目质量控制应贯穿于项目质量管理的全过程，由于项目的进行是一个动态过程，因此，围绕项目的质量控制也具有动态性。应该采用动态控制的方法和技术进行质量控制工作。

(5)项目质量标准是根据项目质量目标和计划给出的项目质量最终要求制定的控制依据和参数，是项目质量计划和项目质量工作说明的具体体现。通常这种参数要比项目目标和依据更为严格和更具操作性。因为如果不严格，就会经常出现项目质量的失控现象，就会经常需要采用项目质量恢复措施，从而形成较高的质量成本。

综合以上分析，可以得出如下结论：

项目质量控制是在项目的实施过程中，对项目质量的实际情况进行监督，判断其是否符合相关的质量标准，并分析产生质量问题的原因，制定出相应的措施来消除导致不合格质量标准的因素，确保项目质量得以持续不断地改进。

另外，项目质量控制与项目质量保证既有联系又有区别。首先，两者的目标都是使项目质量达到规定的要求，因此，在项目质量管理的过程中，它们是互相交叉、相互重叠的。但是，项目质量控制是一种纠偏性和把关性的过程，它直接对项目质量进行监控，并对项目存在的质量问题进行纠正；而项目质量保证是一种预防性的、保障性的过程，它只是从项目质量管理组织、程序、方法等方面做一些辅助性的工作。

二、项目质量控制的基本原理

项目质量控制的工作内容包括作业技术和活动，即包括专业技术和管理技术两方面。围绕质量环的每一阶段的工作，应对影响项目质量的人、机械设备、材料、方法、环境(简称 4M1E)因素进行控制，并对质量活动的成果进行分阶段验证，以便及时发现问题，查明原因，采取相应的纠正措施，防止质量问题的再次发生，并使质量问题在早期得以解决，以减少经济损失。因此，质量控制应贯彻预防为主与检验把关相结合的原则。同时，为了保证每项质量活动的有效性，质量控制必须对干什么、为何干、怎样干、谁来干、何时干、何地干等给予明确规定，并对实际质量活动进行监控。

由于顾客对于项目质量的要求和期望随着时间的进展而产生变化，这就使得项目的质量控制具有动态性。因此，为了满足项目质量的动态性要求，质量控制不能停留在一个水平上，而应不断研究新的控制方法，不断发展，不断创新。

控制论的研究对象，主要是指具有复杂性和或然性的系统，而项目作为一个系统，正具有这些特征。因此，对于项目质量控制系统的研究，可以采用控制论的思想和方法。

由以上控制的原理可知：控制是指一定的主体，为保证在变化着的外部条件下实现其目标，按照事先拟订的计划和标准，通过各种方式对被控对象进行监督、检查、引导、纠正的行为过程。任何系统的控制，都需要充分适应系统环境条件的变化，从输出得到反馈，并将其与制订的计划、标准相对比，这是控制过程的重要特征。输入、变换、反馈、分析与纠正措施等，是系统控制的基本步骤。

根据上述理论，要实现控制，首先必须满足两个条件：一是有合格的控制主体，二是有明确的控制目标。

控制主体是指承担控制责任的人员或组织。根据控制的任务、责任不同，可将控制主体分为不同的层次，一般可划分为两个层次。

(1)直接控制层。直接控制层是指直接履行控制任务的人员或组织。在项目质量控制中，项目经理部或项目团队、QC小组等均属于直接控制层。

(2)间接控制层。间接控制层也称为战略控制层，是指间接履行控制任务的人员或组织。间接控制层主要根据直接控制层的反馈信息进行控制。在项目质量控制中，业主的质量控制人员或组织、质量监督人员、承包商的决策层等属于间接控制层。

控制目标是指控制主体针对其被控制对象实施控制所要达到的目的。任何一个控制系统都必须有明确的控制目标，否则就失去了控制的意义。在项目质量控制中，根据控制对象、控制范围的不同，有若干控制子系统，每一个子系统都有其相应的控制目标。例如，在工程项目质量控制中，混凝土强度控制子系统的控制目标就是通过控制原材料质量和混凝土施工工序质量，达到保证混凝土强度，满足质量要求的目的。

有了合格的控制主体和明确的控制目标，还必须有理想的控制机制。在项目质量控制中可采用同态调节机制。所谓同态调节，就是将质量特征值保持在规定限度内的机制。调节，是指用于将质量特性保持在一定轨道上的过程，控制系统中用于实现调节的部分称之为调节器。在调节时，不仅要将系统引入一定的轨道，而且要确定这个轨道，这就是控制。所以，控制有两个重要要素，一是确定系统的轨迹，即控制目标，二是用调节的方法使系统保持在这条轨道上。

在项目质量控制中，调节可分为三种类型。

(1)通过消除控制对象的实际状态与标准或计划的偏差所进行的调节。

(2)通过避免异常因素的干扰所进行的调节。

(3)通过发现并消除异常因素的影响所进行的调节。

项目质量控制系统，可以相对地分为被控子系统(即控制对象)和控制子系统(称之为控制单元)。这两个子系统通过信息流彼此联系起来。项目质量控制机制如图5-1所示。

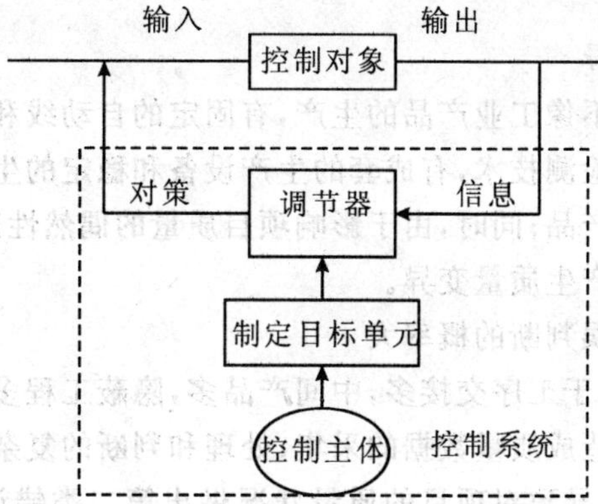

图 5-1　项目质量控制机制示意图

综上所述，为了实施项目质量控制，必须确定控制目标，并建立控制机制，同时必须重视和加强信息的传递与反馈。

三、项目质量控制的特点

按照质量控制的对象进行分类，项目质量控制是一般意义上的质量控制的一部分，从哲学层面讲，二者之间是特殊与一般的关系。因此，项目质量控制除具备质量控制的一般属性外，又因项目本身的一次性、独特性、目标的明确性、组织的临时性和开放性及后果的不可挽回性等特征决定了项目的质量控制不同于一般工业产品的质量控制，主要表现在以下几个方面。

1. 主体的复杂性

一般工业产品质量从设计、开发、生产、安装到服务的各阶段，通常由一个企业来完成，质量易于控制，而项目产品质量一般有咨询单位、设计承包商、施工承包商、材料供应商等来完成，故质量形成较为复杂。

2. 影响因素多

项目质量的影响因素较多。诸如决策、设计、材料、工序、方法、技术措施、管理制度及自然条件等，都直接或间接地影响项目的质量。同时，项目的历时性，决定了影响项目质量因素的动态性。而且项目的不同阶段、不同环节、不同过程，影响因素也不完全相同。有些因素对项目质量的影响程度较小，是偶然因素，这些因素是随机发生的，客观存在的，是正常的，难以避免，难以识别，也难以消除；有些对项目质量的影响程度则较大，如系统因素，对项目质量的影响较大，易识别，通过采取措施可以避免，也可以消除；所有这些，都给项目的质量控制增加了难度。所以，加强对影响质量的因素的管理和控制是项目质量控制的一项重要内容。

3.易产生质量变异

项目的实施过程不像工业产品的生产，有固定的自动线和流水线，有规范化的生产工艺和完善的检测技术，有成套的生产设备和稳定的生产环境，有相同系列规格和相同功能的产品；同时，由于影响项目质量的偶然性因素和系统性因素都较多，因此，很容易产生质量变异。

4.产生第二类错误判断的概率大

在项目实施中，由于工序交接多，中间产品多，隐蔽工程多，取样数量受到各种因素、条件的限制，造成质量数据的采集、处理和判断的复杂性、不确定性。由于项目的复杂性，往往导致对项目的质量状况做出第二类错误判断。如将合格判为不合格，或将不合格判为合格；将稳定判为不稳定，或将不稳定判为稳定；将正常判为不正常，或将不正常判为正常。这一点，在进行质量检查验收时，应特别注意。因此，需要在项目的质量控制中，采用更加科学、更加可靠的方法，尽量减少判断错误。

5.最终检验的局限性

项目特别是工程项目完成后，不可能像有些工业产品那样，再拆卸或解体开来检验内在的质量，即使发现质量有问题，也不可能实行“包换”、“退款”等。尽管有些质量问题可以修补，但也会给业主带来除经济损失之外的其他不可弥补的损失，比如会降低项目产品的功能、使用价值等。所以，项目的质量控制应更加注重项目进展过程的质量，注重对阶段结果的检验和记录。

6.项目质量受投资、进度的制约

质量目标、进度目标和投资目标三者之间既相互对立又相互统一，任何一个目标的变化，都必将影响到其他两个目标。如一般情况下，投资大、进度慢，质量就好；反之，质量就差。因此，必须正确处理好质量、投资、进度三者之间的关系，使其达到对立与统一相结合，达到质量、进度、投资整体最佳组合的目标。项目的质量不是独立存在的，它受费用和工期的制约。在对项目进行质量控制时，必须考虑其对费用和工期的影响，同时应考虑费用和工期对质量的制约，使项目的质量、费用、工期都能实现预期目标。

四、项目质量控制的步骤、目标和原则

1.项目质量控制的步骤

项目质量控制应贯穿于项目质量管理的全过程。项目质量控制主要按照以下基本步骤来展开。

(1)选择控制对象。项目质量控制的对象,可以是项目生命周期中的某个环节、某个工作或工序,以及项目的某个里程碑或某项阶段成果等一切与项目质量有关的要素。

(2)度量控制对象质量的实际情况;

(3)将对象质量的实际情况与相应的质量标准进行比较;

(4)识别项目存在的质量问题和偏差;

(5)分析项目质量问题产生的原因;

(6)采取纠偏措施消除项目存在的质量问题。

2.项目质量控制的目标

(1)项目规模在计划的范围之内;

(2)项目的投入小于产出,具有较为明显的经济效益;

(3)项目实施期间,无任何重大事故和经济损失;

(4)项目资源配置合理高效;

(5)项目产品具有市场竞争力。

项目质量控制就是要使项目实施达到预期目标,是贯穿项目全过程的一项质量管理工作。

3.项目质量控制的原则

在项目质量控制的过程中,应遵循以下几点原则:

(1)"质量第一,用户至上"原则

"以顾客为关注焦点"是质量管理的八大原则之一,并且位列第一。GB/T19001—2000明确指出:"组织依存于顾客,组织应当理解顾客当前和未来的需求,满足顾客要求并争取超越顾客期望。"因此,"质量第一,用户至上"应作为项目质量控制的基本原则。

(2)"以人为本,全员参与"原则

"全员参与管理"是现代管理的重要特征,是一种高效的管理模式。人是项目产品质量的生产者,项目本身具有的系统性、复杂性,要求质量控制必须以人为核心,充分调动人的积极性和创造性,处理好与项目相关干系人的关系,增强质量意识,提高人的素质,避免人为失误,通过提高工作质量确保项目质量。

(3)"管理的系统方法"原则

将项目相互关联的过程、环节、活动作为系统加以识别、理解和管理,坚持"预防为主"的方针,注重事前、事中的控制,避免事后检查把关。既有效地控制了过程质量,也能够加快项目的进度,从而带来项目经济效益的提高。

(4)"执行质量标准,一切用数据说话"原则

质量标准是衡量和评价项目质量的尺度,必须严格遵守和执行;数据是项目

产品各项性能指标的参数表示，有效决策必然是建立在数据和信息分析的基础上，足够的且能准确反映事实的信息和数据是项目质量控制的基础和依据，考察项目质量是否符合质量标准必须以数据为依据，通过对数据的整理和分析，判断项目质量是否存在缺陷。

(5)贯彻“科学、公正、守法”原则

项目经理在处理质量问题的过程中，应尊重客观事实、尊重科学，客观公正、遵纪守法，必须以事实为依据理智地进行决策，既要坚持原则、严格要求，又要谦虚谨慎、实事求是，以理服人、热情帮助。

五、项目质量控制的依据

项目质量控制包括项目内部质量控制和外部质量控制，内部质量控制标准是向项目团队提出的，外部质量控制标准是向客户和其他项目干系人提出的。项目质量控制的依据与项目质量保障的依据有一些方面是相同的。项目质量控制的主要依据有以下几个方面。

1.项目质量计划

项目质量计划与项目质量保障的依据是一样的，这是在项目质量计划编制中所生成的工作成果。在编制项目质量计划时，要明确提出项目质量控制计划。

2.项目质量工作说明

项目质量工作说明与项目质量保障的依据相同，在项目质量计划编制中，要明确项目质量控制的工作说明。

3.项目质量控制标准与要求

项目质量控制标准与要求是根据项目质量计划和项目质量工作说明所制定的具体项目质量控制的标准。项目质量控制标准与项目质量目标和项目质量计划指标是不同的。主要表现在：项目质量目标和计划给出的都是项目质量的最终要求，而项目质量控制标准是根据这些最终要求所制定的控制依据和参数。通常这种参数要比项目目标和依据更严格和更具操作性，因为如果不严格，就会导致项目质量的失控现象，进而需要经常采用项目质量恢复措施，在某种意义上也就是提高了质量成本。

4.项目质量的实际结果

项目质量的实际结果包括项目产出物的最终结果和项目实施的中间过程结果，同时还包括项目工作本身质量的结果。项目质量实际结果的信息是项目质量控制的重要依据。因为只有有了这类信息，人们才可能与项目的质量要求和控制标准进行对照，从而发现项目质量问题，并采取项目质量纠偏措施，进而使项目质量得到有效控制。

六、项目质量控制的关键

1. 提高质量意识

要提高所有项目组成员的质量意识，特别是主要工作环节负责人的质量意识，认识到项目质量是项目组所有成员共同的利益所在，是项目成功与否的关键。

2. 明确质量责任制

认真贯彻落实项目质量体系的各项要求，切实实施项目质量计划。项目经理、各有关职能部门的主要负责人和所有项目组成员都要明确自己在保证项目质量工作中的责任。

3. 提高项目组成员的素质

这是提高项目质量的基本条件。项目的管理者和一线成员都直接决定着项目的质量。必须努力提高参加项目的员工的素质，加强职业道德教育和业务技术培训，提高管理水平和操作水平，这项工作在选拔项目经理和组建项目团队时就要注意到。

4. 做好项目质量管理的基础工作

主要有质量教育、标准化、计量和质量信息工作。

(1)质量教育。要对全体项目组成员进行质量意识的教育，使全体项目组成员明确质量是企业的生命。进行质量教育工作要持之以恒，有计划、有步骤地实施。

(2)标准化。对项目来说，从项目设计可行性研究到项目完成，都要有技术标准和管理标准，要建立一套完整的质量标准化体系。技术标准是根据科学技术水平和实践经验，针对具有普遍性和重复出现的技术问题提出的技术准则。在项目管理中应结合项目的实际情况制定工艺标准，作为指导操作和质量要求的依据。管理标准是对各项管理工作的规定，如各项工作的办事守则、职责条例、规章制度等。

(3)计量。计量工作是保证项目质量的重要手段和方法。要采用法定计量单位，做好量值传递，保证量值的统一。

(4)质量信息。质量信息反映项目质量和各项管理工作的基本数据和情况。在项目实施中，要及时了解工作环节、实施单位、质量监督部门的信息，认真做好记录，便于项目经理及时采取对策。

第二节　项目质量控制的内容

一、项目质量形成过程

项目建设过程，就是质量的形成过程。项目具有一定的生命周期，一般要经历项目立项、可行性研究阶段，决策阶段，设计阶段，实施阶段，竣工验收等各个不同的阶段，把好各阶段的质量关，是保证项目质量的关键。各阶段对质量形成的影响分述如下。

1.项目可行性研究阶段对质量的影响

可行性研究是指对一个项目在技术上、经济上和生产布局方面的可行性进行论证，并做多方案比较，从而推荐最佳方案作为决策和设计的依据。一个好的可行性研究，能使项目的质量要求和标准符合业主的意图，并与投资目标相协调。由此可见，这一阶段的工作将直接影响到项目的决策质量和设计质量。

2.项目决策阶段对质量的影响

项目决策阶段主要是确定项目应达到的质量目标及水平。做到投资、质量、进度三者的对立统一，以达到业主最为满意的质量水平，要实现这一点，只有通过可行性研究和多方案的论证。决策正确与否，将直接影响到所确定的质量水平能否充分反映业主对质量的要求和意愿。为此，在进行项目决策时，应综合考虑项目规模、发展速度、投资方向、投资结构、效益等，进行技术经济分析、比较和论证，以求得项目的最优方案、最佳的质量目标、最短的建设周期、确保项目预定质量目标的顺利实现。

3.项目设计阶段对质量的影响

项目设计是根据项目决策阶段已确定的质量目标和水平、使其具体化的过程。设计在技术上是否可行、工艺是否先进、经济是否合理、设备是否配套、结构是否安全可靠等，这些都将决定着项目建成后的使用价值和功能。没有高质量的设计，就不可能有高质量的项目。

4.项目实施阶段对质量的影响

项目实施是根据项目规划设计方案及其有关文件要求，形成项目实体的过程，又是将设计意图、质量目标和质量计划付诸实施的过程，是项目质量形成的重点阶段。需要做好诸如技术、物质、组织、现场等各方面的准备工作和各个环节、各个工序、各种影响因素的监控把关工作，确保项目产品符合合同规定的质量要求。

5.项目竣工验收阶段对质量的影响

项目竣工验收阶段就是对项目实施阶段的质量进行试运转、检验评定，考核是否达到项目的质量目标，是否符合设计要求和合同规定的质量标准。不经过竣工验收，就无法保证项目质量和整个项目的投产运行。

综上所述，项目质量的形成包括一系列过程，它是由项目的决策质量、设计质量、施工质量、竣工验收质量等综合而成。只有有效地控制各阶段的质量，才能确保项目质量目标的最终实现。项目质量形成过程如图 5-2。

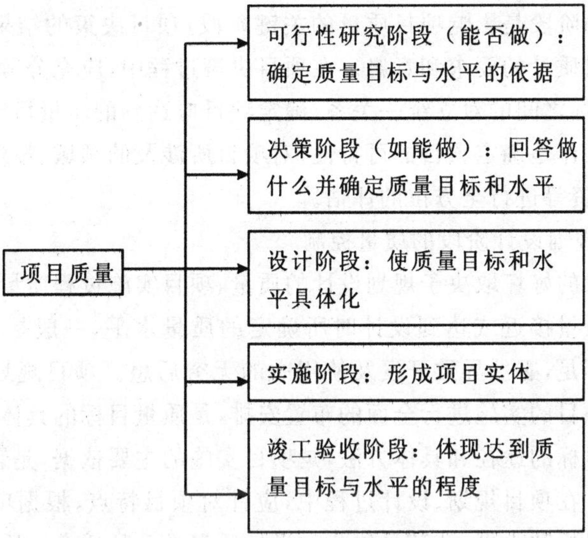

图 5-2　项目质量形成过程

二、项目质量控制的工作内容

根据项目质量形成过程的阶段划分，可以看出项目的不同阶段对质量起着不同的作用，有着不同的影响，所以其质量控制的内容和重点也不相同。

1. 项目启动阶段的质量控制

项目启动阶段是项目整个生命周期的起始阶段，需要从总体上明确项目的质量方向。这一阶段工作的好坏关系到项目全局。该阶段围绕项目质量控制的主要工作就是项目总体方案的策划及项目总体质量水平的确定。项目启动阶段主要包括项目的可行性研究和项目决策。项目的可行性研究直接影响项目的决策质量和设计质量。所以，在项目的可行性研究中，应进行方案比较，提出对项目质量的总体要求，使项目的质量要求和标准符合项目所有者的意图，并与项目的其他目标相协调，与项目环境相协调。该阶段需要论证项目在技术、经济上的可行性与合理性，决策是否立项和确定项目质量目标与水平，具体内容是：

(1)审核可行性研究报告是否符合国民经济发展的长远规划、国家经济建设的方针政策；

(2)审核可行性研究报告是否符合项目建议书或业主的要求；

(3)审核可行性研究报告是否具有可靠的基础资料和数据；

(4)审核可行性研究报告是否符合技术经济方面的规范标准和定额等指标；

(5)审核可行性研究报告的内容、深度和计算指标是否达到标准要求。

项目启动阶段是影响项目质量的关键阶段，项目决策的结果应能充分反映项目所有者对质量的要求和意愿。在项目决策过程中，应充分考虑项目费用、时间、质量等目标之间的对立统一关系，确定项目应达到的质量目标和水平。启动阶段的主要工作是确定项目的可行性，对项目所涉及的领域、投资、技术可行性、环境情况、融资等进行全方位的评估。

2. 项目规划设计阶段的质量控制

项目质量的好坏取决于规划设计的质量，项目实施过程质量控制得再好，也只能使项目质量接近或达到设计时所确定的质量水平，一般是不可能超过的。设计的先天不足，必然导致开发及使用中的无穷后患。项目规划设计是在技术和经济上对项目的实施进行全面的布置安排，是质量目标的具体化，描述了达到规定的质量目标的途径和具体方法，是项目实施的主要依据，是影响项目质量的决定性环节。在项目规划、设计过程中，应针对项目特点，根据项目启动阶段已确定的质量目标和水平，使其具体化。设计质量是一种适合性质量，即通过质量设计，应使项目质量适应项目使用的要求，以实现项目的使用价值和功能；应使项目质量适应项目环境的要求，使项目在其生命周期内安全、可靠；应使项目质量适应用户的要求，使用户满意。

项目规划设计阶段的质量控制，主要包括三方面的内容：一是搞好质量设计，二是控制设计质量，三是进行质量预控。

1)质量设计

项目开发人员应根据项目的使用要求，制定能够满足用户要求的质量设计方案，其中包括：项目质量的可信性、安全性、适应性、经济性、时间性等指标的方案设计。可信性是指项目产品的可用性及其影响因素如可靠性、维修性和维修保障等性能在规定条件下及规定时间内完成规定功能的能力；安全性是指项目产品在制造使用过程中，对伤害或损坏的风险能够按可接受的水平加以限制的状态；适应性是指项目产品适应外界环境(自然环境、社会环境)变化的能力；经济性是指合理的项目周期费用，包括项目的开发、使用及用后处置等过程的费用总和。合理的项目寿命周期费用是项目产品满足顾客和社会要求的主要质量特性之一，也是市场竞争力的关键因素之一；时间性是指在规定时间内满足顾客对项目产品开发速度和数量要求的能力，以及满足随时间变化而顾客需要变化的能力；随着科技的进步和国际贸易的发展，项目的寿命周期越来越短，时间性往往决定了项目的竞争能力。总之，项目规划设计时，项目团队必须进行综合平衡，以确定最佳的项目质量方案。

2)控制项目设计质量

GB/T19000－ISO9000 族标准所说的设计开发控制，不是指对规划设计开发的对象的控制，而是指项目已经确定后，对规划设计过程本身的控制。设计质量的优劣关系到设计工作对项目质量的保证程度。只有一开始就采用一系列行之有效的现代化设计方法和质量控制方法来进行设计开发，才能确保开发出来的项目产品技术水平高、成本低、工艺性能好、满足顾客的需要。当然，开发设计的项目不同，组织规模和文化背景不同，规划设计的质量控制要求也会不同。对项目设计质量的控制应从以下几个方面展开。

(1)合理确定项目设计开发的阶段

不同项目的设计开发有不同的阶段。大型复杂项目与小型简单项目在设计开发阶段的划分上是不同的。设计开发与加工制造不同，往往是一种创新活动，难免会犯错误、出现失误。把设计开发分为若干个阶段，让“错误”或“失误”尽量提前显现出来，才能确保设计开发质量，若不然，万一有质量缺陷，造成的损失将是灾难性的。

(2)适时开展适合每个设计开发阶段的评审、验证和确认活动

不管规划设计分为几个阶段，每一个阶段都必须有适合的质量控制活动，包括评审、验证和确认等。这些活动在什么时候进行、怎样进行、由谁进行等等，都要加以确定。

(3)明确设计开发活动的职责和权限

设计开发阶段的质量控制活动确定之后，还应确定由谁来承担相应的职责，并赋予相应的权限。

项目产品往往不是一个人或一组人设计开发出来的。可能有不同的设计工作组负责不同的部件(组件)的设计开发。因此，还应注意对各组之间的接口进行管理，确保其有效沟通，并明确各自的职责。

设计开发所确定的阶段以及各阶段的质量控制活动，一般情况下是不允许超越的，也就是说，必须按规定的阶段严格实施。如果因特殊情况要超越，则必须采取相应的质量控制措施，经批准后才能交叉进行或超阶段进行。

3)质量预控

项目质量预控，就是针对控制对象预测造成质量问题的因素，拟订质量控制

计划、设计控制程序、制定检验评定标准、提出解决有关问题的对策、编制质量控制手册等，这是一种科学的管理方法。通过采用这种方法，可以提高操作者的技术水平，有目的、有预见地采取有效措施，将项目实施过程中常见的质量问题和质量事故消灭在萌芽状态。可见，质量预控不仅是在项目规划阶段所要进行的质量控制工作，而且也是在项目实施阶段所需要进行的质量控制工作。

质量预控一般包括以下方面的工作。

(1)影响因素预测。在项目实施前，针对项目的特点和拟采用的工艺、方法、设备等，通过因素分析并参照以往的经验等途径，对在项目实施中可能出现的影响质量的因素加以分析、整理，并绘制成因果分析图。

(2)拟订质量控制计划。一个可行的质量控制计划必须有效而经济，为此，在制订计划时必须考虑项目质量目标、实施条件、工艺方法和设备、操作者的技术水平、项目投资等因素，并争取在这些因素间达到最佳平衡。

(3)设计控制程序。控制程序规定了在项目实施过程中，不同的阶段所需进行的质量控制内容和方法。

(4)制定检验评定标准。检验评定标准是判断项目质量状况的依据，应根据有关规范、标准，结合具体情况加以制定。检验评定标准的内容主要包括检验项目、检验方法、评定标准等。

(5)确定对策。根据所预测的影响项目质量的因素，提出对策，并归纳为对策表。

(6)编制质量控制手册。质量控制手册是项目质量控制的指导性文件，它涉及质量控制方针、依据、组织、方法、程序等多方面内容。在项目质量控制手册中，应根据目的类型和具体情况编制相应的质量控制手册。质量控制手册所包括的典型内容有以下几方面。

①质量控制的依据。包括所采用的规范、标准、手册等。

②管理、组织及人员。应明确质量控制组织机构，质量保证组织机构，分管人员及各种组织、管理制度。

③质量控制规程。包括质量控制方针、质量控制规程的拟订和发布质量检查制度、抽样检验方案、质量控制图等。质量控制规程是质量控制的指南，是一项不同于作业规程的重要技术文件，要本着既具体又简明扼要的原则进行编写，以便于执行。

④质量控制文件。包括试验程序、检验规程、作业指导书、各项质量保证程序、补救措施的申请等文件。

⑤质量控制记录及保存。明确记录的内容及记录的保存等有关问题。

⑥培训大纲。包括采用的培训教材、培训方法，明确参加培训的人员。

⑦原材料控制。包括原材料的采购程序、货源的选择、采购订货的审查与批准、进料检查、原材料的保管及质量控制等内容。

⑧项目实施过程控制与工序控制。包括控制要点、控制方法、控制效果与评价方法等。

⑨合格控制。包括合格质量标准、合格控制方法等。

⑩故障分析与补救措施。包括故障分析、故障排除方法和技术等。

3. 项目实施阶段质量控制

项目实施是形成项目实体的重要阶段，也是形成最终项目产品质量的重要阶段。所以，加强项目实施阶段各环节的质量控制，是保证和提高项目质量的关键，是项目质量控制的中心环节。项目能否保证达到所要求的质量标准，在很大程度上取决于项目参与者的技术能力及实施过程的质量控制模式和工作水平。

1)项目实施阶段的质量控制模式

项目实施阶段的质量控制模式，如图 5-3。

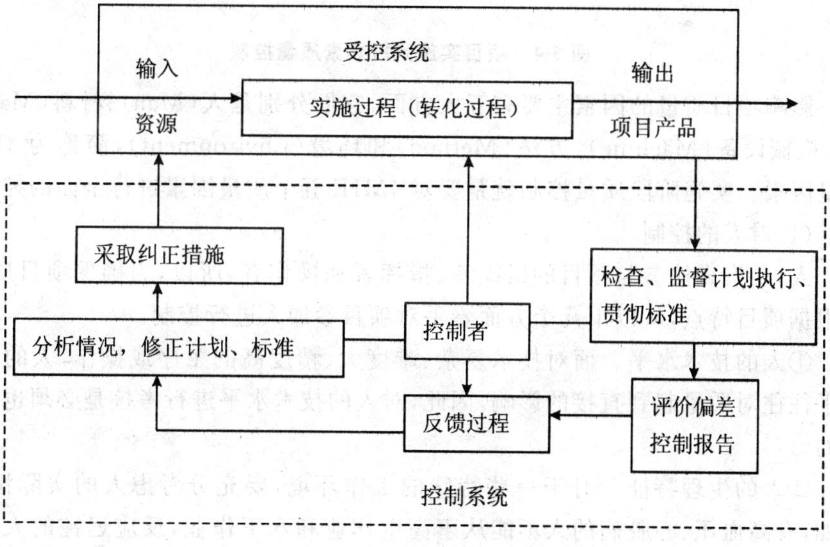

图 5-3　质量控制模式

2)项目实施阶段要素质量控制

根据这一模式可以得出，项目实施阶段的质量控制是一个由对投入资源（如材料）的质量控制开始，直到完成项目质量检验为止的全过程的要素质量控制，见图 5-4。

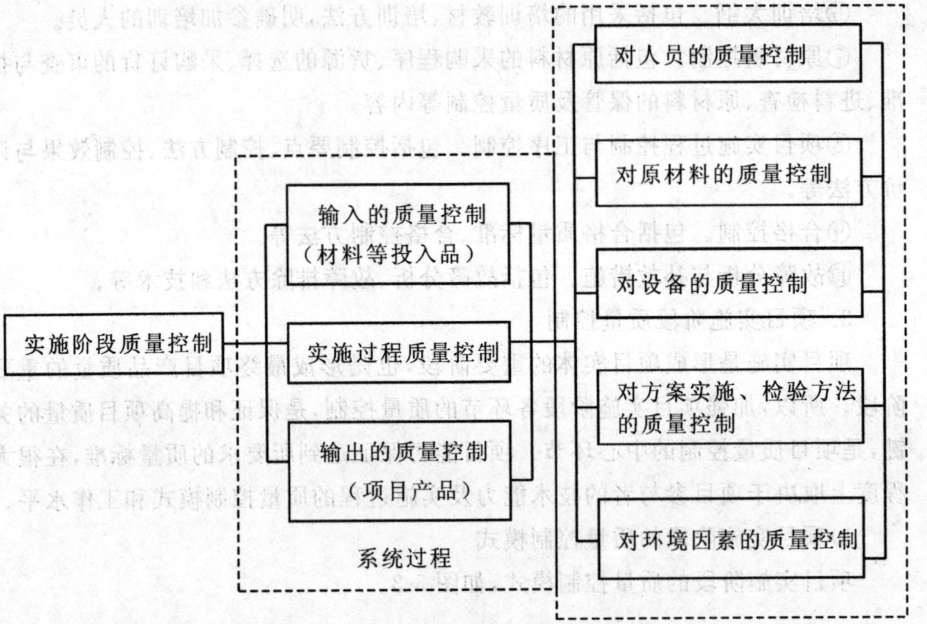

图 5-4 项目实施阶段要素质量控制

影响项目质量的因素主要有五大方面，它们分别是人（Man）、材料（Material）、机械设备（Machine）、方法（Method）和环境（Environment），简称为 4M1E 质量因素。实施阶段质量控制就是要对 4M1E 五个质量因素进行全面的控制。

(1)对人的控制

人，是指直接参与项目的组织者、指挥者和操作者，所以，为确保项目质量，应根据项目特点，从以下几个方面着手对项目参加人进行控制。

①人的技术水平。面对技术复杂、难度大、精度高的工序或操作，人的技术水平往往对质量起到直接的影响，因此，对人的技术水平进行考核是必须也是必要的。

②人的生理特征。对于一些特殊的工作环境，要充分考虑人的实际情况。例如，有高血压、心脏病的人不能从事高空作业和水下作业，反应迟钝的人不能操作高速运行、动作复杂的机械设备，否则会引起安全事故，产生质量问题。

③人的心理特征。人的心理行为，即劳动态度、注意力情绪、责任心等在不同地点、不同时期由于社会经济、环境条件和人际关系的影响而发生变化，所以，对某些需要确保质量万无一失的关键工序和操作一定要努力做到情绪稳定，以保证正常工作。为此，就应该不断提高人的心理素质，改善劳动条件，建立健全岗位责任制，公平合理地激励人的工作热情。

④营造积极的质量文化环境，提高人的质量意识，充分调动人的积极性，发挥人是质量控制“第一因素”的主导作用，形成人人重视项目质量的文化环境。

(2)对材料的质量控制

材料的质量控制包括两个方面，一是材料自身的质量，二是材料质量检验方法的选择。材料主要包括原材料、成品、半成品、构配件等。材料订货前，使用单位应将相关生产商的情况、出厂证明、技术合格证或质量保证书提供给有关部门，经审核同意后方可订货。材料的检验方法主要包括外观检验、书面检验、无损检验和理化检验等方法，通过合理的选择检验方法判断材料质量的可靠性。总之，材料的质量控制主要通过严格检查验收，正确合理地使用，进行收、发、储、运的技术管理，杜绝使用不合格材料等环节进行。

(3)对机械设备的质量控制

设备是项目实施的物质基础，对项目进度和质量有直接影响。项目实施阶段对设备质量控制的目的，在于为项目实施提供性能好、效率高、操作方便、安全可靠、经济合理且数量足够的设备，并使之合理装备、配套使用、有机联系，以充分发挥设备的效能，保证按照合同规定的工期和质量要求，完成项目实施阶段的任务，获得较好的综合经济效益。

对设备的质量控制应从设备的选择、使用管理和保养、设备的性能及状况的考核等三方面予以控制。具体内容见表 5-1。

表 5-1　设备质量控制内容

		内容简要说明
设备的选择	设备的选型	从设备的适用性、技术先进性、操作方便、使用安全、质量的可靠性和经济上的合理性等方面考虑
	主要性能参数	应根据项目特点、环境条件和已确定的设备型式确定性能参数，选择具体设备
使用管理和保养	人员培训	加强设备操作人员的技术培训和考核
	建立规章制度	如：人机固定制度、岗位责任制度
	执行技术规定	如：技术实验规定、走合期规定等
性能及状况考核	对设备特别是关键设备的性能和状况定期进行考核，发现问题时，及时分析原因，采取适当措施，以保证设备性能的完好	

(4)对方法的质量控制

这里所指方法，包括项目实施方案、工艺、组织设计、技术措施等。方案正确与否对项目质量控制有直接影响。因此，必须结合项目实际，从技术、经济、组织、管理等方面进行全面分析，综合考虑。对方法的管理，主要通过合理选择、动态管理等环节加以实现。合理选择就是根据项目特点确保所选择方案在技术上是可行的、在经济上是合理的，并更有利于项目质量的提高、项目进度的加快、项目费用的降低。动态管理就是在项目进行过程中正确应用方法，并随着条件的变化不断进行调整。

(5)对环境因素的质量控制

影响项目质量的环境因素较多，主要有项目技术环境，项目管理环境及自然环境。

技术环境因素包括项目实施所用的规程、规范、设计图纸及质量评定标准；项目管理环境因素包括质量保证体系、质量管理制度、质量签证制度、质量奖惩制度等；自然环境因素包括地质、水文、气象、温度等。

上述环境因素对项目实施质量的影响具有复杂而多变的特点，尤其是某些环境因素更是如此。劳动环境，如劳动组合、作业场所等。根据项目特点和具体条件，应采取有效措施对影响质量的环境因素进行管理。为此，应结合项目特点和具体条件，采取有效措施，严格控制影响质量的环境因素。

3)项目实施阶段的质量控制内容

由项目实施阶段质量控制模式可知，项目实施全过程可分为事前控制、事中控制和事后控制三个阶段，见图 5-5。

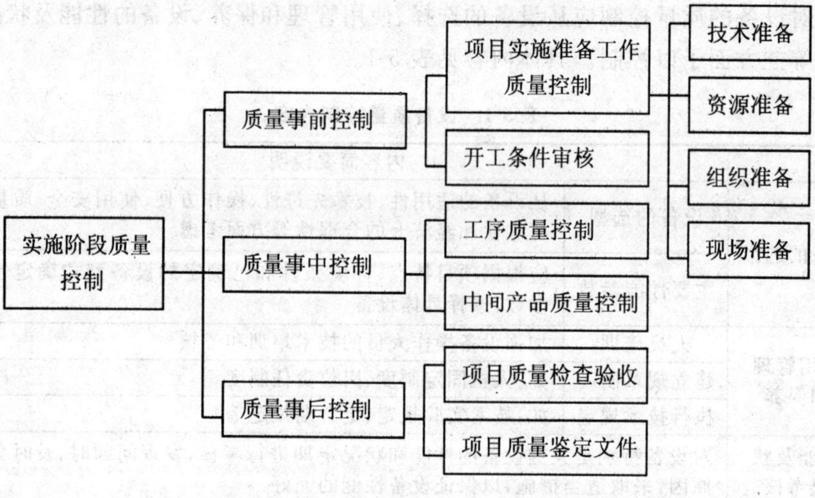

图 5-5 事前控制、事中控制、事后控制的内容

(1)事前质量控制

在项目实施前所进行的质量控制就称为事前质量控制，其控制的重点是做好项目实施的准备工作，且该项工作应贯穿于项目实施全过程。其主要工作内容有以下四个方面。

①技术准备。熟悉和审查项目的有关资料、图样；调查分析项目的自然条件、技术经济条件；确定项目实施方案及质量保证措施；确定计量方法和质量检测技术等。

②物质准备。对项目所需材料、构配件的质量进行检查与控制；对永久性生产设备或装置进行检查与验收；对项目实施中所使用的设备或装置应检查其技术性能，不符合质量要求的不能使用；准备必备的质量检测设备、机具及质量控制所需的其他物质。

③组织准备。建立项目组织机构及质量保证体系；对项目参加人员分层次进行培训教育，提高其质量意识和素质；建立与保证质量有关的岗位责任制等。

④现场准备。不同的项目，现场准备的内容亦不相同。例如，建筑施工项目的现场准备包括控制网、水准点标桩的测量；"五通一平"，生产、生活临时设施等的准备；组织机具、材料进场；拟订有关试验、试制和技术进步项目计划等。

(2)事中质量控制

在项目实施过程中所进行的质量控制就是事中质量控制。事中质量控制的策略是：全面控制实施过程，重点控制工序或工作质量。其具体措施是：工序交接有检查，质量预控有对策，项目实施有方案，质量保证措施有交底，动态控制有方法，配制材料有实验，隐蔽工程有验收，项目变更有手续，质量处理有复查，行使质控有否决，质量文件有档案。

①工序质量控制的概念

项目实施阶段存在这样一种关系：过程质量和工序质量取决于工作质量。每一工作过程是由一系列相互关联、相互制约的工序构成。尽管不同工种的作业程序有所区别，但它们都有一个共同特点，就是经过一道一道工序加工生产出来的。每道工序质量的好坏，将直接或间接地影响实施阶段总体质量，从而影响项目整体质量。由此可见，工序质量是形成项目质量的基本环节，是现场质量控制的关键。

工序质量控制是指为达到工序质量要求所采取的作业技术和活动，它是按照事先拟订的工序质量标准，根据工序质量检验及对反馈回来的产品性能特征各方面的质量数据的分析，针对存在的差异问题，运用质量控制的各种方法，采取措施，消除这些差异，使质量达到要求，并保持稳定的调节、管理过程。

②工序质量的分析和控制

工序质量的分析和工序质量控制是相辅相成的。工序质量分析就是通过观察工序质量特征值的波动情况，分析影响质量的各类因素，找出主导性(支配性)因素，调查这些因素与工序结果(质量特征值)之间的关系，然后在工序分析的基础上建立工序的因素管理标准。其内容包括因素或条件所应达到的目标值，以及达到和实现目标值的措施和手段。

工序分析的第一步是采用因果分析图法找出支配性要素；第二步是进行实验核实，可根据不同的工序选用不同的方法，如优选法等；第三步是制定标准进行管理控制，主要应用系统图法和矩阵图法。

在关键工序活动中，要求操作者记录工序质量的原始数据，随时掌握和分析质量的变化趋势，并进行工序能力指数的计算和评价，确保工序始终处于良好的受控状态。

③工序质量控制的内容

a. 控制工序活动条件的质量

工序活动条件包括的内容较多，主要是指影响项目质量的五大因素，即人、材料、方法、设备和环境等。对具体项目产品的工序质量，并不一定是这五大因素同时起作用，而且这些因素也并不是同等地起作用。所以，应该通过工序分析，找出在工序中起主要作用的因素作为质量控制的重点。使其处于被控制状态，确保工序投入品的质量，避免系统因素发生变异，就能保证每道工序质量正常、稳定。

b. 控制工序活动效果的质量

工序活动效果是评价工序质量是否符合标准的尺度。因此，在进行工序质量控制时，应及时检验工序活动效果的质量，掌握质量动态，对质量状况进行综合统计与分析，并针对所出现的质量问题及时采取对策，自始至终使工序活动效果的质量满足相关要求。

●严格遵守操作规程。操作规程是项目实施的依据之一，是确保项目质量的前提，必须严格执行。

●设置工序质量控制点。控制点是为了保证工序质量而需要进行控制的重点、或关键部位、或薄弱环节，以便在一定时期内、一定条件下进行强化管理，使工序处于良好的控制状态。

●工序质量控制点的选择。工序质量控制点是指在一定时期内，一定条件下，将需要特别加强监督和控制的重点工序、重点部位或反映工序质量的重点质量指标，明确列为质量控制的重点对象，并采用各种必要的手段、方法和工具对其实施控制。

正确设置控制点，抓住关键，是有效进行工序质量控制的前提。就一个项目、一道工序来说，究竟应设置多少个控制点，需要在对项目、工序进行系统分析的基础上加以选择。

质量控制点设置的原则，是根据项目的重要程度，即质量特性值对整个项目质量的影响程度加以确定。因此，在设置质量控制点时，首先，应对项目进行全面分析、比较,以明确质量控制点;其次,应进一步分析所设置的质量控制点在项目实施过程中可能出现的质量问题或造成质量隐患的原因,并针对原因采取相应的对策,予以预防。可见,设置质量控制点,也是对项目质量进行预控的有力措施。

质量控制点的涉及面较为广泛,根据项目特点,视其重要性、复杂性、精确性、质量标准和要求加以确定。无论是操作、材料、设备、流程、技术参数、自然条件、环境等,均可作为质量控制点来设置。重要的是视其对质量特征影响的大小及危害程度而定。就一个项目而言,应选择影响项目质量的关键工序、关键部位,对下道工序的进行将会产生重大影响的工序,质量不稳定、出现质量问题较多的工序等作为控制点。就一道工序而言,应选择反映工序质量的关键要素作为控制点。

例如,对工程项目来说,质量控制点可归纳为以下几类。

a.人的行为。某些工序应控制人的行为,避免因人的失误造成质量问题。如对高空作业、水下作业等,都应从人的生理缺陷、心理活动、技术能力等方面对操作者进行考核、控制。

b.物的状态。某些工序则应以物的状态作为控制的重点,如加工精度与机具有关;计量的准确性与计量设备、仪表有关;危险源与失稳、腐蚀、振动等因素有关。因此,根据不同工序的特点,有的应以控制机具设备为重点,有的应以防止失稳、倾覆、腐蚀等危险源为重点,有的则应以作业场所为控制重点。

c.材料的质量和性能。材料的质量和性能是直接影响工程质量的主要因素。某些工序应将材料的质量和性能作为控制的重点。如预应力钢筋加工,就要求钢筋匀质、弹性模量一致,含硫量和含磷量不能过大,以免产生热脆和冷脆。

d.关键的操作。某些操作直接影响工程质量,因此应作为控制的重点。如预应力钢筋张拉,在操作中如不进行严格控制,就不可能可靠地建立预应力值。

e.施工顺序。某些工序或操作,必须严格控制相互之间的先后顺序,否则就会影响工程质量。如冷拉钢筋,就应先对焊后冷拉,否则,就会失去冷强。

f.技术间隙。有些工序之间的技术间隙时间性很强,如不严格控制就会影响质量。如分层浇注混凝土,必须待下层混凝土未初凝时将上层混凝土浇完。砖墙砌筑后,应有6～10d的时间让墙体充分沉陷、稳定、干燥后才能抹灰,抹灰层干燥后才能喷白、刷浆。

g.技术参数。某些技术参数与质量密切相关,必须严格控制。如混凝土的水灰比、外加剂掺量等技术参数直接影响混凝土质量,应作为质量控制点。

h.常见的质量通病。常见的质量通病,如渗水、漏水、起壳、起砂、裂缝等,都与工序操作有关,均应事先研究对策,提出预防措施。

i. 新工艺、新技术、新材料的应用。当新工艺、新技术、新材料已通过鉴定、试验，但操作人员缺乏经验时，应将其工序操作作为重点严加控制。

j. 质量不稳定、质量问题较多的工序。通过对质量数据的统计分析，表明质量波动、不合格品率较高的工序，应设置为质量控制点。

k. 特殊土地基和特种结构。对于湿陷性黄土、膨胀土等特殊土地基的处理，以及大跨度结构、高耸结构等技术难度较大的施工环节和重要部位，应加以特别控制。

l. 施工工法。施工工法中对质量产生重大影响的问题，如液压滑模施工中支承杆失稳问题、混凝土被拉裂和坍塌问题、建筑物倾斜和扭转问题、大模板施工中模板的稳定和组装问题等，均为控制的重点。

质量控制点的设置是保证项目质量的有力措施，也是进行质量控制的重要手段。在工序质量控制过程中，首先应对工序进行全面分析、比较，以明确质量控制点；然后应分析所设置的质量控制点在工序进行过程中可能出现的质量问题或造成质量隐患的因素，并加以严格控制。

④控制变量的确定

项目实施中各环节、各工序有着各种质量指标，可以用来表示其作业效果，但是各种质量指标对作业效果的影响程度各不相同，有的敏感，有的则不敏感。工序质量控制，主要就是对影响作业效果的某些指标加以控制，这些用来控制的质量指标称之为控制变量。控制变量的选取将直接影响控制效果，因此，合理选择控制变量同样是至关重要的。控制变量的选取应考虑下述原则。

a. 控制变量应限于本工序范围内的某些质量指标，而不是本工序以外的指标。

b. 应以影响本工序质量的关键指标或当前存在严重问题的质量指标作为控制变量。

c. 所选择的控制变量应便于量化，能用数据表示。

d. 所选择的控制变量应易于测定。

⑤控制程序

工序质量控制的基本原理是：采用数理统计方法，通过对工序一部分（子样）检验的数据，进行统计、分析，以判断工序的质量是否稳定、正常；若不稳定，产生异常情况，则必须采取对策和措施予以改进，从而实现对工序质量的控制。工序质量控制的基本原理决定了工序质量控制的程序。

工序质量控制，可以简单归纳为计划—执行—检查—处理的管理控制循环系统，如图 5-6 所示。具体程序如下。

a. 确定各控制点的质量目标。根据质量方针（总的质量宗旨和质量方向）确定控制点应达到的质量水平。

b.制定标准、规程。对所控制的工序，应制定切实可行的质量标准、技术标准、作业规程等技术文件以指导作业。质量标准系指在充分考虑项目质量要求、质量目标和技术水平等基础上，对相应工序的质量提出的定量和定性要求；技术标准主要规定了为使工序质量达到质量目标应采取的技术途径和方法；作业规则应明确具体的操作程序和要求。这些标准和规程的制定，主要依据工序特点、工序所具备的条件、工序所要达到的目标及质量控制手册等有关技术文件。工序的有关标准和规程既是项目实施的指南，也是进行工序质量控制的依据。

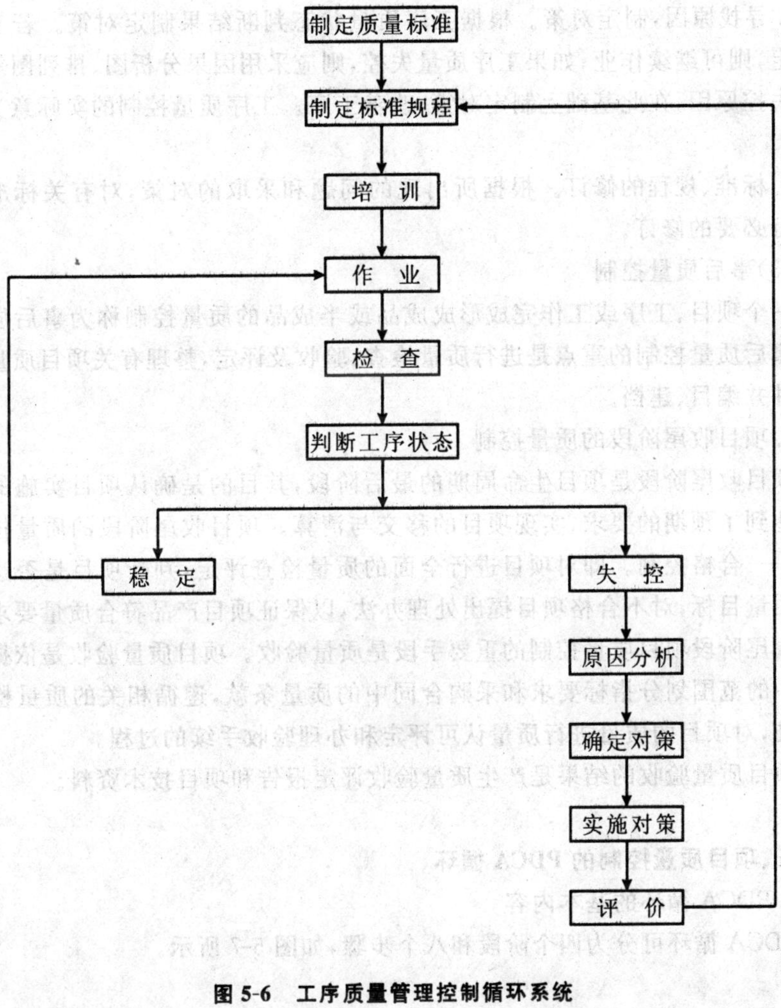

图5-6　工序质量管理控制循环系统

c.培训。为使工序能够按规程进行,并满足相应的标准,操作者必须预先了解并理解有关标准和规程,并贯彻到实际操作过程中。为此,必须根据各有关标准及规程,对所有操作者进行专门培训。

d.作业。作业应在制定标准、规程并进行培训的基础上进行。实际操作应严格执行标准及规程,尽量避免异常因素的影响,使工序质量处于正常稳定状态。

e.工序质量检查及判断。随着工序的进行,应认真采集反映工序质量的数据(控制变量),并采用相应的手段(主要是控制图法)加以处理,进而判断工序质量状态。

f.寻找原因,制定对策。根据工序质量状态判断结果制定对策。若工序质量稳定,则可继续作业;如果工序质量失控,则应采用因果分析图、排列图等方法寻找失控原因,在此基础上制定对策,改善工序。工序质量控制的实际意义就在于此。

g.标准、规程的修订。根据所出现的问题和采取的对策,对有关标准和规程进行必要的修订。

(3)事后质量控制

一个项目、工序或工作完成形成成品或半成品的质量控制称为事后质量控制。事后质量控制的重点是进行质量检查、验收及评定,整理有关项目质量的技术文件并编目、建档。

4.项目收尾阶段的质量控制

项目收尾阶段是项目生命周期的最后阶段,其目的是确认项目实施的结果是否达到了预期的要求,实现项目的移交与清算。项目收尾阶段的质量控制要点是——合格控制。即对项目进行全面的质量检查评定,判断项目是否达到预期的质量目标,对不合格项目提出处理办法,以保证项目产品符合质量要求。

收尾阶段项目质量控制的重要手段是质量验收。项目质量验收是依据质量计划中的范围划分指标要求和采购合同中的质量条款,遵循相关的质量检验评定标准,对项目的质量进行质量认可评定和办理验收手续的过程。

项目质量验收的结果是产生质量验收评定报告和项目技术资料。

三、项目质量控制的 PDCA 循环

1. PDCA 循环的基本内容

PDCA 循环可分为四个阶段和八个步骤,如图 5-7 所示。

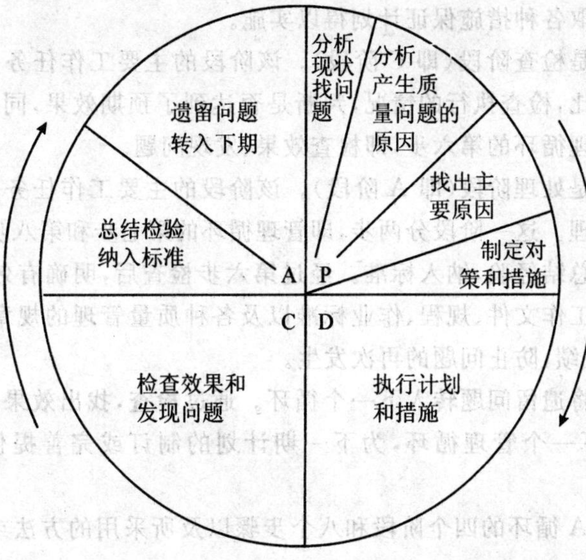

图 5-7　PDCA 循环的四个阶段和八个步骤

第一阶段是计划阶段(即 P 阶段)。该阶段的主要工作是制定项目质量控制目标、活动计划和具体的实施措施。这一阶段的具体工作步骤分为四步:

(1)分析质量现状,找出存在的质量问题。这就要有质量问题意识和改善质量的意识,并要用数据说话;

(2)分析产生质量问题的各种原因或影响因素;

(3)从各种原因中找出影响质量的主要原因或因素;

(4)针对影响质量的主要原因或因素制定对策,拟订改进质量的管理、技术和组织措施,提出执行计划和预期效果。在进行这一步工作时,需要明确回答 5W1H 问题:

①为什么要提出这样的计划,采取这些措施?为什么需要这样改进(Why)?

②改进后要达到什么目的,有何效果(What)?

③改进措施在何处(哪道工序、哪个环节、哪个过程)进行(Where)?

④计划和措施在何时执行和完成(When)?

⑤由谁来执行(Who)?

⑥用何种方法完成(How)?

第二阶段是实施阶段(即 D 阶段)。该阶段的主要工作任务是按照第一阶段所制订的计划,采取相应措施组织实施。这是管理循环的第五步,即执行计划和采取措施。在实施阶段,首先应做好计划、措施的交底和落实,包括组织落实、技术落实和物资落实。有关人员需要经过训练、考核,达到要求后才能参与实施。同时应采取各种措施保证计划得以实施。

第三阶段是检查阶段(即C阶段)。该阶段的主要工作任务是将实施效果与预期目标对比,检查执行的情况,判断是否达到了预期效果,同时进一步查找问题。这是管理循环的第六步,即检查效果、发现问题。

第四阶段是处理阶段(即A阶段)。该阶段的主要工作任务是对检查结果进行总结和处理。这一阶段分两步,即管理循环的第七步和第八步。

第七步是总结经验,纳入标准。经过第六步检查后,明确有效果的措施,通过制定相应的工作文件、规程、作业标准以及各种质量管理的规章制度,总结好的经验,巩固成绩,防止问题的再次发生。

第八步是将遗留问题转入下一个循环。通过检查,找出效果尚不显著的问题所在,转入下一个管理循环,为下一期计划的制订或完善提供数据资料和依据。

上述PDCA循环的四个阶段和八个步骤以及所采用的方法或措施如表5-2所示。

表5-2 PDCA循环四个阶段和八个步骤及相应的方法或措施

阶段	步骤		方法或措施	说明
P	1	分析质量现状,找出质量问题	排列图	查找影响项目质量的主次因素
			直方图	显示质量分布状态,并与标准对比,判断是否正常
			控制图	观察控制质量特性值的分布状况,判断项目进展过程有无异常因素影响,并用于动态控制
	2	分析影响质量的原因	因果分析图	寻找某个质量问题的所有可能的原因,分析主要矛盾
	3	找出主要原因	相关图或排列图	观察分析质量数据之间的相关关系
	4	制订计划和措施	对策表	确定问题,制定对策,研究措施和落实有关部门、执行人员及实现时间
D	5	执行计划和采取措施	下达落实计划的中心措施	
C	6	检查效果发现问题	与步骤1相同	
A	7	总结经验纳入标准	修订规程、工作标准,提供规范的修订数据	标准化
	8	遗留问题转入下一循环	反馈到下一循环的计划中	重新开始新的PDCA循环

2. PDCA 循环在项目质量管理中的应用要点

PDCA 管理循环是一种科学的工作程序和管理方法。它将项目实施过程中的全部质量活动比喻为一个不停顿进行的、周而复始运行的轮子，非常直观、简明易懂，它可以促进项目质量的不断完善与提高。

(1)项目质量管理是由大小不同的 PDCA 循环构成的完整体系

项目是一个有机整体，含有若干子系统或小项目；项目存在若干相关主体和人员。项目的质量管理运行于各个子系统或小项目之中，也运行于各个相关主体和人员之中。在项目的质量管理中，就项目整体而言需要开展 PDCA 循环，而项目所包含的各个子项目或子系统也需要开展相应的 PDCA 循环；项目的每一个相关主体需要开展 PDCA 循环，各个主体所包含的部门或机构同样需要进行 PDCA 循环。PDCA 环如图 5-8 所示。项目的质量管理是由大小不同的 PDCA 循环组成的，上一级循环是下一级循环的依据，下一级循环又是上一级循环的具体实现。通过循环，将项目的所有质量管理活动有机联系起来，形成了大环套中环、中环套小环，环环相扣，一环保一环，使局部保整体，促进整个项目质量的提高。图 5-9 表达了大小不同的 PDCA 循环同时运转的关系。

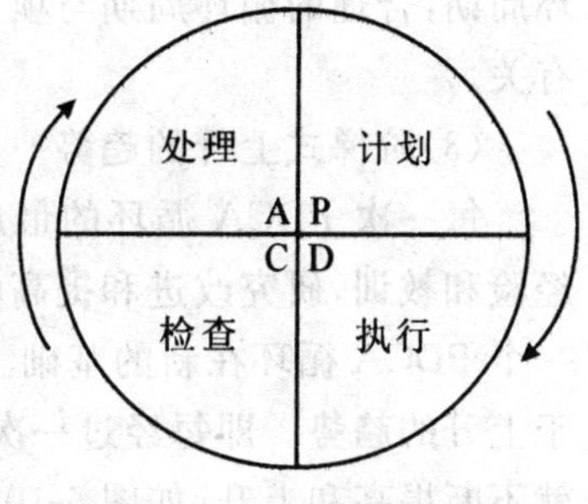

图 5-8 PDCA 环

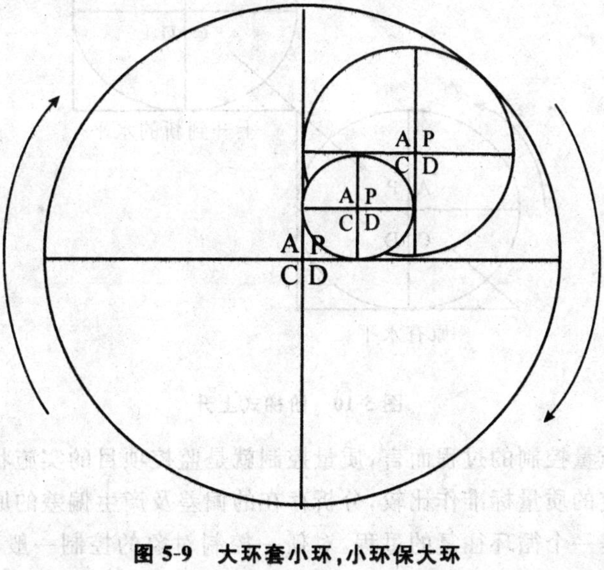

图 5-9 大环套小环，小环保大环

(2)合理的PDCA循环周期

要保证和提高项目质量和工作质量，仅进行一次PDCA循环是无济于事的，因为每运行一次，只能解决一个或几个质量问题。老的问题得到了解决，又可能出现新的问题，需要进行新的PDCA循环。所以，在项目质量管理中，需要一次又一次地周而复始、不断循环，以解决不断出现的质量问题，不断提高工作质量和项目质量。

从计划(P)开始至处理(A)完毕所需要的时间称之为一个循环周期。从理论上讲，PDCA循环的周期愈短，循环的次数愈多，质量管理的效果就愈好，但所需要的质量管理的时间、人员、费用等也就愈多。因此，需要确定一个合理的循环周期，合理的循环周期与项目的重要性、项目的阶段性及需要解决的质量问题有关。

(3)阶梯式上升的趋势

每一次PDCA循环的最后阶段，一般都需要制定出技术和管理标准，总结经验和教训，研究改进和提高的措施，并按照新的措施和标准组织实施，使得下一个PDCA循环在新的基础上转动，从而达到更高的水平，使项目质量总是处于上升的趋势。即每经过一次PDCA循环，质量就能提高一步，不断循环，质量就不断提高和上升，如图5-10所示。

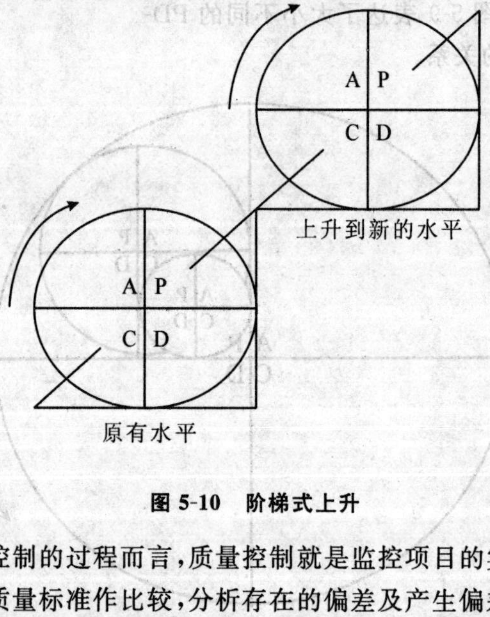

图5-10 阶梯式上升

就项目质量控制的过程而言，质量控制就是监控项目的实施状态，将实际状态与事先制定的质量标准作比较，分析存在的偏差及产生偏差的原因，并采取相应对策。这是一个循环往复的过程，对任一控制对象的控制一般都按这一过程进行。该控制过程主要包括以下步骤：

①选择控制对象。项目进展的不同时期、不同阶段，质量控制的对象和重点也不相同，这需要在项目实施过程中加以识别和选择。质量控制的对象可以是某个因素，某个环节，某项工作或工序，某项阶段成果等一切与项目质量有关的要素；

②为控制对象确定标准或目标；

③制订实施计划，确定保证措施；

④按计划执行；

⑤跟踪观测、检查；

⑥发现、分析偏差；

⑦根据偏差采取对策。

上述步骤可归纳为四个阶段：计划（Plan）、实施（Do）、检查（Check）和处理（Action）。在项目质量控制中，这四个阶段循环往复，形成 PDCA 循环。

计划阶段的主要工作任务是确定质量目标、活动计划和管理项目的具体实施措施。本阶段的具体工作是分析现状，找出质量问题及控制对象；分析产生质量问题的原因和影响因素；从各种原因和因素中确定影响质量的主要原因或影响因素；针对质量问题及影响质量的主要因素制定改善质量的措施及实施计划，并预计效果。在制订计划时，要反复分析思考，明确回答以下问题：

①为什么要提出该计划、采取这些措施？为什么应做如此改进？

②改进后要达到什么目的？有何效果？

③改进措施在何处（哪道工序、哪个环节、哪个过程）执行？

④计划和措施在何时执行和完成？

⑤计划由谁执行？

⑥用什么方法完成？

实施阶段的主要工作任务是根据计划阶段制订的计划措施，组织贯彻执行好计划措施的交底和组织落实、技术落实和物资落实。

检查阶段的主要工作任务是检查实际执行情况，并将实施效果与预期目标对比，进一步找出存在问题。

处理阶段的主要工作任务是对检查的结果进行总结和处理。其具体工作包括：总结经验，纳入标准。即通过对实施情况的检查，明确有效果的措施，制定相应的工作文件、工艺规程、作业标准以及各种质量管理的规章制度，总结好的经验，防止问题再次发生。将遗留问题转入下一个控制循环。通过检查，找出效果仍不显著或效果仍不符合要求的措施，作为遗留问题，进入下一个循环，为下一期计划提供数据资料和依据。

第三节　项目质量控制工具与方法

随着经济全球化进程的推进以及知识经济时代的到来，质量问题越来越成为经济发展的战略问题。摩托罗拉、通用电气公司等世界顶级企业的成功发展旅程，给世人展示了质量经济性管理的魅力。质量管理已经从单纯依靠检验的方式发展到全面质量管理(TQM)，ISO9000 质量体系管理，再到最新的 6δ 管理法。虽然新的质量管理理念不断产生，但其中的很多方法在质量管理界应用已久，只是被赋予了新的内涵并加以实践。例如：统计技术、统计过程控制(SPC)、实验设计(DOE)、失效模式和影响分析(FMEA)、测量系统分析(MSA)等，特别是因果图、流程图、直方图、核对表、散点图、排列图和控制图这传统的七种工具，被普遍用于质量改进和质量控制。

一、项目质量控制工具一览

随着科学技术的发展以及各种管理思想的创新，特别是计算机技术的高速发展和普及，使得许多新的管理理念和方法得以不断提出，并广为推广和应用，并取得了极大的成功。在项目管理领域获得成功的例子不胜枚举，而项目质量控制工具的发展也同样经历了这样一个过程，现将主要的控制工具划分为新、老七种列于表 5-3。

表 5-3　项目质量控制工具一览

老工具	新工具
散点图(散布图、相关图)	关联图
直方图(条形图、频数分布图)	系统图(树型图)
排列图(帕累托图、主次因素排列图)	箭条图(网络计划技术)
因果图(石川图、鱼刺图)	PDPC 法(过程决策程序图法)
控制图(管理图)	KJ 法(亲和图法)
流程图	矩阵图
核对表(调查分析法)	矩阵数据分析法

二、项目质量控制的支持工具和技术

项目质量控制的工具和技术的运用应是有选择性的。不同的工具和技术有不同的作用，因而用于项目质量控制过程中的不同阶段、不同步骤、不同的目的以及不同性质的数据等。所以，应有区别地予以适当选择和使用。就项目质量控制的一般步骤的主要工作内容而言，表 5-4 中列出了项目质量控制的步骤及可用的工具和技术。各工具的具体使用方法，见相关章节的内容。

表 5-4　项目质量控制的步骤及可用的工具和技术

步骤	可用的工具和技术
收集数据	调查表
识别异常的方法	统计分析、直方图、控制图、多边图
分析原因	头脑风暴法、专家判断法、因果图、排列图、调查表
相关分析与回归分析	因果图、散点图
工序控制	6δ、直方图、控制图、选控图、波动图
动态控制	控制图
合格控制	抽检、全检、合格证检查、抽样验收检查
质量决策	PDPC 法、决策树、对策表

三、项目质量控制的方法

项目质量控制的方法主要有以下几种。

1. 核检清单法

核检清单法主要是使用一份开列有用于检查项目各个流程、各项活动和各个活动步骤中所须核对和检查科目与任务清单，并对照这一清单，按照规定的核检时间和频率去检查项目的实施情况，并对照清单中给出的工作质量标准要求，确定项目质量是否失控，是否出现系统误差，是否需要采取措施，最终给出相关核查结果和相应的应对措施决策。

2. 质量检验法

这种方法是指那些测量、检验和测试等用于保证工作结果与质量要求相一致的质量控制方法。质量检验方法可在项目的任何阶段上使用，也可以在项目的各个方面上使用。对于项目工作和项目产出物的质量检验方法又可分为：自检、互检和专检三种不同的质量检验方法。对一个项目活动来说，在必须的检验及必要的检验文件未完成，并且项目阶段成果未取得认可、接收或批准之前，后续工作均不能进行。项目的质量检验方法要求每次检验结果应分别做记录，并由委任的合格人员进行评定，决定接受与否；因为项目是不可重复的一次性工作，如果不能按照这种检验方法去做，不但会造成各种责任纠纷，而且会出现由于项目的某个中间环节存在质量问题使整个项目成果报废。

3. 控制图法

此方法是主要用于开展项目质量控制的一种图示方法。控制图给出关于控制界限、实际结果、实施过程的图示描述。它可用来确认项目过程是否处于受控状态，图中上/下控制线表示变化的最终限度，当在连续的几个设定间隔内变化均指向同一方向时，就应分析和确认项目是否处于失控状态。当确认项目过程处于失控状态时，就必须采取纠偏措施，调整和改进项目过程，使项目过程回到受控状态。控制图法是建立在统计质量管理方法基础之上的，它利用有效数据建立控制界限，如果项目过程不受异常原因的影响，从项目运行中观察得到的数据将不会超出这一界限。见图 5-11。

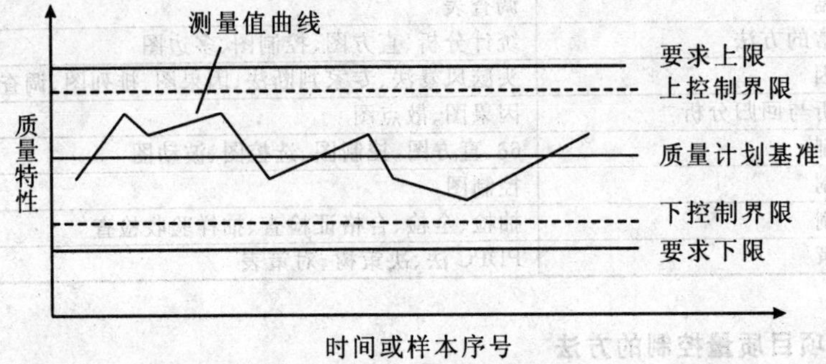

图 5-11　控制图示意图

4. 帕累托图法

帕累托图法是表明“关键的少数和次要的多数”的一种统计图表，它也是质量控制中经常使用的一种方法。它又叫排列图，是将有关质量问题的要素进行分类，从而找出“重要的少数”(A 类)，和“次要的多数”(C 类)，从而对这些要素采取 ABC 分类管理的方法。如图 5-12 所示。图中两条纵轴，左边的表示频数(n)，

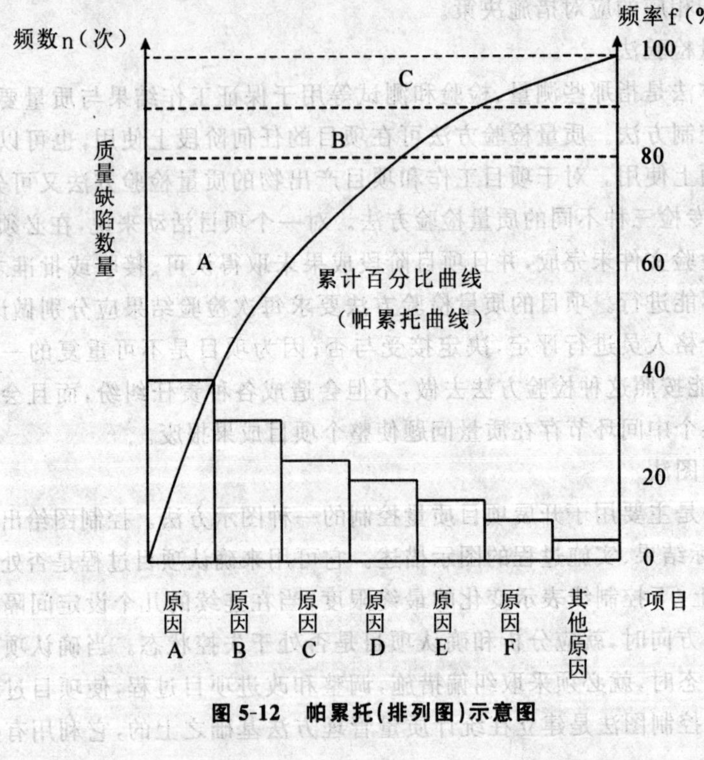

图 5-12　帕累托(排列图)示意图

右边的表示频率(f%),二者等高。图中横轴以等分宽度表示质量要素(或质量影响因素),需要标明序号和要素名。图中按质量要素等分宽度,沿纵轴画出表示各要素的频数和频率的矩形图。累计各矩形代表的频数和频率,得到排列图,并从中找出"重要的少数",划出ABC三类要素,以便对质量的ABC三类要素进行分类控制。

5.统计样本法

此种方法选择一定数量的样本进行检验,从而推断总体的质量情况,以获得质量信息和开展质量控制;这种方法适用于大批量生产的质量控制,因为样本比总体减少许多,所以可以减少质量控制的成本。虽然统计样本法在一般运营的质量管理中广泛使用,是质量控制最重要的方法之一。但是,在项目质量控制中使用得不多,由于项目的一次性特征,决定了项目必须一次成功,不允许失败。所以,对大型项目产品来说风险性较大,有一定的局限性,只有在某些项目零件的生产中使用这种方法。例如,一辆高速列车的实质是一个项目,高速列车所需的某些零件是大批量生产的,此时可以使用统计样本法。

6.流程图法

流程图法在项目质量管理中是一种非常有用和经常使用的质量控制方法,这是由于项目的过程性所决定的。这种方法主要用于在项目质量控制中,分析项目质量问题发生在项目流程的哪个环节,造成这些质量问题的原因和这些质量问题发展和形成的过程。

流程图是显示系统中各要素之间相互关系的图表。在项目质量管理中常用的流程图包括:系统或程序流程图,用于显示一个系统中各组成要素之间的相互关系。图5-13是设计复查程序流程图示例。

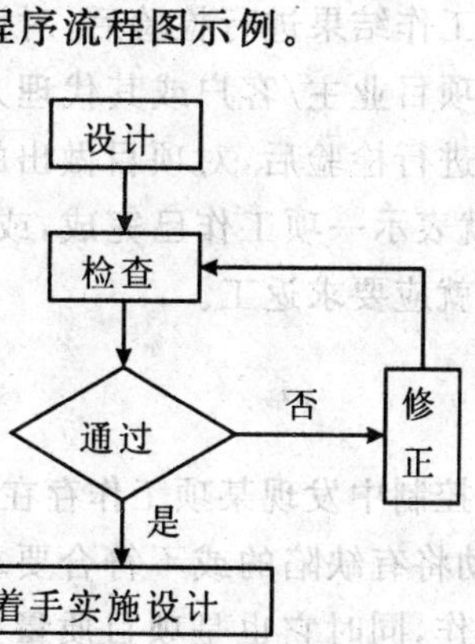

图5-13　设计复查程序流程图示例

流程图能够帮助项目小组预测可能发生哪些质量问题,在哪个环节发生,因而有助于使解决问题手段更为高明。

7.趋势分析法

趋势分析法是指使用各种预测分析技术来预测项目质量的未来发展趋势和结果的一种质量控制方法。这种质量控制方法所开展的预测都是基于项目前期的历史数据做出的。趋势分析法常用于项目质量的监控。这种方法的原理是统计分析和预测的方法,包括:回归分析、相关分析、趋势外推分析等一系列的统计分析预测方法。

第四节 项目质量控制的结果

项目质量控制的结果是项目质量控制和质量保障工作的综合结果,也是项目质量管理全部工作的综合结果,主要内容包括以下几方面。

一、项目质量的改进

项目质量的改进是指通过项目质量的管理与控制所带来的项目质量提高。一个好的、有效的质量控制系统,可以有效地提高项目的过程和可交付成果的质量。项目质量的改进是项目质量控制和项目质量保障工作共同作用的结果,是项目质量控制的最为重要的一项结果。

二、接受项目质量的决定

接受项目质量的决定包括两个方面:其一,是指项目质量控制人员根据项目质量标准对已完成的项目工作结果进行检验后,对该项工作结果所做出的接受和认可的决定;其二,是指项目业主/客户或其代理人根据项目总体质量标准对完成的整个项目工作结果进行检验后,对项目做出的接受和认可的决定。一旦做出了接受质量的决定,就表示一项工作已完成,或一个项目已经完成,如果做出不接受项目质量的决定就应要求返工。

三、返工

返工是指在项目质量控制中发现某项工作存在着质量问题并使其工作结果无法接受时,通过采取行动将有缺陷的或不符合要求的项目工作变得符合要求或符合质量要求的一项工作,同时它也是项目质量控制的一种结果。返工的原因有三个:一是质量计划考虑不周,二是质量保障不力,三是出现意外原因。返工所带来的不良后果也有三个:一是延误项目进度,二是增加项目成本,三是影响项目形象。有时重大返工或多次返工会导致项目成本突破预算及无法在批准的工期内完成项目。在项目质量管理中返工是最严重的质量问题。项目团队和组织应尽力避免返工。因为这是一种坏的质量控制结果,是一种质量失控的结果。

四、核检结束清单

核检结束清单是指记录了质量检验数据和结果的检查表,是项目质量控制工作的一种结果。当使用核检清单开展项目质量控制时,已完成核检的工作清单也是项目质量控制报告的一部分。这一项目质量控制的结果通常可以作为历史信息使用,以便下一步能够对项目的质量控制做出必要的调整和改进。

五、项目调整

项目调整是项目质量控制的一种阶段性和整体性的结果。它是根据项目质量控制中所出现的问题(一般是比较严重的,或事关全局性的项目质量问题),或者是根据项目各方提出的项目质量变动请求对整个项目的过程或活动立即采取的纠正和改变。在某些情况下,项目调整是不可避免的。例如,当发生了严重的质量问题,或重要的项目变更等情况,都会出现项目调整的结果。

本章小结

项目质量控制定义为:“监控特定的项目成果,以判定它们是否符合有关的质量标准,并识别消除引起不满意绩效的原因的方法。”质量控制应贯彻预防为主与检验把关相结合的原则。同时,为了保证每项质量活动的有效性,质量控制必须对干什么、为何干、怎样干、谁来干、何时干、何地干等给予明确规定,并对实际质量活动进行监控。

项目质量的形成包括一系列过程,它是由项目的决策质量、设计质量、施工质量、竣工验收质量等综合而成。只有有效地控制各阶段的质量,才能确保项目质量目标的最终实现。根据项目质量形成过程的阶段划分,可以看出项目的不同阶段对质量起着不同的作用,有着不同的影响,所以其质量控制的内容和重点要结合不同时期的特点进行。

项目质量控制的工具和技术的运用应是有选择性的。不同的工具和技术有不同的作用,因而用于项目质量控制过程中的不同阶段、不同步骤、不同的目的以及不同性质的数据等。所以,应有区别地予以适当选择和使用。项目质量控制的好坏最终反映为项目质量控制和质量保障工作的综合结果,也是项目质量管理全部工作的综合结果。

思考练习题

1. 简述项目质量控制的基本原理。
2. 简述项目质量形成的过程。
3. 项目质量控制的特点有哪些?
4. 项目质量控制的主要方法有哪些?
5. 简述排列图的原理和作用。
6. 简述控制图的原理和作用。
7. 项目质量控制 PDCA 循环的内容是什么? 要点有哪些?
8. 熟练掌握项目质量控制不同阶段的工具和方法使用。
9. 项目质量控制不同阶段的内容都有哪些?
10. 什么是工序质量控制? 内容是什么。
11. 影响质量的因素是什么? 如何进行有效的控制?

进一步阅读资料

1. 赵涛,潘欣鹏.项目质量管理.中国纺织出版社,2004
2. 王祖和.项目质量管理.机械工业出版社,2004
3. 顾勇新.施工项目质量控制.中国建筑工业出版社,2003

参考文献

1. 戚安邦主编.项目管理学.南开大学出版社,2003
2. Dennis Lock 著,李金海等译.项目管理(第八版).南开大学出版社,2005
3. 韩福荣.现代质量管理学.机械工业出版社,2004
4. Cray. C. F. 等著,黄涛等译.项目管理教程.人民邮电出版社,2003
5. 赵涛,潘欣鹏.项目质量管理.中国纺织出版社,2004
6. 顾勇新.施工项目质量控制.中国建筑工业出版社,2003
7. 卢向南.项目计划与控制.机械工业出版社,2004
8. 王祖和.项目质量管理.机械工业出版社,2004
9. 周桂荣,惠恩才.成功项目管理模式.中国经济出版社,2002

第六章 项目质量改进

6

本章导读

项目质量改进是项目组织群体和个人基于质量目标的要求，并贯穿于整个项目过程中的经常性的工作。本章主要涉及项目质量改进概述、项目质量改进的步骤与方法、项目质量改进的内容与成果。

第一节 项目质量改进概述

项目质量管理活动，按其对质量水平所起的作用不同可分为两类：一类是为保持现有质量水平使之稳定的活动，称之为质量“维持”，通常通过质量控制来实现；另一类是根据用户需求和组织经营的需要对现有的质量水平在维持的基础上，加以改进和提高，使项目质量满足顾客（包括内部顾客和外部顾客）要求的能力不断提高的活动，这类活动统称为质量改进。

一、项目质量改进的内涵

《ISO9000:2008 质量管理体系　基础和术语》给出了质量改进的定义：质量改进“是质量管理的一部分，致力于增强满足质量要求的能力”。“要求”是指“明示的、隐含的或必须履行的需求或期望”。“明示的”要求一般以书面形式确定或是顾客明确指出的，如：合同、规范、标准、技术、文件、图纸中明确规定的；而“隐含的”要求通常是组织、顾客、其他相关方的惯例和一般做法，包括习惯、常识或不言而喻的要求和期望；“必须履行的”是指法律、法规等所规定的。“要求”可以是多方面的，如功能性、有效性、经济性、可靠性等。就项目而言，用户对特定项目质量的要求同样是多方面的，并且要求项目组织满足质量要求的能力越高越好。为此，项目组织应随时理解与把握用户的要求，围绕着不断增强满足质量要求的能力开展质量管理工作。为了深入理解项目质量改进的内涵，需要从以下几个方面考虑。

1. 项目质量改进对象的广泛性

就项目实施过程而言，项目施工环境处于不断的变化之中，项目组织应不断地改进项目施工条件、优化项目施工方法、整合项目资源，包括采用施工新技术、新方法、新工艺、新材料、新设备改进、技术革新等，即对项目实施过程的改进；积极地强化项目质量管理过程，进一步明确项目质量目标，不断完善项目质量保证体系，建立健全各种质量管理制度、规范和要求，即对项目管理过程的改进；按照项目客户的要求，不断提高项目各阶段的可交付物的质量和最终项目产品的质量，即对产品本身的改进。所有这些都属于质量改进的对象，既包括项目施工过程的质量改进、管理过程的质量改进，也包括项目产品的质量改进。

2. 项目质量改进的持续性

项目质量改进是一种以追求更高质量目标的持续活动。它基于这样一种事实，无论任何一种施工方法、任何一个过程、任何一个流程、任何一种管理制度、任何一项产品等等，现存的状态都会这样或那样地存在着某种缺陷、某种遗憾、某种可以改进的地方，都会有更好的一个对应的过程、流程、制度、产品来代替它，关键在于项目组织如何发掘。项目质量改进的持续性是客观的。从另一个角度来看，项目的环境在变化、技术条件在变化、顾客的需求和期望在变化，这些也决定了支持和塑造项目质量的过程质量、工作质量必须随之变化和提高。顾客通过项目质量的持续改进可以获得满意的需求；项目组织通过项目质量持续改进而获得更高的竞争能力和生存与发展空间。

戴明博士提出的 PDCA 循环充分体现了质量持续改进的思想。PDCA 循环每转动一次，质量就提高一步，它是一个爬楼梯式的螺旋上升过程，如图 5-10 所示。每循环一次，解决一批问题，质量水平就会上升到一个新的高度，从而下一次循环就有了更新的内容和目标。这样不断解决质量问题，企业的工作质量、产品质量和管理水平就会不断得到提高。项目质量持续改进是扎扎实实的、循序渐进的。质量改进是以当下质量状态水平为基础，发现问题，解决问题，改进质量，上升到新的质量水平；对改进的成果应予以巩固，并使其稳定，改进才算成功，进一步改进才有新的必要的基础。项目质量改进不是一次性的活动，而是持续和循环的过程，这意味着质量改进是长期的、不间断的、一环接一环的活动过程，通过持续改进才会使顾客日益增长的要求和期望得到满足。

3. 项目质量改进的过程性

项目是一次性的渐进过程，从它的开始到结束可划分为若干个阶段，构成它的整个生命周期。这个过程包含将输入转化为输出的一个或多个活动。一个项目必须按照一系列规划好的、并互相关联的过程来实施。项目的所有工作都是通过过程完成的，由简单过程、复杂过程、过程网络组成。如：工序是一个简单的过程，按照工序的加工要求，该工序的输入是上道工序的输出，该工序的输出为下道工序的输入，该工序的加工（转化）需要相应的资源和活动（完好的加工条件、合理的工序能力、科学的检测手段等）；一个加工流程（施工线）是多道工序（多个施工环节）的集合，也同样是一个过程，同样是由将输入转化为输出的一组彼此相关的资源和活动组成；供方、分供方和顾客形成过程网络（供应链）；承包方、分包方和发包方形成项目施工联盟的过程网络。工序、过程、过程网络根据需要可以生成更大的过程网络，见图 6-1。任何一个过程都有输入和输出，输入

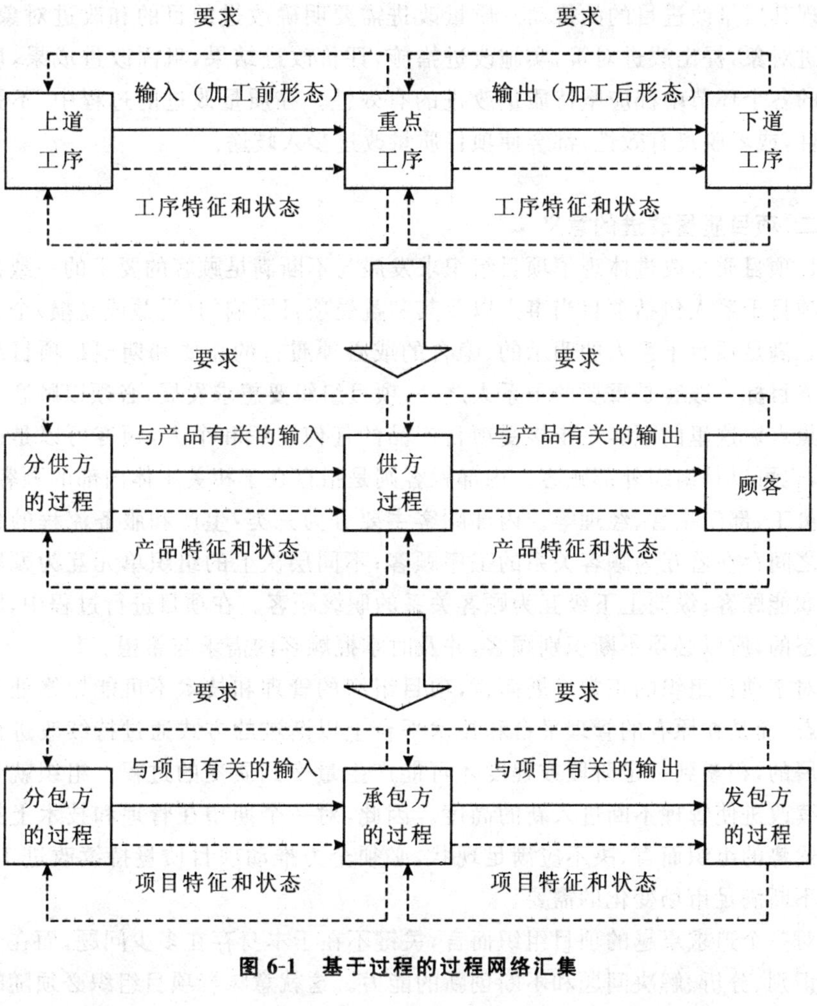

图 6-1 基于过程的过程网络汇集

是实施过程的基础和依据，输出是完成过程的结果，既可以是有形产品也可以是无形产品，也可以两者兼有。完成一个过程就是将输入转化为输出。过程本身是价值增值的转换，完成过程必须投入适当的资源和活动；同时，为了确保过程的质量，对输入过程的信息、要求和输出的产品以及在过程中的适当阶段应进行必要的检查、评审和验证。

4.项目质量改进的有效性

项目质量改进本身同样是一个过程，是按照改进的目的和要求将输入(改进的依据)转化为输出(改进结果)的一组彼此相关的资源和活动，衡量过程的有效性(效率)，可以用输出与输入的比值，即获取满意的质量改进结果与所使用的资源之间的关系。这里的活动是指通过采取具体的项目质量改进措施和改进手段来实现其质量改进目的的行动。质量改进需要明确改进的目的和改进对象，分析改进对象，提出改进对策，实施改进措施，评价改进结果，巩固改进成果，质量改进的各个环节中都应坚持质量改进的有效性。在质量改进的过程中，不强调有效性，或者脱离有效性，都会使项目质量改进步入歧途。

二、项目质量改进的意义

1.项目质量改进体现了项目组织求发展与不断满足顾客的要求的一致性

项目干系人包括项目当事人以及其利益受项目影响的(受益或受损)个人和组织。满足项目干系人的明示的、隐含的或必须履行的需要和期望是项目组织的最终目标。顾客是重要的干系人之一，项目组织要想求发展，必须以顾客为关注的焦点。这里的顾客是指接受项目产品的任何组织和个人，顾客可以是内部顾客，也可以是组织外部顾客。内部顾客则是指存在于相关主体内部的顾客，如基层员工、部门主管、经理等。内部顾客主要分为三类：生产和服务流程的各个环节之间存在着互为顾客关系的工序顾客；不同层次上的组织单元互为顾客关系的职能顾客；纵向上下级互为顾客关系的职级顾客。在项目进行过程中，顾客是动态的，所以必须不断识别顾客，并及时掌握顾客的需求与希望。

对于项目组织的正常发展而言，项目组织的管理和技术不可能始终处于突变状态，而是在原有的管理平台和技术平台上以渐进的方式通过持续改进而逐步发展的，积累到一定阶段或程度才可能产生量变到质变的过程。组织就是通过持续改进使管理不断进入新的高度。因此，对一个期望在管理和技术上持续保持优势的组织而言，决不应满足现状，必须全力推动项目质量持续改进工作，使之不断满足市场变化的需要。

对一个追求卓越的项目组织而言，关键不在于本身存在多少问题，而在于是否有识别、分析、解决问题和不断创新的能力。这就意味着项目组织必须随时寻找自身的弱点和弱项，采取措施、持续改进，一个组织无论存在什么问题，只要持续地实施改进，项目质量就会进一步提高。即使设定的改进只取得部分成功，也会使组织进一步增强。优秀的组织不会放过任何一个能促使组织进步的改进需求和机会，因为失去一次持续改进的机会，就会失去一次提高和完善组织管理的机会。成功的组织都是在管理上集中精力发现问题、解决问题并在原有改进的基础上不断寻求新的改进，通过日积月累，使组织发现问题、解决问题的能力逐渐提高，组织的管理就会不断进入新层次，从而实现项目组织的发展壮大与不断满足顾客要求的一致性。

2.项目质量的持续改进是项目组织竞争的客观要求

实施项目质量持续改进是现代企业竞争的客观要求。在市场竞争中始终保持良好竞争态势的企业，虽然在管理上具有不同的风格和特点，但都有一个共同之处，就是企业的管理者重视质量改进工作。在推进项目质量改进工作的实践中，他们既注重管理改进，使人的观念、认识和组织实施能力适应市场的需要，又注重技术进步和项目产品改进，使产品质量和相关服务能够持续地满足顾客的需要。质量持续改进使这些企业的管理进入一种良性循环，其产品和相关服务质量在市场上始终处于领先地位。这些企业的成功，关键就在于组织从上到下扎扎实实地关注创新和改进工作。在竞争日趋激烈的市场中，组织的管理和产品暂时处于领先地位是完全可能的，但如果企业不重视持续改进工作，其管理和产品就会停留在原有的水平上，企业与其竞争对手的差距可能会缩小，甚至被其对手超越，企业原有的优势很快就会失去。因此，一个企业要在市场竞争中取胜，就必须重视质量持续改进工作，通过不断的创新和改进，使企业的管理和技术始终处于领先地位。

在当前知识经济、信息经济和网络经济的冲击下，现代企业竞争已经发展成为一场纵深的全方位竞争，它不仅要求企业自身要积累更多的知识、技能和诀窍，以便逐步培养并增强快速学习和持续改进的意识和能力，而且也要求企业加深对竞争对手的了解，增强从其他企业寻找和获取技术的能力，从而不断完善产品投入、产出和业务流程，对市场变化做出快速的反应。因此，企业为增强竞争优势所实施的改进活动必须是持续的，而不是偶然的、间断的。自进入 20 世纪 90 年代以来，持续改进已经成为任何谋求发展的企业的永恒主题。与企业竞争环境的快速变化和竞争强度的日益加剧相适应，诸如再造工程、全面质量管理、5s 管理、6δ 管理、基于活动的成本管理、准时管理、员工授权、标杆管理、精益制造和经济价值分析等有关改进的革新性管理思潮风靡全球，并逐渐成为企业改进实践的主流。不过，每种模式都有其产生的背景和实用的环境，实施项目质量持续改进应结合项目组织自身的条件（项目特点、技术条件、职工素质等），提倡整合管理。所谓质量持续改进的整合管理,就是基于多数组织常常为应付快速变化的竞争环境和增强整体竞争实力而同时实施多个质量改进项目的现实,通过发掘所实施的各个改进项目之间的共性,在它们之间建立起一种相互补充、相互促进的强化关系,从而突破单一改进活动的局限和某些人为分割的束缚,充分发挥各项持续改进活动的优势与协同效应,最终确保项目组织持续改进的整体效果。

3.项目质量的持续改进是实现创新的有效手段

经济学家熊彼特首先提出"创新是一个过程"。可以说,创新是开发一种新事物的过程,创新是运用知识或相关信息创新和引进有用的新事物的过程。理想的项目质量改进即是一个满意的创新过程。创新包括四种形式:产品创新、技术创新、组织管理创新和制度创新。其中技术创新是手段,组织管理创新是基础,制度创新是保证。"创新"与"改进"这两个概念既有区别,又有联系。创新过程是在较高层次上进行的一个持续改进的过程,该过程可以分为若干个子过程或层次更低的子过程,这些子过程就是项目质量持续改进的过程,因此,它包含了质量改进;而质量的持续改进是在项目组织的产品、过程和管理的现有框架内进行的,是在特定的质量要求的平台上,以减少质量缺陷、降低成本和改进服务为主要目标的活动。质量的持续改进使项目质量得到不断的改善,当项目产品、过程和管理经过质量改进达到某一临界点时,就可能导致质量创新。可以说,"改进"是创新的前提,是创新的基础,是创新的有效手段,理想的质量持续改进应该能够促进创新的产生与生成。

三、项目质量持续改进的组织形式

项目质量改进是一项涉及整个项目组织乃至整个企业的系统工程。按照质量改进的范围和内容,建立相应的组织形式是完成项目质量改进的有力保障。在开展项目质量管理中可以采取多种形式的质量改进,质量管理小组活动是质量改进的一种主要组织形式,具有容量大、形式多样灵活、范围广、自主管理等优点。质量管理小组组建的形式有以下三种。

1.班组质量管理小组

班组质量管理小组主要是指按工作性质和劳动组织建立的、由班组成员自愿结合形成的小组。班组基层质量改进工作组织有以下主要工作内容:

(1)设立专人负责持续改进的组织工作;

(2)定期召开相关人员参加的"头脑风暴法"小组会议,寻求改进机会;

(3)协调改进过程;

(4)负责向组织申报质量改进成果;

(5)负责接受员工关于改进的意见和建议。

2.部门质量管理小组

部门质量管理小组是由本部门员工按工作性质、生产特点组织的小组。其目的是稳定和提高本部门的产品质量、工作质量和服务质量，实现本部门的质量方针和目标。部门质量管理小组的主要工作：

(1)及时识别本部门范围内的质量改进的机会；

(2)组织开展本部门内质量改进活动；

(3)进行项目质量改进的策划、组织、协调和监督；

(4)与其他各部门之间建立并保持联系；

(5)贯彻上一级项目质量改进的要求。

3.大型专题质量管理小组

大型专题质量管理小组是为完成涉及跨部门或全公司范围的较大型攻关课题而组织的小组，由跨部门、跨班组的有关人员参加，它一般以定期召开攻关例会的形式来组织活动。大型专题质量管理小组的主要工作有以下几点：

(1)明确质量改进的专题范围和内容；

(2)进行跨职能部门的或规模较大的质量改进项目的策划，并组织项目质量改进的实施；

(3)为持续改进提供必需的资源，包括进行技能培训；

(4)制订组织持续改进的计划，并组织实施；

(5)对各部门的质量改进进行监督、协调，并提供保障；

(6)对质量改进成果进行度量、评价和奖励；

(7)接受员工的合理化建议，并将其及时传达到相关部门，督促落实；

(8)定期对质量改进活动进行评审，以寻求改进的机会；

(9)负责全公司 QC 小组活动的总体安排。

第二节　项目质量改进的步骤与方法

项目质量持续改进应坚持全面质量管理的 PDCA 循环方法。PDCA 循环是项目持续改进的有效方法，也是一种科学的工作程序和管理方法。它将项目实施过程中的全部质量活动比喻为一个不停进行的、周而复始运行的轮子，非常直观、简明易懂，它可以促进项目质量的不断完善与提高。随着质量管理循环的不停进行，原有的问题解决了，新的问题又产生了，问题不断产生而又不断被解决；如此循环不止，每一次循环都把项目质量水平和质量管理水平推向一个新的高度。PDCA 循环的四个阶段和八个步骤以及所采用的方法或措施如表 6-1

所示。

表 6-1 PDCA 循环在项目质量改进中四个阶段和八个步骤及相应的方法或措施

阶段	步骤		方法或措施	说明
P	1	分析质量现状,明确质量改进问题	排列图	查找影响项目质量改进的主次因素
			直方图	显示质量分布状态,并与标准对比,判断是否正常
			控制图	观察控制质量特性值的分布状况,判断项目进展过程有无异常因素影响,并用于动态控制
	2	分析影响质量的原因	因果分析图 关联图	寻找某个质量问题的所有可能的原因,分析主要矛盾
	3	找出主要原因	相关图或排列图	观察分析质量数据之间的相关关系
	4	明确改进目标,制定改进方案	对策表	确定问题,制定对策,研究措施和落实有关部门、执行人员及实现时间
D	5	实施质量改进方案	下达实施改进方案措施	说服、教育、培训、激励
C	6	衡量改进结果,发现问题	成本/收益分析 过程测量水平 因果分析图、排列图、直方图、控制图	注重经济性、实用性、有效性、可靠性等
A	7	保持成果	修订规程、工作标准,提供规范的修订数据	标准化、文件化
	8	遗留问题转入下一循环,持续改进	反馈到下一循环的计划中	重新开始新的 PDCA 循环

一、项目质量持续改进的步骤

1. 分析质量现状明确质量改进的问题

识别和明确质量改进的质量问题是项目质量改进的第一个环节,而改进机会的识别则基于对质量现状的准确把握,包括:项目各个阶段的可交付物的质量特征,工程能力状况,工序能力状况,以及影响项目质量的人、机械设备、材料、方法、环境等因素的情况。为了准确地确认质量改进的问题,首先应对产品和服务的质量、过程质量、工作质量以及顾客的满意度等进行测量,进而明确其质量缺陷、质量损失;其次,将测量的结果与组织的目标或标准、同组织的最好水平、行业的先进水平以及顾客和社会的要求和期望进行对比,发现差距和不足;再次,考虑现存的差距和不足的程度,结合组织自身的项目工程能力和条件,确定需做改进的幅度和范围,进而为此确定质量改进的项目或活动。

确定质量改进项目或活动时，应在掌握充分依据或严格论证的基础上针对重要的质量问题来进行；对现有的多种质量问题，应依其重要程度排序，在组织现有能力的约束下，选择和安排质量改进的项目或活动，以期获得最佳的总体改进效果。

对已经明确的质量改进项目问题，应尽可能地用具体的、定量的形式来表述问题的背景和现状；确定具体改进目标，并将改进的目标进行分解，进而具体落实到个人、小组、工种或部门；同时制定改进日程表，并配置必要且充分的资源。另外，对质量改进项目或活动的范围、计划、资源配置和进展情况进行定期评审，确保质量改进能按部就班地进行。

2. 分析影响质量改进问题的可能原因

这一步骤的目的是通过数据的收集、确认和分析以提高对有待改进的过程的认识。导致质量问题产生的原因多种多样，应尽可能多地收集各种原因，丢掉任何一种原因都可能对项目质量改进造成一定的影响。同时，对各种原因进行关联分析和比较分析，可以发现其中的重要原因，重要原因的消除意味着重大或显著的质量改进。然而，对原因的确认和分析，必须以事实为依据，进行客观的调查，而不能凭假设做主观的肯定或否定。所以，为能调查出真实客观的原因，必须按照认真制订的计划去采集数据，做到“用数据说话”，同时注重数据的及时性、准确性、可靠性。发掘质量改进问题的原因可以运用因果分析图法，把原因分类分层（大原因、中原因、小原因等），直观地把各类大大小小的原因呈现出来。见图 6-2。

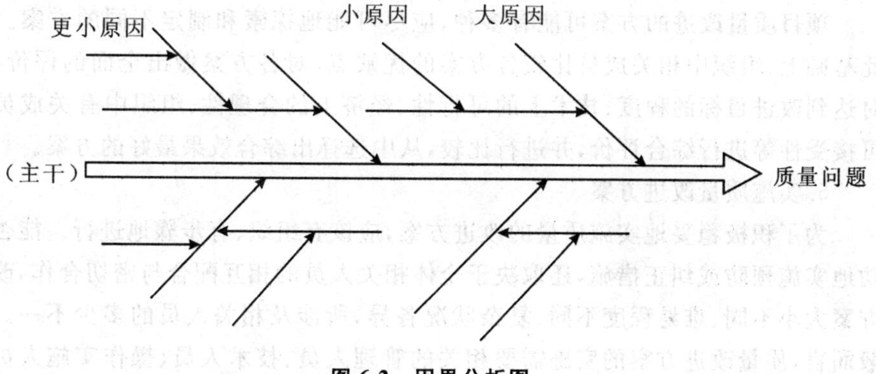

图 6-2　因果分析图

3. 明确质量改进问题的主要原因

从众多的原因中找出关键的、主要的原因是质量改进的关键。通过调查而确定的原因只是可能的原因，还不能肯定它们都是导致质量问题的关键原因，也还不能确定它们与质量问题的因果关系类型和相关程度。所以，必须通过对数据进行分析，以准确地掌握待改进过程的性质，从而确定这些可能的原因与质量问题之间是否存在着因果关系、是怎样的因果关系。只有确认了质量问题的真正原因，弄清了它们之间的因果关系，才能通过采取针对性措施，消除这些原因，从而改进过程。然而，在实际中，忽视因果关系的巧合很多，因此，对那些所确定的似乎与数据保持高度一致性的因果关系，需要根据经认真制订的计划所采集的数据加以验证和确认。验证是必要的，尤其是对那些假设的因果关系，必须对其一一验证；经验证后，那些被证明是正确的因果关系即是真实的因果关系。验证的方法主要有：统计验证、过程（工艺）验证、试验验证等。应根据具体条件、关系性质等予以选用。

4.明确改进目标，制定改进方案

在明确影响质量改进问题的主要原因之后，应针对相应的原因制定可行的改进方案。改进方案可分为两大类，一类是独立的改进方案，另一类是综合的改进方案。独立的改进方案局限于某个具体的过程或活动范围内，而对于其他的过程或活动无要求或无影响，如某种设备的改进、某个工装的变化、某个测量仪器的变更等。综合的改进方案涉及质量形成过程中的多个阶段和多种过程或活动，某个具体过程或活动的改进，会要求其他过程或活动做出相应的改进，因为它们之间相互影响、相互作用。真正的改进取决于有关过程或活动的综合改进。这一类的改进方案在组织中是经常需要实施的，如产品或服务的设计改进、目标和标准的变化、质量改进信息系统的变动、采用新的原材料等，都会程度不同地影响到其他过程或活动。

项目质量改进的方案可能有多种，应尽可能地探索和制定不同的方案。在此基础上，组织中相关成员比较各方案的优缺点，对各方案做出全面的评价，如对达到改进目标的程度、技术上的可行性、经济上的合理性、组织中有关成员的可接受性等进行综合评价，并进行比较，从中选择出综合效果最好的方案。

5.实施质量改进方案

为了积极稳妥地实施质量的改进方案，应该有组织、有步骤地进行。能否成功地实施预防或纠正措施，还取决于全体相关人员的相互配合与密切合作，改进方案大小不同、难易程度不同、复杂状况各异，所涉及相关人员的多少不一。一般而言，质量改进方案的实施需要相关的管理人员、技术人员、操作实施人员共同承担和进行。改进或变革意味着对过去某些习惯做法的改变，甚至会影响到利益的再分配，而这必然会引起某些既得利益者的反对。这样的反对和抵制就是改进的阻力。要使改进的措施得以有效实施并取得成功，就必须首先克服这些各种各样、程度不同的阻力；而克服这些阻力的最好方法，就是取得全体相关人员的合作，具体办法有：强化对质量改进意义的认识，用适当的、具体的、定量的语言表述改进可得到的益处，动员、吸收有关人员参与改进方案的制定，尊重并听取有关人员的合理意见，认真周到地创造改进所需的条件，耐心细致地做好培训和指导工作等。

6.确认质量改进方案的结果

实施质量改进方案之后，必须收集适当的数据并加以分析，以确认质量改进取得的结果。这种确认改进结果的过程，实际是质量改进方案的验证过程，以证明所采用的质量改进方案是否达到了方案实施的预期。如果是，则说明改进是成功的，可继续维持下去；如果不是，则说明改进还未成功，有待于进一步地改进。

验证质量改进方案所收集数据的环境应与以前为调查和确定因果关系而收集数据的环境相同。因为一定的质量问题的原因及其因果关系存在于一定的环境之中，环境发生了变化，将会引起同一质量问题的原因以及因果关系的性质发生变化。所以，必须控制实施改进方案的环境或条件，即在对某个原因实施改进的同时，保持其他因素或条件与以前调查和确定因果关系时的完全一样。这样，才能准确地判明改进的结果是否是因某原因的消除或改变而产生的、某原因的消除或改变是否真的产生了预期的改进效果、实施改进方案前后的结果的差别程度。

实施改进方案后，除了可能产生的预期结果外，还可能伴随产生其他的结果。其中有些结果可能是好的，有些可能是不好的，无论这些结果是希望的还是不希望的，都需要对其进行调查分析。好的结果要予以确认、保持。不好的结果要进行慎重地分析，如通过实施其他措施能够予以消除或减少，应及时采取相应的补救措施；如果是严重不利的结果而又无法予以消除或减少，则需将对实施改进方案前后的多种结果进行综合分析和评价，以决定是否继续已经实施的改进方案。如果质量改进方案实施之后，原有的质量问题未能有效地解决或不希望的结果仍然继续发生，且发生的频次或程度仍与以前相当，则需要重新确立质量改进问题，重复以上其他步骤。

7.保持质量改进成果

质量改进结果经确认后，需保持下去、巩固下来，本次的质量改进才算取得成功；否则，将功亏一篑，全部的努力和心血将付诸东流。所以，保持质量改进结果是非常必要的。为保持或巩固质量改进的成果，首先，应对改进过程的经验、教训进行总结，把改进的成果纳入标准、规范和程序之中；并对过去的规范、作业、管理程序及方法进行相应的更改，积极组织贯彻；对组织中的有关成员进行必要的教育和培训，以确保这些更改成为所有相关人员工作内容的一部分。另外，还应为有关成员按新的标准、规范和工作程序进行工作提供必要的工作条件，如准备合乎新要求的场地、设备、检测工具以及环境条件等。

其次，对改进后的过程应在新的水平上加以控制，使其稳定在新的水平状态上。通过采用各种统计分析工具和控制方法，对过程的现状不断进行测量和检查，及时发现异常情况，分析原因，采取必要的预防或纠正措施，避免或减少异常情况的再发生，减少过程输出结果的离差，使过程经常保持在更加稳定的状态上。

8. 发现新问题，进入质量持续改进的下一循环

在实施质量改进方案取得预期成果的基础上，进行新一轮质量改进问题的发掘。由于顾客和社会的新要求和期望的不断涌现，过去由于资源或能力有限而未能实施质量改进的缺憾，以及质量改进方案实施过程中诱发的新问题等，都为进行新一轮的质量改进提供了契机。

改进不能总是或长期地停留在过去的水平上。应为各项改进项目或活动安排好优先次序，为每一质量改进项目或活动分配好时间期限。有计划地、有步骤地推出和实施质量改进的项目或活动。

组织的质量改进按上述一系列的步骤向前不断推进，最终能使组织中的各种过程或活动达到和保持新的、更高的水平。但是，按上述步骤实施质量改进的关键却是组织全体成员的参与，没有全员的参与，任何质量改进都不可能持续而成功地进行。组织的管理者应充分地动员和管理好其所有成员，使他们都能自觉地、有组织地和持续地实施质量改进，使具有不同复杂程度的质量改进项目或活动成为每个成员自身工作的一项内容，而不是额外的负担；将质量改进项目或活动按其规模的大小分配到部门、小组和个人。总之，质量改进要求全员参与，也只有全员参与才会使质量改进活动蓬勃发展，取得坚实的成果。

二、项目质量改进的工具与方法

项目质量管理工具和方法，是指在 PDCA 循环这种有效方法和科学工作程序的指导下，在具体的各个步骤中所采用的具体的质量监测办法、数理统计方法、图表、分析工具等。有关质量改进阶段所需要的工具见表 6-2。

表 6-2 质量改进阶段所需要的工具一览表

阶段	步骤	流程图	直方图	因果图	控制图	排列图	散布图	趋势图	树型图	多层图	关联图	核检表	头脑风暴法	成本/效益	5W1H	调查表	矩阵图
P	找出问题		△	△	△			△		△			△		△	△	△
	分析原因			△		△	△		△	△	△		△		△	△	△
	确定主因			△		△	△				△	△					
	制定方案	△							△				△	△	△		△
D	执行方案				△												
C	核实效果		△		△	△		△		△		△		△		△	
A	完善标准	△							△			△					
	找新问题		△		△	△		△					△				

第三节 项目质量改进的对象和内容

一、项目质量改进对象的来源

由于项目实施环境处于不断的变化之中，因此，项目组织应不断地改进项目施工条件、优化项目施工方法、整合项目资源，包括采用施工新技术、新方法、新工艺、新材料、新设备以及技术革新等，即对项目实施过程的改进；积极地强化项目质量管理过程，进一步明确项目质量目标，不断完善项目质量保证体系，建立健全各种质量管理制度、规范和要求，即对项目管理过程的改进；按照项目客户的要求，不断提高项目各阶段可交付物的质量和最终项目产品的质量，即对产品本身的改进。所有这些都可以属于质量改进的对象。换句话说，项目质量持续改进的对象主要来自三个方面：对项目产品本身的改进，对项目实施过程的改进，对管理过程的改进。

一般来说，项目的实施是分阶段进行的，即按项目的生命周期按部就班地实施项目计划。项目作为一种创造独特产品与服务的一次性活动是有始有终的，项目从始到终的整个过程构成了一个项目的生命周期[①]。它是指一个项目从提出项目提案开始，经过立项和项目决策，然后到项目计划与设计，进一步到开展

① Project Management Institute, "A Guide To The Project Management Body Of Knowledge (PMBOK)", PMI, 1996

项目开发与实施，最终到项目完工和交付使用，这样一个被划分成一系列阶段的完整周期过程。虽然由于每个项目其实质内容和所属专业领域的不同以及所处社会经济、技术和政治环境等不同会使得不同项目的生命周期的内容有很大的不同，但从抽象的角度出发项目都必须经历一个由诞生到结束的发展过程，即每个项目都有自己的生命周期。不同的阶段有不同的阶段产出物，不同阶段对其实施过程有不同的要求。所以说，项目质量改进的对象应结合各个阶段项目产出物的特点和要求，结合各个阶段实施过程的关键环节、过程联系、过程内容，结合各个阶段的管理要求，考虑轻重缓急、先易后难、改进有效的原则进行选择改进对象。以工程建设项目为例，按其项目的生命周期阶段给出了该类项目的四阶段模型和各个阶段的任务及其里程碑和项目阶段产出物的描述。见图 6-3。

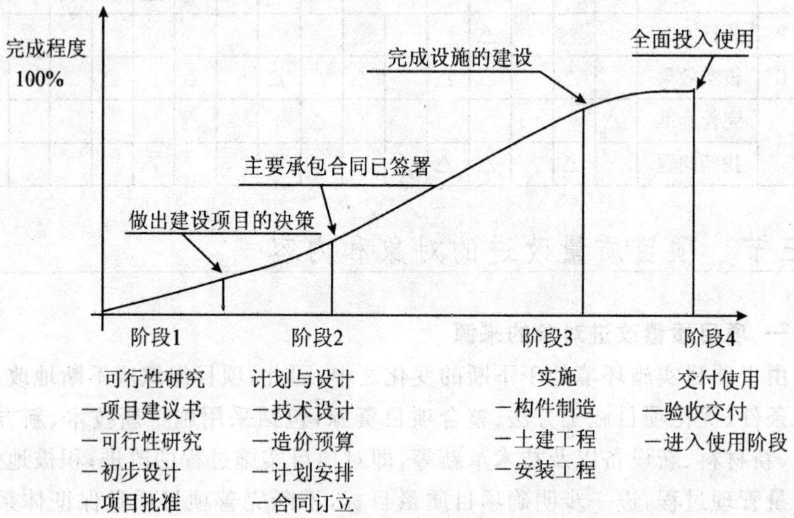

图 6-3 工程建设项目生命周期示意图

在选择确定项目质量改进对象时，应注意以下几个方面的问题。

(1)应注重提高顾客满意度和过程效果的结合。这是项目质量改进的宗旨或总的目的，质量改进的对象目标应指向并能充分体现这个宗旨。应重实效，能实质性地保证或促进实现项目质量改进的宗旨，而不能是虚设的、不实际的，更不能违背这个宗旨。

(2)质量改进的目标对象应与项目组织的总经营目标相统一。项目质量改进是项目质量管理的一个组成部分，项目质量管理又是整个项目组织管理的职能之一，所以，项目质量改进活动只是项目组织中各种活动中的一种，它与其他活动是相互作用、相互影响的。所以，项目质量改进的目标必须服从服务于项目组织的总体经营目标，应在总体经营目标的要求下，遵循与其他活动的目标相统一的原则来确定，只有这样才能保证项目组织总经营目标的实现。

(3)质量改进目标的对象应是具体的、可度量的。空泛的目标对象不能产生明确而有效的指导作用；不可度量的目标对象难以用来表明或评价具体行动结果的强度或程度，从而降低对具体行动的指导作用。所以，目标对象应尽可能量化，以便能对目标实施的过程和活动的结果进行适当的测量和比较。

(4)质量改进的目标对象应富有挑战性和实施的可行性。富有挑战性的目标对象可能增加项目质量改进的水平和程度，为顾客和组织增添更多的利益；还可能对活动的参与者产生更大的激励作用，增强他们的个人成就感和工作的积极性。但过高的目标，由于实际可行性小，有可能带来相反的结果；而过低的目标，可能作用不大或很小，甚至产生相反的不利作用。

(5)目标对象应明确易懂，为相应的成员所理解并取得共识。明确易懂的目标对象才能为成员正确地理解，进而把握住目标对象的实质性内容。项目组织中的成员带着各自的不同目标和多重目标在项目组织中工作，只有当他们对项目组织质量改进的目标达成共识时，才能使其各自的行动和个人目标在项目组织的共同目标下统一协调起来，产生一致性的行为。

(6)应对质量改进的目标对象进行定期评审。改进的目标对象反映了顾客和项目组织的一定需要和期望，当需要和期望发生变化时，目标对象也应随之做出相应的改变。为此，应根据新的需要和期望，定期对以前制定的目标对象进行评价和审核，检查其是否能继续反映新的要求；如果不能，则必须对原来的目标对象进行修改或重新确定，以使其反映不断变化的期望。

二、项目质量改进的内容

项目进展的过程中，不同的阶段有不同的质量改进的要求。但是不管项目处于何种阶段、有何种要求，项目质量改进的内容主要包括三个方面，即：项目质量改进的策划，项目质量改进的保证，项目质量改进的控制。

1.项目质量改进的策划

1)中长期质量改进的策划

项目组织在制定质量方针和质量目标时，就应进行中长期质量改进目标的策划。质量改进目标应当成为质量目标的重要组成部分。中长期质量改进目标的策划应当根据项目组织的质量方针和质量目标的规定来进行。为了增加改进的机会，还可以吸收顾客代表和供方代表参与策划，必要时也可以邀请专家参与策划。策划时应当充分考虑以下因素：

(1) 顾客和其他项目干系人的需求和期望；

(2) 项目组织从事的领域所依托的科技发展的影响；

(3) 项目组织自身能力和条件；

(4) 竞争对手的技术条件、质量状况、市场份额；

(5) 项目组织的优势如何，持续改进的机会怎样；

(6) 项目组织所拥有的资源状况。

经过项目质量策划，形成中长期的质量改进计划。该计划应当包括质量改进所应达到的目标以及主要措施。中长期的质量改进目标可以包括以下内容：

(1) 项目产品质量应当达到的水平。包括项目产品的功能性指标、可靠性指标、安全性指标、适应性指标、经济性指标、时间性指标等。

(2) 项目过程质量、工作质量水平的提高。反映在项目质量缺陷的减少、质量损失的下降等。

(3) 项目组织管理水平的提高，特别是质量管理水平的提高。如：质量管理意识的加强，质量管理制度的完善，质量管理方法、手段的普遍应用，质量效果的明显提高。

中长期的质量改进也可能涉及一些具体的项目，例如技术改造项目、节能降耗项目、环境保护项目、新产品开发项目等。必要时，也可以将这些具体的质量改进项目列入计划之中，以保证所需要的各种资源的配置。

2)按年度质量改进的策划

项目组织按年度进行质量改进的策划，并形成年度质量改进计划。年度质量改进计划可以单独成立，也可以作为年度质量计划的组成部分。其中的主要目标和重要目标，还可以列入年度的质量目标之中。年度质量改进的策划与中长期质量改进目标策划一样，应由组织负责改进的机构负责。最高管理者不但应当参与，而且应当给予指导和协调，必要时还可以亲自主持。

与中长期质量改进目标相比，年度质量改进计划更具有可操作性，因而策划时要注意：

(1) 将中长期质量改进计划进一步具体化、细分化；

(2) 结合年度项目实施的关键质量问题确定改进的具体对象；

(3) 可以将基层重大的质量改进项目纳入组织年度质量改进计划之中；

(4) 每一项目都要有具体的负责部门或人员，并要明确完成时间；

(5) 明确检查考核的要求。

2.项目质量改进的保证

为了有效地落实项目质量改进策划的内容，项目组织必须提供相应的保证条件，主要包括领导者在质量改进中的保障作用、组织机构的保证、和谐的组织环境。

1)领导者在质量改进中的保障作用

在GB/T19000－ISO9000族质量管理标准中，明确规定了包括最高管理者在内的组织领导在质量持续改进中的职责。这也充分说明领导者在质量改进中的保障作用，如果没有他们的支持、努力，以及履行自己应该履行的职责，质量改进将一事无成。无论是项目承包方、还是供应方，其最高管理者对质量的持续改进都应该认识到这一点。作为项目组织领导者，在质量的持续改进中应做到以下几点。

(1)明确质量持续改进的目的和目标。按照质量方针的要求，项目组织制定相应的质量目标，并按照管理的层级把质量目标进行分解展开。展开的目标既体现了各级领导的职责，同时做到在项目进展过程中，不断地修正目标，使得项目产品质量和项目过程质量得到不断的提高。

(2)诠释和下达质量持续改进的目的和目标。项目组织的领导者和管理者应通过各种形式向所有项目参与者解释质量改进目标的由来，以及它的科学性、现实性和有效性，传达持续改进的目的和目标，并不断地将持续改进的目的和目标具体化，作为任务下达到有关部门直至相关人员。为了保证项目质量改进的有效实施，就需要所有参与实施和与实施有关的人员了解和理解。组织的各级领导向全体员工传达组织的质量改进目标，明白无误地要求全体员工参与到质量持续改进中来。这种传达，对相当一部分员工来说，很可能是以下达任务的形式进行的。必要时，组织可以将某一项质量改进作为任务，下达到有关部门直至相关的员工。

(3)领导以身作则，持续改进自己的工作过程。质量的持续改进涉及项目的每个参与者，任何人的工作都存在可以改进的方面。而作为项目的领导者和管理者，更应该对自己的工作不断加以改进；如果把质量持续改进只当作员工的事，只要求员工进行改进，这样的领导就难以起到表率作用，而且可能因此而产生极大的负面效应。项目组织的领导持续地改进自己的工作过程并不断向员工进行宣传，不仅可以推动持续改进，而且可以极大地提高自己的威信。

(4)构建沟通畅通、合作密切、发挥自我的环境。在项目质量持续改进过程中，发挥每一个人的作用是至关重要的，这也是体现全面质量管理的全员参与的思想。质量持续改进与一般组织生产不同，如果组织成员都采取消极态度，只等领导来下指令，那将一事无成。只有员工充分发挥自己的主观能动性，不断地评价和改进自己所从事的本职工作，质量持续改进才能真正开展起来。

作为项目的管理者，一方面，要求所有人员都要严格执行标准、规程和计划；另一方面，又应给予员工不断改进自己的工作过程的权力。这就需要创造一种发挥自我的环境。但应该注意到，在项目实施过程中，每个人都不是独立存在的，任何一项改进都可能涉及众多方面、众多人员、众多因素，这就需要有一种良好的沟通、合作的环境。无论是沟通、合作还是发挥自我的环境,都需要相关组织的领导者和管理者加以培育。

(5)为质量持续改进提供必要的资源。质量改进作为一个过程,必须有输入,输入就是资源。项目质量的持续改进需要人力、设备、材料、场地、资金等资源。所需资源的种类、数量、时间等均应在质量改进策划或质量改进计划中体现出来,并按计划及时提供,以保证质量改进活动顺利进行。

(6)对质量持续改进的状态和结果进行测量、评定和激励。质量改进活动往往是一种创造性的活动,因而很可能遇到困难、挫折和失败。领导者应当对此有充分的认识,决不能在员工遇到困难、挫折和失败的时候泼冷水、说风凉话,更不能因此而下令停止改进。相反,应当对员工进行鼓励,帮助他们寻找解决办法,以渡过难关。质量改进取得成果后,要及时进行测量、评定和奖励。

(7)巩固质量改进成果,不断发现新问题。质量持续改进是一个周而复始的过程,每次改进的成果都应该作为项目下一步改进的基准。作为领导者或管理者应及时将质量改进的成果纳入有关标准、制度或规程之中,以巩固改进成果。并在新标准、新规程的实施过程中发现新的问题,寻找质量持续改进的突破口。这样循环往复、不断改进,从而不断提高项目的质量水平。

上述七条,概括了在项目质量持续改进过程中,作为项目组织的领导者和管理者所应承担的责任和所起的作用,这些贯穿于整个项目的实施过程中,是一个完整的系统,是一个循环往复的过程。如图 6-4 所示。

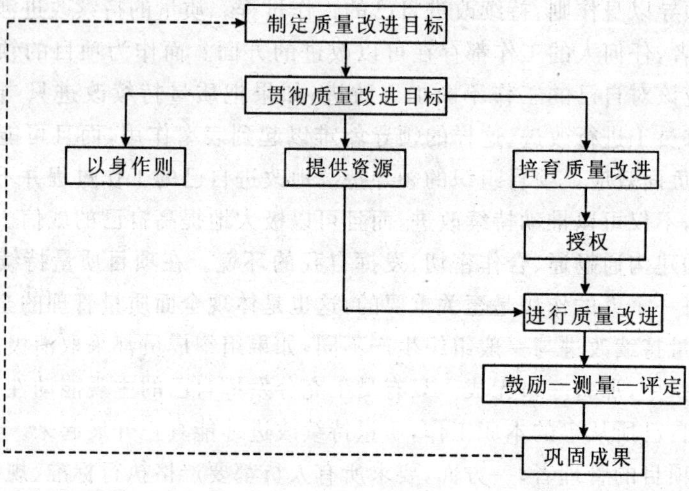

图 6-4　领导在质量持续改进中的作用和程序

2)构建有效的质量改进组织机构

质量改进组织机构是项目质量改进目标的保证。项目组织的质量改进机构形式取决于公司的规模、公司的组织类型、公司所从事的项目特点，以及人员素质等。根据项目组织情况，可以采用下列方法之一来确定质量改进的管理机构。

(1)纵向分层次的质量改进组织

纵向分层次进行的质量改进组织，按照不同层次和权限分配质量持续改进的目标和任务，目标按纵向层层分解。一般来说，在制造业项目组织中，质量改进的组织机构大多是由这种纵向分层次进行的。公司有公司的改进目标和任务，部门有部门的任务，班组有班组的任务，个人有个人的任务。不能因为个人任务小就忽视个人任务，也不能因为有了上一层次的质量改进任务就不进行下一层次的改进了。只有广泛开展各个层面的质量改进，才能保证组织质量改进的持续进行。这种类型的组织结构属于纵向直线职能型组织，适合于连续的成批生产性的企业，但并不适用要求相互协作的项目管理组织。见图 6-5。

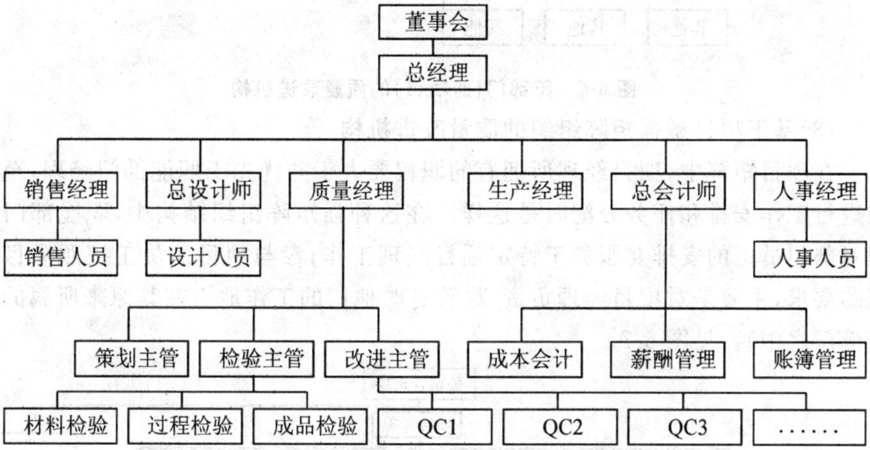

图 6-5　明确质量改进机构的制造公司组织结构图

(2)跨部门横向质量改进组织机构

大型多项目组织在进行项目改进时，往往采用该种组织形式。由项目改进办公室牵头跨部门横向协调各部门的质量改进目标和工作，形成扁平组织。见图 6-6。图中所示的公司同时承接了几个项目(A、B、C、D)，所有的项目都是需要耗费公司的资源和设施的。这里每个项目都是由一名单独的项目经理来负责的，不同的公司项目经理和职能部门经理所应赋予的权力不同。

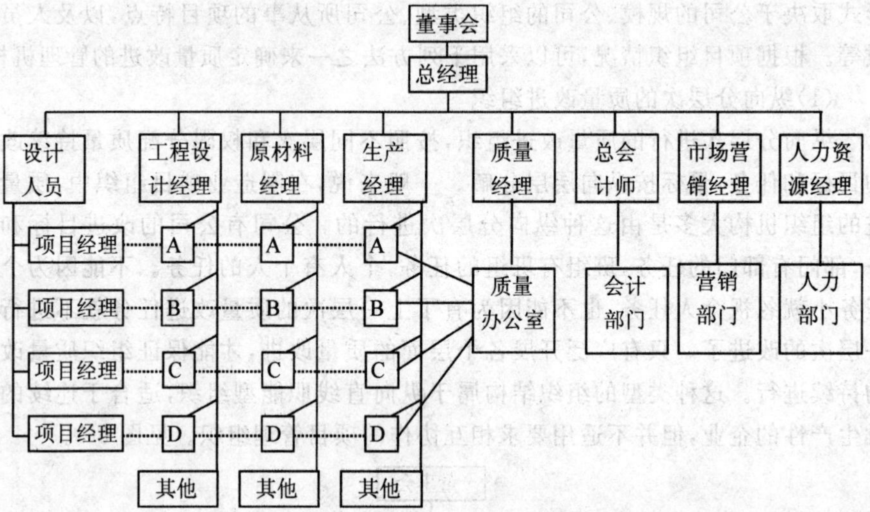

图 6-6　跨部门(跨项目)的质量改进机构

(3)基于项目型强矩阵组织的质量改进机构

在项目矩阵中,项目经理所拥有的职权要大于并优先于职能部门经理,至少在进行工作安排和任务分配时是这样。在这种强矩阵组织结构中,职能部门经理对部门员工的安排要服务于特定项目经理工作;参与项目的员工按照项目经理的要求,主要是对项目经理负责(尽管有时他们的工作地点在其原来所属的职能部门之中)。见图 6-7。

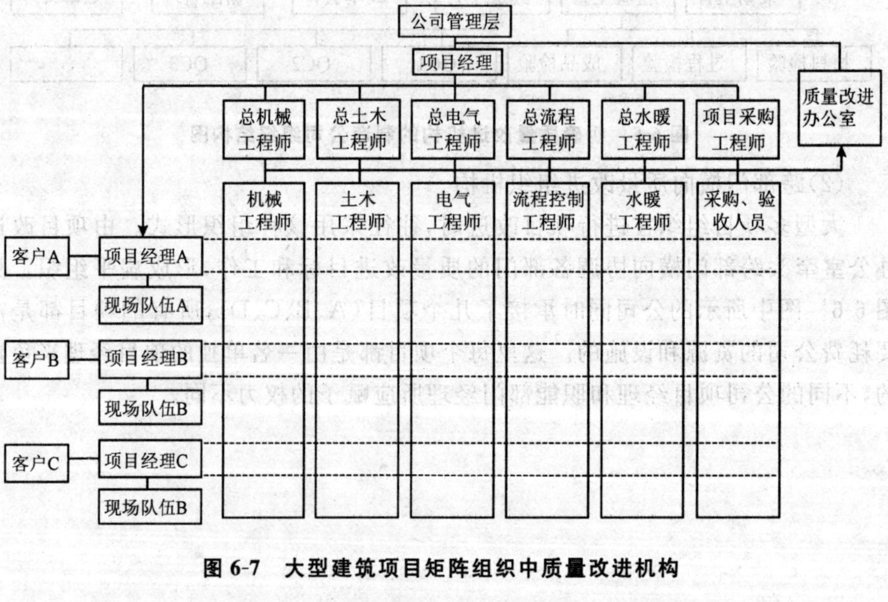

图 6-7　大型建筑项目矩阵组织中质量改进机构

图 6-7 中所展示的是同时承揽几个项目的矩阵组织结构图，对于部门群体中工作的人员是双重领导，同时听命于项目经理和部门经理的调遣。质量改进办公室作为跨部门跨项目的协调组织。

质量改进组织机构的选择形式取决于公司的规模、公司的组织形式、公司所从事的项目特点和业务内容。不同的质量组织机构的形式所负责的质量改进的内容有所不同和所承担的质量改进责任也有所区别。概括起来，质量持续改进的管理机构主要职责有：

(1)明确持续改进的方针、主要目标和总的指导思想；

(2)进行跨职能部门的或规模较大的质量改进项目的策划，并组织项目的实施；

(3)为质量持续改进提供必需的资源，包括进行质量改进培训；

(4)制订项目组织的质量持续改进计划，并组织实施；

(5)对各部门的质量改进进行监督、协调，并提供保障；

(6)对质量改进绩效进行衡量、评价和奖励；

(7)负责 QC 小组活动的指导；

(8)接受员工的改进意见和建议，并将其及时传达到相关部门，督促落实；

(9)定期对质量改进活动进行评审，以寻求改进的机会。

3) 营造质量改进的组织内部环境

营造持续改进的内部环境需要做到以下几点。

(1) 创建与各相关方共享共赢的理念和机制。一个项目涉及多方组织，一个组织能否获得成功，取决于能否使该组织的所有相关方都获益。因此，组织在对项目质量管理过程的策划、实施和改进中，都应始终考虑到顾客和其他相关方的需求和期望，要创建能主动并及时地识别、理解并满足相关方的需求和期望的理念和机制。

(2)各级管理者(当然也包括最高管理者)应通过以身作则、持之以恒和配置资源，为创造质量改进环境履行必要的领导职责并承担义务。所谓以身作则，就是自己也要积极参与到质量改进之中，包括持续地改进自己的工作过程。所谓持之以恒，就是对质量持续改进持之以恒地支持和领导，并培育一种广泛交流、相互合作的环境。所谓配置资源，就是为质量持续改进提供相应的培训，配备相应的人员、资金和物质条件等。

(3) 树立并培养以有效和高效方式做事的观念和习惯。在进行项目质量管理和控制过程中，开展的每项活动和工作都应考虑到有效性和效率问题。既要确保其符合策划的要求，又要节约资源的投入，坚持“做正确的事和正确地做事”的原则，养成“第一次就将事情做对和每一次都将事情做对”的习惯，以确保用有效和高效的方式管理和改进项目进展过程。

质量持续改进所必需的价值观、态度和行为包括：

①重视满足内部和外部顾客的需要；

②使质量改进贯穿于从供方到顾客的整个供应链；

③建立畅通有效的数据和信息的交流渠道；

④无论是集体活动还是个人活动，始终强调质量改进是每个人工作的一部分；

⑤促进合作和尊重个人；

⑥不断寻求质量改进机会，而不是等待出现问题再去改进。

(4)培育交流、合作和相互之间的信任。项目的大型化、复杂性客观上要求组织与组织之间、组织内部之间的密切合作、相互信任才能完成。部门与部门之间、个人与个人之间、个人与组织之间能否广泛地交流与合作，往往影响过程的效果和效率，更会影响质量的持续改进。在质量改进中，更需要相关的部门、人员交流与合作，否则就会使改进障碍重重。一般来说，质量改进是对现行的程序、方法等进行改变，有时“牵一发而动全身”。只要有一个部门或人员从中作梗，就可能使这种改变难以进行。因此，在交流与合作中还需要相互之间的信任。如果要求每个员工都参与识别和寻求改进的机会，则信任更是必须的；否则，组织就会因互不信任而混乱不堪，迫使所有的改进活动中止而失败。

(5)进行必要的质量观念教育和质量技能培训。质量改进需要相应的方法、工具和技术，具体的质量改进项目可能还需要相应的技术知识和管理知识以及经验，这就有必要进行教育和培训。对任何人来说，继续教育和培训都是必要的。教育和培训要和实践需要相一致，脱离应用的培训是不会奏效的。组织在培训中应对此加以研究，整合培训内容、改进培训方法，以使员工真正获得所需的意识和知识。

(6)不断发现新的质量问题，追求更高的质量改进目标。质量改进是持续不断的，不能中止，也没有终点。为此，就要不断设置新的更高的目标，以吸引全组织所有部门和人员去追求。只有这样，持续改进才能“持续”。项目组织的质量目标应形成一定的质量目标管理结构，即质量改进的中长期目标、年度目标、季度目标和个人目标等。一个目标完成了，还应给自己提出新的更高的目标，使改进项目在新一轮 PDCA 循环中上升。这样，才可能摆脱环境因素中的自满、骄傲和惰性，使其保持生机和活力。

3.项目质量改进的控制

质量改进计划提出了组织在质量改进方面所追求的目标。项目组织提供了完成这些目标的结构、人员配备和责任。项目质量改进控制就是根据拟订的质量改进计划对实现质量改进目标的进展情况进行确定或衡量的过程。质量改进策划(计划)和质量改进控制是密不可分的,任何没有计划的控制企图都是没有意义的;因为人们无法知道他们的目标是什么,只有计划才为有效的控制提供了标准。一般的控制过程分为监控度量阶段、检查对比阶段、纠偏阶段和实施改进方案阶段。质量改进的控制过程见图 6-8。

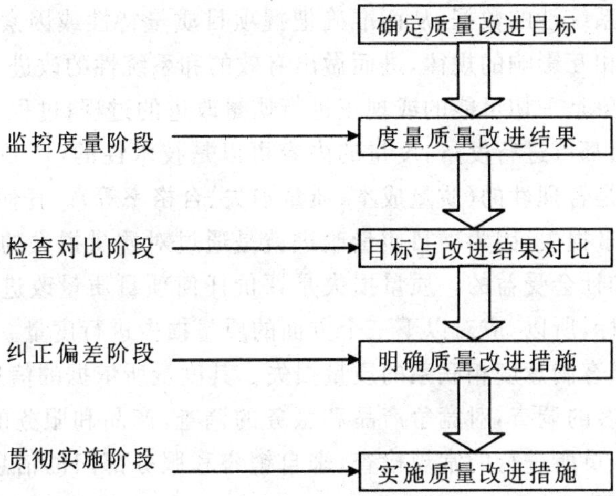

图 6-8　质量改进的控制过程

1)质量改进的监控度量阶段

项目质量改进的监控度量是对任何一个质量改进活动和过程的现实状况进行的测试和度量,其目的是为了识别和诊断改进机会,同时也为了判断项目质量改进活动的效果。项目质量改进的发生,项目质量改进目标的确定,以及实际项目质量改进活动的合乎目标的校正和效果评定都是以相关的度量为基础的,没有必要的和有效的度量,就没有有效的改进。

项目质量改进的度量应满足以下要求。

(1)度量的准确性。准确是度量的最基本的要求,因为项目质量改进必须是"准确的改进"或"实实在在的改进";否则,就不是改进。准确的度量要求:统一的计量制度和计量单位量值,先进的测试方法和测试设备,良好的度量技术和管理制度等。

(2)度量的及时性。影响产品和服务质量的各种因素都可能随时发生变化,从而影响着项目质量改进的发生机会和项目质量改进活动的实际进行的效果。所以,对项目质量形成的全过程以及项目质量改进的过程要随时进行度量,以获得最新的情况和信息,从而发现新的问题,并及时地解决问题,改进过程,消除影响项目质量的因素,实现项目质量的持续性改进。否则,就会丧失改进的机会,造成一定的质量损失。

(3)度量的系统性。项目质量改进可能发生在组织的任何地方和任何活动中,因此,应对项目质量形成的全过程进行全面度量,以保证抓住每个可能的改进机会;同时,由于项目质量形成全过程中的各个阶段、各项活功都是相互关联、相互影响的,所以应在重要的相关阶段或过程设置度量点,以获取反映不同过程间的关联性或系统性的数据,从而准确把握项目质量特性或因素之间的相互作用的情况及其相互影响的规律,进而做出有效的和系统性的改进。

度量的对象是一切可能的或现正进行质量改进的过程;过程的输入、过程本身、过程的输出都可进行度量;度量的内容可以是技术性的(产品和服务的各种性能),也可以是管理性的(质量成本、质量损失、合格率等)。任何度量对象都会涉及有关的质量损失,因为项目质量改进就是通过对质量损失的识别和减少来使顾客、组织和社会受益的。质量损失是评价任何项目质量改进过程的效果和效率的重要指标,所以,应对以下三个方面的质量损失进行度量。

其一,与顾客满意度相联系的质量损失。其度量所依据的信息来源包括:对现有和潜在顾客的调查,对竞争产品和服务的调查,产品和服务的性能记录,收入变化,服务人员所进行的常规检查,来自销售和服务部门的信息,以及顾客的抱怨和索赔等等。

其二,与过程效率有关的质量损失。其度量的依据是:劳动力、资金和物资的利用,产生、分类、纠正和报废不满意的过程输出,过程的调整,等待时间,周期,所提供的性能,不必要的冗余设计,库存规模以及过程能力和过程稳定性的统计度量等等。

其三,与社会损失相关的质量损失。其度量的依据有:未能发挥人的潜能(如职员满意度调查所示),污染和废物处置造成的危害,以及稀有资源的减少等等。

由于被度量对象以及度量工作自身受大量的系统性因素和偶然性因素的影响,从而会导致所有的度量普遍存在着变异现象,所以还必须对一些重要的度量对象和度量内容进行足够次数的度量,并通过统计分析,这样才能体现度量结果所反映的一般情况和趋势。另外,对度量的结果还须进行报告和评审,并将其作为组织管理核算和控制活动的一部分,以此保证度量结果的真实性、准确性和实用性。

2)质量改进的检查对比阶段

质量改进的效果如何,需要把度量的结果与质量改进的目标(策划)进行一一对比,或者将度量的结果与顾客的需要、国际国内的先进标准、组织过去的项目产品和服务的性能“基线”进行对比分析。对比结果会出现三种情况:满意、非常满意和不满意。满意是指度量的实施结果与质量改进的策划目标基本上一致，非常满意是指度量的实施结果超过质量改进策划的预期(目标)，不满意是指度量的实施结果没有达到质量改进策划目标的要求。对出现的三种结果采取不同的对策，对前两者采取接纳质量改进策划方案，对后者采取新的纠偏措施(方案)。

3)质量改进的纠偏阶段

在确定产生质量改进偏差的因果关系后，应针对具体的偏差原因制定预防或纠正措施的方案。预防或纠正措施应以改进过程的质量为主要内容，以使过程产生更满意的输出或减少出现不满意输出的频次，而不能完全依赖对过程的输出进行纠正的做法;因为返修、返工或分级不能从根本上解决质量损失的问题，而消除或减少使问题再发生的原因则是根本性的。

改进措施可分为两大类，一类是独立的改进措施，另一类是综合的改进措施。独立的改进措施局限于某个具体的过程或活动范围内，而对于其他的过程或活动无要求或无影响，如某个设备的改进、某个工装的变化、某个度量仪器的变更等。综合的改进措施涉及质量形成过程中的多个阶段和多种过程或活动，某个具体过程或活动的改进，会要求其他过程或活动作出相应的改进，因为它们之间相互影响、相互作用。真正的改进取决于有关过程或活动的综合改进。这一类的改进措施在组织中是经常需要实施的，如产品或服务的设计改进、目标和标准的变化、质量改进信息系统的变动、采用新的原材料等，都会程度不同地影响到其他过程或活动。

实现某种改进的方案可能有多种，应尽可能地探索和制定不同的方案。在此基础上，组织中参与该措施实施的成员应研究各方案的优缺点，对各方案作出全面的评价，如对达到改进目标的程度、技术上的可行性、经济上的合理性、组织中有关成员的可接受性等进行综合评价，并进行比较，从中选择出综合效果最好的方案。

4)质量改进的方案实施阶段

质量改进方案的实施是控制过程单循环的最后一个阶段。能否成功地实施纠偏方案，还取决于全体有关人员的合作，因为方案措施的实施需要具体的需改进的过程或活动中的管理人员和其他人员来实际承担和进行。改进或变革意味着对过去某些习惯做法的改变，而这必然会引起某些既得利益者的反对和保持习惯做法、反对变化的心理反应。这样的反对和抵制就是改进的阻力。要使改进的措施得以有效实施并取得成功，就必须首先克服这些各种各样、程度不同的阻力;而克服这些阻力的最好方法，就是取得全体有关人员的合作，具体办法有：强化对质量改进意义的认识，用适当的、具体的、定量的语言表述改进可得到的好处，动员、吸收有关人员参与改进措施方案的制定，尊重并听取有关人员的合理意见，认真周到地创造改进所需的条件，耐心细致地做好培训和指导工作等。

本章小结

质量改进是质量管理的一部分，致力于增强满足质量要求的能力。按照质量改进的范围和内容，建立相应的组织形式是完成项目质量改进的有力保障。在开展项目质量管理中可以采取多种形式的质量改进，质量管理小组活动是质量改进的一种主要组织形式，具有容量大、形式多样、灵活、范围广等优点。

PDCA 循环是项目持续改进的有效方法，也是一种科学的工作程序和管理方法，项目质量持续改进应坚持全面质量管理的 PDCA 循环方法。项目质量持续改进的步骤主要包括：分析质量现状，明确质量改进的问题；分析影响质量改进问题的可能原因；明确质量改进问题的主要原因；明确改进目标，制定改进方案；实施质量改进方案；确认质量改进方案的结果；保持质量改进成果；发现新问题进入质量持续改进的下一循环。项目质量改进的内容主要包括三个方面的内容，即：项目质量改进的策划，项目质量改进的保证，项目质量改进的控制。

思考练习题

1. 什么是项目质量持续改进？你是如何理解的？

2. 简述项目质量改进的意义。

3. 阐述项目质量改进的步骤。

4. 项目质量改进常用哪些方法？各起什么作用？

5. 阐述质量管理小组在质量持续改进中的职责和作用。

6. 如何选择项目质量改进的对象？

7. 简述质量持续改进的内容。

8. 简述在质量持续改进中领导的保障作用。

9. 结合你所了解的公司，谈谈质量改进的内容以及所取得的成效。

10. 如何营造质量持续改进的组织内部环境？

11. 质量改进的控制过程包括哪几个阶段？你是如何理解的？

12. 结合你所了解的公司，谈谈质量策划、质量保证、质量控制与质量改进的关系。

进一步阅读资料

1. 瞿焱. 项目质量管理. 浙江大学出版社，2004

2. 王祖和. 项目质量管理. 机械工业出版社，2004

3. 顾勇新.施工项目质量控制.中国建筑工业出版社,2003

4. Project Management Institute Standard Committee, "A Guide to The Project Management Body of Knowledge",PMI,2000

参考文献

1. 戚安邦主编.项目管理学.南开大学出版社,2003

2. 王祖和.项目质量管理.机械工业出版社,2004

3. 顾勇新.施工项目质量控制.中国建筑工业出版社,2003

4. Dennis Lock 著,李金海等译.项目管理(第八版).南开大学出版社,2005

5. 韩福荣.现代质量管理学.机械工业出版社,2004

6. Project Management Institute Standard Committee, "A Guide to The Project Management Body of Knowledge",PMI,2000

7. 毕星,翟丽主编.项目管理.复旦大学出版社,2000

7

第七章 质量管理工具与方法

本章导读

项目质量可以用相应的质量特性来描述，而且在质量管理中，强调“用数据说话”，这就要求尽可能通过数值方式度量质量特性，使用适当的方法采集数据，并对其进行描述；另外，在质量管理中还要使用适当的工具与方法对收集到的数据和信息进行整理分析，这就要用到质量管理的基本工具和方法。本章主要阐述如下内容：质量数据的基本类型，质量数据的采集方法，质量数据的描述方法，质量管理的工具与方法。

第一节 质量特性度量

项目质量就是项目的固有特性满足项目相关利益主体（干系人）要求的程度，它可以用相应的质量特性来描述，如工程项目的规格尺寸、隔音等性能、结构的强度等等。不论在一般质量管理还是项目质量管理中，一般都强调“用数据说话”，因此，数据是进行质量管理的重要基础。质量管理通过数据的采集、整理，然后进行分析、预测，能够帮助我们及时发现质量问题，以便采取相应的措施，纠正错误，预防质量事故的发生。

一、质量数据的类型

在质量管理中通过对质量标志进行观察、测量而采集到的数据一般称为质量数据。这些数据大多数是可以定量取值的。但是，不同类型的数据，其统计性质不同，在质量管理中进行处理的方法也不同，因此必须对质量数据进行正确的分类。质量数据根据其性质的不同，可以分为两类：计量值数据和计数值数据。

计量值数据是可以用仪器测量的连续型数据，如长度、强度、温度、硬度、重量、压力、时间、成分等。计数值数据是只能用自然数表示的数据，如合格品件数、废品数、瑕疵点数等。计数值数据还可以进一步细分为计件值数据和计点值数据。计件值数据是按产品件(个)数计数的数据，如合格品数、次品数等。计点值数据是按点计数的数据，如缺陷数、气孔数等。

二、质量数据的采集方法

质量数据的采集主要通过质量检验来获得。在检验过程中，除了少数项目需要全面检查外，大多数是按随机抽样的方法获得数据。其抽样方法较多，这里仅简要介绍几种常用方法。

1. 纯随机抽样

纯随机抽样，也称简单随机抽样，是指对总体不做任何处理，完全按照随机原则，直接从总体中抽取若干单位组成样本。对于总体容量比较小的情况，可以从总体中直接抽取被研究对象；但是，当总体容量比较大时或直接抽取较困难时，一般可以采用抽签(抓阄)、查随机数字表、掷骰子等办法。例如，要从100件产品中随机抽取10件进行检查，可以把这100件产品从00开始编号直至99，然后查随机数字表，或者采用抽签的办法从中确定10个毫无规律的号码，假定抽到的号码为39、67、24、77、05、74、38、00、26、84，则把这10个编号对应的产品取出来，作为检查样本。

当对小规模的总体进行检查时，或对抽样框信息了解不全面时，一般采用简单随机抽样的方法。如不特别声明，本书采用的抽样方法均为简单随机抽样。

简单随机抽样的优点是：方法简单直观，由于总体中每个个体抽到的概率相等，计算抽样误差及对总体参数进行推断比较方便；缺点是：在实际工作中，尤其是当个体数量很大时，实施起来比较麻烦，也很难做到每个个体被抽到的概率完全一样。

2. 系统抽样

系统抽样也称机械抽样或等距抽样，即首先将总体按某一标志排序，然后按一定间隔来抽取样本单位。例如，要从100件产品中随机抽取10件进行检查，可以把这100件产品按某一标志(如生产时间)排序，顺序号为1～100，然后随机从1～10号中抽取一个作为第一个抽取的号码，假定为3号，那么可以从3号开始按照等距原则从编号中依次抽取3、13、23、33、43、53、63、73、83、93号，最后把这10个编号对应的产品取出来，作为检查样本。

系统抽样的优点是：实施方便，一般能保证样本随总体有较好的代表性，适合对大批量生产的流水线上的产品抽查;缺点是:若总体排序后出现一定的规律性甚至周期性,且抽样间隔恰与该周期基本吻合,则会造成较大的系统偏差。

3.分层抽样

分层抽样也称类型随机抽样,是指先将总体按某种标志分成互不交叉、没有遗漏的若干层,然后在各层中采取简单随机抽样,由所有各层样本单位的集合共同构成一个样本。例如,从甲、乙、丙三个产地购进一批石料,其中,甲产地占30%,乙产地占60%,丙产地占10%。现若从这一批石料中抽取10m^3进行总体质量检查,如果采用分层抽样的方法,可以从三个产地的石料中分别抽取3m^3、6m^3、1m^3,合起来为10m^3,这10m^3石料作为被检查的样本。

分层抽样的优点是:样本代表性一般较好,抽样误差较小;缺点是:抽样手续较烦琐。

4.整群抽样

整群抽样就是先将总体按某个标志(企业、班组、工序、时间)分成若干群,先随机抽取若干群,然后用被抽到的群中的所有个体组成样本。例如,对一天中生产的某种产品进行检查,可以每1小时抽取一个群(例如10分钟的产品),一天共抽取24群(共240分钟的产品)。这24群中的所有产品共同构成一个样本。

整群抽样的优点是:抽样实施比较方便;缺点是:由于样本来自若干群,不能均匀分布在整体中,因而代表性一般较差。

三、质量数据的图表描述

采集到的质量数据可能看起来杂乱无章,但通过一定的整理、展示等方法处理后,可以从中发现一定的规律和特征。常用的数据整理与展示方法有图表描述方法和数值描述方法,下面先介绍图表描述方法。

1.频数分布表

将数据按一定标志进行统计分组,然后列出各组的数据个数(称频数),并以表格形式展示出来,所形成的表格称为频数分布表。下面以大模板边长尺寸误差的测量为例介绍这一过程。

【例7.1】某建筑施工项目中使用的大模板边长尺寸误差的实测数据见表7-1。

表 7-1 大模板边长尺寸误差表

序号	模板型号	各次实测边长误差(mm)							
		1	2	3	4	5	6	7	8
1	W1	−2.1	−1.6	−2.3	−2.3	−3.1	−0.5	−0.9	−2.0
2	W2	−1.9	0.2	0.5	−0.7	0.6	−2.0	−1.6	−0.6
3	W3	1.3	−1.1	−0.1	−1.1	−2.1	−2.8	−1.0	3.6
4	W4	1.3	−0.3	−1.3	−3.4	−2.5	1.7	−0.3	−2.4
5	W5	−0.8	2.8	0.3	0.3	0.1	−0.7	−2.5	−0.9
6	S1	−0.2	−1.9	0.8	1.7	0.6	−1.4	0.7	0.8
7	S2	−1.9	2.8	−4.8	−0.8	0.2	1.8	−1.3	−2.0
8	S3	−3.1	−0.5	0.3	−0.7	−2.6	−1.5	−1.0	−0.4
9	S4	−1.6	−2.8	−0.4	1.3	−1.7	0.0	0.4	−1.2

1)首先,从数据中找出其最大值 Xmax 和最小值 Xmin,并计算极差:

$$R = X_{max} - X_{min} = 3 - (-5) = 8\text{mm}$$

2)决定组数和组距

分组的原则要能显示数据的内在规律,因此组数不能太多,也不能太少。组数的确定有一个经验公式:

$$k = 1 + 3.322\lg(n)$$

这个公式称为斯特吉斯(Sturges)公式,其中 n 为数据的个数,k 为分组组数。另外,根据统计经验,也可以采用如下推荐的组数:数据在 50 个以内,分 5～7组;组数在 50～100 个之间,分 6～10 组;数据在 100～250 个之间,分 7～12 组,数据在 250 个以上,分 10～20 组。

每一组的组距可以相等(等距分组),也可以不等(异距分组),一般等距分组较常见。本例采用等距分组,则组距为极差与组数的比值,而且一般取为最小测量精度的整数倍,且要便于分析使用。

根据斯特吉斯公式,本例可分为 7 或 8 组,组距为 1.20 mm 或 1.05 mm,考虑便于分析和使用,初步确定本例组数为 8 组,组距为 1.05 mm≈1 mm。

3)确定组限

相邻两组的界限值称为组限,其中一组的组限中较大者称为组上限,较小者称为组下限。实际应用中,划分组限后形成的组数有时会比初步确定的组数多出 1～2 组,本例中最终划分的组数为 9 组(见表 7-2)。

4)列出各组频数

根据确定的各组组限,可以统计出各组的频数(该组上、下限内的数据个数)。在统计频数时,应遵循“穷尽、互斥”的要求,即:保证每一个数据都要有组可归,同时任何一个数据不可同时归入不同组。那么,对于恰好落在两组之间的组限上的数据,应该归入哪一组呢?习惯上采用“上限不在内”的原则进行处理,即:不计入以该组限为上限的组中。

另外,根据各组的频数还可以计算各组频率(该组频数与数据总个数的比值)、累计频数、累计频率等。本例将频数、频率、累计频数、累计频率一并列入频数分布表,见表 7-2。

表 7-2　模板边长尺寸误差频数分布表

组号	组限	频数	频率(%)	向上累计频数	向上累计频率(%)	向下累计频数	向下累计频率(%)
1	−5～−4	1	1.4	1.0	1.4	72.0	100.0
2	−4～−3	3	4.2	4.0	5.6	71.0	98.6
3	−3～−2	11	15.3	15.0	20.8	68.0	94.4
4	−2～−1	17	23.6	32.0	44.4	57.0	79.2
5	−1～0	18	25.0	50.0	69.4	40.0	55.6
6	0～1	13	18.1	63.0	87.5	22.0	30.6
7	1～2	6	8.3	69.0	95.8	9.0	12.5
8	2～3	2	2.8	71.0	98.6	3.0	4.2
9	3～4	1	1.4	72.0	100.0	1.0	1.4
合计	—	72	100.0	—	—	—	—

2. 直方图

直方图(Histogram),是用一系列高度不等的矩形来描述数据分布状况的图。矩形的宽度表示组距,矩形的高度表示相应间隔内数据出现的次数(频数)。

根据表 7-2 的分组结果,以分组标志(边长误差)为横轴、频率(或频数)为纵轴,绘出各组相应的矩形,就得出直方图,见图 7-1。图中矩形高度表示频率,矩形宽度表示组距。

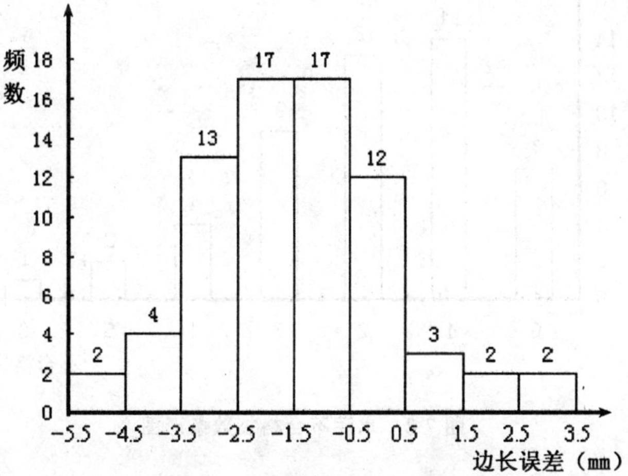

图 7-1　模板边长误差直方图

从直方图可以观察质量数据分布的一些特征，例如：模板直径误差呈单峰状分布，位置中心在－1mm左右，大多数误差分布在－3～1mm之间。有关直方图的分析在本章第二节还将详细介绍。

3. 条形图

若分组标志为非数值型的，或虽然是数值型但为离散型变量，一般使用条形图进行图示，其绘制过程与直方图类似。条形图与直方图不同，主要区别在于条形图中的矩形互不相连，矩形的宽度也没有实际意义。

【例7.2】对某建筑项目中近期购进的水泥进行检验，每次检查一车（100袋），记录其不合格品袋数。共检查了50车，其记录结果经整理见表7-3，根据该表，可以绘制条形图，见图7-2。

表7-3 水泥不合格袋数频数分布表

不合格袋数	频数	累计频数	频率(%)	累计频率(%)
0	7	7	14	14
1	14	21	28	42
2	13	34	26	68
3	9	43	18	86
4	4	47	8	94
5	2	49	4	98
6	1	50	2	100
—	50	—	100	—

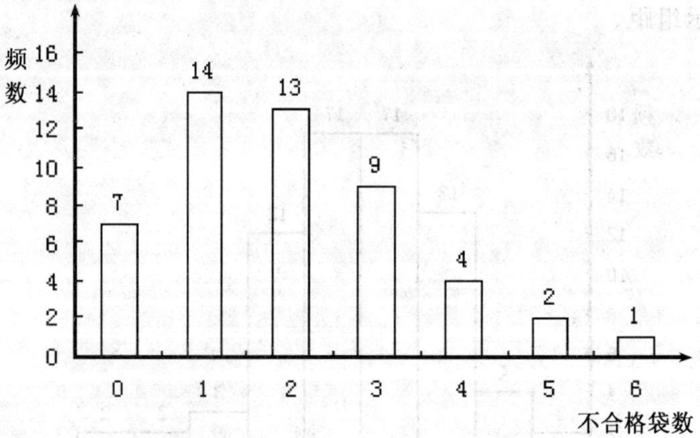

图7-2 水泥不合格袋数条形图

四、质量数据的数值描述

1.质量数据的集中趋势

质量数据的集中趋势一般用算术平均值(经常简称均值)、中位数、众数来描述,它们反映了质量数据在必然因素作用下达到的一般水平。由于质量数据一般采取抽样方法获得,因此,这里仅介绍样本数据的算术平均值、中位数和众数。

1)样本的算术平均值

样本的算术平均值是各个样本单位的质量数据之和与样本容量的比值,其计算公式如下:

$$\bar{x}=\frac{x_1+x_2+\cdots+x_n}{n}=\frac{1}{n}\sum_{i=1}^{n}x_i$$

其中,$\bar{x}$ 是样本的算术平均值,x_i 是样本中第 i 个质量数据的值,n 是样本容量。

2)样本中位数

样本中位数是将样本的质量数据由小到大排序后,处于中间位置的数值。当样本质量数据为奇数时,取中间位置的一个数为中位数;当样本质量数据为偶数时,则取中间位置两个数的算术平均值作为中位数的值。

3)样本众数

样本众数是样本质量数据中出现次数最多的那个数据的值。在质量数据中,有可能出现双重众数或多重众数问题,这往往说明生产过程中存在影响质量的两个或多个因素。

2.质量数据的离散程度

质量数据的离散程度一般用极差、标准差、离散系数来描述,它们反映了质量数据的差异程度。这里主要介绍样本质量数据的极差、标准差和离散系数。

1)样本极差

样本极差是指样本数据中最大值与最小值之差,它反映了样本数据的最大差异程度,一般用 R 表示,其计算公式为:

$$R=X_{max}-X_{min}$$

2)样本标准差

在研究质量数据的离散程度时,我们往往不仅关心某一个样本质量数据与平均值之差(称为该数据的离差),而且更关心所有样本质量数据与平均值之间的平均差距。然而质量数据的离差总是有大有小、有正有负,在 0 附近摆动;可以证明,样本质量数据的离差代数和为零。因此,不能用离差的算术平均数来衡量所有样本质量数据与平均值之间的平均差距。

目前，常用样本的标准差来度量样本质量数据与平均值之间的平均差距，其计算公式为：

$$s=\sqrt{\frac{1}{n-1}\sum_{i=1}^{n}(x_i-\bar{x})^2}$$

当样本容量较大时（一般指 $n\geqslant 30$），可以采用如下公式进行计算：

$$s=\sqrt{\frac{1}{n}\sum_{i=1}^{n}(x_i-\bar{x})^2}$$

3）离散系数

离散系数是指标准差与平均数的比值的百分数，它用于表示离散程度的相对大小，其计算公式为：

$$C_V=\frac{s}{\bar{x}}\times 100\%$$

五、质量数据的常见概率分布

概率分布是将随机变量在总体中的取值与其发生的概率二者联系的数学模型，这些数学模型在质量管理中有着重要的应用。通过概率分布可以描述质量指标（在正常情况下，也是随机变量）取值的分布状态，然后通过分析、预测能够很好地帮助我们及时发现质量问题，预防质量事故的发生。在质量管理中，常用的概率分布有超几何分布、二项分布、泊松分布、正态分布等。其中超几何分布和二项分布常用于计件值数据的描述与分析，泊松分布经常用于计点值数据的描述与分析，正态分布常用于计量值数据的描述与分析。下面结合质量管理中的应用分别进行介绍。

1. 超几何分布

设有一批产品，批量大小 N 为有限数，假定其中有 D 个不合格品，则该批产品不合格品率 P 为：

$$P=D/N\times 100\%$$

从该批产品中抽取容量为 n 的样本，假定其中含有的不合格品数为 x，则随机变量 x 服从超几何分布，其概率函数为：

$$P(x)=\frac{C_D^x\cdot C_{N-D}^{n-x}}{C_N^n}=\frac{C_{NP}^x\cdot C_{N-NP}^{n-x}}{C_N^n}=\frac{\binom{NP}{x}\binom{N-NP}{n-x}}{\binom{N}{n}}$$

期望值和方差分别为：

$$E(x)=nP$$

$$D(x)=nP(1-P)\times\frac{N-n}{N-1}$$

【例 7.3】有一批钢筋，共 100 根，已知其不合格品率为 1%。从这批钢筋中随机抽取 5 根，求 5 根全部合格的概率。

解：设样本中含有不合格的钢筋 x 根，N=100，P=0.01，D=100×1%=1，n=5。

$$P(x=0)=\frac{\binom{1}{0}\binom{100-1}{5}}{\binom{100}{5}}=0.95$$

2. 二项分布

设有一批产品，批量为无限大，该批产品不合格品率为 P。从总体中随机抽取容量为 n 的样本，假定样本中恰有 x 个不合格品，则随机变量 x 服从以 n 和 P 为参数的二项分布，记为 $x\sim B(n,P)$。

$$P(x)=C_n^xP^x(1-P)^{n-x},\quad x=0,1,2,\cdots,n$$

二项分布的数学期望为：$E(x)=nP$

二项分布的方差为：$D(x)=nP(1-P)$

当样本容量充分大时，二项分布趋近于正态分布。

【例 7.4】某种产品日产量很大，批不合格品率 0.01。把日产量看作一批，从中抽取 3 件产品，求不合格品数不多于 1 件的概率。

解：设样本中含有不合格产品 x 件，N= ∞，P=0.01，n=3。

$$\begin{aligned}P(x\leqslant 1)&=P(x=0)+P(x=1)\\&=\binom{3}{0}(0.0.1)^0(1-0.01)^3+\binom{3}{1}(0.0.1)^1(1-0.01)^2\\&=0.970299+0.029403\\&=0.999702\end{aligned}$$

3. 泊松分布

在质量管理中，泊松分布的典型应用是描述和分析单位产品发生的缺陷数。如果单位产品的缺陷数满足如下三条假定，则说明单位产品的缺陷数服从泊松分布：

(1)在单位产品很小的面积(长度、体积等)上出现缺陷数的概率很小；

(2)任一很小的面积(长度、体积等)上出现缺陷数的概率与面积成正比；

(3)在任一小面积上是否出现缺陷，与其他小面积上是否出现缺陷无关。

设总体中单位产品的缺陷数平均值为 λ，并用 x 表示缺陷数，则 x 为随机变量，它服从以 λ 为参数的泊松分布，记为 $x\sim P(\lambda)$，其概率函数为：

$$P(x)=\frac{e^{-\lambda}\lambda^{x}}{x!},\quad x=0,1,2,\cdots,n$$

数学期望值为：$E(x)=\lambda$

方差为：$D(x)=\lambda$

【例 7.5】用某种涂料粉刷一种特殊材质的墙面，发现一个月后出现微小裂纹，经以往大量的统计资料发现，每 10 平方米出现裂纹个数的平均数为 0.5，现用该涂料粉刷同种材质的墙面 10 平方米，问一个月后出现一个微小裂纹的概率为多少？

解：由题意可知：$\lambda=0.5$，则

$$P(x)=\frac{e^{-\lambda}\lambda^{x}}{x!}=\frac{e^{-0.5}\times 0.05^{1}}{1!}=0.303$$

4. 正态分布

在质量管理中，最常见、应用最广泛的是正态分布。在正常情况下，产品质量特性的分布一般服从正态分布。例如，标准件的尺寸、原材料的化学成分等的质量特性变量一般都服从正态分布。

若质量特性变量 x 为正态随机变量，则 x 的概率密度函数为：

$$f(x)=\frac{1}{\sigma\sqrt{2\pi}}e^{-\frac{1}{2}\left(\frac{x-\mu}{\sigma}\right)^{2}},\quad -\infty<x<+\infty$$

其中，μ 为总体均值，σ 为总体标准差，即：$E(x)=\mu$，$\sqrt{D(x)}=\sigma$。

正态分布记为：$x\sim N(\mu,\sigma^{2})$。σ 取不同值时正态分布的概率密度曲线，如图 7-3。

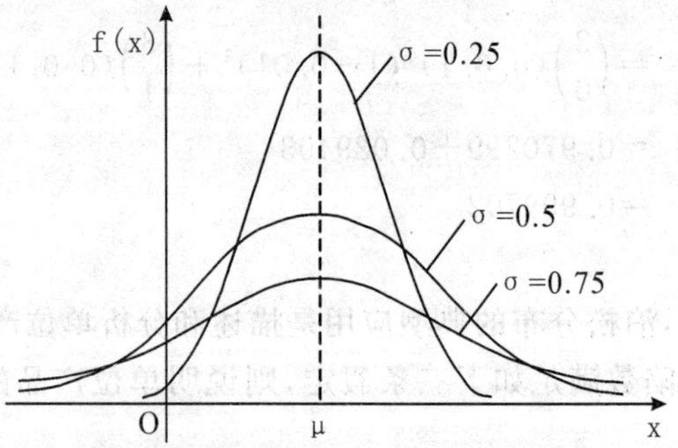

图 7-3 正态分布概率分布密度函数

由图 7-3 可以看出，正态分布曲线是对称的、单峰的，呈钟形，其对称轴为 $x=\mu$；任一正态分布仅由 μ 和 σ 两个参数决定；σ 越小，曲线越陡峭，数据离散程度越小，它决定了曲线的形状，也被称为形状参数；μ 决定了该曲线在坐标系中

的位置，也被称为位置参数。

为了研究和计算的方便，往往引入标准变换：

$$Z=\frac{x-\mu}{\sigma}$$

由概率论与数理统计的相关理论可以证明，x 服从总体均值为 0，方差为 1 的分布，该分布称为标准正态分布，记为 x～N(0,1)。标准正态分布的相关概率可以通过查标准正态分布表进行计算。另外，一般正态分布的计算也可以通过转化为标准正态分布来进行。

【例 7.6】某产品质量特性 x 服从正态分布，均值为 μ，标准差为 σ。现需要对一大批该产品进行检验，问质量特性值在 $\mu-\sigma$ 到 $\mu+\sigma$ 之间、$\mu-2\sigma$ 到 $\mu+2\sigma$ 之间、$\mu-3\sigma$ 到 $\mu+3\sigma$ 之间的概率分别是多少？

解：质量特性值在 $\mu-\sigma$ 到 $\mu+\sigma$ 之间的概率为：

$$P\{\mu-\sigma<x<\mu+\sigma\}=P\left\{\frac{\mu-\sigma-\mu}{\sigma}<\frac{x-\mu}{\mu}<\frac{\mu+\sigma-\mu}{\sigma}\right\}=P\{-1<Z<1\}$$

结合正态分布的对称性质，并查标准正态分布表得

$$上式=P\{Z<1\}-P\{Z<-1\}=2P\{Z<1\}-1=2\times0.84134-1=0.68268$$

即质量特性值在 $\mu-\sigma$ 到 $\mu+\sigma$ 之间的概率为：

$$P\{\mu-\sigma<x<\mu+\sigma\}=0.6827$$

同理，质量特性值在 $\mu-2\sigma$ 到 $\mu+2\sigma$ 之间的概率为：

$$P\{\mu-\sigma<x<\mu+\sigma\}=0.9945$$

质量特性值在 $\mu-3\sigma$ 到 $\mu+3\sigma$ 之间的概率为：

$$P\{\mu-\sigma<x<\mu+\sigma\}=0.9973$$

本例的结论在质量管理中有着重要的应用。

第二节　常用的质量管理工具与方法

前面讲过，质量管理需要用到大量的数据和资料。在这些数据的收集、整理、分析、判断过程中，需要运用到一系列的方法和工具。

从 20 世纪 70 年代起，全面质量管理在日本企业中全面推广使用七种工具，即直方图、排列图、因果图、调查表、散布图、分层法、控制图。但是随着时代的发展，上述七种工具已经不能满足需要，这就要求研究开发适用于全面质量管理的新方法和工具。因此，在现代质量管理中，上述七种工具被称为“老七种工具”。自 1977 年底，日本人又开始推广使用“新七种工具”或称“新七种方法”，即关联图法、KJ 法、系统图法、矩阵图法、矩阵数据分析法、网络图法和 PDPC 法。本节

介绍质量管理常用的方法——“老七种工具”。

一、直方图

关于直方图的绘制过程在本章第一节已经介绍，这里仅介绍对直方图的观察分析方法。

1.直方图的图形分析

直方图形象、直观地反映了数据的分布情况，通过对图形的观察，可以分析生产过程是否处于统计稳定状态。直方图的典型形状有以下几种(见图7-4)。

1)正常型

又称为“对称型”，它的特点是中间高、两边低，并呈左右基本对称状，如图7-4(a)，说明相应过程处于统计稳定状态。

2)孤岛型

在远离分布中心的地方出现小的直方，形如孤岛，如图7-4(b)。孤岛的存在表明生产过程中出现了异常因素。例如，原材料一时发生变化、有人替代操作、短期内工作操作不当等。

3)偏向型

直方图的顶峰偏向一侧，故又称偏坡型，如图7-4(c)。它往往是因为质量数据的数值只控制一侧界限或剔除了不合格的数据造成的。

4)陡壁型

直方图一侧出现陡峭绝壁状态，如图7-4(d)。一般是由于人为地剔除一些数据，进行不真实的统计造成的。

5)双峰型

直方图出现两个中心，形成双峰状，如图7-4(e)。这往往是由于把来自两个总体的数据混在一起做图所造成的。如，把两个班组的数据混为一批等。

6)平顶型

在直方图的顶部出现平顶状态，如图7-4(f)。一般是由多个总体数据混在一起造成的，或者在生产过程中有缓慢变化的因素在起作用造成，如操作者疲劳等。

7)锯齿型

直方图出现参差不齐的形状，即频数不是在相邻区间减少，而是隔区间减少，形如锯齿，如图7-4(g)。形成这种现象的原因往往不是生产上的问题，而是绘制直方图时分组过多或测量仪器精度不够造成的。

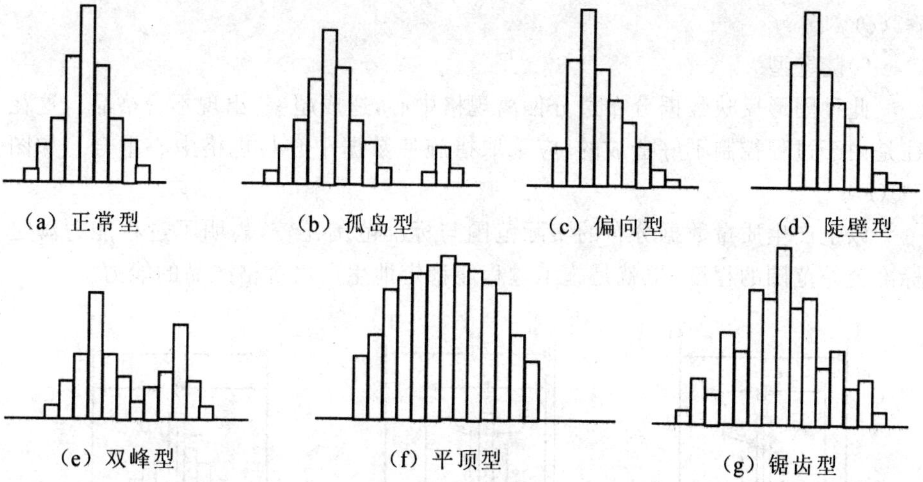

图 7-4　常见直方图图形

2. 对照标准分析比较

当过程处于统计稳定状态(直方图为正常型)时,还需要进一步将直方图与规格标准进行比较,以判定过程满足标准要求的程度。其中主要是分析直方图的平均值 $\bar{x}$(对于正常型应该在峰值处)与质量标准中心重合程度,比较分析直方图的分布范围 B 与公差范围 T 的关系。图 7.5 在直方图中标出了标准范围 T 以及允许的上偏差 TU 和下偏差 TL,实际尺寸范围 B。对照直方图的图形,可以看出实际产品分布与实际要求标准的差异。

1)理想型

实际平均值 $\bar{x}$ 与规格中心 μ 重合,实际尺寸分布与标准范围两边有一定余量。如图 7-5(a)。

2)偏向型

虽在标准范围内,但分布中心偏向一边,说明存在系统偏差,必须采取措施。如图 7-5(b)。

3)双侧压线型

又称无富余型。虽然分布落在规格范围内,但两侧均无余地,稍有波动就会出现超差,出现废品。如图 7-5(c)。

4)能力富余型

又称过于集中型。实际尺寸分布与标准范围两边与两边余量过大,属控制过严,供需能力有富裕,不经济。如图 7-5(d)。

5)能力不足型

又称双侧超越线型。说明实际尺寸超越标准线,已经产生不合格品。如图

7-5(e)。

6)陡壁型

此种图形反映数据分布过分偏离规格中心,造成超差,出现不合格品。这往往是由于过程控制不好造成的,应采取措施使数据中心与规格中心重合。如图7-5(f)。

以上产生质量数据分布的实际范围与标准范围比较,表明了过程能力满足标准公差范围的程度,也就是施工过程能稳定地生产出合格产品的能力。

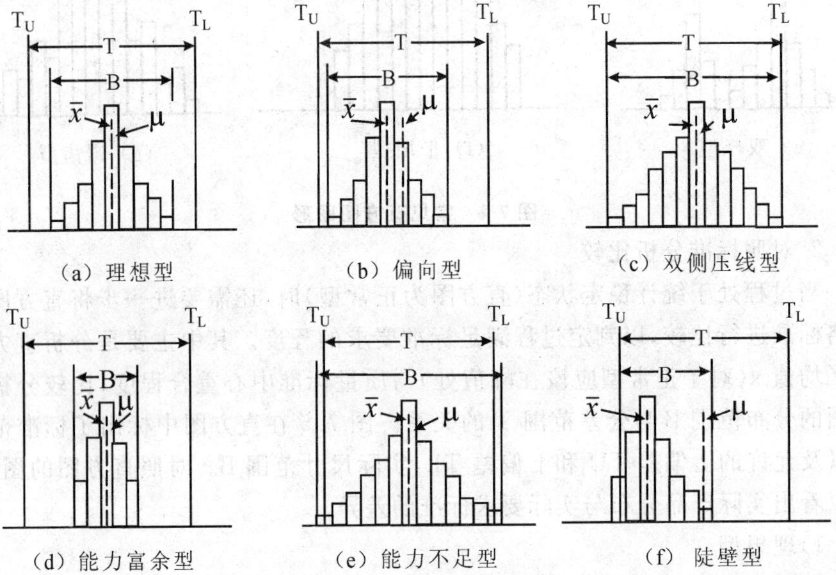

图 7-5　与标准对照的直方图

二、排列图

排列图法又称巴雷特图法,也叫主次因素分析法。

排列图(见图 7-6)有两个纵坐标轴,左侧纵坐标轴表示累计频数(如累计不合格品数),右侧坐标轴表示累计频率(如不合格品累计百分数)。图中横坐标轴表示影响产品质量的各个因素或项目,按影响质量程度的大小,从左到右依次排列。每个直方形的高度表示该因素影响的大小,图中的曲线称为巴雷特曲线。在排列图上,通常把曲线的累计百分数分为三级,与此相应的因素分为三类:A类因素,对应累计频率0%～80%,是影响产品质量的主要因素;B类因素,对应80%～90%,是次要因素;对应累计频率90%～100%的为C类因素,属一般影响因素。运用排列图,便于分清矛盾的主次,使错综复杂的问题一目了然,有利于有针对性地采取对策,改进质量。下面以砌砖工程为例加以说明。

按有关规定，对检查项目进行检查测试，然后把采集的数据按超差点数由多到少排序，计算出各自的频数以及累计频率（见表7-4），然后就可以绘制排列图。由图7-7可知，影响砌砖质量的主要因素是门窗洞口的偏差和墙面的垂直度，应针对重点对这两方面采取措施，以确保工程质量。

表7-4 砌转工程不合格项目及频率

序号	实测项目	允许偏差(mm)	实测点数	超差点(频数)	频率(%)	累计频率(%)
1	门窗洞口	+10，-5	392	36	55.38	55.38
2	墙面垂直	5	1589	20	30.77	86.15
3	墙面平整	5	1589	7	10.77	96.92
4	砌砖厚度	8	36	2	3.08	100
合计	—	—	3606	65	100	—

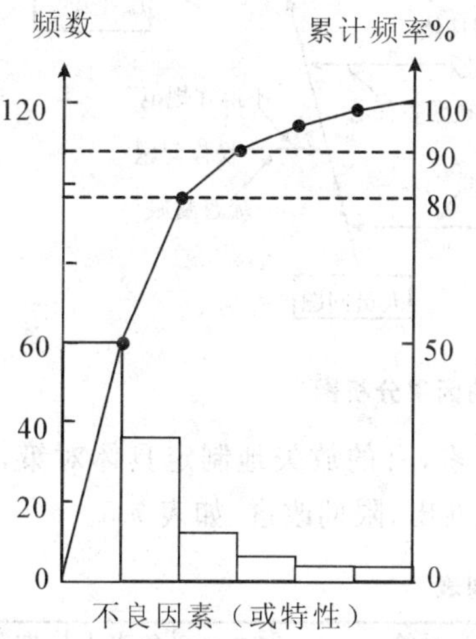

图7-6 排列图

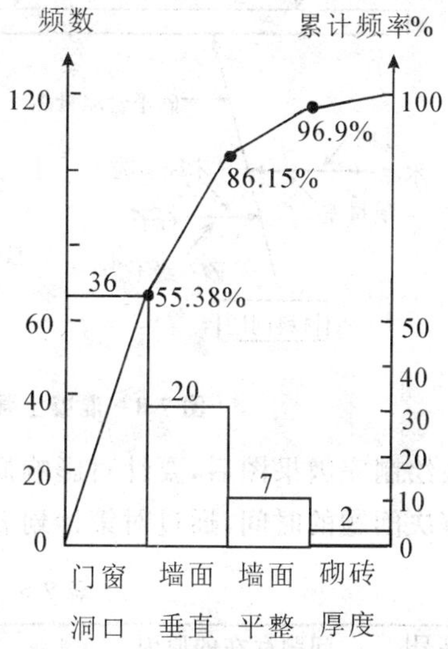

图7-7 砌砖不合格项目排列图

三、因果图

因果图是描述、整理、分析质量问题（结果）与影响质量的因素（原因）之间关系的图，也称为特性要因图。又因为其形状如鱼刺，故又称鱼刺图。通过对影响质量的因素进行全面系统的整理与分析，可以明确影响质量的因素与质量问题之间的关系，为最终找出解决问题的途径提供有力支持。下面以混凝土强度不足的质量问题为例来说明因果图的绘制方法，如图7-8。

（1）确定质量问题。本例中质量问题是“混凝土强度不足”，把它放在主干箭头的最右侧，并用方框框起来。

(2)确定影响质量的大枝——主要因素。本例中影响质量的主要因素是人员、材料、工艺、设备和环境，把这五方面分别用方框框起来，放在大枝的起点处。

(3)进一步画出中、小、细枝，逐步细化原因，直至找出可以具体制定对策的原因为止。

(4)发扬民主，组织反复讨论，补充遗漏的因素，并补充到图中相应的位置。

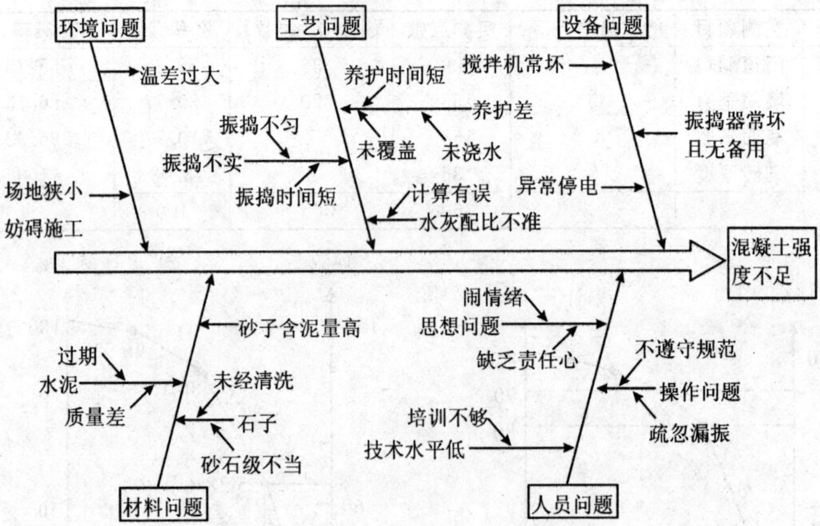

图 7-8　混凝土强度不足的因果分析图

在绘制完因果图后，要针对影响质量的因素，有的放矢地制定具体对策，并落实解决问题的时间，通过对策计划表的形式列出，限期改进，如表 7-5。

表 7-5　对策计划表

项目	序号	问题存在的原因	对策	负责人	期限
人员	1	基本知识差	对工人进行教育；做好技术交底工作；学习操作规程及质量标准		
	2	责任心不强，干活有情绪	加强组织工作，明确分工；建立工作岗位责任制，采用挂牌制；关心职工生活		
工艺	3	配比不准	实验室重新试配		
	4	水灰比控制不严	修理水箱、计量器		
材料	5	水泥量不足	对水泥计量进行检查		
	6	砂石含泥量大	组织人清洗、过筛		
设备	7	振捣器、搅拌机常坏	增加设备，及时修理		
环境	8	场地乱	清理现场		
	9	气温低	准备草袋覆盖、保温		

四、调查表

调查表法又称调查分析法，是利用表格进行数据采集和统计的一种方法。表格形式根据需要自行设计，应便于统计、分析。常用的调查表主要有两种：统计分析表和位置检查表。

1. 统计分析表

统计分析表是将质量特性（数值或特性类别）填在预先制好的频数分布空白表上，每测出一个数据就在相应的栏内用画“正”字的方法进行记录；记录完毕，品数分布也就统计出来了。此法比较简单，主要用于根据质量特性的分布获得质量改进的线索。例如，图 7-9 是某建筑施工项目中墙体工程平整度统计分析表。

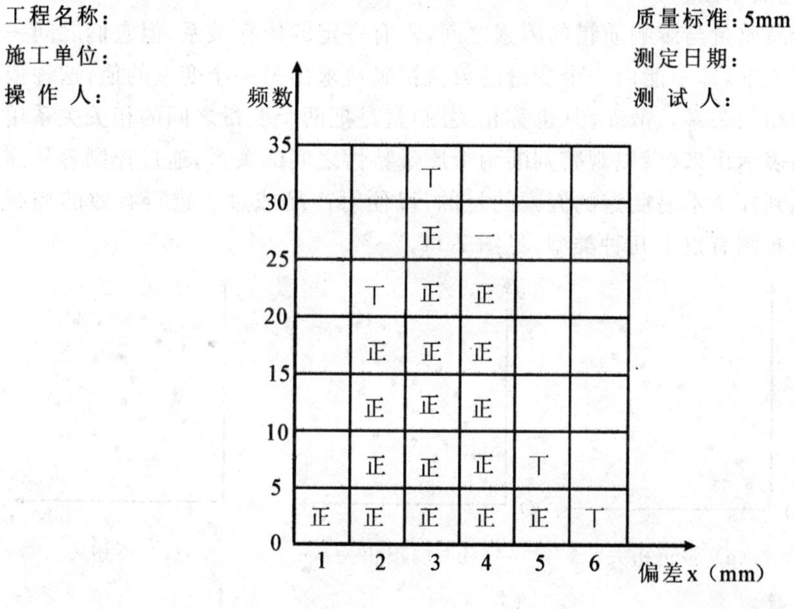

图 7-9　某墙体工程平整度统计分析表

2. 位置检查表

位置检查表主要用于对不合格或缺陷位置的检查。在检查中，在检查表中所附的草图上标记不合格或缺陷存在的位置。例如，图 7-10 是某汽车车身喷漆质量不合格位置检查表。

图 7-10　汽车车身喷漆质量不合格位置检查表

五、散布图

产品质量与影响质量的因素之间，常有一定的依存关系，但它们之间一般不是函数关系，即不能由一个变量的数值精确地求出另一个变量的值，这种依存关系称为相关关系。散布图（也称相关图）就是把两个变量之间的相关关系用直角坐标系表示出来，借以观察判断两个质量特性之间的关系，通过控制容易测定的因素达到控制不易测定的因素的目的，以便对产品或过程进行有效的控制。典型的散布图有以下几种类型，见图 7-11。

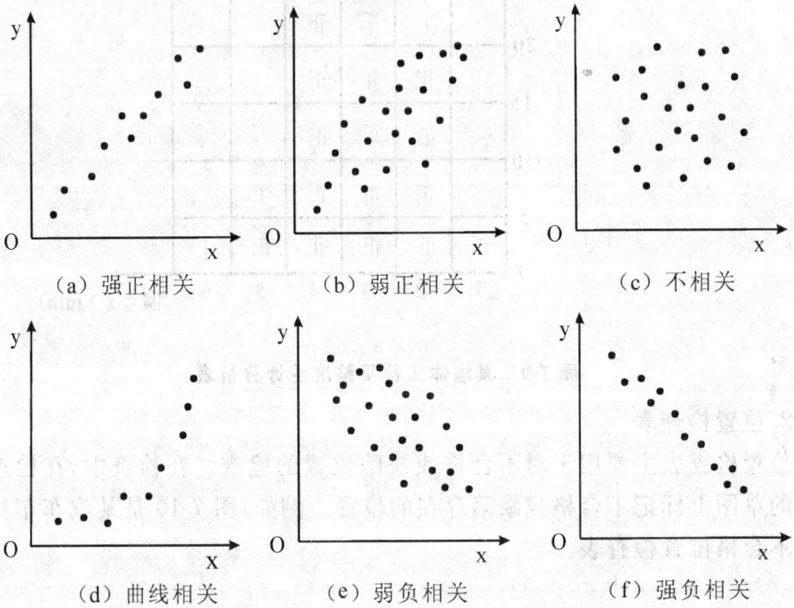

图 7-11　几种典型的散布图

1. 强正相关

随着 x 的增大，y 也增大，所有的点集中于向右上方倾斜的直线附近，表现为明显的相关关系，见图 7-11(a)。

2. 弱正相关

随着 x 的增大，y 也有增大的趋势，所有的点集中于向右上方倾斜的直线附近，但点的离散程度较大，正相关程度较弱，表明还有其他不可忽视的影响因素，见图 7-11(b)。

3. 不相关

随着 x 的增大，y 的变化趋势不明显，见图 7-11(c)。

4. 曲线相关

随着 x 的增大，y 近似以某种曲线的形式随之变化，见图 7-11(d)。

5. 弱负相关

随着 x 的增大，y 有减小的趋势，所有的点集中于向右下方倾斜的直线附近，但点的离散程度较大，负相关程度较弱，表明还有其他不可忽视的影响因素，见图 7-11(e)。

6. 强负相关

随着 x 的增大，y 随之减小，所有的点集中于向右下方倾斜的直线附近，表现为明显的相关关系，见图 7-11(f)。

在分析散布图时，主要目的是判断两变量之间的相关关系。常用的判断方法有：观察法、相关系数检验法、符号检验法等。可以参考有关统计学的文献，本书不再赘述。

六、分层法

分层法也称分类法或分组法，它把“类”或“组”称为层。分层法可将杂乱无章的数据和错综复杂的因素按不同的目的、性质、来源等加以分类，使之系统化、条理化。在分析质量的影响因素时，一般可以按以下几种特征分层：按日期、季节、班次等时间因素分层；按操作人员的性别、年龄、技术等级等因素分层；按工艺流程、操作条件如速度、温度、压力等分层；按原材料的成分、生产厂家、规格、批号等分层；按测量方法、测量仪器等分层；按噪声、清洁程度、采光、运输形式等操作环境因素分层；按使用单位、使用条件等分层。下面以钢筋焊接质量的调查数据为例，采用分层法进行统计分析。

调查钢筋焊接点共 50 个，其中不合格的较多，有 19 个，不合格率为 38%。为了调查清楚焊接质量较差的原因，现分层进行数据采集。经查明，该批钢筋的焊接由 A、B、C 三个焊工操作，每个人采用焊接方法不尽相同；另外，在焊接过程中使用了甲、乙两个工厂供应的焊条。基于上述条件，可以分别按操作者分层和按供应焊条的厂家分层进行分析，见表 7-6 和表 7-7。

表 7-6　按操作者分层

操作者	不合格点数	合格点数	不合格率(%)
A	6	13	32
B	3	9	25
C	10	9	53
合计	19	31	38

表 7-7　按供应焊条的厂家分层

工厂	不合格点数	合格点数	不合格率(%)
甲	9	14	39
乙	10	17	37
合计	19	31	38

从表 7-6 和表 7-7 中可以看出，就操作方法而言，操作工 B 的焊接方法较好；就供应焊条的厂家而言，使用乙厂的焊条焊接较好。

若进一步分析，可得出综合分层表(表 7-8)。综合分层的结论是：若使用甲厂的焊条，采取工人 B 的操作方法较好；如使用乙厂的焊条，则采用操作工 A 的焊接方法较好。这样针对不同情况，采用不同的情况采用不同的对策，可以提高钢筋的焊接质量。

表 7-8　综合分层分析焊接质量

操作者	点数	甲厂焊条	乙厂焊条	合计
A	不合格	6	0	6
	合格	2	11	13
B	不合格	0	3	3
	合格	5	4	9
C	不合格	3	7	10
	合格	7	2	9
合计	不合格	9	10	19
	合格	14	17	31

七、控制图

1.质量因素与质量波动

实践证明,在生产过程中,产品(包括有形产品和无形产品)的质量总要受一系列客观因素的影响而不停地变化着,产品质量的这种变化称为质量波动。而影响质量使之发生波动的因素称为质量因素。按照影响大小和作用性质不同,质量因素可以分为偶然因素和异常因素。

1)偶然因素

偶然因素又称随机因素。它一般具有如下特点:(1)对产品质量的影响微小;(2)始终存在。也就是说在整个生产过程中偶然因素始终起作用;(3)随机变化。这使得每件产品受到的影响一般各不相同;(4)无法消除。指在技术上或受经济条件影响这些因素是不允许消除的。偶然因素的例子很多,例如,原材料的微小差异、操作的微小差别等。

2)异常因素

异常因素又称系统因素。异常因素的主要特点有:(1)对产品质量的影响较大,甚至会产生不合格品;(2)有时存在。也就是说,它是由于某种特殊原因产生的,不会在整个生产过程中始终存在;(3)不难消除。指在技术上不难识别和消除,而且在经济上也是允许消除的。异常因素的例子也很多,例如,操作人员违反规程、原材料存在较严重的质量问题等。

由偶然因素造成的质量波动,称为偶然波动,也称正常波动。随着科学技术进步,有些偶然因素可以设法减少,甚至基本消除;但从偶然因素的整体来看,是不可以完全消除的。因此质量的偶然波动是不可避免的,同时,又由于偶然波动一般较小,因此在质量控制中是允许存在的。通常把生产过程中只有偶然波动的状态称为统计控制状态,或称受控状态。

由异常因素造成的质量波动,称为异常波动,也称系统波动。由于异常波动一般较大,同时异常因素又不难加以消除,因此,生产过程中异常波动是注意的对象。一旦发生异常波动,就应该尽快查出异常因素所在,并加以排除,并采取措施避免再次出现。通常把生产过程中存在异常波动的状态称为非统计控制状态,或称失控状态。

然而在实际生产过程中,偶然波动和异常波动往往是交织在一起的。有没有一种工具能够监控产品的生产过程,及时区分偶然波动和异常波动,为进一步发现异常因素奠定基础呢?控制图就是这样一种工具。

2.控制图的基本原理

1)控制图的基本概念和种类

20世纪20年代,贝尔电话实验室成立了以休哈特为首的过程控制研究组,提出了过程控制理论和监控过程的工具——控制图。经过半个多世纪的发展和完善，到今天控制图已经成为生产过程中进行质量控制的重要方法。目前，应用比较广泛的是休哈特控制图，简称休图，又称为常规控制图。本节只介绍休哈特控制图。

控制图（Control Chart）是对过程质量加以测量、记录，并进行控制管理的一种用统计方法设计的图形工具。其基本形式如图 7-12。图上有三条横线：中心线 CL、上控制线 UCL 和下控制线 LCL，这三条线统称为控制线。图中的纵坐标表示所要控制的质量特性值。

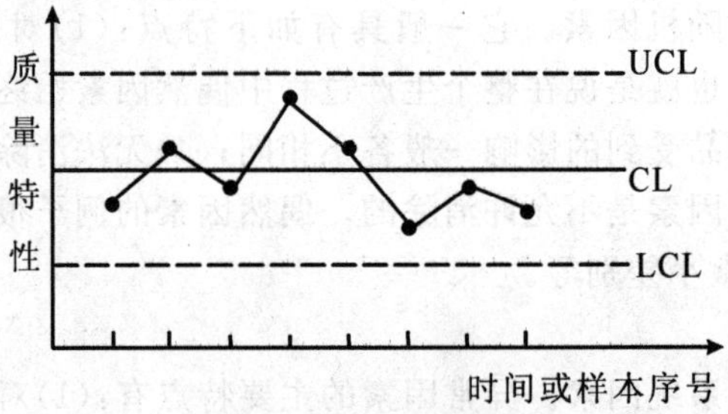

图 7-12 控制图示例

进行质量控制时，通过抽样检验测量质量数据，用点描在图上相应的位置，便得到一系列坐标点。将这些点连起来，就得到一条反映质量特性波动状况的折线。通过分析折线形状和变化的趋势以及折线与三条控制线的关系，就可以分析生产过程是否处于受控状态。

根据质量数据的性质可以将休哈特控制图分为两大类，共 8 种，见表 7-9。

2)控制线的确定

控制图的上、下控制线是判断是否存在异常因素的重要依据，因此，应用控制图的核心问题之一就是确定经济合理的控制界限。

在本章第一节中，我们关于正态分布有一个非常有用的结论：无论质量特性值的均值 μ（或 E(x)）和标准差 σ（或 $\sqrt{D(x)}$）取何值，质量特性值落在 $\mu-3\sigma$ 到 $\mu+3\sigma$ 之间的概率为 99.73%。于是，质量特性值落在 $\mu-3\sigma$ 到 $\mu+3\sigma$ 之外的概率为0.27%——一个很小的值。休哈特就是根据这一事实提出了控制图的界限。目前，我国和大多数工业国家都是根据这种 3σ 方法来确定控制界限的。其方法是：取质量特性值的统计量 x 的平均值 μ（或 E(x)）作为中心线，取平均值加、减 3σ（或 $3\sqrt{D(x)}$）分别作为上、下控制线，即：

$$UCL=E(x)+3\sqrt{D(x)}$$

$$CL=E(x)$$

$$LCL=E(x)-3\sqrt{D(x)}$$

表 7-9　控制图类型及控制线

类别	控制图名称	简记符号	控制界限	应用范围
计量值控制图	均值—极差控制图	$\bar{x}-R$	$UCL_{\bar{x}}=\bar{x}+A_2\bar{R}$ $CL_{\bar{x}}=\bar{x}$ $LCL_{\bar{x}}=\bar{x}-A_2\bar{R}$ $UCL_R=D_4\bar{R}$ $CL_R=\bar{R}$ $LCL_R=D_3\bar{R}$	用于一般计量值数据控制
	均值—标准差控制图	$\bar{x}-s$	$UCL_{\bar{x}}=\bar{x}+A_3\bar{s}$ $CL_{\bar{x}}=\bar{x}$ $LCL_{\bar{x}}=\bar{x}-A_3\bar{s}$ $UCL_s=B_4\bar{s}$ $CL_s=\bar{s}$ $LCL_s=B_3\bar{s}$	计量值数据的控制，一般用于样本容量稍大(如 n≥10)的情况下
	中位数—极差控制图	$Me-R$	$UCL_{Me}=\overline{Me}+m_3A_2\bar{R}$ $CL_{Me}=\overline{Me}$ $LCL_{Me}=\overline{Me}-m_3R_2\bar{R}$ $UCL_R=D_4\bar{R}$ $CL_R=\bar{R}$ $LCL_R=D_3\bar{R}$	由于中位数计算方便，多用于在现场直接把数据记入控制图的场合
	单值—移动极差控制图	$x-R_s$	$UCL_X=\bar{X}+2.66\bar{R}_s$ $CL_X=\bar{X}$ $LCL_X=\bar{X}-2.66\bar{R}_s$ $UCL_{R_s}=3.267\bar{R}_s$ $CL_{R_s}=\bar{R}_s$ $LCL_{R_s}=0$	计量值数据的控制，但一般用于一定时间内只适合采集一个数据控制过程，或者，由于样本均匀，多抽样无意义的场合
计数值控制图	不合格品率控制图	p	$UCL_p=\bar{p}+3\sqrt{\bar{p}(1-\bar{p})/n}$ $CL_p=\bar{p}$ $LCL_p=\bar{p}-3\sqrt{\bar{p}(1-\bar{p})/n}$	控制对象为不合格品率或合格品率的计数值控制场合
	不合格品数控制图	np	$UCL_{np}=\bar{p}n+3\sqrt{\bar{p}n(1-p)}$ $CL_{np}=\bar{p}n$ $LCL_{np}=\bar{p}n-3\sqrt{\bar{p}n(1-\bar{p})}$	控制对象为不合格品数或合格品数的计数值控制场合
	单位不合格数控制图	u	$UCL_u=\bar{u}+3\sqrt{\bar{u}/n}$ $CL_u=\bar{u}$ $LCL_u=\bar{u}-3\sqrt{\bar{u}/n}$	对任何一定单位上出现的缺陷数目控制
	不合格数控制图	c	$UCL_c=\bar{c}+3\sqrt{\bar{c}}$ $CL_c=\bar{c}$ $LCL_c=\bar{c}-3\sqrt{\bar{c}}$	上述“一定单位”的大小保持不变时，对出现缺陷数目控制

下面，以 $\bar{x}-R$ 控制图为例说明其控制线的具体确定。

(1)$\bar{x}$ 图控制线的确定

由数理统计理论可知，当质量特性值 x 服从正态分布 $N(\mu,\sigma^2)$ 时，容量为 n 的样本的平均值 $\bar{x}$ 有下列性质：$\bar{x}$ 的期望值为 $E(\bar{x})=\mu$；$\bar{x}$ 的标准差为 $\sqrt{D(\bar{x})}=\sigma/\sqrt{n}$；$\mu$ 的估计值为样本均值 $\bar{x}$ 的平均值 $\bar{\bar{x}}$；σ 的估计值为 $\bar{R}/d_2$，其中 $\bar{R}$ 为样本极差的平均值，为由 n 确定的系数，可以由表 7-10 查得。根据上述性质，$\bar{x}$ 图的控制界限为：

$$UCL_{\bar{x}}=\mu+3\frac{\sigma}{\sqrt{n}}=\bar{\bar{x}}+3\frac{\bar{R}}{d_2\sqrt{n}}=\bar{\bar{x}}+A_2\bar{R}$$

$$CL_{\bar{x}}=\bar{\bar{x}}$$

$$LCL_{\bar{x}}=\mu-3\frac{\sigma}{\sqrt{n}}=\bar{\bar{x}}-3\frac{\bar{R}}{d_2\sqrt{n}}=\bar{\bar{x}}-A_2\bar{R}$$

式中 A_2 的值可以由表 7-10 查得。

表 7-10　控制线系数表

n	A_2	D_4	D_3	m_3A_2	d_2	d_3
2	1.880	3.267	—	1.880	1.128	0.853
3	1.023	2.575	—	1.187	1.693	0.888
4	0.729	2.282	—	0.796	2.059	0.880
5	0.577	2.114	—	0.691	2.325	0.864
6	0.483	2.004	—	0.549	2.534	0.848
7	0.419	1.924	0.076	0.509	2.704	0.833
8	0.373	1.864	0.136	0.432	2.847	0.820
9	0.337	1.816	0.184	0.413	2.970	0.808
10	0.308	1.777	0.223	0.363	3.173	0.797

(2)R 图控制线的确定

由数理统计理论可知，当质量特性值 x 服从正态分布 $N(\mu,\sigma^2)$ 时，容量为 n 的样本的极差 R 有下列性质：R 的期望值为 $E(R)=d_2\sigma$；R 的标准差为 $\sqrt{D(R)}=d_3\sigma$，其中 σ 的估计值为 $\bar{R}/d_2$，d_3 为由 n 确定的系数，可以由表 7-10 查得。根据上述性质，R 图的控制界限为：

$$UCL_R=d_2\sigma+3d_3\sigma=\left(1+3\frac{d_3}{d_2}\right)\bar{R}=D_4\bar{R}$$

$$CL_R=\bar{R}$$

$$LCL_R=d_2\sigma-3d_3\sigma=\left(1-3\frac{d_3}{d_2}\right)\bar{R}=D_3\bar{R}$$

式中 D_4 和 D_3 的值可以由表 7-10 查得。

需要指出的是，控制图的类别有所不同，控制线的具体推导过程也不尽相同，但是其基本原理是相同的，实际应用中可以直接查表 7-9 得到各类控制图的具体的控制界限。其推导过程本书不再赘述，表中相应的系数也可以由表 7-10 查得。

3)控制图的应用程序

控制图的一般应用程序如下：

步骤一：确定待控制质量特性，即控制对象。

选择控制对象时，需要注意以下几点：

(1)选择对质量影响最大、最重要的指标作为控制对象；

(2)控制特性要能够被定量描述，且容易测量；

(3)若指标之间有因果关系，则选取作为“因”的指标为控制对象；

(4)控制对象要明确，要获得有关工作人员的同意。

步骤二：根据质量特性和数据采集的方式选择控制图的类型(参考表 7-9)。

步骤三：采集 20～25 个以上的样本作为预备数据，绘制分析用控制图，以判断是否为受控状态，如果处于受控状态，则转入下一步；否则，要追查原因，采取措施，直至过程回到控制状态。

步骤四：绘制控制用控制图，进行过程质量控制。

步骤五：进行日常控制。如无异常现象，则维持现状生产；如果出现可能降低质量的信息，应采取措施，消除异常；如果出现质量提高的信息，应总结经验，进行标准化和制度化。

步骤六：根据应用情况，适时修订控制界限。

3.控制图的绘制

控制图的种类较多，不同控制图在绘制过程中数据及控制线的具体计算不尽相同，但其绘制基本方法类似。下面仅以 $\bar{x}-R$ 控制图为例阐明控制图的绘制过程。

1)采集预备数据，本例采集了 25 组，见表 7-11

2)计算各样本的均值 $\bar{x}_i$，例如第一个样本的平均值为

$$\bar{x}_1=\frac{9.15+9.94+9.40+9.64+9.56}{5}=9.54$$

其余平均值见表 7-11 中(6)栏。

表 7-11 预备数据表

样本编号	x_1 (1)	x_2 (2)	x_3 (3)	x_4 (4)	x_5 (5)	$\bar{x}$ (6)	R (7)
1	9.15	9.94	9.40	9.64	9.56	9.54	0.79
2	9.53	9.57	9.32	9.38	9.76	9.51	0.44
3	9.05	9.11	9.45	9.81	9.03	9.29	0.78
4	9.81	9.68	9.10	9.45	9.78	9.56	0.71
5	10.18	9.72	9.05	9.45	9.16	9.51	1.13
6	9.38	9.38	9.11	9.59	9.41	9.38	0.48
7	9.30	8.92	9.19	9.70	10.02	9.43	1.09
8	9.34	9.37	9.51	9.84	9.64	9.54	0.51
9	9.45	9.59	9.91	9.34	9.24	9.50	0.67
10	9.43	9.41	9.62	9.54	9.11	9.42	0.51
11	9.70	9.80	9.67	9.43	9.43	9.60	0.36
12	9.43	9.41	9.62	9.51	9.11	9.42	0.51
13	9.29	9.26	9.64	9.89	8.89	9.39	1.00
14	9.72	9.19	9.35	9.40	9.16	9.36	0.55
15	9.19	9.73	8.81	9.78	9.46	9.40	0.97
16	9.72	9.19	9.35	9.40	9.16	9.36	0.55
17	9.29	9.26	9.64	9.89	9.46	9.51	0.63
18	9.43	9.41	9.62	9.51	9.27	9.45	0.35
19	9.70	9.80	9.67	9.43	9.43	9.60	0.36
20	9.56	9.34	9.46	9.59	10.22	9.63	0.89
合计						189.42	13.28
平均						9.47	0.66

3)计算各组的极差 R_i

例如,第一个样本的极差为:$R_1=9.94-9.15=0.79$

其余各样本的极差见表 7-11 中(7)栏。

4)计算样本的总均值 $\bar{\bar{x}}$ 和平均极差 $\bar{R}$

参见表 7-11 最末一行,由于,$\Sigma \bar{x}_i=189.42$,$\Sigma R_i=13.28$,故:

$$\bar{\bar{x}}=\frac{189.42}{20}=9.47,\quad \bar{R}=\frac{13.28}{20}=0.66$$

5)计算 R 图的参数,并绘制 R 图

从表 7-10 可知,样本容量 n=5 时,$D_4=2.114$,$D_3=0$,代入 R 图的控制线公式,得到:

$$UCL_R=D_4\bar{R}=2.114\times 0.66=1.404$$
$$CL_R=\bar{R}=0.66$$

$$LCL_R = D_3\bar{R} = 0$$

根据上述控制线的数值，绘出 R 图（见图 7-13）。R 图判定为受控状态，接着建立 $\bar{x}$ 图。

6）计算 $\bar{x}$ 图的参数，并绘制 $\bar{x}$ 图

从表 7-10 中可知，当样本容量 n＝5 时，$A_2=0.577$，代入 R 图的控制线公式，得到：

$$UCL_{\bar{x}} = \bar{\bar{x}} + A_2\bar{R} = 9.47 + 0.577 \times 0.66 = 9.854$$

$$CL_{\bar{x}} = 9.47$$

$$LCL_{\bar{x}} = \bar{\bar{x}} - A_2\bar{R} = 9.47 - 0.577 \times 0.66 = 9.088$$

根据上述控制线的数值，绘出 $\bar{x}$ 图（见图 7-13）。$\bar{x}$ 图判定为受控状态。

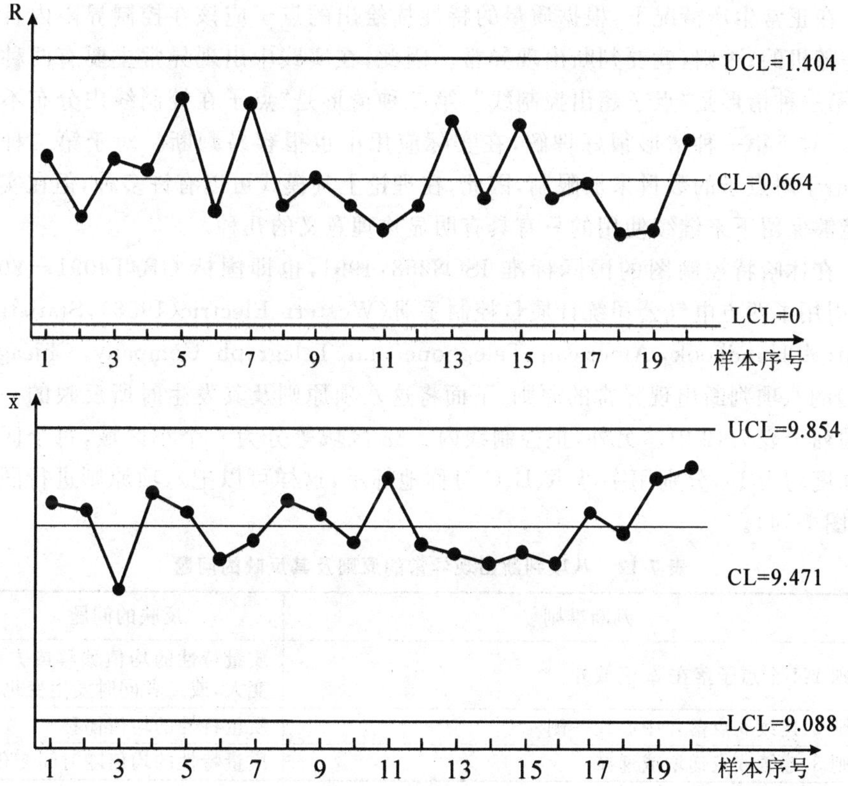

图 7-13 $\bar{x}$－R 控制图

由以上过程可知，均值图和极差图均判定为受控状态，因此上述 $\bar{x}$－R 控制图的控制线可以延长，作为控制用控制图供日常使用。

4.控制图的观察与分析

1)判断为受控状态的准则

受控状态是生产过程追求的目标。那么,在控制图上如何判断过程是否处于受控状态呢?这就用到判定为受控状态的准则:控制图中的点子在随机排列的情况下,符合下列条件之一就判断过程处于受控状态:

(1)连续25个点子都落在控制线内;

(2)连续35个点子,落在控制线外的不超过1个;

(3)连续100个点子,落在控制线外的不超过2个。

另外,需要注意,如果点子恰好落在控制线上应视为超出控制界限。

2)判定出现异常的准则

在正常生产情况下,根据质量的特性描绘出的点子应该在控制界限内且排列是随机的;否则,就要判断出现异常。因此,在实践中出现异常主要有两种情形,第一种情形是"点子超出控制线",第二种情形是"点子在控制线内分布不随机"。对于第一种情形很好理解,在实际应用中也很容易判断。对于第二种情形,由于对点子的数目未加限制,因此,在理论上其模式可以有许多种,但在实践中能够保留下来继续使用的只有具有明显物理意义的几种。

在休哈特控制图的国际标准ISO8258:1991,也即国标GB/T4091－2001中,引用了西方电气公司统计质量控制手册(Western Electric(1956),Statistical Control Handbook,American Telephone and Telegraph Company,Chicago,III.)的八项判断出现异常的原则,下面将这八项原则及其发生时所反映的一般问题列于表7-12中。另外,把控制线内$\pm 3\sigma$区域等分为6个小区域,每个区域的高度均为1σ,分别用字母A、B、C对称地标示,这样可以把八项原则进行图示(见图7-14)。

表7-12 八项判断出现异常的原则及其反映的问题

判断准则	反映的问题
准则1:1个点子落在A区域外	质量特性的均值偏移或方差变大,或二者同时发生变化
准则2:连续9点落在中心线一侧	质量特性的均值偏移
准则3:连续6点递增或递减	质量特性的均值随时间变化
准则4:连续14点中有相邻点交替上下	数据分层不够
准则5:连续3点中有2点落在中心线同一侧的B区以外	质量特性的均值偏移
准则6:连续5点中有4点落在中心线同一侧C区以外	质量特性的均值偏移
准则7:连续15点落在中心线两侧的C区内	质量特性的方差变小或数据分层不够
准则8:连续8点落在中心线两侧且无一落在C区内	数据分层不够

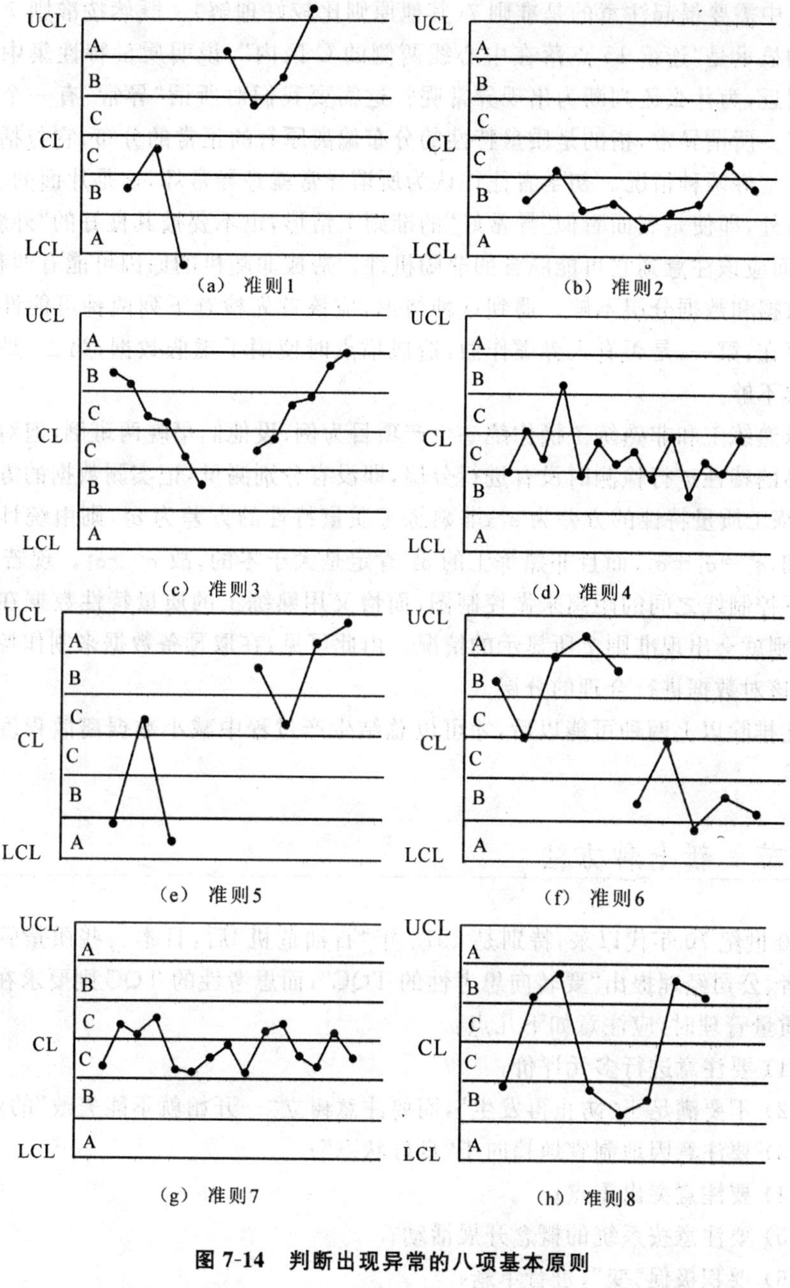

图 7-14　判断出现异常的八项基本原则

在上述八项判断原则中，准则 1 判断的是出现异常的第一种情形，即“点子超出控制线”；其余七项原则则是针对出现异常的第二种情形，即“点子在控制线内分布不随机”。

其中需要提起注意的是准则7(其他原则比较好理解)。既然按准则7的控制图的显示是“连续15点落在中心线两侧的C区内”,说明质量特性集中在平均值附近,为什么还判断为出现异常呢?这需要我们对所谓“异常”有一个正确的理解。所谓异常,指的是质量特性的分布偏离原有的正常的分布,它包括异常坏和异常好两种情况。初学者往往认为所谓异常就是异常坏,这是片面的。

另外,即使是表面看似“异常好”的准则7情形,也不要被其良好的“外貌”所迷惑,而应该注意到它可能隐含的非随机性。造成非随机的原因可能有两种:虚假的数据和数据分层不够。遇到这种情形,应该首先检查下列两种可能性是否真的存在:第一,是否有人弄虚作假,造成描点时使用了虚假数据;第二,是否数据分层不够。

以熟练工和非熟练工操作统一生产项目为例,设他们早晚两班倒,但对他们的产品的特性进行检测时没有进行分层,即没有分别测量,记实测数据的方差为σ^2,熟练工质量特性的方差为σ_1^2,非熟练工质量特性的方差为σ_2^2,则由统计学知识可知,$\sigma^2=\sigma_1^2+\sigma_2^2$,而且非熟练工的$\sigma_2^2$肯定是大于零的,故$\sigma^2>\sigma_1^2$。现若以$6\sigma$为上下控制线之间的距离来做控制图,而恰又用熟练工的质量特性数据在图中描点,则就会出现准则7所显示的情况。由此可见,在取预备数据来制作控制图时,应该对数据进行合理的分层。

在排除以上两种可能以后,才可以总结生产过程中减小数据离散程度的先进经验。

第三节 新七种方法

20世纪70年代以来,特别是1973年“石油危机”后,日本一些质量管理专家学者、公司经理提出“要转向思考性的TQC”;而思考性的TQC则要求在开展全面质量管理时,应注意如下几点:

(1) 要注意进行多元评价;

(2) 不要满足于“防止再发生”,而要注意树立“一开始就不能失败”的观念;

(3) 要注意因地制宜地趋向于“良好状态”;

(4) 要注意突出重点;

(5) 要注意按系统的概念开展活动;

(6) 要积极促“变”,进行革新;

(7) 要具备预见性,进行预测。

由此,对于质量管理的方法也提出了以下几点新的要求:

(1) 要有利于整理语言资料或情报;

(2) 要有利于引导思考；

(3) 要有助于充实计划的内容；

(4) 要有助于促进协同动作；

(5) 要有助于克服对实施项目的疏漏；

(6) 要有利于情报和思想的交流；

(7) 要便于通俗易懂地描述质量管理的活动过程。

“新七种工具”就是在这样的要求下逐渐形成的。“新七种工具”也称“新七种方法”，指的是关联图法、KJ 法、系统图法、矩阵图法、矩阵数据分析法、网络图法和 PDPC 法，是日本科学技术联盟于 1972 年组织一些专家运用运筹学或系统工程的原理和方法，经过多年的研究和现场实践后于 1979 年正式提出用于质量管理的。这新七种工具的提出不是对“老七种工具”的替代而是对它的补充和丰富。一般说来，“老七种工具”的特点是强调用数据说话，重视对项目过程的质量控制；而“新七种工具”则基本是整理、分析语言文字资料（非数据）的方法，着重用来解决项目全面质量管理中“计划”阶段的有关问题。因此，“新七种工具”有助于管理人员整理问题、展开方针目标和安排时间进度。

一、关联图法

实践证明，质量因素之间存在着大量的因果关系，这些因果关系有的是纵向关系，有的是横向关系。纵向关系可以用因果图来加以分析，但因果图对横向关系的考虑不够充分，而这时，关联图就有了用武之地。

1. 关联图的概念和类型

关联图，又称关系图，是用方框（或圆圈）和箭线表示事物之间“原因与结果”、“目的与手段”的复杂的逻辑关系的一种图。它将众多影响因素以一种较简单的图形来表示，易于抓住主要矛盾、找到核心问题，也利于集思广益，迅速解决问题。

如图 7-15 所示，关联图由方框和箭线组成。方框中是用文字表述的与问题有关的因素，文字说明要力求简短、表达确切、易于理解。箭线由原因指向结果，由目的指向手段。图 7-15 中各种因素 A、B、C、D、E、F、G 之间有一定的因果关系。其中因素 B 受到因素 A、C、E 的影响，它本身又影响到因素 F，而因素 F 又影响着因素 C 和 G……在这种复杂的情况下，理清因素之间的因果关系，就便于统观全局、分析研究，从而拟定出解决问题的措施和计划。

常见的关联图类型有如下四种。

1)中央型的关联图

它是尽量把重要的项目或要解决的问题安排在中央位置，然后依照与它的

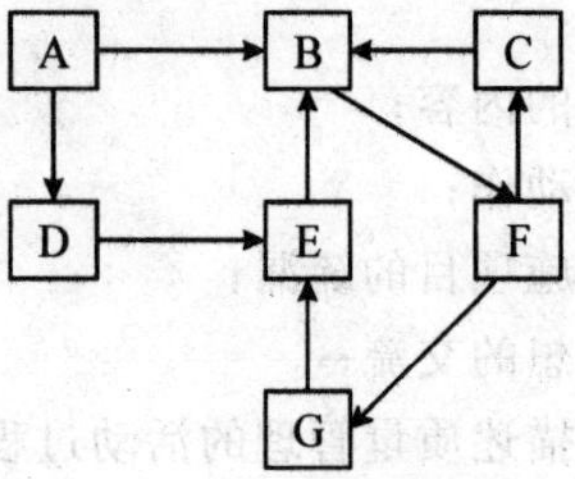

图 7-15 关联图的示意图

关系的密切程度,把关系最密切的因素尽量排在离它最近的地方。

2)单向型的关联图

它是把重要的项目或要解决的问题安排在一边(最右边或最左边),再将各因素沿主要的因果关系方向依次排列。

3)关系型的关联图

它是以各项目间或各因素间的因果关系为主体的关联图,对各因素的位置不予规定,可以灵活掌握。

4)应用型的关联图

它是以上述三种图型为基础而综合使用的关联图。

2.关联图的使用步骤

关联图一般可按如下步骤绘制和使用:

(1)提出认为与问题有关的各种因素;

(2)用简明、易懂、确切的文字或语言加以表示;

(3)把因素之间的因果关系,用箭线符号做出逻辑上的连接(箭线不表示顺序关系,而是表示一种相互制约的逻辑关系);

(4)根据全貌,进行分析讨论,检查图中有无不够确切或遗漏之处,复核和认可上述各种因素之间的逻辑关系;

(5)指出重点,确定从何处入手来解决问题,并拟定措施计划。

3.关联图的用途

关联图法的应用范围非常广泛,在项目质量管理工作中,经常在如下几方面使用:

(1)制定质量管理的目标、方针和计划;

(2)分析质量问题产生的原因,提出质量改进对策;

(3)从大量的质量问题中,找出主要问题和重点项目;

(4)规划质量管理小组活动的深入开展;

(5)研究满足用户要求、减少索赔的措施;

(6)研究如何用工作质量来保证产品质量问题。

4.关联图的应用举例

日本科技联盟曾就公司开展全面质量管理应从何入手问题开展调查，一些公司在回答中提出了以下13项意见：

(1)确定方针、目标、计划；

(2)思想上重视质量和质量管理；

(3)开展质量管理教育；

(4)定期监督检查质量与开展质量管理活动的情况；

(5)明确管理项目和管理点；

(6)明确领导的指导思想；

(7)建立质量保证体系；

(8)开展标准化工作；

(9)明确评价标准尺度；

(10)明确责任和权限；

(11)加强信息工作；

(12)全员参与；

(13)研究质量管理的统计方法。

他们根据以上13项意见相互之间的因果关系，绘制出关联图(见图7-16)。然后根据此图综观全局，进行分析，确定了首先应从第1项和第6项入手，解决进一步开展全面质量管理的问题。

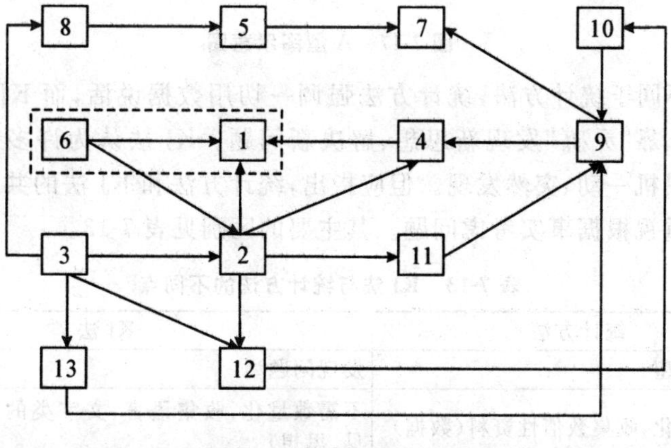

图7-16　13项意见的关联图

二、KJ图法

1. KJ法的含义

KJ法是日本的川喜田二郎(Kawakita Jiko)在质量管理实践中经过总结、归纳整理而提出的。这种方法将大量杂乱无章的语言文字资料，按照其内在的联系(亲和性)加以整理，从而理出思路，抓住问题实质，找出解决问题的新途径的方法。

KJ法的应用基础是A型图(Affinity Diagram)。A型图又叫亲和图、近似图解，它把收集到的大量有关一定特定主题的意见、观点、想法和问题，按它们之间相互亲(接)近关系加以归类、汇总，并绘制成表示思维联系、启发思路的图(见图7-17)。KJ法通过不断积累和应用A型图来发现新问题，并辅之以其他方法来解决问题。

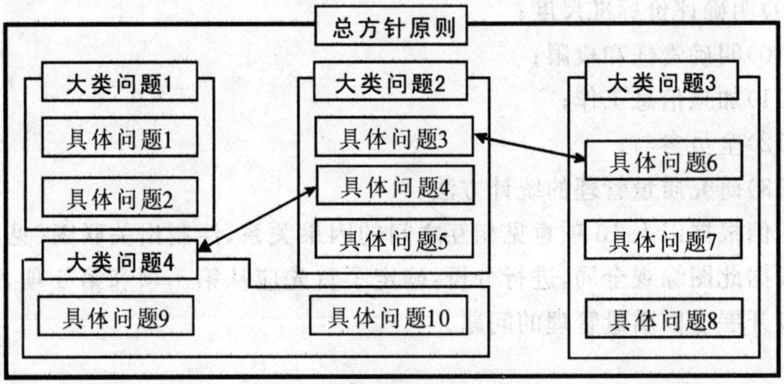

图7-17　A型图示意图

KJ法不同于统计方法，统计方法强调一切用数据说话，而KJ法则主要靠用事实说话、靠"灵感"发现新思想、解决新问题。KJ法认为许多新思想、新理论，往往是灵机一动、突然发现。但应指出，统计方法和KJ法的共同点，都是从事实出发，重视根据事实考虑问题。其主要的区别见表7-13。

表7-13　KJ法与统计方法的不同点

	统计方法	KJ法
1	验证假设型	发现问题型
2	现象数量化，收集数值性资料(数据)	不需数量化，收集语言、文字类的资料(现象、意见、思想)
3	侧重于分析	侧重于综合
4	用理论分析(即数理统计理论分析)	凭"灵感"归纳问题

2. KJ 法的使用步骤

KJ 法的使用一般遵循如下步骤：

(1)确定对象。运用各种方法(直接观察法、面谈法、阅读法、个人思考法等)收集与所要解决问题的相关的文字资料；

(2)收集资料。在收集资料时，要注意以掌握事实为主，防止掺杂进个人的成见，通常应根据不同的使用目的对收集资料的方法进行适当选择；

(3)制作资料卡片。将收集到的语言及文字资料按内容分类，并用简洁的文字制成卡片；

(4)汇总、整理卡片。把内容相近的卡片归并在一起，并标记分类标志；

(5)绘制 A 型图。把分类标记好的卡片根据相互位置排列起来，并用适当的记号表示出相互关系，即将内容相近的资料归入一个卡片组。在各组中，还可以根据内容进一步细分成更小的卡片组，各卡片或卡片组之间的关系可以用箭头表示；

(6)口头及书面报告。分析观察 A 型图，从中归纳、整理出思路及解决问题的办法，并将结果做口头或书面报告。

3. KJ 法的用途

(1) 认识新事物(新问题、新办法)；

(2) 整理归纳思想；

(3) 从现实出发，采取措施，打破现状；

(4) 提出新理论，进行根本改造，“脱胎换骨”；

(5) 促进协调，统一思想；

(6) 贯彻上级方针，使上级的方针变成下属的主动行为。

4. KJ 法应用举例

下面以用 KJ 法开展质量管理小组活动为例，简要说明如何使用 KJ 法。

(1)分组。为了充分发挥每个人的智慧，把召集来的管理人员、工程技术人员和一般员工平均分成两个小组，每组 5～10 个人；绘出两个可供比赛和选择的 A 型图；先选出组长，再做好绘图应有的准备工作。

(2)理解题目。经过共同讨论分析，让各组成员充分理解“如何深入地开展质量管理小组活动”题意。引起大家的重视，并给予考虑和准备的时间。

(3)组员制卡片。每个组员在卡片上分别写出对该题目的设想和意见，编成语言资料，写在卡片上，每个人填十个左右。

(4)全组汇总卡片。组长把大家写好的卡片收拢来，像洗扑克牌一样地混合后，再像分扑克牌一样地分给每个组员。各人反复认真熟读所分到的不同人填写的卡片，充分理解每张卡片的意思，不懂处可以提问，直到每个人对自己手中的卡片都理解了，就开会汇总卡片。组长先宣读自己手中的卡片，如果某个组员手中有相近意思的卡片，也共同宣读，以便加深大家的理解，随后将相近意思的卡片收在一起。重复上述过程，直到组长手里的卡片读完为止；以此类推，直到每个成员手中的卡片全部读完。若由此受启发而产生新设想卡片，当即写出，予以宣读。

(5)根据以上汇总好的卡片组，绘制A型图。

(6)分析观察绘制好的A型图，从中归纳、整理出开展质量管理小组活动的思路和办法，并做出口头或书面报告。

三、系统图法

1. 系统图的概念

系统图又叫树图(Tree Diagram)，它是将事物或现象的构成或内在逻辑关系展示、分解而形成的图(见图7-18)。通过树图，可以把所属关系或要实现的目的与需要采取的措施、手段系统地展开，并绘成图，以便明确问题的重点，寻找最佳解决手段或措施。

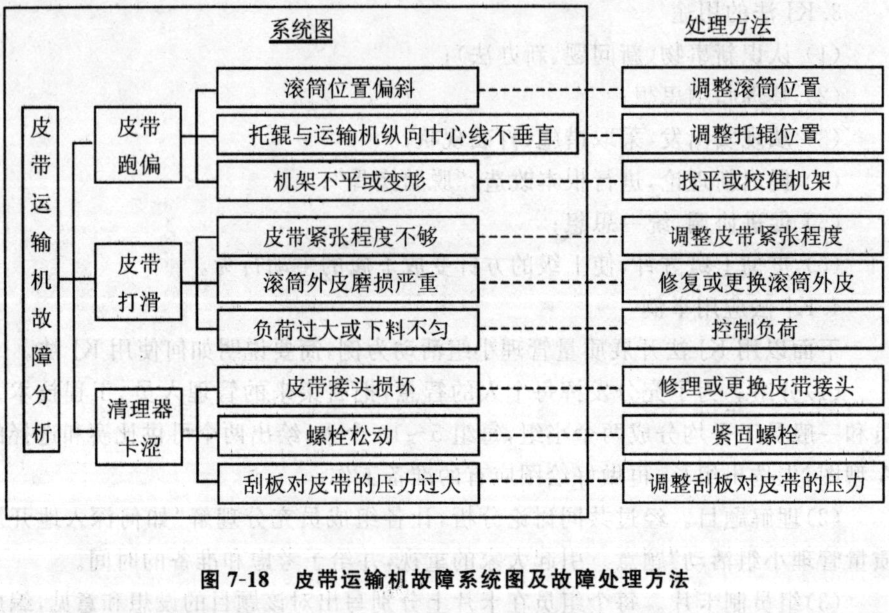

图7-18 皮带运输机故障系统图及故障处理方法

2. 系统图的使用步骤

(1)确定目的或目标。

(2)提出手段和措施。为了达到目标，应集思广益，并将手段和措施记录下来。

(3)评价手段和措施,决定取舍。要对措施和手段的适当性、可行性或是否需要进一步调查才能确认等方面进行评价。

(4)绘制卡片。把评价后保留下来的措施、手段用简明、易懂的语言绘制在卡片上。

(5)形成目标手段(措施)的系统展开图。在绘图过程中,可能会发现一些新的而且可行的手段和措施,这时应该将其补上。

(6)观察系统图,确认目标能否充分实现。

(7)制订实施计划。

3.系统图的用途

(1)在新产品研制开发项目中,应用于设计方案的展开。

(2)在质量保证活动中,应用于质量保证事项和过程质量分析事项的展开。

(3)应用于项目目标、方针、实施事项等的展开。

(4)应用于价值工程的功能分析。

(5)结合因果分析图,使之进一步系统化。

4.系统图应用举例

某工厂在设备大修项目中对若干设备故障进行因果分析后,绘制出故障原因系统图,图7-18是其中的皮带运输机运行故障原因系统图。

根据该系统图,可以找出故障的具体处理方法(本例中一并列在系统图最右侧),这为今后该设备的故障分析和处理奠定了基础。

四、矩阵图法

1.矩阵图的概念和类型

矩阵图(Matrix Chart)是借助数学上矩阵的形式来分析因素之间关系的图。它由三个部分组成:对应事项、事项中的具体元素、对应元素交点处表示相关程度的符号。常用的表示相关程度的符号有◎、○、△三种,它们表示的相关程度按顺序由强到弱。这种用矩阵图并根据各元素之间的相关程度,寻找解决问题的方法,就是矩阵图法。

在实践中常用的有L型矩阵图、T型矩阵图、X型矩阵图等,见图7-19。

2.矩阵图的用途

矩阵图的用途十分广泛,在项目质量管理中常用它解决如下问题。

(1)把系列产品的硬件功能与软件功能相对应,并要从中找出研制产品或改进老产品的切入点。

(2)明确产品的质量特性与试验测定项目、试验测定仪器之间的关系。

(3)明确项目质量特性与其管理机构或保证部门的关系,使质量保证体制更

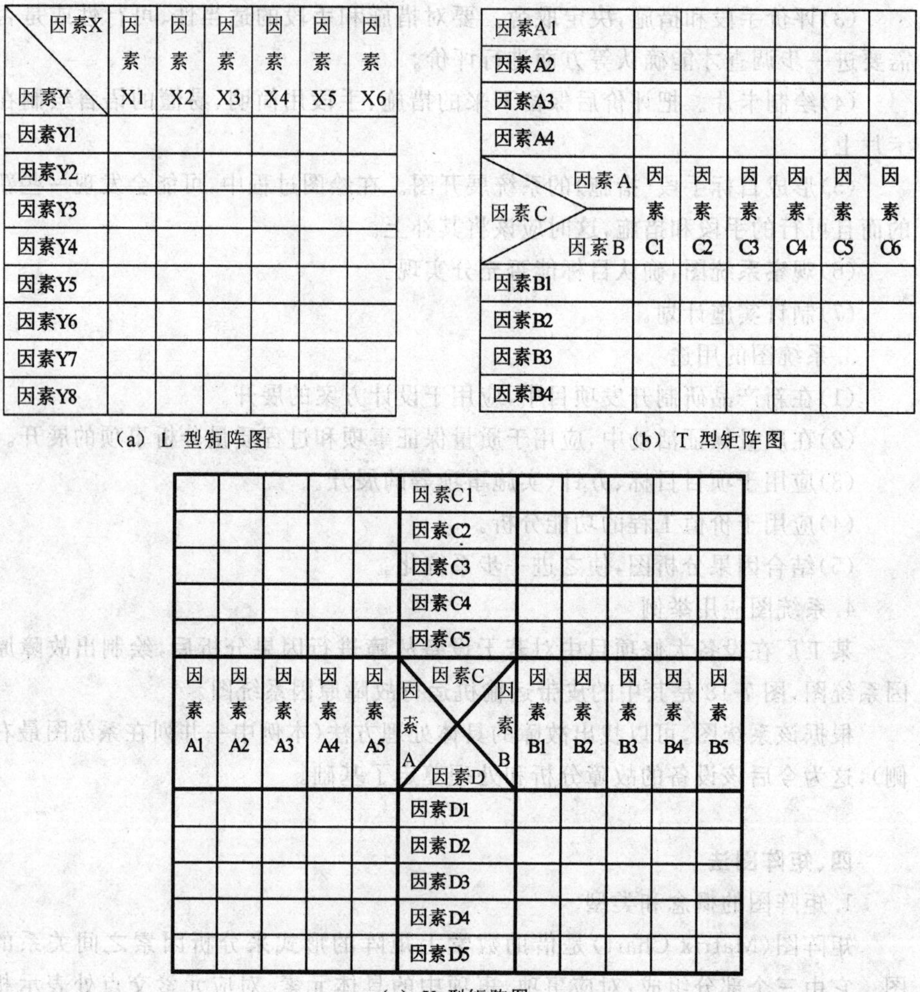

（a）L 型矩阵图　（b）T 型矩阵图　（c）X 型矩阵图

图 7-19　矩阵图

可靠。

(4)当项目实施过程中存在多种不良现象，且它们具有若干个共同的原因时，希望搞清这些不良现象及其产生原因的相互关系，进而把这些不良现象一并消除。

(5)在进行多变量分析、研究时，解决从何入手及以什么样的方式采集数据。

3.矩阵图应用举例

某电扇厂的 QC 小组研究"吊扇输入功率高、效率低"项目，在分析吊扇性能低及其产生原因过程中，使用了 L 型矩阵图进行分析（见图 7-20），其使用步骤如下。

原因＼性能	绝缘强度低	耐压击穿	功率大	转速低	起动性能差
绝缘漆浓度低	◎	○			
定子性能差			◎	◎	◎
转子缺陷			◎	◎	○
风叶不配套			○	◎	○
风叶角度与电机不匹配			◎	○	△
轴承不合格			△	○	△
精加工精度差			◎	○	◎

图 7-20 吊扇性能原因分析矩阵图

(1)列出对应事项和事项的具体元素。本例中的对应事项有两个:第一个是"性能低",包括的具体元素有五个;第二个是"原因",包括七个具体元素。

(2)选择适当的矩阵图类型。本例中只有两个对应事项,可选用 L 型矩阵图。

(3)把具体元素排成行和列,见图 7-20 最上面一行和最左面一列。

(4)根据经验判断成对元素的关系程度,并在交点处用相应的符号表示。

(5)根据相关程度确定必须控制的关键因素。根据对矩阵图的分析,认为定子性能与功率、转速、起动性能有较强相关关系,是吊扇性能好坏的关键因素。

五、矩阵数据分析法

在矩阵图中,如果关系程度不是用符号表示,而是用填数据表示,于是就形成一个分析数据的矩阵。这样就可以对这些数据进行解析运算,从而得到所需要的结果,这种分析方法称为"矩阵数据分析法"。

矩阵数据分析法是"新七种工具"中唯一用数据来分析问题的方法,但其结果仍然以图来表示。应用这种方法的过程比较烦琐,往往需要借助电子计算机来分析、求解。矩阵数据分析法主要用于市场调查、新产品规划、新产品研制、工序分析等方面。

六、网络图法

1. 网络图法的概念

网络图法又称箭线图法或矢线图法，它是计划评审法在项目质量管理中的应用，用来安排和编制最佳日程，有效地实施进度管理的一种管理方法。利用网络图进行项目质量管理，有利于从全局出发，统筹安排各种因素，抓住项目实施的关键路线，集中力量，按时或提前完成项目计划。

网络图一般是一张有向无环图，由节点和作业活动组成。

(1)节点。节点在网络图中表示一项作业的开始或结束，一般用圆圈表示，圆圈中用数字编号来区别不同的节点。

(2)作业活动。网络图中的每条箭线表示一项作业活动，箭线的方向表示作业的前进的方向，箭线上方可以用字母标明不同的作业活动，箭线下方用数字标明作业活动所需要的时间。

2. 网络图的绘制规则

绘制网络图一般必须遵循如下一些基本规则。

(1)绘制之前，要正确确定作业顺序，明确各项作业之间的衔接关系，以便能够把各项作业按顺序、逐步用箭线连接起来。

(2)每一项作业(一条箭线)两端都必须有节点编号，编号一般按从左向右(或从上到下)的顺序逐渐增大，且不能重复。

(3)相邻两个节点之间必须且只能有一条箭线(一项工作)。

(4)网络图中不允许出现闭环。也就是说，当按箭线方向运行时，箭线从某一节点出发，不能经过若干节点后再回到该节点。

(5)网络图中不允许出现双向箭头的箭线，也不允许出现没有箭头的“连线”。

(6)对于单目标、不分期完成的项目，其网络图中只允许有一个起始节点(表示项目的开始)和一个终点节点(表示项目的完成)。

3. 网络图中的时间计算与关键路线的确定

下面以某小型项目的网络图为例说明网络图中的时间计算和关键路线的确定方法。

在项目计划阶段，工作人员根据以往经验和现实条件，分析了项目实施过程中的七项作业活动的逻辑关系并估计工作时间(计量单位:天)，绘制出项目的网络图，见图 7-21。

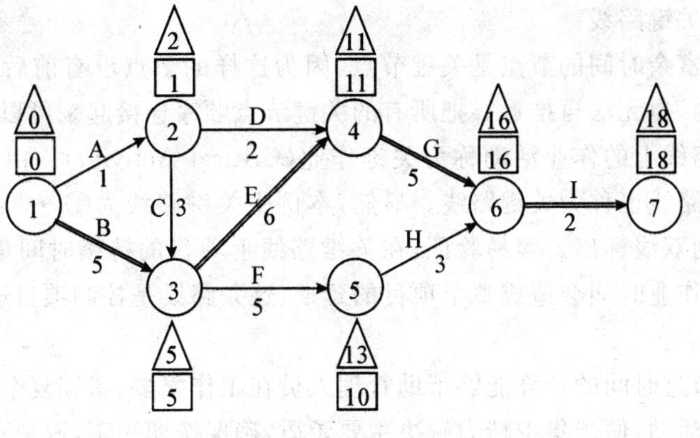

图 7-21　某小型工程网络图的节点时间计算

1)计算每个节点上的最早开工时间

某节点上的最早开工时间，是指从开始节点顺箭线方向到该节点的各条路线中，时间最长一条路线的时间之和。例如，从图 7-21 的开始节点①到节点④的三条路线的时间和分别为：

①→②→④：1＋2＝3

①→②→③→④：1＋3＋6＝10

①→③→④：5＋6＝11

所以，节点④的最早开工时间为 11，通常可写在方框内表示。其他各节点最早开工时间的计算同理。

2)计算每个节点上的最晚开工时间

某节点上的最晚开工时间，是指从终点节点逆箭线方向到该节点的各条路线中，时间差最小的那条路线上的时间差。例如，从图 7-21 中的终点节点⑦到节点②的三条路线的时间和分别为：

⑦←⑥←④←②：18－2－5－2＝9

⑦←⑥←④←③←②：18－2－5－6－3＝2

⑦←⑥←⑤←③←②：18－2－3－5－3＝5

所以，节点②的最晚开工时间为 2，通常可将此数写在三角形内表示。其他各节点的最迟开工时间计算同理。

3)计算富余时间

富余时间，是指在同一节点上最早开工时间与最晚开工时间之间的时差。例如，图 7-21 中的节点⑤的富余时间为：13－10＝3。富余时间对调整资源负荷和改善计划起着重要的作用。

4)寻找关键路线

所有无富余时间的节点是关键节点，因为这样的节点没有前后可调节的时间，无法提前，也无法再推迟。把所有的关键节点顺序连接起来可以形成一条路线，在这条路线上的作业活动称为关键作业(Critical Activity)。由关键作业所组成的这条路线也称为关键路线。显然，本例中关键路线为①→③→④→⑥→⑦，在图中用双线标出。容易验证，在关键路线上项目的持续时间最长，推迟关键路线上的作业时间会造成整个项目的延期，这条路线是控制项目进度、保证项目质量的重点。

显然，通过时间的计算能够帮助管理人员在工作繁多、错综复杂的计划中找出关键作业活动，便于集中精力解决主要矛盾，确保按期竣工，避免盲目抢工，保证项目质量。同时，根据网络中反映出来的富余时间，可以更好地运用和调配各种资源，达到降低成本的作用。另外，在计划执行过程中，当某一项作业活动因故提前或拖后时，通过网络图可以预见到这项作业活动对其他作业活动及总工期的影响，便于及早采取措施消除不利因素。

七、PDPC 法

1. PDPC 法的概念

PDPC(Process Decision Program Chart)法，又称过程决策程序图法。它是在制订达到研制目标的计划阶段，对计划执行过程中可能出现的各种障碍及结果，做出预测，并相应地提出多种应变计划的一种方法。其使用的工具就是过程决策程序图，如图 7-22 所示。

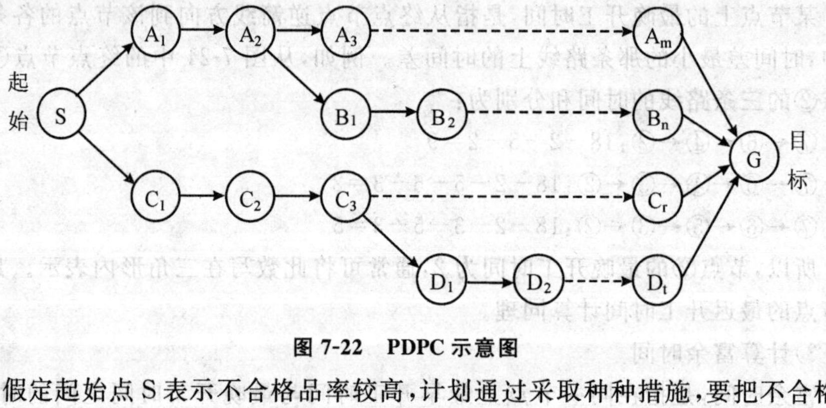

图 7-22　PDPC 示意图

假定起始点 S 表示不合格品率较高，计划通过采取种种措施，要把不合格品率降低到 G 水平。先制订出从 S 到 G 的措施是 A_1、A_2、A_3……A_m 的一系列活动计划。在讨论中，考虑到技术上或管理上的原因，将来要实现措施 A_3 可能困难较大，于是，从 A_2 开始制订出应变计划(第二方案)，即经 A_1、A_2、B_1、B_2……

B_n 到达 G 目标。同时，还可以考虑同样能达到目标 G 的方案：C_1、C_2、C_3……C_r（第三方案）及其应变方案 C_1、C_2、C_3、D_1……D_t（第四方案）。这样，当前面的活动计划遇到问题，而难以实现的 G 水平时，仍能及时采用后面的活动计划，达到 G 的水平。

PDPC 法与系统图有类似之处，二者都是把为达到一定目的所设想的各种手段、方法、措施按系统展开。但系统图法是一种静态展开方式，而 PDPC 法则是动态展开。在应用 PDPC 法制定对策时，预先要对各种可能发生的不利情况加以估计，并提出多个解决方案，以保持方案的灵活性。在计划执行过程中，在遇到不利情况时就要立即转去采取预先拟定好的其他几种方案，随时修正方向，以便顺利达到最终目标；如果在计划执行过程中出现了没有预料到的情况，也可以随机应变，灵活采取对策，使项目质量问题得到圆满解决。

2. PDPC 法的步骤

（1）召集尽可能广泛的人员讨论所要解决的问题，以便在讨论中提出达到目标的手段、措施、方案。

（2）对提出的手段列举出预测的结果，以及提出的措施、方案难以实施时应该采取的备用方案和措施。

（3）将措施按紧迫程度、所需工时、实施的难度等进行分类，特别对目前所要着手进行的措施，要根据预测的结果明确首先应该做什么，并用箭线与目标方向连接起来。

（4）进一步决定各项措施的先后顺序，要研究从一条线路得到的情况对其他线路是否有影响。

（5）落实负责人及实施期限。

（6）定期召开有关人员的会议，检查 PDPC 的实施情况，了解是否出现新的情况，并按照新的情况和问题修改 PDPC 图。

3. PDPC 法的用途

PDPC 法经常用于下列情形：

（1）制订目标管理中的实施计划；

（2）制订科研项目的实施计划；

（3）对整个项目的重大事故进行预测；

（4）制定过程控制的措施。

本章小结

进行质量管理时，以事实为决策依据，用于表达事实的重要信息是数据，进行决策应是科学的质量管理方法与真实可靠的数据相结合。项目的质量管理也是如此。无论是对项目进展过程的质量控制，还是对项目最终质量的评判，都离不开数据。数据是项目质量管理中最重要的信息，是项目质量管理的基础。衡量项目质量管理效果的好坏、判断项目工序质量状况或水平，首先必须具有可靠性高、代表性好的质量数据。这首先取决于获得质量数据的手段和方法，其次必须采用科学的方法对质量数据加以处理。本章重点阐述了质量数据的类型、采集方法、数据的描述及常见的概率分布，以及质量管理常用的工具与方法。

思考练习题

1. 质量数据有哪些基本类型？
2. 质量数据有哪些基本的采集方法？
3. 质量数据有哪些基本的描述方法？
4. 排列图中所提到的 A、B、C 三类因素指的是什么？这样分类有何意义？
5. 如何绘制因果图？
6. 如何绘制控制图？用控制图判断出现异常的准则有哪些？
7. 什么是关联图？它有哪些用途？
8. 结合实例说明如何绘制系统图。
9. 某建筑施工项目中使用 C30 混凝土进行浇注，为了对抗压能力进行分析，收集了 50 个抗压强度报告单，并整理如表 7-14，试绘制混凝土抗压强度分布直方图，并对分布状态进行分析。

表 7-14 混凝土抗压强度数据

计量单位：N/mm^2

序号	抗压强度	序号	抗压强度	序号	抗压强度	序号	抗压强度	序号	抗压强度
1	38.3	11	43.9	21	36.3	31	40.4	41	35.4
2	31.9	12	39.7	22	38.2	32	40.6	42	33.2
3	37.5	13	38.1	23	40.1	33	35.6	43	41.0
4	36.8	14	33.1	24	42.3	34	39.0	44	40.3
5	37.7	15	34.4	25	37.4	35	35.5	45	35.1
6	43.1	16	46.2	26	34.0	36	35.5	46	37.5
7	42.0	17	31.4	27	37.4	37	36.6	47	38.4
8	36.1	18	37.1	28	38.4	38	36.1	48	37.9
9	34.6	19	39.2	29	38.7	39	41.9	49	33.7
10	36.5	20	38.6	30	39.4	40	36.2	50	32.8

10. 根据作业之间的关系，绘制出某工程施工组织网络计划图，见图 7-23，请计算网络图中的节点最早开工时间、最晚开工时间、富余时间，并确定关键路线。

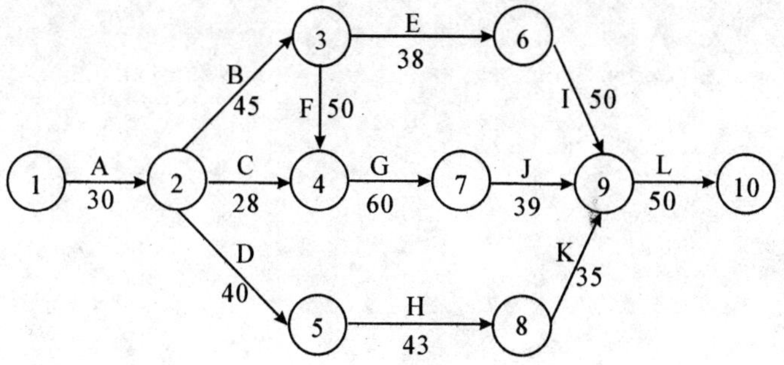

图 7-23　某工程施工组织网络图计划

进一步阅读资料

1. 王祖和. 项目质量管理. 机械工业出版社,2009
2. 张涑贤,乔宏. 项目质量管理. 化学工业出版社,2009
3. 方志耕. 质量与可靠性管理(第二版). 科学出版社,2011
4. 田元福. 建设工程项目管理. 清华大学出版社,北京交通大学出版社,2005
5. 张公绪,孙静. 新编质量管理学(第二版). 高等教育出版社,2003

参考文献

1. 王祖和. 项目质量管理. 机械工业出版社,2009
2. 戚安邦. 项目管理学. 科学出版社,2007
3. 张公绪,孙静. 新编质量管理学(第二版). 高等教育出版社,2003
4. 田元福. 建设工程项目管理. 清华大学出版社,北京交通大学出版社,2005
5. 马林,罗国英. 全面质量管理基本知识. 中国经济出版社,2001
6. 张根保,何桢,刘英. 质量管理与可靠性(修订版). 中国科学技术出版社,2009

8

第八章 ISO9000系列标准与质量认证

本章导读

本章阐述的主要内容包括：ISO9000系列标准的产生、修订和发展概况；ISO9000：2008族标准的构成、特点以及质量管理体系标准的理论基础和术语；ISO9001：2008《质量管理体系要求》的内容、应用以及与相关标准的关系；质量审核与质量认证；ISO10006《质量管理体系——项目质量管理指南》的介绍。

第一节 ISO9000系列标准的构成

一、ISO9000系列标准的产生、修订和发展概况

1. 质量管理体系国际标准的产生背景

质量管理和质量保证标准的产生决不是偶然的，它是现代科学技术和生产力发展的必然结果，是国际贸易发展到一定时期的必然要求，也是质量管理发展到一定阶段的产物。

20世纪后半叶，由于科学技术迅速发展，新产品不断出现，其中相当一部分是具有高安全性、高可靠性、高价值的产品。这些产品在质量上的缺陷不仅给生产企业本身带来巨大的损失，而且也给顾客造成巨大的损失，有的后果还相当严重，甚至影响到国家安全、生态环境和人类生存。例如，核电站、飞机、火车、锅炉、桥梁、隧道、汽车、火箭等产品，不但在生产上要花费大量资金，占用大量时间，投入大量人力，而且这些产品都是多环节的产物，一旦某些环节失控，不能保证质量，在使用过程中发生质量事故，其影响范围之大，损失之巨大是难以估计的。据美国产品安全全国委员会1970年的统计报告，每年因使用具有缺陷的产品而使身体受到伤害的约有2000万人，其中致残的约有11万人，致死的约有3万

人，这表明现代文明既给人们带来丰富的产品，同时也伴随着更多的危险和更大的灾难。因此，社会和顾客都要求生产企业能建立一套质量体系，对产品质量形成全过程的每一环节的技术、管理和人员等方面的因素进行控制，长期稳定地生产满足顾客需要的产品。

自20世纪60年代以来，世界贸易有了长足的发展，随着国际交往的日益增多，产品越出了国界，出现产品国际化，其结果必然出现产品责任国际化的问题。为了有效开展国际贸易，分清产品责任，减少产品质量问题的争端，人们希望在产品国际化的基础上再提高一步，要求质量管理国际化。这就是不仅要求产品质量符合统一的技术标准，而且要求有一个共同的语言，能对企业的技术、管理和人员能力进行评价。许多国家和地区性组织陆续发布了一系列质量保证标准，作为贸易往来供需双方认证的依据和评价的规范，但由于缺乏国际统一的标准，给不同国家企业之间在技术合作、质量认证和贸易往来带来困难。在这样的背景下，为保证国际贸易的顺利发展，制定质量管理和质量保证方面的国际标准已势在必行。

20世纪50年代末，由美国发布的MII－Q－9858A《质量大纲要求》是世界上最早的有关质量保证方面的标准。20世纪70年代初，借鉴军用质量保证标准的成功经验，美国标准化协会(ANSI)和美国机械工程师协会(ASME)分别发布了一系列有关原子能发电和压力容器生产方面的质量保证标准。美国军品生产方面的质量保证活动的成功经验，在世界范围内产生了很大的影响。一些工业发达国家，如英国、美国、法国和加拿大等国在20世纪70年代末先后制定和发布了用于民品生产的质量管理和质量保证标准。这些标准的制定为质量管理体系国际标准的制定奠定了基础。制定国际质量管理体系标准、企业建立、实施质量管理体系主要基于下面几个方面的需求。

1)质量管理和质量保证的国际化是促进国际贸易和合作、消除技术壁垒的需求

随着世界各国经济的迅速发展和日益国际化，对组织的质量管理体系的审核已逐渐成为国际贸易和国际合作的一种需求，因此，世界各国先后发布了一些关于质量管理体系及审核的标准。但是由于各国实施的标准不一致，在国际贸易中形成了技术壁垒，给经济的全球化带来了障碍，质量管理和质量保证的国际化成为当时世界各国的迫切需要。

2)建立、实施质量管理体系是组织增强市场竞争能力的需要

随着地区化、集团化、全球化经济的发展，市场竞争日趋激烈，顾客对质量的期望越来越高。每个组织为了竞争和保持良好的经济效益，就要努力设法提高自身的能力以适应市场竞争的需要，这就需要采用一种系统的、科学的和透明的

方式进行管理。针对所有顾客和相关方的需求，建立、实施并保持一个持续改进其绩效的管理体系，可以帮助组织增强市场竞争能力，从而使组织获得成功。

3）建立、实施质量管理体系是组织保持提供满足顾客要求的产品的能力的需要

对于顾客而言，他们要求产品能够具有满足其需求和期望的特性，而顾客对产品的需求和期望又是不断变化的，顾客的这些需求和期望通常表述在产品的规范或标准中。但是，如果组织没有完善的质量管理体系作为其不断识别顾客的需求和期望、并不断提供满足这些需求和期望的产品的基础，那么，组织就很难具备持续提供满足顾客要求的产品的能力，也就不能始终满足顾客的需要。

2. 国际标准化组织

国际标准化组织（International Organization for Standardization，简称ISO）是目前世界上最大、最具有权威性的国际标准化专门机构。它成立于1947年2月23日，有25个国家为创始成员国，现在全世界已有163个国家的标准化机构参加了这一组织。

国际标准化组织的宗旨为，“在全世界范围内促进标准化工作的发展，以便于产品和服务的国际交往，并扩大在知识、科学、技术和经济方面的合作”。遵循这一宗旨所开展的活动为：制定国际标准、协调全球范围的标准化工作，组织各成员国和各技术委员会进行情报交流，并与其他国际机构进行合作，共同研究标准化问题。ISO的技术工作成果是正式出版的国际标准，即ISO标准。ISO的工作是通过约2800个技术机构来进行的。

国际标准化组织的宪章规定，ISO成员国分正式成员（P成员）和通讯成员（O成员）。ISO的正式成员，必须是本国最有代表性的全国性标准化机构，而且每个国家只能有一个团体被接纳为正式成员，而未建立全国性标准化机构的发展中国家可作为通讯成员参加ISO的工作。正式成员可参加ISO各技术委员会的活动，并有投票权，而通讯成员不能参加ISO的技术工作，与ISO保持联系及时得到有关领域的技术情报。在召开ISO全体会议时，通讯成员可以以观察员身份出席会议。

3. 质量管理和质量保证技术委员会

1979年，英国标准化学会（BSI）向国际标准化组织（ISO）递交了一份建议，要求制定有关质量保证技术和实践的国际标准，以便对管理活动和通用特性进行标准化。根据BSI的建议，于1979年9月在ISO理事会全体会议上通过决议，决定正式成立质量管理和质量保证技术委员会，即“TC176”，专门研究国际质量保证领域内的标准化问题，并负责制定质量管理和质量保证国际标准的工作。ISO/TC176的秘书国是加拿大，正式成员国有美、英、法、德等209个国家，

并有一些国家作为观察员参加该委员会。我国于1981年参加TC176技术委员会，现已成为正式成员。TC176的组织机构根据工作内容的需要几经变化，目前ISO/TC176下设三个分委员会(SC)和十多个工作组(WG)。

4. ISO9000族标准的概念

ISO9000族标准是国际标准化组织(ISO)在1994年提出的概念，是指“由ISO/TC176(国际标准化组织质量管理和质量保证技术委员会)制定的一系列关于质量管理的正式国际标准、技术规范、技术报告、手册和网络文件的统称”。

ISO9000族标准可以帮助组织建立、实施并有效运行质量管理体系，是质量管理体系通用的要求或指南。它不受具体的行业或经济部门的限制，可广泛适用于各种类型和规模的组织，在国内和国际贸易中促进相互理解和信任。

1986年，ISO发布了第一个质量管理体系标准——ISO8402《质量管理和质量保证术语》。

1987年，ISO相继发布了ISO9000《质量管理和质量保证标准选择和使用指南》、ISO9001《质量体系设计、开发、生产、安装和服务的质量保证模式》、ISO9002《质量体系生产和安装的质量保证模式》、ISO9003《质量体系最终检验和试验的质量保证模式》和ISO9004《质量管理和质量体系要素指南》。这些标准通称为1987年版ISO9000族标准。

ISO9000族标准总结了工业发达国家先进企业的质量管理的实践经验，统一了质量管理和质量保证有关的术语和概念，有助于推动组织质量管理的国际化，在消除贸易壁垒、提高产品质量和顾客满意程度等方面产生了积极和深远的影响。

ISO9000族标准的颁布，得到了世界各国的普遍关注和广泛采用，促使各国的质量管理和质量保证活动统一在ISO9000族标准的基础之上。

5. ISO9000质量管理体系国际标准的修订和发展

1987年版ISO9000族标准制定的时期，在当时世界各国的经济发展中占主导地位的是制造行业，因此，1987年版ISO9000族标准突出地体现了制造业的特点，这给标准的广泛适用性造成一定的局限。然而，随着全球经济一体化进程的加快，国际市场进一步开放，信息技术的迅猛发展，市场竞争日趋激烈，世界各国及组织都在加强科学管理，努力提高组织的竞争力。这就需要标准能够满足各种类型使用者的需要，要求标准的结构和内容具有更加广泛的通用性，能够适用于提供各种类型的产品和规模的组织。另一方面，许多组织实施ISO9000族标准不仅是为了认证/注册，更重要的是为了确保稳定地提供满足顾客要求的产品，增强顾客满意，进而使所有相关方都满意。这就要求标准能够对顾客满意或不满意的信息进行监视，不断提高顾客的满意程度，从而促进组织各项工作的持续改进，提高组织的整体绩效，以适于组织发展的需要。

1987年版的ISO9000族标准发布之后，到目前为止进行了三次修订。

1)1994年的修改——“有限修改”

此次修改保持了1987年版标准的基本结构和总体思路，只对标准的内容进行技术性局部修改，并通过ISO9000－1和ISO8402两个标准，引入了一些新的概念和定义，如：过程和过程网络、受益者、质量改进、产品（硬件、软件、流程性材料和服务）等，为第二阶段修改提供了过渡的理论基础。

1994年，ISO/TC176完成了对标准的第一次修改工作，提出了ISO9000族标准的概念，发布了1994年版的ISO8402、ISO9000－1、ISO9001、ISO9002、ISO9003和ISO9004－1等6个国际标准。到1999年底，陆续发布了22项标准和2项技术报告。

2)2000年的修改——“彻底修改”

第二次修改是在充分总结了前两个版本标准的长处和不足的基础上，对标准总体结构和技术内容两个方面进行的彻底修改。2000年12月15日，ISO/TC176正式发布了2000年版的ISO9000族标准。

2000年版ISO9000族标准更加强调了顾客满意及监视和测量的重要性，增强了标准的通用性和广泛的适用性，促进质量管理原则在各类组织中的应用，满足了使用者对标准应更通俗易懂的要求，强调了质量管理体系要求标准和指南标准的一致性。2000年版ISO9000标准对提高组织的运作能力、增强国际贸易、保护顾客利益、提高质量认证的有效性等方面产生了积极而深远的影响。

3)最新修改

(1)ISO9000的修订

2005年ISO颁布了修订后的国际标准ISO9000：2005《质量管理体系 基础和术语》，等同转换的国家标准GB/T19000－2008《质量管理体系 基础和术语》也于2009年5月1日正式实施。

(2)ISO9001的修订

2004年，ISO9001：2000在各成员国中进行了系统评审，以确定是否撤销、保持原状、修正或修订。评审结果表明，需要修正ISO9001：2000。所谓“修正”是指“对规范性文件内容的特定部分的修改、增加或删除”。

根据ISO/指南72：2001《管理体系标准论证和制定指南》的要求，ISO/TC176/SC2（国际标准化组织/质量管理和质量保证技术委员会/质量体系分委员会）向TC176提交了论证报告，以表明有足够的合理性需要对ISO9001：2000进行修正。

在2004年ISO/TC176年会上，ISO/TC176认可了有关修正ISO9001：2000

的论证报告，并决定成立项目组（ISO/TC176/SC2/WGl8/TG1.19），对ISO9001:2000进行有限修正。2008年11月15日ISO颁布了修正后的ISO9001:2008标准《质量管理体系要求》，等同转换的国家标准GB/T19001—2008《质量管理体系要求》也于2009年3月1日正式实施。

修正ISO9001的目的是更加明确地表述2000年版ISO9001标准的内容，既没有对ISO9001:2000"升级"，也没有改变ISO9001:2000标准的意图，仍然保持标题、范围不变，继续保持过程方法，依然适用于各行业不同规模和类型的组织。并且加强了标准与ISO14001:2004的兼容性。

(3)ISO9004的修订

修订的ISO9004于2009年正式发布，我国转化为GB/T19004－2011，于2012年2月1日开始实施。2008年8月，对ISO/DIS9004标准进行了投票表决，2009年1月底，结束投票表决；2009年2月，召开了负责修订ISO9004的工作组会议，对收集的针对ISO/DIS9004标准的意见进行评议，并起草ISO/FDIS9004标准；2009年5月1日，开始对ISO/FDIS9004标准进行投票表决，2009年7月1日，结束投票表决；于2009年8月正式发布ISO9004:2009标准。修订后的ISO9004为组织在复杂的、要求更高的和不断变化的环境中获得持续成功提供管理指南。ISO9001和ISO9004《追求组织的持续成功质量管理方法》标准仍然是一对协调一致的质量管理体系标准。

(4)我国采用ISO9000族标准的情况

采用国际标准是我国一项重要的技术经济政策。采用国际标准分为等同采用和修改采用两种。

所谓等同采用，通常用"idt(identical)"表示，是指国家标准在采用国际标准时，在技术内容和编写方法上和国际标准完全相同，只存在少量编辑性修改。

所谓修改采用，通常用"mod(modified)"表示，是指与国际标准之间存在技术差异，并清楚地标明这些差异以及解释其产生原因，允许包含编辑性修改。

1987年3月ISO9000系列标准正式发布以后，我国在原国家标准局部署下组成了"全国质量保证标准化特别工作组"。1988年12月，我国正式发布了等同采用ISO9000标准的GB/T10300《质量管理和质量保证》系列国家标准，并于1989年8月1日起在全国实施。

1992年5月，我国决定等同采用ISO9000系列标准，发布了GB/T19000—1992系列标准。

1994年我国发布了等同采用1994年版ISO9000族标准的GB/T19000族标准。

2000年至2003年我国陆续发布了等同采用2000年版ISO9000族标准的

国家标准，包括：GB/T19000、GB/T19001、GB/T19004和GB/T19011标准。

2008年我国根据ISO9000：2005、ISO9001：2008、ISO9004：2009版的发布，同时也修订发布了GB/T19000－2008、GB/T19001－2008、GB/T19004－2011标准。

二、ISO9000：2008族标准

1.ISO9000：2008族标准的构成

ISO9000：2008族标准包括：四个核心标准及支持性标准、文件、技术规范和小册子组成，见表8-1。

表8-1　ISO9000：2008族标准文件结构

核心标准 （4个）	GB/T19000－2008 idt ISO9000：2005《质量管理体系　基础和术语》 GB/T19001－2008 idt ISO9001：2008《质量管理体系　要求》 GB/T19004－2009 idt ISO9004：2009《可持续性管理　质量管理方法》 GB/T19011－2003 idt ISO19011：2002《质量和(或)环境管理体系审核指南》
支持性标准和文件	ISO10002：2004《质量管理体系　顾客满意　组织投诉处理指南》 ISO10005：2005《质量管理　质量计划指南》 ISO10006：2003《质量管理体系　项目质量管理指南》 ISO10007：2003《质量管理　技术状态管理指南》 ISO10012：2005《质量管理体系　测量过程和测量设备的要求》 ISO/TR10013：2001《质量管理体系　文件指南》 ISO10014：2006《质量管理　实现财务与经济效益的指南》 ISO10015：1999《质量管理　培训指南》 ISO/TR10017：2003　ISO9001：2000《统计技术指南指南》 ISO10019：2005《质量管理体系咨询师选择和使用指南》
技术规范	ISO/TS16949：2002《质量管理体系　汽车生产及相关维修零件组织应用的特别要求》 ISO9001：2000 ISO/15161：2001　食品与饮料行业ISO9001：2000 ISO手册　质量管理原则、ISO9000：2000族标准应用指南 ISO手册　小型企业应用ISO9000标准的说明和应用指南

2.ISO9000：2008族核心标准介绍

1)ISO9000：2005《质量管理体系　基础和术语》(GB/T19000—2008)

本标准规定了质量管理体系应遵循的基本原则，起着奠定理论基础、统一术语概念和明确指导思想的作用，具有很重要的地位。

本标准规定了质量管理体系的术语，共10个部分，84个词条。在语言上强调采用非技术性语言，使所有潜在用户易于理解。为便于使用，在标准附录中，推荐了以“概念图”方式来描述相关术语的关系。

提出了质量管理体系的基本原理，作为对本标准引言中质量管理八项原则的呼应。

2)ISO9001:2008《质量管理体系要求》(GBT19001—2008)

该标准规定了质量管理体系的要求，用于证实组织有提供满足顾客要求和适用的法规要求的产品的能力，目的在于增强顾客满意度。

该标准共分8章，第1章至第3章给出了标准的适用范围、规范性引用文件及术语和定义，第4章至第8章给出了质量管理体系及其所需过程的具体要求。它可用于内外部评价组织提供满足组织自身要求、顾客要求、法律法规要求的产品的能力。它应用了以过程为基础的模式结构。鼓励组织采用过程方法，通过满足顾客要求增强顾客满意度。

3)ISO9004:2009《追求组织的持续成功质量管理方法》(GBT19004—2011)

该标准名称由2000年版的《质量管理体系绩效改进指南》改变为《追求组织的持续成功质量管理方法》，显示了它关注为组织可持续性管理提供指南，关注将八项质量管理原则应用于整个组织长期可持续的成功，而不仅是某些部分的绩效改进。

该标准为补充ISO9001标准和其他管理体系标准的应用提供指南，不能用于认证、法规或合同目的。它的目的是帮助ISO9001标准的使用者，通过实施有更广泛基础和深度的质量管理体系获取可持续的利益。可持续性是着眼于长期的，强调组织经济财务利益与社会/生态环境利益的平衡，并应考虑到组织直接和间接的相关方。

4)ISO19011:2002《质量和(或)环境管理体系审核指南》(GBT19011—2003)

本标准合并取代ISO10011－1、ISO10011－2、ISO10011－3和ISO14010、ISO14011、ISO14012等几个标准。

本标准是ISO/TC176与环境管理技术委员会(ISO/TC207)联合制定的，以便遵循“不同管理体系可以共同管理和审核”的原则。本标准在术语和内容方面兼容了质量管理体系和环境管理体系两方面特点。

本标准规定了审核的基本原则、审核大纲的管理、环境和质量管理体系审核的实施以及评审员的资格要求等内容。

三、ISO9000族标准的特点

1.面向所有组织，通用性强

ISO9000族标准适用于所有的产品类别、所有的行业和各种规模的组织，将成为适用范围最广的国际标准之一。

2.文字通俗易懂，结构简化

ISO9000族标准采用通俗语言，尽量避免专业名词，使用非技术性名词来说明技术性问题。这样不仅使新标准有易读易懂的特点，又可避免由于过多的专业词汇造成不同专业对标准的隔阂。

3.确定八项原则，统一理念

ISO9000标准中明确了质量管理的八项原则，它是全世界质量工作者在长期工作实践中总结的质量管理的基本规律。ISO/TC176征集了国际上受尊敬的一批质量管理专家的意见后，用最概括的语言来统一组织质量管理的基本理念，既成为标准的理论基础，又将成为实施标准的指导思想。可以预见，有正确的质量管理理念指导标准的实施，其意义将是十分深远的。

4.鼓励过程方法，操作性强

质量管理体系国际标准采用了过程模式，提倡用过程方法来识别和建立体系；用过程方法对质量活动运行进行控制。并以图示方法说明过程方法模式和PDCA循环的工作原理。

5.强化领导的关键作用

ISO9000系列标准中，把"领导作用"列为八项质量管理原则的第二项，仅次于"以顾客为中心"，显示了对最高管理者责任的强化。

ISO9001标准要求最高管理者对建立和改进质量管理体系做出具体承诺，并提供为此而开展活动的证据，对最高管理者提出了更为具体、更加强化的要求。

6.采用协调一致的标准

ISO9001和ISO9004两个标准遵循相同的质量管理八项原则，采用共同的以过程方法为基础的质量管理体系模式，使用相同的供应链和术语。按ISO9001标准设计的质量管理体系，是为达到和证实满足顾客要求能力的基本要求，而ISO9004标准则是为组织可持续性管理提供指南。

7.关心各相关方，利益共享

ISO9004把相关方要求作为体系的输入，又把相关方的满意作为体系的输出，说明标准对相关方利益的关心。同时，"互利的供方关系"也要求建立良好的合作伙伴关系，实现风险共担、利益共享。

8.质量管理体系与环境管理体系相互兼容

继1987年质量管理体系的国际标准发布之后，环境管理体系(EMS)国际标准于1996年也正式发布，并开展了EMS认证工作。国际标准化组织为了合理减轻组织的工作量，在ISO9000系列标准修订前就加强了TC176与TC207这两个技术委员会之间的协调，要求两个管理体系相互兼容。

四、ISO9000:2008质量管理体系标准的理论基础和术语

ISO9000:2005《质量管理体系 基础和术语》是ISO9000:2008族标准的基础标准，其主要内容为：八项质量管理原则、质量管理体系基础、术语及概念关系图示。

1. 八项质量管理原则

在ISO9000:2005标准的“质量管理原则”中指出：“成功地领导和运作一个组织，需要采用系统和透明的方式进行管理，针对所有相关方的需求，实施并保持持续改进其业绩的管理体系，可使组织获得成功。质量管理是组织各项管理的内容之一。本标准提出的八项质量管理原则被确定为最高管理者用于领导组织进行业绩改进的指导原则。”八项质量管理原则是在总结质量管理实践经验的基础上，用高度概括的语言所表述的质量管理的最基本、最通用的一般规律，可以指导一个组织在长时期内通过关注顾客及其他相关方的需求和期望而达到改进其总体业绩的目的。它可以成为组织文化的一个重要组成部分。八项质量管理原则的具体内容如下。

(1)以顾客为关注焦点。“组织依存于其顾客。因此，组织应理解顾客当前和未来的需求，满足顾客要求并争取超越顾客期望”。

(2)领导作用。“领导者应确保组织的目的与方向的一致。他们应当创造并保持良好的内部环境，使员工能充分参与实现组织目标的活动”。

(3)全员参与。“各级人员都是组织之本。唯有其充分参与，才能使他们为组织的收益发挥其才干”。

(4)过程方法。“将活动和相关的资源作为过程进行管理，可以更高效地得到期望的结果”。

(5)管理的系统方法。“将相互关联的过程作为体系来看待、理解和管理，有助于组织提高实现目标的有效性和效率”。

(6)持续改进。“持续改进总体业绩应当是组织的永恒目标”。

(7)基于事实的决策方法。“有效决策建立在数据和信息分析的基础上”。

(8)与供方互利的关系。“组织与供方相互依存、互利的关系可增强双方创造价值的能力”。

2. 质量管理体系基础

1)质量管理体系的理论说明

本条目是质量管理体系基础的总纲，说明了以下四个问题。

(1)质量管理体系能够帮助组织增进顾客满意。

(2)顾客对组织的重要性，即组织依存于顾客。这是质量管理八项原则的第

一条“以顾客为关注焦点”的具体应用。

(3)组织持续改进的推动力来自于顾客。由于顾客的需求和期望是不断变化的，以及竞争的压力和技术的发展，这些都促使组织持续改进其产品和过程。

(4)质量管理体系的重要作用。质量管理体系方法是管理的系统方法在质量管理体系中的具体应用。这个方法要求组织分析顾客要求，规定相关的过程，并使这些过程处于持续受控状态，以实现顾客能接受的产品。

2)质量管理体系要求与产品要求

ISO9000族标准把质量管理体系要求与产品要求加以区分。区分主要根据是两种要求具有不同的性质。ISO9001:2005标准是对质量管理体系的要求。这种要求是通用的，适用于所有行业或经济领域，不论其提供何种类别的产品，包括硬件、软件、服务和流程性材料的，不同规模(大型、中型、小型)的组织。但是，每个组织为符合质量管理体系标准的要求而采取的措施却是不同的。一般来说，对产品的要求应在技术规范、产品标准、过程标准或规范、合同协议以及法律法规中规定。对每一个组织来说，产品要求与质量管理体系要求缺一不可，不能互相取代，只能相辅相成。

3)质量管理体系方法

质量管理体系方法是管理系统方法的原则在建立和实施质量管理体系中的具体应用。ISO9000:2005标准在2.3条款中列举了建立和实施质量管理体系的八个步骤，即：

(1)确定顾客和相关方的需求和期望；

(2)建立组织的质量方针和质量目标；

(3)确定实现质量目标必须的过程和职责；

(4)确定和提供实现质量目标必须的资源；

(5)规定测量每个过程的有效性和效率的方法；

(6)应用这些方法确定每个过程的有效性和效率；

(7)确定防止不合格并消除其产生原因的措施；

(8)建立和应用持续改进质量管理体系的过程。

可以看出，以上第(1)、(2)项是系统分析的工作，其成果是建立质量方针和质量目标。第(3)、(5)、(7)项及第(4)项的一部分是系统设计，其重点是确定过程、职责、资源、测量方法及纠正措施等。而第(6)、(8)项和第(4)项的另一部分是系统实施和管理，包括具体测定现有的或改进后的过程的有效性和效率，提高体系持续改进的能力。这八个步骤是依据PDCA循环的方式运作的循环过程。

4)过程方法

所谓“过程”，就是“一组将输入转化为输出的活动”。因此“使用资源将输入转化为输出的任何一项或一组活动均可视为一个过程”。所谓“过程方法”，就是“系统地识别和管理组织所应用的过程，特别是这些过程之间的相互作用”。质量管理体系也是通过一系列过程来实施的，因此，首先要识别质量管理体系所需的过程，包括管理职责、资源管理、产品实现和测量分析与改进四大过程，并测定过程的顺序和相互作用。然后要对各个过程进行管理，也就是要控制各个过程的输入、输出、活动和资源，以确保质量管理体系的有效性。所以，应用过程方法可在过程组成的系统中对各子过程之间的联系以及过程的组合和相互作用进行持续的控制。

ISO9000族标准把以过程为基础的质量管理体系用一个模型图来表示，如第一章图1-2所示。从图中可以看出质量管理体系的四大过程之间的联系。

5)质量方针和质量目标

质量方针是“由组织的最高管理者正式发布的该组织总的质量宗旨的方向”。

(1)质量方针是组织在一定时期内质量方面的行动纲领，是组织经营方针的重要组成部分。质量方针应具有相对稳定性，并为制定质量目标提供框架和指南，同时也必须适应组织内外部环境的变化而及时修订。

(2)质量方针的内容应体现组织满足要求和持续改进质量管理体系的有效性的承诺，并在贯彻中不断评审其适应性。

(3)质量方针由组织最高管理者制定并通过适当、有效方式在组织内各层次进行沟通，使全体员工能够理解并实施。

(4)质量管理八项原则是制定贯彻质量方针的理论基础。

质量目标是“在质量方面所追求的目的”。

(1)质量目标是动员和组织员工实现组织贯彻质量方针的具体体现，是企业经营目标的重要组成部分。

(2)质量目标应是可测量的并与质量方针保持一致，以利于评价和改进质量目标。质量目标应切实可行又要富有挑战性。

(3)质量目标可分为单目标、多目标、定性和定量、时点和时期等类型，无论哪类目标都应包括满足产品要求所需的内容。

(4)质量目标应在组织内不同层次进行分解和展开，总的质量目标是各层次质量目标制定的依据，各层次质量目标是实现总的质量目标的保证。

(5)质量目标制定、实施和评价应随着组织内外环境的变化不断地进行。应依据质量目标实现的程度评价组织质量管理体系的有效性。

6)最高管理者的作用

最高管理者是指在组织的最高层具有决策、指挥和控制职责和权力的一个人或一组人。他(他们)的最重要的任务就是要通过具体的领导作用在组织内部创造一个质量管理体系,并使之有效运行,成为全体员工充分参与并发挥他们的主动性、积极性和创造性的良好工作环境。ISO9000:2005标准中明确指出,最高管理者可以运用质量管理原则作为发挥以下作用的基础。

(1)制定并保持组织的质量方针和质量目标。

(2)通过在整个组织内宣传质量方针并促进质量目标的实现,增强员工的意识、积极性和参与程度。

(3)确保整个组织关注顾客要求。

(4)确保实施适宜的过程,以满足顾客和其他相关方要求并实现质量目标。

(5)确保建立、实施和保持一个有效的质量管理体系,以实现这些质量目标。

(6)确保获得必要资源。

(7)定期评审质量管理体系。

(8)决定有关质量方针和质量目标的措施。

(9)决定改进质量管理体系的措施。

7)文件

所谓文件就是“信息及其承载媒体”。本条阐述了文件的价值和质量管理体系中使用的文件类型。

(1)文件的价值。文件的价值为传递信息、沟通意图、统一行动。ISO9000:2005标准2.7.1条款中指出文件的具体用途是:①满足顾客要求和质量改进;②提供适宜的培训;③重复性和可追溯性;④提供客观证据;⑤评价质量管理体系的有效性和持续适宜性。

文件的形成本身并不是目的。应该通过建立形成文件的质量管理体系,使质量管理体系的过程得到有效的控制,并使过程网络增值。

(2)质量管理体系中使用的文件类型。ISO9000:2005标准2.7.2条款中指出,在质量管理体系中使用的文件类型主要有以下几种。

①质量手册。“向组织内部和外部提供关于质量管理体系符合性信息的文件”。

②质量计划。“表述质量管理体系如何应用于特定产品、项目或合同的文件”。

③规范。即“阐明要求的文件”。

④指南。即“阐明推荐的方法或建议的文件”。

⑤程序、作业指导书和图样。这些都是“提供使过程能始终如一完成的的信息文件”。

⑥记录。即“为完成的活动或得到的结果提供客观证据的文件”。

每个组织确定其所需文件的数量、详略程度及采用的媒介,取决于以下因素,诸如:组织的类型和规模、过程的复杂性和相互作用、产品的复杂性、顾客要求、适用的法规要求、经证实的人员能力以及满足质量管理体系要求所需证实的程度。

8)质量管理体系评价

为了保持质量管理体系适宜性、充分性和有效性,应对其进行系统、定期的评价。质量管理体系的评价应从以下四个方面进行。

(1)质量管理体系过程的评价。因为是由许多相互关联和相互作用的过程构成了体系,所以应以各个过程的评价作为体系评价的基础。

ISO9000:2005 标准中 2.8.1 条款指出:评价质量管理体系时,应对每一个被评价的过程提出如下四个基本问题:

①过程是否已被识别并适当规定?

②职责是否已被分配?

③程序是否得到实施和保持?

④在实现所要求的结果方面,过程是否有效?

对上述四个问题的综合回答可以确定评价的结果。

(2)质量管理体系的审核。ISO9000:2005 标准中 3.9.1 条款定义审核为:"为获得审核证据并对其进行客观的评价,以确定满足审核准则的程度所进行的系统、独立的并形成文件的过程。"

质量管理体系审核用于确定符合质量管理体系要求的程度。审核发现(即审核的结果)可用于评定质量管理体系的有效性和识别改进的机会。质量管理体系审核有第一方审核(以组织的名义)、第二方审核(以顾客的名义)和第三方审核(经认可的外部独立组织的名义)等三种类型。

(3)质量管理体系的评审。组织并主持评审是最高管理者的一项重要任务。正如 ISO9000:2005 标准中所指出的,质量管理体系评审是对照质量方针和质量目标,定期和系统的评价质量管理体系的适宜性、充分性、有效性和效率。这种评审可包括考虑是否需要修改质量方针和质量目标,以相应相关方需求和期望的变化。评审包括确定是否需要采取措施。

(4)自我评定。自我评定是组织为追求优秀业绩,参照质量管理体系或卓越模式(如评质量奖)对组织的活动与结果所进行的全面和系统的评审,也属于第一方评价。ISO9000:2005 标准 2.8.4 条款指出:"自我评定可对组织业绩和质量管理体系成熟程度提供全面的情况。它还有助于识别组织中需要改进的领域并确定优先开展的事项。"

ISO9004:2009 的附录 A"自我评定指南"中详细地说明了自我评定的方法。

9)持续改进

持续改进是八项质量管理原则之一。持续改进质量管理体系的目的在于增

加组织提升顾客和其他相关方满意的机率。ISO9000:2005标准指出,质量管理体系实施持续改进应包括以下活动:

(1)分析和评价现状,以识别改进的区域;

(2)确定改进目标;

(3)寻找可能的解决办法,以实现这些目标;

(4)评价这些解决办法并作出选择;

(5)实施选定的解决办法;

(6)测量、验证、分析和评价实施的结果,以确定这些目标已经实现;

(7)正式采纳更改(即形成正式的规定)。

必要时,对结果进行评审,以确定进一步改进的机会。从这种意义上说,改进是一种持续的活动。顾客和其他相关方的反馈以及质量管理体系的审核和评审均能用于识别改进的机会。

10)统计技术的作用

在质量管理体系的有效运行中,要求各个过程,特别是关键过程应处于受控状态,但即使在稳定的条件下,在许多活动的状态和结果中,都存在着变异。这种变异不仅可以通过对产品或过程的特性的测量观察到,而且在产品的整个寿命周期的各个阶段,均可以观察到变异的存在。变异分成正常和异常两种,正常变异不影响产品或过程的质量。但异常变异就会导致某个环节失控,必须采取措施。ISO9000:2005标准中2.10条款指出:"统计技术有助于对这种变异进行测量、描述、分析、解释和建立数学模型,甚至在数据相对有限的情况下,也可实现。"这就是说,统计分析能更好地理解和区分变异的性质、程度和产生的原因,从而为组织采取相应的措施指明方向,解决已经出现的问题。同时,还可以预防由变异产生的问题。因此,科学地应用统计技术可促进持续改进产品质量,不断提高过程、体系运行的有效性。

11)质量管理体系与其他管理体系的关注点

所谓管理体系,就是"建立方针和目标并实现这些目标的体系"。质量管理体系则是"在质量方面指挥和控制组织的管理体系"。ISO9000:2005标准指出,"质量管理体系是组织管理体系的一部分","一个组织的管理体系的各个部分,连同质量管理体系可以合成一个整体,从而形成使用共有要素的单一的管理体系"。一个组织的管理体系包括若干个不同的分体系,如质量管理体系、财务管理体系、环境管理体系、职业卫生与安全体系等,它们是相互关联的,最理想的是把它们合成一个总管理体系,尽量采用相同的要素(如文件、记录等)。这将有利于总体策划、资源配置、确定互补的目标并评价组织的整体有效性。这些管理体系有各自的方针和目标。组织的质量目标应与其他目标(如:资金、利润、环境、职业卫生与安全等)相辅相成,构成组织在各方面汇集的总体奋斗目标。当评价管理体系时,质量管理体系、环境管理体系可以分别按 ISO9001:2008 和 ISO14001:2004 的要求进行评审,也可以合并进行审核。

12)质量管理体系与卓越模式之间的关系

欧美各国和日本早在 ISO9000 族标准正式颁布以前,已成功地推行了全面质量管理,并以评选优秀的质量管理企业的某些先进经验和做法来带动全面质量管理的推广。现在这种卓越企业评选的模式日趋成熟,较有代表性的如美国波多里奇国家质量奖、欧洲质量奖、日本戴明奖等。ISO9000:2005 标准指出了 ISO9000 族标准的质量管理体系与组织卓越模式之间的共同之处和不同之处。共同之处为:

(1)使组织能够识别它的强项和弱项;

(2)包含对照通用模式进行评价的规定;

(3)为持续改进提供基础;

(4)包含外部承认的规定。

不同之处为,质量管理体系与卓越模式的应用范围不同。ISO9000 族标准提出了对质量管理体系的要求和业绩改进指南,通过体系评价可确定这些要求是否得到满足。卓越模式包括了对组织进行水平比较的评价准则,它提供了组织与其他组织进行水平比较的基础,且适用于组织全部活动和所有相关方。卓越模式评价准则提供了一个组织与其他组织进行业绩比较的基础。

3.术语结构和概念图

1)术语结构

ISO9000:2005 标准从 10 个方面列出了 80 个术语。

(1)有关质量的术语。包括质量、要求、等级、顾客满意、能力。

(2)有关管理的术语。包括体系(系统)、管理体系、质量管理体系、质量方针、质量目标、管理、最高管理者、质量管理、质量策划、质量控制、质量保证、质量改进、持续改进、有效性、效率。

(3)有关组织的术语。包括组织、组织结构、基础设施、工作环境、顾客、供方、相关方。

(4)有关过程和产品的术语。包括过程、产品、项目、设计和开发、程序。

(5)有关特性的术语。包括特性、质量特性、可信性、可追溯性。

(6)有关合格(符合)的术语。包括合格(符合)、不合格(不符合)、缺陷、预防措施、纠正措施、纠正、返工、降级、返修、报废、让步、偏离许可、放行。

(7)有关文件的术语。包括信息、文件、规范、质量手册、质量计划、记录。

(8)有关检查的术语。包括客观证据、检验、试验、验证、确认、鉴定过程、评审。

(9)有关审核的术语。包括审核、审核方案、审核准则、审核证据、审核发现、审核结论、审核委托方、受审核方、审核员、审核组、技术专家、能力。

(10)有关测量过程质量保证的术语。包括测量控制体系、测量过程、计量确认、测量设备、计量特性、计量职能。

2)概念图

ISO9000族标准中应用的术语不是相互独立的，在术语概念之间存在着各种关系。归纳起来主要有三种形式，即属种关系、从属关系和关联关系，如图8-1所示。下面以有关管理的术语概念为例，使用概念图表示各个术语概念之间的关系，如图8-2所示。

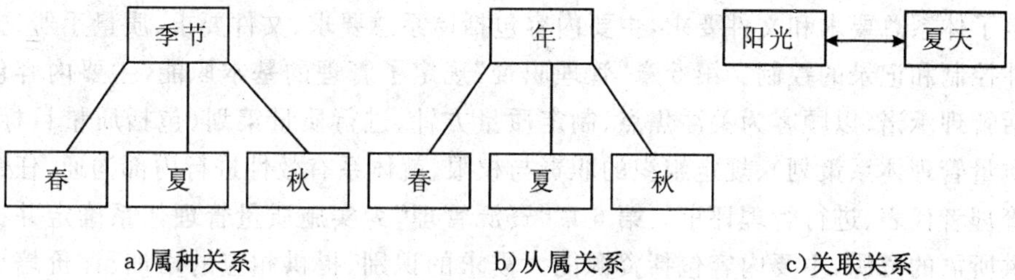

图8-1　三种关系形式示意

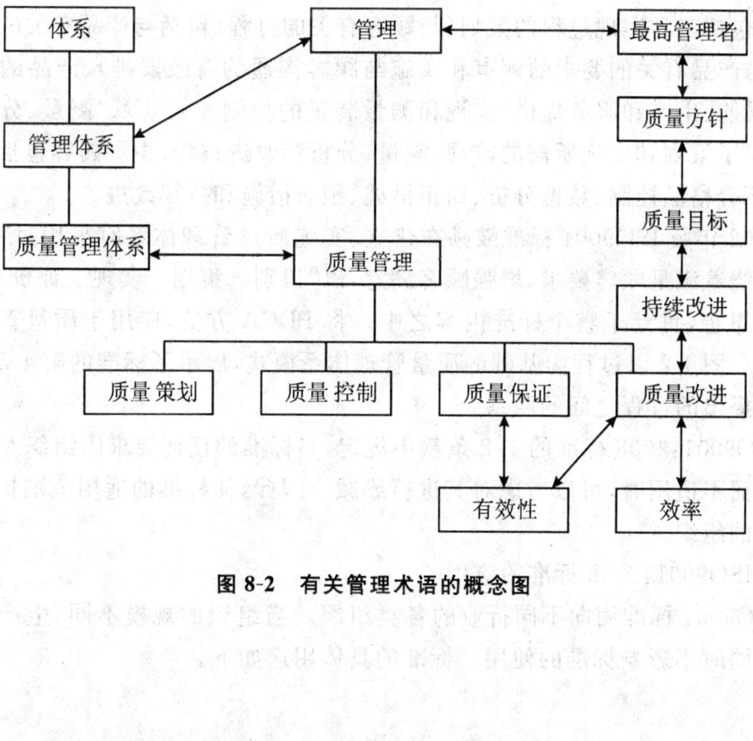

图8-2　有关管理术语的概念图

五、ISO9001:2008 质量管理体系要求

ISO9001:2008 是 ISO9000 族标准中规定质量管理体系要求的标准。本标准为有下列需求的组织规定了质量管理体系要求:一是需要证实其有能力稳定地提供满足顾客和适用的法规要求的产品;二是通过体系的有效应用,包括持续改进体系的过程以及保证符合顾客与适用的法律法规要求,旨在增强顾客满意。贯彻本标准将对组织拟建立的质量管理体系提出要求,帮助组织在满足顾客要求的基础上,赢得相应的利益。

1. ISO9001:2008 标准的内容

标准的重点内容体现在第 4、5、6、7 章和第 8 章。第 4 章"质量管理体系"规定了体系总要求和文件要求,主要内容包括体系总要求、文件要求、质量手册、文件控制和记录的控制。第 5 章"管理职责"规定了管理的基本职能,主要内容包括管理承诺、以顾客为关注焦点、制定质量方针、进行质量策划(包括质量目标、质量管理体系策划)、规定组织的职责与权限、就体系有效性进行内部沟通、任命管理者代表、进行管理评审。第 6 章"资源管理"为实施质量管理体系确定并提供所需的资源,主要内容包括资源能力需求的识别、提供相应的培训、评价培训的有效性、人员安排(基于教育、培训、技能和经验方面的考虑)、基础设施和工作环境的提供等。第 7 章"产品实现"表述的过程是质量策划结果的一部分,其主要内容包括产品实现过程的策划、与顾客有关的过程(包括与产品有关的要求的确定、与产品有关的要求的评审和实施与顾客沟通的有效安排)、产品的设计和开发、采购、生产和服务提供、监视和测量装置的控制。第 8 章"测量、分析和改进"规定了策划和实施所需的监视、测量、分析和改进过程,主要内容包括监视和测量、不合格品控制、数据分析、纠正措施、预防措施和持续改进。

2008 年版 ISO9001 标准鼓励在建立、实施质量管理体系时采用过程方法。标准围绕着满足顾客要求,增强顾客满意,以"识别－策划－实现－评价－改进"的基本思想,贯穿于整个标准内容之中。将 PDCA 方法,应用于质量管理的各个过程。图 1-2 以过程为基础的质量管理体系模式,展示了标准的第 4 章至第 8 章中所提出的过程之间的联系。

ISO9001:2008 标准的 1.2 条款中规定,当标准的任何要求因组织及其产品的特点而不适用时,可以考虑对其进行删减。因此,使标准的适用范围扩大到各种类型的组织。

2. ISO9001:2008 标准的应用

ISO9001 标准面向不同行业的各类组织。当组织的规模不同、生产的产品类别不同时不影响标准的使用。标准的具体用途如下。

1)用于组织的质量管理

组织参照ISO9001标准建立、实施质量管理体系,并持续地进行改进,使产品质量稳步提高,增强顾客满意程度;通过内部审核,以标准为依据对组织的质量管理体系进行评价,以评定本组织满足顾客和法律法规要求以及组织自身要求的能力。

2)用于第二方评定和注册

组织为了自身的目的对另一组织的质量管理体系或某一过程进行评定,当其符合规定要求时予以注册,称之为第二方评定和注册。在进行第二方评定时,可按照ISO9001标准,对被评组织的质量管理体系进行评定,通过这种评定,作出是否符合标准的认定,并对认定合格的组织予以注册认可,与其结成互利的供方关系。

3)用于第三方质量管理体系认证和注册

由认证机构(第三方)对组织的质量管理体系进行审核,当其符合规定要求时予以注册,称之为第三方认证和注册。组织为了提高其质量信誉、证实其能力,为在市场竞争中处于有利地位,或者为了减少不同顾客对其质量管理体系评定的工作量,节约评价费用,向独立的经主管部门认可的质量管理体系认证机构申请,依据ISO9001标准对本组织质量管理体系进行审核,并做出是否符合判断,当符合标准要求时应予以注册。通过第三方认证和注册的组织应保持并改进其质量管理体系,并承诺对所有的顾客都实施认证合格的质量管理体系。

4)用于合同引用情况

在订货合同中经双方协商,可引用ISO9001标准条款,明确对供方组织质量管理体系的要求。需要强调,ISO9001标准本身不是强制性的,但一经引入订货合同便成为强制性的要求。

5)用于法规引用的情况

有些国家的政府、区域性组织和其他社会组织,将ISO9001标准作为一些法规的引用文件,从而使标准的各项要求变成了强制性的要求。

3. ISO9001标准与相关标准的关系

1)与ISO9000标准的关系

ISO9000:2005标准的八项质量管理原则、质量管理体系基础、术语和定义等内容是ISO9001标准的理论基础,在ISO9001标准的条款中有充分体现。

2)与ISO9004标准的关系

ISO9001和ISO9004是具有相应补充、体现不同追求层次的质量管理体系标准,促进组织将两个标准一起使用。为了方便使用者,ISO9004标准与ISO9001标准有相互兼容的结构,标准条款之间也具有内在关联性,便于两个标准一起使用。

ISO9001 标准和 ISO9004 标准的共同点：

两个标准"协调一致"的基本目的可促进两个标准之间的协同作用。这有助于提高组织的有效性和效率。ISO9001 与 ISO9004 的协调一致指的是：

(1)两项标准的编写结构，仿效组织的主要过程的典型形态，都用以过程为基础的模式加以表述，展示了过程之间的联系，并应用 PDCA 循环的方法，以达到组织质量管理体系的持续改进；

(2)两项标准都建立在当今世界质量界普遍接受和认同的质量管理八项原则的基础之上；

(3)两项标准都应用了相同的质量管理体系基础和术语；

(4)为了使组织识别改进机会，进行自我完善，两项标准都明确了运用内部审核和管理评审对质量管理体系进行评价的方法，以不断提高质量管理体系的适宜性、充分性和有效性；

(5)通过不断改善产品的特征及特性和/或用于生产和交付产品的过程，进行持续改进，促进组织达到"持续的顾客满意"的目的；

(6)为了使用者的利益，两项标准都强调了与其他管理标准的相容性。质量管理体系是组织管理体系的一部分，质量管理体系可与其他管理体系进行协调并整合成一个体系。

ISO9001 标准和 ISO9004 标准的区别：

尽管 ISO9001 和 ISO9004 标准遵循了相同的术语和质量管理原则，但它们的适用范围不同，ISO9004:2009 的目的首先是为"如何通过管理让组织获得持续成功"这个问题提供指导意见，并不指导组织如何建立质量管理体系。

ISO9001 标准规定了质量管理体系"要求"，可供组织作为内部审核的依据，也可用于认证或合同目的，而 ISO9004 标准是"指南"，不拟用作审核、认证、合同的依据。

在满足顾客的要求方面，ISO9001 所关注的是质量管理体系的有效性。而 ISO9004 标准，提供了超出 ISO9001 要求的指南，除了有效性外，该标准还特别关注持续改进一个组织的总体绩效和效率。与 ISO9001 相比，ISO9004 标准将顾客满意和产品质量符合要求的目标，扩展为包括相关方满意和改善组织绩效，为追求绩效持续改进的组织推荐了指南。虽然 ISO9004:2009 可以作为 ISO9001:2008 的补充，但它可以单独使用，但不能用于第三方认证、监督或合同目的，也不是 ISO9001 的实施指南。为帮助组织对标准的最终理解，标准附录给出了 ISO9001 和 ISO9004 逐项条款的对应关系。

ISO9004 提倡以自我评估作为评价组织成熟度级别的重要工具，包含了其领导力战略、管理体系、资源和过程，以识别组织优势、劣势和改进机会，并进行改进或创新/革新，或两者都有。对质量管理提供了更宽的聚集范围。通过ISO9004:2009提供的质量方法，为支持面对变革、需求增加以及复杂变化的环境的组织实现持续成功提供了指南。

虽然两项标准具有不同的适用范围，但由于两者具有互补兼容的结构，有助于使用者将它们作为协调一致的标准加以应用。ISO9001和ISO9004的有机体系，将使组织获得更大的收益。

3)与ISO14001:2004的兼容性

质量管理体系和环境管理体系的兼容协调，是2000年版修订过程中标准使用者提出较为集中的问题，受到了ISO技术局(ISO/TMIS)和ISO合格评定委员会(ISL/CASCO)的高度重视。ISO/TC176和ISO/TC207两个技术委员会成立了联合工作组，具体负责两类标准的协调，ISO9001:2008的修订适当考虑了ISO14001:2004标准的内容，进一步增强两标准的兼容性，特别是如文件控制、记录控制等通用要素方面。两类管理标准兼容性主要体现在以下三个方面。

(1)定义和术语统一

将管理体系中共同的概念和词汇，统一成一致的术语或词汇。例如，在颁布ISO9000:2000标准的术语中，就取消了“质量体系”、“质量审核”等术语，被“管理体系”、“审核”等名词所替代。

(2)ISO9001和ISO14001两个管理体系标准的相容性

两类标准在以下方面体现了相容性。

①基本思想和方法一致。例如，着眼于持续改进以预防为主的思想，控制因素不是末端治理，强调最高管理者的承诺，建立方针、目标，强调员工意识、能力和全员参与等。

②建立管理体系的原则一致。系统化、程序化的管理，必要的文件支持，系统地管理过程、体系文件、工作程序、文件控制、记录等。

③与其他管理体系的协同运作。管理体系纳人组织管理活动的整体，提高整个组织的效率，节约资源，资源共享等。

④管理体系运行模式的一致。两个管理体系标准，都遵循“策划－实施－检查－改进”螺旋式上升的运行模式，用内部审核和管理评审使组织的体系在自身的运行中不断地自我完善。

(3)审核标准的一致性

ISO/TC176/SC3和ISO/TC207/SC2联合制定了ISO19011，该标准的发布，取代了ISO10011－1、ISO10011－2、ISO10011－3、ISO14010、ISO14011和ISO14012，在合格评定的领域内，质量管理体系和环境管理体系在认可与认证

的层次上，实施的是同样的制度和程序，管理体系的审核，可以分开进行，也可以结合进行，对于第三方审核，可以做到一次审核颁布两张认证证书，这样符合了标准的使用者的共同利益。

第二节　质量审核与质量认证

一、质量审核概述

1. 质量审核的概念

审核，是为了确保主题事项的适宜性、充分性、有效性和效率，以达到规定的目标所进行的活动。质量审核是确定质量活动和有关结果是否符合计划的安排，以及这些安排是否有效地实施并适合于达到预定目标的、有系统的、独立的检查。对质量审核的定义说明如下：

(1)质量审核一般用于对质量管理体系或其要素、过程、产品或服务的审核；

(2)质量审核是有系统的审查活动；

(3)质量审核是独立的审查活动；

(4)质量审核的一个目的是评价是否需要采取改进或纠正措施；

(5)质量审核可以是为内部或外部的目的而进行。

质量审核的目的通常是为下列的一种或多种目的而进行的：

(1)确定质量体系要素(或产品、服务质量或过程、工序质量)是否符合规定的要求；

(2)确定现行的质量体系(或质量标准)实现规定质量目标的有效性；

(3)给受审核方提供改进其质量的机会；

(4)满足法规(或合同)的要求；

(5)使受审核方的质量体系或产品能得到认可(或被注册)。

2. 质量审核的分类

1)按审核的对象分类

(1)产品质量审核

产品质量审核是对最终产品的质量进行单独评价的活动，用以确定产品质量的符合性和适用性。产品质量审核通常由质量保证部门的审核人员独立进行。

(2)过程(工序)质量审核

独立地对过程(工序)进行质量审核，可以对质量控制计划的可行性、可信性和可靠性进行评价。过程(工序)质量审核可从输入、资源、活动、输出着眼，涉及人员、设备、材料、方法、环境、时间、信息及成本等八个要素。

(3)质量管理体系审核

独立对一个组织质量管理体系进行的质量审核。质量管理体系审核应覆盖该组织所有部门和过程，应围绕产品质量形成全过程进行，通过对质量管理体系中的各个场所、各个部门、各个过程的审核和综合，得出质量管理体系符合性、有效性、达标性的评价结论。

质量管理体系审核，是质量审核的一种形式，是由具备一定资格且与被审核部门的工作无直接关系的人员展开的，为确认质量管理体系各要素的实施效果，是否达到了规定的质量目标所作的系统而独立的检查和评定。

质量管理体系审核的目的，是向组织的领导者提供各体系要素是否有效实施的证据，以便根据审核结果找出存在的问题，采取纠正措施，进一步完善质量管理体系。它也是促进各职能部门更有效地开展质量工作的重要手段。

在对质量管理体系的每一个过程进行审核时，应该注意以下四个基本问题：

①过程是否予以识别和适当表述？

②职责是否予以分配？

③程序是否被实施和保持？

④在提供所要求的结果方面，过程是否有效？

2)按审核方分类

(1)第一方审核：纠正改进

这是组织对其自身的产品、过程或质量管理体系进行的审核。审核员通常是本组织的，也可以聘请外部人员。通过审核，综合评价质量活动及其结果，对审核发现的不合格项采取纠正和改进措施。

(2)第二方审核：评定批准

这是顾客对供应商开展的审核。在市场经济中，供应商总是不断寻找新的市场和顾客，顾客在众多可供选择的供应商中，要选合格的供应商，往往就要对新的潜在方进行审核，以此作为最终采购决定的依据。这种审核由顾客派出审核人员或托外部代理机构对供应商的质量管理体系进行审核评定，对供应商来说这是第二方审核。

(3)第三方审核：认证/注册

第三方是指独立于第一方(组织)和第二方(顾客)之外的一方，它与第一方和第二方既无行政上的隶属关系，也无经济上的利害关系。由第三方具有一定资格并经一定程序认可的审核机构派出审核人员对组织的质量管理体系进行审核。第三方审核是需要给审核机构付费的。此外，第三方审核机构还将在国际或国内发布公告，宣布被登记注册的组织的名称。

3.质量审核的依据

(1)ISO9001:2000质量管理体系要求。它是外审依据的主要准则。

(2)质量手册、形成文件程序和其他相关质量管理体系文件。这是组织根据ISO9001:2000的要求编制的文件。

(3)质量方针、目标、政策、承诺等。它们是重要的审核准则,一般反映在质量管理体系文件中,但也可以其他形式存在。

(4)适用的法律、法规和其他要求。

二、质量认证

1.质量认证概述

质量认证是由一个独立的第三方权威机构,对组织的产品质量及其质量管理体系进行证实的活动。它是国家宏观管理的重要手段。通过有效的宏观管理,为组织创造良好的质量环境、提供公平的竞争机会,从而激发组织的内在动力,向社会提供更优秀的产品。产品质量认证,是依据产品标准和相应的技术要求,经认证机构确认并通过颁发认证证书和认证标志来证明某一产品符合相应的标准和相应的技术要求的活动。

认证的对象是产品或服务。产品的概念是广义的,除一般产品概念外,还包括工艺加工技术,如某项电镀技术、某项热处理技术、某项焊接技术。服务是指服务性行业,如旅游、邮电、保险、商业行业等等。

认证的依据是标准。认证的依据是被认证对象的质量标准,达到标准为合格,所以质量认证也称为合格认证。凡通过认证的都应给予证明,方式有两种,即颁发合格证书(又称认证证书),或授予合格标志(又称认证标志)。"证书"是由认证机构颁发给企业的证明文件,证明某项产品或服务符合特定的标准和技术规范。"标志"是由认证机构设计并发布的一种专用标志,用以证明某项产品或服务符合特定的标准和技术规范;经认证机构批准,可将"标志"使用在每台(件)合格出厂的认证产品上。认证标志是质量标志,所以该标志可以向购买者传递正确可靠的质量信息,帮助购买者区分认证的商品和非认证的商品,指导购买者选购可靠的商品。

质量认证是第三方从事的活动。所谓第三方,又称公正的第三方,它与生产企业(称为第一方)和采购方(称为第二方)都不应有行政上的隶属关系和经济利益关系。如国家技术监督局是全国公认的公正的第三方,还有质量管理协会、独立的检验机构等。

质量认证制包括四个基本要素,即型式试验、质量体系检查、监督检验和监督检查。

1)型式试验

型式试验是指为证明产品的质量符合产品质量标准的全部要求,对产品所进行的抽样检验,这是整个质量认证制度的基础。

2)质量体系检查

质量体系检查是指对产品的生产企业的质量保证能力进行检查和评定,其目的是证实企业具备持续、稳定的生产符合质量标准要求的产品能力。

3)监督检验

监督检验是指对获准认证后的产品,所进行的监督措施。它是从企业的最终产品中,或从市场上抽取商品,由“认可独立的检验机构”进行检验。如果检验结果证明继续符合质量标准的要求,则连续使用认证标志;否则,就需要采取措施,防止在不合格质量标准的产品上使用认证标志。

4)监督检查

监督检查是指对取得认证资格的生产企业的质量保证能力进行定期复查。这是保证认证产品的质量能持续符合质量标准的根本性监督措施。

2.质量认证制的类型

1)型式试验

型式试验是指按规定的试验(或检验)规范,由“认可独立的检验机构”对产品的样品进行试验和检验,以证明样品符合指定的质量标准和技术规范的全部要求。

2)市场抽样检验

它是型式试验加认证后的监督,它等于在型式试验的基础上进行认证后的监督。其办法是按规定从市场上购买或从商店的仓库中随机抽样进行检验,以证实产品的质量能持续符合质量标准和技术规范的要求。

3)工厂抽样检验

它是型式试验加认证后的监督,性质同市场抽样检验操作有点不同,即抽样来源改为工厂,从生产厂发货前的产品中随机抽样检验。

4)市场和工厂抽样检验

它是型式试验加认证后的监督,是市场抽样检验和工厂抽样检验认证制的叠加。显然,这种认证的力量强于市场抽样检验和工厂抽样检验认证制。

5)质量体系复查加工厂和市场抽样检验

它是型式试验加工厂质量体系评定再加认证后的监督。质量体系复查加工厂和市场抽样检验认证制突出的特点是抓住了持续影响产品质量的关键即“质量体系”不放,首先是对其进行评定,其次是复查,再次还要进行工厂和市场抽样检验。显然,这是“标本兼治型”的质量认证制。

6)工厂质量体系评定

工厂质量体系评定也称为质量体系认证。这种认证制仅对出厂的产品的质量体系进行检查评定,具体执行由企业质量保证能力的检查机构负责。

7)批检

批检是根据规定的抽样方案,对一批产品进行抽样检验,并据此对该批产品做出是否符合标准和技术规范的结论。

8)全数检验

全数检验即是百分之百的检验。它对出厂前的每一件产品都要依据质量标准,由认可的独立检验机构进行检验。

3. 质量管理体系认证

质量管理体系认证,亦称质量管理体系注册。其是指由公正的第三方体系认证机构,依据正式发布的质量管理体系标准,对组织的质量管理体系实施评定;并颁发体系认证证书和发布注册名录,向公众证明组织的质量管理体系符合质量管理体系标准,有能力按规定的质量要求提供产品。质量管理体系认证的目的是要让公众(消费者、用户、政府管理部门等)相信组织具有一定的质量保证能力。其表现形式是由体系认证机构出具体系认证证书的注册名录,依据的条件是正式发布的质量管理体系标准,取信的关键是体系认证机构本身所具有的权威性和信誉。

1)质量管理体系标准

目前,世界上体系认证通用的质量管理体系标准是ISO9000系列国际标准。组织的管理结构、人员和技术能力、各项规章制度和技术文件、内部监督机制等是体现其质量管理能力的内容,它们既是体系认证机构所要评定的内容,也是质量管理体系标准规定的内容。体系认证中使用的基本标准仅是证明组织有能力按政府法规、用户合同、组织内部规定等技术要求生产和提供产品。

当然,各国在采用ISO9000系列标准时都需要翻译为本国文字,并作为本国标准发布实施。目前,包括全部工业发达国家在内,已有近七十个国家的国家标准化机构,按ISO指南47的规定,将ISO9000系列国际标准等同转化为本国国家标准。我国等同ISO9000系列的国家标准是GB/T19000—ISO9000系列标准,是ISO承认的ISO9000系列的中文标准,列入ISO发布的名录。

2)质量管理体系认证程序

质量管理体系认证是通过第三方质量管理体系审核活动完成的。所谓第三方质量管理体系审核,是指由独立的并经国家认可的第三方组织——质量管理体系认证机构,依照规定的程序,对受审核组织进行的独立的、系统的审核活动。其内容包括:审核质量管理体系文件及各要素的活动是否符合所选定的标准模式要求；审核质量管理体系文件中的各项规定是否得到有效贯彻，并适合达到质量管理标准。

3)质量管理体系认证的作用

质量管理体系认证之所以在世界各国得到广泛的推行，是由于以下几点原因。

(1)从用户和消费者角度

能帮助用户和消费者鉴别组织的质量保证能力，确保购买到优质满意的产品。

(2)从组织角度

帮助组织提高市场的质量竞争能力；加强内部质量管理，提高产品质量保证能力；避免外部对组织的重复检查与评定。

(3)从政府角度

促进市场的质量竞争，引导组织加强内部质量管理，稳定和提高产品质量；帮助组织提高质量竞争能力；维护用户和消费者的权益；避免因重复检查与评定而给社会造成浪费。

4. 我国实行质量认证的基本原则

根据国家有关质量认证的法律、法规，并参照国际有关标准、技术法规，确定了指导我国质量认证工作的基本原则。

1)以国际指南为基础同国际接轨

我国颁布的有关质量认证的法律、法规是以ISO和IEC联合发布的有关指南为基础制定的，因而有利于国际承认。

2)认证工作统一管理

质量认证在国内实行统一管理。基本做法是，组建中国合格评定国家认可中心，下设三个认可委员会，对认证机构、检验机构以及认证人员实行统一管理，以确保认证结果的可信性。

3)坚持公正性

有关认证的指南特别强调，认证是"第三方"从事的活动，以确保认证工作的公正性。我国实行的质量认证制度就是ISO和IEC推荐的典型第三方产品认证制度和质量管理体系认证制度。

4)自愿性认证和强制性管理相结合

各工业发达国家都对安全性产品通过国家法令实行强制管理，这些产品如果没有通过认证则不准生产、销售。我国颁布的《中华人民共和国产品质量认证管理条例》中明确表明，企业可自愿申请认证，但对涉及人类健康和安全、动植物生命和健康，以及环境保护和公共安全的产品实行强制性认证制度。

5)质量认证的目的明确

质量认证的目的,一方面是帮助企业取得进入市场的"通行证",另一方面,主要是促进企业加强技术基础工作,建立健全企业的质量管理体系,提高企业管理水平。

第三节 ISO10006质量管理——项目管理中的质量指南介绍

国际标准ISO10006是由ISO/TC176/SC2国际标准化组织质量管理和质量保证技术委员会质量体系分委员会制定的。国际标准ISO10006在项目管理中对项目的执行起着重要作用,并提供了与项目质量相关的质量体系要素、概念和惯例的指南。本标准是ISO9004－1的补充。

本指南力图具有广泛的通用性,适用于各种规模(从小到很大、从简单到复杂)的多种类型的项目。本指南力图适用于在项目管理中具有实践经验,并且他们的组织正在应用包含在ISO9000族标准中的惯例确有需要的人们;也适用于在质量管理方面具有经验,并且在把他们的知识和经验应用到项目中,要求与项目组织进行沟通的人们。

在项目管理中,质量应用有两个方面:项目过程的质量和项目产品的质量。这两方面中的任何一个达不到要求,都可能对项目产品、项目产品的利益相关者及项目组织产生重大影响。这也强调了达到质量要求是一项管理职责,要求项目组织的各层次都对质量做出承诺,对相应的过程和产品负责。项目的过程和产品质量的产生和保持需要采用系统性的方法。方法的目标是确保客户已经明确的和隐含的需要得到理解和满足,其他利益相关者的需要也进行了评价,并且组织的质量方针在项目管理的实施中也已经纳入。

一、ISO10006的适用范围及其相关定义

1.适用范围

本标准以项目管理过程为构架讨论其应用,适用于各种复杂程度的项目,规模小的或大的、工期短的或长的、在各种不同环境下进行的和各种类型的项目产品(包括硬件、软件、加工材料、服务或其组合)。

2.引用标准

下列标准所包含的条文,通过在本标准中引用而构成本标准的条文。本标准发布时所颁布的版本均为有效。所有标准都会被修订,因此,鼓励依据本标准达成协议的各方尽可能使用下列标准的最新版本。IEC和ISO成员均应保存现行有效的国际标准。

ISO8402:1994 质量管理和质量保证——术语。

ISO9004—1:1994 质量管理和质量体系要素——第一部分:指南

注:附录A、B、C包括了更详细的信息及在项目管理中达到质量标准的补充参考材料。

3.相关定义

本标准采用ISO8402中的定义及下列定义。

1)项目

项目是由一系列具有开始和结束日期、相互协调和控制的活动组成的,通过实施而达到满足时间、费用和资源等约束条件目标的独特过程。

注1:一个单个项目可以是一个大项目结构的组成部分。

注2:对某些类型的项目,项目的目标和产品特性要随项目的进展逐步精确和确定。

注3:一个项目的结果可以是一个或几个项目产品。

注4:组织是临时的,并且只存在于项目寿命期内。

注5:项目活动之间的相互关系可能是复杂的。

2)项目产品

在项目产品范围中定义,并要提交给顾客的产品。

注:随项目的进展,项目范围可能要修改。

3)项目计划

为达到项目目标而对其所需工作进行总体安排的文件。

注1:项目计划通常应包括或引用项目的质量计划。

注2:项目计划也包括其他计划,如组织结构、资源、进度和预算。

4)利益相关者

在供方组织及其运作环境中工作的具有共同利益的个人或群体。ISO9000—1:1994,第3.5条。

注1:在这个定义中,供方组织是指该项目组织。

注2:利益相关者可包括:

——顾客,项目产品的接受者;

——消费者,如项目产品的一个使用者;

——业主,如发起该项目的组织;

——合伙人,如合资企业的项目合作者;

——提供资金者,如金融机构;

——承包商,为项目组织提供产品的组织;

——社会,如司法或执法机构和广大公众;

——内部人员，如项目组织的成员。

注3：利益相关者间的利益可能会有冲突。

5)过程

将输入转化为输出的一组内部相关的资源和活动。ISO8402：1994，第1.2条。

注1：资源可以包括管理、服务、人员、资金、设施、设备、技术和方法。

注2：项目过程包括项目管理过程。

6)进展评价

依据对项目过程和项目产品规定的准则，在项目寿命周期内适当的时点对完成的项目活动的输出所进行的评定。

注：依据评价的结果，可能需要修订项目计划。

二、项目特性

1.总则

这里仅阐述对应用本标准重要的那些项目特性。

2.项目管理

项目管理包括，在一个连续的过程中为达到项目目标，对项目所有方面所进行的规划、组织、监测和控制。质量管理过程和目标(见ISO8402)适用于所有项目管理过程。

3.组织

本标准中，发起组织是指决定开展项目并将该项目分配给某项目组织的组织。项目组织是从事项目具体工作完成该项目的组织。项目组织可以是发起组织的一部分，可通过合资或国际合作等形式组成。

4.项目阶段和项目过程

一个项目是一个过程，该过程可以划分为许多互相依赖的子过程。以一种有序的和循序渐近的方法(在某些情况下)，完成子过程序列可能要求将子过程划分为阶段。对负责项目的组织来说，"划分阶段"提供了一种监控目标实现和评定相关风险的方法，以逐步实现承诺。在项目寿命期内可能会出现严重的阶段重叠。

为便于讨论项目管理中的质量指南，本标准采用了一种过程方法。项目过程已经被划分为两类：项目管理过程和项目产品有关的过程(这些过程仅仅与项目产品有关，如设计、生产和验证)。项目管理过程中的质量指南在本标准中讨论，与项目产品有关的过程质量指南已经包括在ISO9004－1中。

注：本标准中，术语"过程"也包括子过程。

三、项目管理过程中的质量

1.总则

对某一具体项目,不一定包括本标准所讨论的所有过程,且有可能须增加某些其他过程。项目管理过程是按它们相互之间联系的紧密程度分组的,例如,所有与时间有关的过程分在一组。这样项目管理过程可以被分为10组。第一组是战略过程,该过程合理地设定项目目标。第二组论述其他各过程之间内部依赖性的管理。另外8个组是与范围、时间、成本、资源、人员、沟通、风险和采购有关的各过程。

2.战略过程

战略过程是确定方向的过程,该过程组织、管理项目中其他过程的实现。在为项目确定方向的过程中,应考虑下列对项目管理质量有重要影响的概念:

——满足顾客和其他利益相关者的明确的和隐含的需要是最重要的;

——一个项目是按一系列规划好、并互相关联的过程来实施的;

——过程和产品二者质量焦点是都必须满足项目的目标;

——管理要负责为质量创建一个环境;

——管理要负责持续不断地进行改进。

本条款给出了战略过程中考虑这些概念的指南。在其他各过程中如何考虑这些概念的指南在下面第3至第11中给出。战略过程质量的实现取决于在所有过程中是否都考虑了这些概念。

1)满足顾客和其他利益相关者的明确的和隐含的需要是最重要的,应清楚地理解顾客和其他利益相关者的需要,以确保所有过程都是针对并满足这些需要的。应确定与所有利益相关者的沟通渠道,并在整个项目的过程中适时反馈。应当解决利益相关者需求间的矛盾。通常,当顾客的需求与其他利益相关者的需求发生矛盾时,应首先考虑顾客的需求。矛盾的解决应经顾客同意,应正式形成利益相关者协议。在整个项目进展中,应持续地关注利益相关者需求的变化,包括新的利益相关者的需求变化。应界定项目目标以满足认可的要求,如果需要,应随项目进展予以修订。项目目标应描述要完成什么,并以时间、成本和产品特性来表述;如果可能的话,应采用可以度量的指标。

2)一个项目是按一系列规划好、并互相关联的过程来实施的项目的各过程,各过程的负责人及他们的职责和权限应当确定,并形成文件。应为项目各过程确定方针。最终产品及其元部件结构应当考虑,以确保识别各过程。过程的依赖性应当定义、协调并综合在一起。设计过程时应把产品寿命周期中较迟出现的过程考虑在内,如与维护保养有关的过程。获得外部物资和服务的策略应当和它们对项目组织的影响一并考虑。

应当确定发起组织和项目组织之间的关系、职责和权限的划分，并形成正式文件，也要考虑它们和其他利益相关者之间的关系、职责和权限。为评定项目状态，应制订进展评价计划。需要时，为修订项目计划提供信息。

3)过程和产品二者质量焦点是都必须满足项目的目标

为满足项目目标，重点应放在项目管理过程的质量和项目产品的质量上。ISO9000族标准描述了许多过程及与产品有关的质量惯例，如文件、审核和过程控制，这些方法帮助实现项目目标。适用于项目过程的典型惯例见本标准附录A。

4)管理要负责为质量创建一个环境

发起组织和项目组织的管理者应相互合作，共同创建质量环境。创建这种环境的方式方法应包括：

——提供一种组织机构，并且进行支持，以满足项目目标；

——依据数据和有事实根据的信息做决策；

——为项目进展评价提供保证，并将其结果用于质量管理（见本标准附录B)；

——使项目的所有人员参与实现项目过程和项目产品的质量；

——与承包商和其他组织建立互利关系。

应指定有能力的人员并采用恰当的工具、技术、方法和实施惯例去实施、监测及控制过程，实施纠正和预防措施及改进过程。

应尽早任命项目经理。项目经理是个有明确的财务职责、权限和责任的人，负责管理项目。授予项目经理的权限应与其职责相适应。

注：项目经理的职衔随项目不同而不同。

5)管理要负责持续不断地进行改进

对提出项目的组织而言，管理的责任是从经验中学习，不断地探索，改进它的项目各过程的质量。为了学习经验，项目管理本身应被看作一个过程而不是一个孤立的活动。应建立一个系统来收集和分析项目实施期间所产生的信息，以持续地改进过程。

对项目组织而言，管理的责任就是不断地改进自己的过程和活动的质量。要对自身评定、内部审核及可能的外部审核做出规定，并考虑所需的时间和资源。

注：ISO9004－4给出了质量改进指南。

3.依赖性管理过程

项目由许多过程组成，通常一个过程中的任何一个活动都会影响其他过程。

项目经理负责对项目过程的相互依赖性进行全面管理。相互依赖性管理过程如下：

1)提出项目和制订项目计划

必须要编制包括一个质量计划的项目计划,并随项目进展更新计划,保持最新状态。项目计划的详细程度由项目的规模及其复杂程度而定。项目计划应涉及已经形成文件的顾客及其他利益相关者的要求和项目目标。各要求提出的来源也应当形成文件,以便具有可追溯性。产品特性和如何对其进行测量和评定应当明确,并纳入项目计划中。如果项目的目的是实现合同要求,合同应进行评审。

项目提出阶段,发起组织应找出以前做过的与现项目最相似的项目,以便尽可能地利用以前项目的反馈信息。项目计划应确定项目的各过程及其意图,并形成文件。

应建立项目组织的质量体系,并应包括利于促进持续质量改进的内容。因为质量是好的项目管理的组成部分,因此项目的质量体系也应当是项目管理体系的组成部分。在质量计划中质量体系应形成文件。

项目组织应尽可能采用发起组织的质量体系和程序,必要时可进行修改。质量计划应引用发起组织和质量体系文件的适用部分,当其他利益相关者对质量体系有具体要求时,应当确保建立起来的质量体系满足项目需求。

项目计划开发应包括在项目其他过程实现的结果,应对这些计划的一致性进行评审,并解决不一致的部分。项目计划应列出进度评审计划(见本标准附录A“评审”)和记录保存计划。评审应包括质量体系评审和项目计划评审及其对满足项目目标的适应性评审。

为了进行进展度量和控制应提供一个基线,并且提供待完成的工作量,应制定进展评价的进度计划(见本标准附录B),并纳入项目计划中。应确定项目整个过程中的质量惯例(见本标准附录A),如文件化、验证、记录、可追溯性、评审和审核要求。为监控进展,应确定性能指标,并规定进行定期评定。评定工作应利于采取预防和纠正措施,并确保项目环境变化时项目目标仍然正确。项目计划中应确定沟通渠道,应特别注意以下沟通渠道:与顾客及其他利益相关者的联系;项目组织与各发起组织的联系和报告渠道;项目组织内部各职能部门间的联系。

2)交互管理

为便于过程间有计划地进行联系,需要对项目的交互活动实施管理。管理工作应包括制订交互管理程序、召开相关职能部门的项目会议、解决职责矛盾或变更所带来的风险等问题,利用如挣得值法分析的技术度量项目执行情况,进行进展评价以评定项目状态，并为剩余工作制订计划。进展评价也应用于识别潜在的交互渠道。应注意到交互渠道通常风险较大，需要专门协调处理时是非常重要的。项目沟通是项目协调中的关键因素，在本标准5.9中讨论。

3)变更管理

变更管理包括变更需求及变更影响的识别及文件准备，以及对过程和产品变更的评审和批准。变更管理包括对项目范围变更的管理及对项目计划变更的管理。授权变更之前应分析变更意图、变更幅度及变更带来的影响，如变更对项目目标产生影响，则应经顾客及其他有关利益各方同意。变更管理包括对相互衔接的项目过程的变更协调及解决矛盾。变更管理程序应包括文件控制。

注1:变更管理的详细指南也可参考ISO9004－1。

4)关闭(结束)

项目实施过程中应确保项目所有各过程按计划结束，并将记录编辑成册，按规定时间保存。只要项目关闭，无论何种理由，都应对项目的执行进行全面评审。应考虑所有有关记录，包括来自进展评价及利益相关者的信息。对来自顾客及其他利益相关者的反馈应予特别注意，并尽可能将其量化。在评审的基础上，应编写相应的报告，重点突出能为其他项目所利用的经验。应将项目关闭的消息正式通知有关的利益相关者。

4.与范围有关的过程

本标准中，"范围"包括项目产品的说明、项目产品的特性及如何测量或评定这些特性。

这些过程的目的是：

——将顾客及其他利益相关者的要求转化为达到项目目标而需开展的活动，并组织开展这些活动。

——确保在开展活动的过程中，人们在设定的范围内工作；

——确保为项目开展的各项活动满足范围所描述的要求。

与范围有关的过程如下。

1)概念开发

顾客对产品和过程的明确的和隐含的需求，应当转换成文件，并经顾客同意。应识别其他的利益相关者并确定其需求，将其转化成文件；与顾客有关时，须经顾客同意。

2)范围开发和控制

确定项目范围时，应明确项目产品的特性并形成文件，产品特性尽可能用可以测量的指标表述，以此作为设计开发的依据。应规定如何测量产品特性，或如何评定项目产品特性对顾客和其他利益相关者要求的符合程度。产品特性应能追溯到顾客和其他利益相关者的要求。应当引用替换的方法和解决方案的支持证据,包括在范围开发中所进行的、考虑的和包括的分析结果。范围变更管理在变更管理过程中处理。

3)活动定义

项目应系统地分解成为可管理的活动,以满足顾客对产品和过程的需求。

注:术语"活动"、"任务"及"工作包"等作为描述这个结构的元素,众所周知,分解的结果称为工作分解结构(WBS)。本标准中,"活动"这一术语用作结构要素的通用术语。

定义活动时,项目管理应吸收那些将完成这些活动的有关人员参与,以便利用他们的经验,并能理解和接受。每个活动都应当以其可度量的输出方式定义。应检查所列出的活动的完整性。在已经定义的活动之间,应当是质量惯例、进展评价和编制项目计划。活动的交互作用及项目和利益相关者的交互渠道应确定并形成文件。

4)活动控制

通过活动定义确定的活动(见本标准 5.4.3)应按项目计划实施和控制。活动的控制包括交互控制,以减少矛盾或误解。对涉及新技术的活动应特别予以注意。活动应当进行检查和评价,识别出不一致的地方和改进的机会。检查的时间应依据项目的复杂程度而定。评审结果应用于进展评价,以评定过程输出及制订剩余工作计划,修订后的工作计划应形成文件。

5.与时间有关的过程

这些过程旨在确定活动的相关性及持续时间,确保及时完成项目。这些过程如下。

1)活动依赖性规划

项目活动的相互联系、逻辑交互和相互依赖性应当确定,并对其一致性性进行评审。任何变更引用资料的需求都要进行识别,确定其合理性并形成文件。只要可能,应采用标准的或经验性的项目网络图,以充分利用过去的经验。采用前应该验证其对本项目的适宜性。

2)持续时间估计

活动持续时间估计值应由活动负责人确定。由过去经验得来的估计值的正确性及在现项目条件下的适应性应该核查。输入应形成文件并可追溯其来源。收集持续时间估计值时,获得的同一时间内有关资源的估计值可用于资源计划。当持续时间估计有重大不确定因素时,应评定并减少风险,对尚存的风险应适当地纳入估计值。如有需要,顾客和其他利益相关者应参与该项工作。

3)进度计划开发

应确定制订进度计划所需的输入资料,并验证其对具体项目条件的符合性,特别注意识别需要较长准备时间的活动、持续时间长的活动及关键路径。

应确定适应不同用户需要的标准化的进度计划格式。在进度计划制订完成和发布前,应解决持续时间估计值与活动的依赖性综合计算后出现的不一致的地方。进度计划应标出关键和接近关键的活动。进度计划应识别特殊事件,有时作为关键事件或里程碑引用,它要求专门的输入或决策,或在此时点有主要的输出,例如进展评价。在进度计划编制期间,应将有关情况通知顾客和有关利益相关者;需要时,他们还应参与制订进度计划。应将相应的进度计划作为信息提供给顾客及有关利益相关者;如需要,应经其认可。

4)进度计划控制

为了确保对项目活动及有关信息进行适当控制,应确定进度计划的评审时间和资料收集的频次。应识别、分析进度计划偏离的情况,偏离严重时应采取相应措施。在进展评价及各项会议中应使用最新修订的进度计划。项目管理者应按既定的项目计划定期评审项目进展。应结合剩余工作,分析项目进展趋势,预测风险及机会。

应确定进度计划偏离的根本原因,包括有利的和不利的两个方面的原因。应采取措施确保不利的偏差不至于影响项目目标。有利的和不利的偏离的原因应该作为持续改进的依据。应确定进度计划变更对项目预算及资源和产品质量的可能影响。只有考虑了对涉及的项目其他过程和目标的影响后,才能做出决定,采取措施。对项目目标有影响的变更,在实施前应经顾客及有关利益相关者同意。在需要采取措施,挽回延误的时间时,应确定涉及的人员及其作用。在制订剩余工作计划时,进度计划的修订应与项目的其他过程协调。

应将对进度计划提出的任何变更通知顾客及有关的利益相关者,当决策对其有影响时,顾客及利益相关者应参与决策。

6.与成本有关的过程

这些过程旨在预测和管理项目成本,并确保项目在预算的约束条件下完成。与成本有关的过程如下。

注:详细指南见ISO10014。

1)成本估计

应清楚列出项目的所有成本(包括活动、物品和服务的各项成本),且成本估计应考虑相关的信息来源并与工作分解结构相联系。应对由过去经验得出的成本估计值进行核查,以确保其在现项目条件下是正确的。成本估计应形成文件并能追溯其来源。应特别注意为质量惯例分配充足的费用。

注：质量惯例的经济作用指南详见ISO10014。

成本估计应考虑经济环境（如通货膨胀、税率和兑换率）。当成本估计涉及重大的不确定因素时，应进行估计并设法减少风险；对余留的风险，应在估计值中加入适当的余量。成本估计应采取利于建立预算的形式，并按认可的会计程序开发，也要考虑项目管理的需要。

2)编制预算

预算应以成本估计值和进度计划为依据，有规定的验收程序。预算应符合项目要求，应明确各种前提条件、容许限度及应急备用金，并形成文件。预算应包括所有批准的费用并采取便于项目成本控制的方式。

3)成本控制

在任何费用支出之前，应当建立在成本控制系统所遵循的程序，形成文件并通知负责授权工作或经费支出的人。为确保适当控制项目的各项活动和有关信息，应确定评审时机及数据采集和预报的频次。应核查在剩余预算内完成剩余工作的可能性。应识别偏离预算的情况，如果超出规定的限度，应分析偏离原因并采取措施。

应利用如挣得值分析的技术分析项目成本趋势，评审剩余工作计划，以预测可能出现的问题和机会。应确定偏离预算的根本原因，包括有利的和不利的原因。应当采取措施，确保不利的偏离不至于影响项目目标。有利的和不利的（与预算的）差异应作为持续改进的依据。

采取措施的决定只有在考虑了所涉及的项目其他过程和目标的影响之后才能作出。项目成本变更应在费用支出前经相应授权。在制订剩余工作计划时，预算估计值的修订应与项目的其他过程协调。为确保及时拨付资金，应将所需的信息作为输入提供给资源控制过程并加以利用。项目管理应按规定的项目计划定期评审项目成本，并考虑其他财务检查（如有关利益相关者的外部评审）。

7.与资源有关的过程

这些过程旨在计划和控制资源。它们帮助确定资源可能存在的所有问题。资源的例子包括计算机软件、设备、设施、资金、信息系统、物资、人员、服务和场地等。与资源有关的过程如下。

注：本条款适用于人员管理仅作为一个资源时的定量方面。人员管理的其他方面包括在本标准5.8条中，因为人员管理和其他资源管理有明显不同。

1)资源规划

应确定项目的资源要求。资源计划应当说明项目需要什么资源；根据时间进度计划，什么时候需要这些资源。资源计划应指出如何及从何处得到资源；如何分配资源以及将资源分配到何处；并且如适用，提出处置过剩资源的办法。资源计划应当有利于资源控制。应验证资源计划输入值的有效性。

当为项目确定资源需求时，应评价提供资源的组织的稳定性、能力和质量。应考虑资源的约束条件。约束条件包括可用性、安全性、环境和文化因素、国际协议、劳动力协议、政府法规、资金和对项目与环境的影响等。资源计划，包括估计值、分配、约束条件及前提，应形成文件。

2)资源控制

为确保对资源供应进行适当控制，并保留一定资源余度以满足项目目标，应确定评审时机、数据采集和预报的频次。应当识别偏离资源计划的情况，分析并采取措施。只有当考虑到对于项目其他过程及目标的影响之后，才能做出采取措施的决策。对项目目标有影响的变更，在实施前应经顾客及其他利益相关者同意，资源计划的变更应经适当授权。在开发剩余工作计划中资源预测的修订应与项目其他过程协调。应识别资源短缺或超出的根本原因，并用于持续改进中。

8.与人员有关的过程

人决定项目的质量和成功。与人员有关的过程旨在创建一种人员能快速有效地为项目作贡献的环境。这些过程如下。

注：人员管理的定量方面包括在本标准5.7条中。

1)项目组织结构确定

通常应按发起组织的方针及项目的具体条件确定项目的组织结构。如果有以前项目的经验可用，应当利用，以选择最合适的组织结构。项目组织结构应设计为有利于项目所有的参与者之间的沟通和合作。项目经理应确保项目的组织结构适合于项目的范围、适合于项目组的大小、本地条件及发起组织的职责和权限的划分。这种划分应根据发起组织结构，如矩阵型或职能型结构进行。应特别注意确定和建立项目组织与下列有关方面的相互关系：

——顾客及其他利益相关者；

——支持项目的发起组织的有关职能部门，特别是负责监控项目的职能部门，如进度计划、质量和成本管理的职能部门。

应确定会计责任、权限和责任的分配，并准备工作说明书。

应特别注意涉及质量体系实施和监控的项目职能部门，以及它们与项目其他职能部门的沟通渠道。

应制订计划并定期评审项目组织结构的有效性和适应性。

2)人员分配

应从教育程度、知识和经验等方面界定项目工作人员必须具备的能力。如果预计到由于这种能力要求在招聘新员工时会遇到困难，则应给予充分的提前时间，以重新招聘和培训。应依据工作说明书的要求及时选择人员，且应考虑被选人员的能力并参考以前的经验。对项目的所有人员，无论其是项目组织的正式成员，或依然留在发起组织中的附属机构，都应采用这一选择准则。项目经理应参与其他关键工作组成员的任命。选择项目经理时，应优先考虑领导技能。将成员分配到各小组时，应考虑每个人的兴趣、人员间的关系及其强项和弱项。熟悉人员的特点和经验可能对最恰当地确定项目组成员的职责有帮助。被任命人应理解并接受工作说明书。任命应经批准并通知所有有关人员。应对每个人工作的效率和效能进行监控，需要时，并采取适当措施。

3)项目团队的开发

个人的发展对团队的发展至关重要，见ISO9004－1。团队的发展应包括管理和个人活动，特别是针对改进团队工作的活动。良好的集体协作应得到承认和奖励。管理应创建一种工作环境，鼓励每个人把工作做得很出色，与团队内和项目涉及的所有其他成员建立良好的工作关系、信任和互相尊重。应当提倡协商一致的决策，清楚、开放的沟通及对顾客满意的共同承诺。

9.与沟通有关的过程

与沟通有关的各过程旨在促进项目必需的信息交换。这些过程确保项目信息定期和及时产生、采集、传递、存贮和最终处置。这些过程如下。

1)沟通规划

编制沟通计划应考虑项目及项目涉及的个人的需要。沟通计划应确定所要正式沟通的信息、传递信息所采用的媒体及沟通频次。会议的目的、时间、频次应在计划中规定。应确定文件的格式、语言及结构，以确保适用。计划应确定信息管理系统，规定何人发送及何人接收信息、引用哪些有关的文件控制程序及保密程序。进展报告的格式应设计成易于表述出与项目计划的差异。

2)信息管理

设计信息管理系统应考虑项目组织及发起组织两者的需要。信息管理系统应包括信息的编写、收集、标识、分类、分发、汇总、修订、归档和检索程序。信息应包括信息产生时刻的现行条件，使其他项目在使用这些信息之前，能核查信息的可用性及适合性。为了信息的有效性，信息应适用于接受者的需要，应严格按时间进度提出并分发。所有影响项目实施的协议，包括非正式协议，均应形成正式文件。如果可能，应用电子媒体可能是有利的。应确定适用于各种会议的规则和指南。会议日程应提前分发并列出各项会议的参加人员。会议备忘录应包括所做出的决策、重要问题及认可的措施和执行措施的人员。应将这些备忘录在一个统一的时间内分发到有关各方。

3)沟通控制

沟通系统应根据计划运行,并进行监控和评审,以确保持续满足项目需要。应特别注意经常发生矛盾和误解的职能和组织之间的沟通渠道。

10.与风险有关的过程

项目风险管理处理整个进程中的不确定因素,并且要求一定的组织方式。与风险有关的各过程旨在减小潜在的负面事件的影响,充分利用机会进行改进。本标准中,风险这一术语包括两个方面。风险或是与项目过程相关的或是与项目产品相关的。与风险有关的过程如下。

1)风险识别

应当识别项目过程和产品的风险,并且确定方法,以测定什么时候风险超出可接受的限度。风险识别时应利用过去项目的经验和历史资料。在项目开始、进展评价及进行其他重大决策时都应当进行风险识别工作。风险识别不仅应考虑成本、时间和产品的风险,也应考虑保守秘密,可信性、职业责任、信息技术、安全、健康以及环境等方面现行及将来的法律或法规要求。应注意到需要考虑不同风险之间的交互作用,也应当识别关键的及新的技术。对已确认的有重要影响的风险应指定专人负责风险管理,并赋予相应的职责、权限和资源。

2)风险评估

应考虑过去项目的经验和历史资料,评估已识别的风险的影响及其发生的概率,所采用的准则和技术应当记录在册。总是要进行定性分析,在可能的条件下要进行定量分析。

3)风险应对开发

消除、减轻或转移风险的解决方案,接受风险的决策,以及利用有利机会的计划,都应当依据成熟的技术或过去经验的数据,以避免产生新的风险。当一个风险已经识别到,并且需要一个应急储备金计划时,应当核查实施该计划将不会产生不良影响。

当时间安排或预算要涉及处理风险的有关规定时,应将它们识别出来,为了使用它们,如果需要的话应单独维护,比如产品责任保险。意识上已经接受的风险应予以识别,并将接受的理由形成文件。

4)风险控制

在整个项目进程中应通过风险识别、风险评估和应对的交互过程来控制风险。管理项目时应意识到项目总是存在风险的,因此鼓励人们预测、识别未来的风险并予以报告。应当保持一个随时可用的应急储备计划。应监控项目风险状况,风险报告应是进展评估的一部分。

11. 与采购有关的过程

这些过程涉及项目所需产品的购买、取得或采购。与采购有关的过程如下。

1)采购规划和控制

采购规划活动应确定所需采购的产品及采购日程安排,并特别注意对项目产品的质量、时间、成本有关键作用的产品。

从项目管理的观点出发,无论是从外部承包商得到的,还是从发起组织内获得的产品都视为所要采购的产品。在这两种情况下,要求是相同的,但外部产品是通过正式合同获得的,而内部产品是按内部的购置程序及控制方法获得的。对内部产品,下面描述的采购程序可以简化或不作要求。

采购应有计划,以便项目组织能控制其与承包商的沟通。应为全部采购过程留出充分的时间。采购过程包括承包商评价、对要求的研究及承包商的合同评审。为进行适当的控制,应将采购进展与采购计划进行比较,并且必要时采取措施。

2)采购文件的要求

采购文件应确定范围、产品特性、相应的质量管理要求及相关的文件。这些要求中也应包括交付产品的日期及到承包商处查询的权利要求,并要保障在采购文件中考虑了顾客的要求。

文件的结构应便于从潜在的承包商获得准确、可比较而且完整的反应或答复。应对采购文件进行评审以验证所有规定要求的完整性。

3)承包商评价

对承包商进行评价时,应考虑可能对项目有影响的所有方面,如技术经验、工厂能力、交付时间、质量体系及财务的稳定性。

注:承包商评价的详细指南可参考ISO9004—1:1994。

4)签订承包合同

应有签订承包合同的程序,必要时应将项目的质量方针和质量体系通知给承包商。投标评价中,应确定承包商标书中所有偏离投标要求之处,并在评价中予以考虑。对提出的偏离许可应由原评审和批准的职能部门或组织批准。对投标的评价不仅应考虑承包商的价格,也应考虑其他相关费用,如使用、维护、执照费、运输、保险、关税、兑换率变化、检验、质量审核和偏离的解决费用等。签订所供产品的合同之前,应考虑由于对要求的调整而对质量产生的影响。应核查合同文件,以确保合同文件包括了与承包商初步合同谈判的结果。

5)合同控制

合同控制始于发出合同,或提出原则协议(如意向书)时。应实施合同控制系统以确保满足合同要求,包括满足预定的日期和记录要求。合同控制应包括建立合适的合同关系，以及将这些关系的输出纳入整个项目的管理中。应定期进行验证，确保每个承包商的运作满足合同要求。验证结果应反馈到承包商，且措施应经认可。合同结束前，应验证合同的全部条件和要求是否都得到满足，验证有关承包工作的反馈情况，以更新承包商注册名录。

四、总结项目经验

本条款提供了发起组织应如何总结项目经验的指南。总结经验工作应作为其他项目(现有项目或将来项目)持续改进工作的一项内容。发起组织应建立项目信息的收集、存贮、更新及检索系统，确保有效地利用这些信息。总结项目经验所需的信息应来自项目范围之内，其中包括来自顾客及其他利益相关者的反馈。使用这些信息以前，发起组织应确定总结项目经验所需的信息，并确保收集这些信息的系统能运行。发起组织应在项目结束前对项目实施进行正式评审，其重点是能够为其他项目提供可利用的经验。如果可能，应吸收顾客及其他利益相关者参加。

本章小结

项目产品和服务的质量要求通常是以技术标准和规范的过程管理为保证的。但由于项目产品的特征，不合格项目产品所带来的后果严重，所以顾客的着眼点不再局限于产品的最终检验是否符合技术标准，而是要求产品在生产过程中的每一环节都有质量保证。为此，国际标准化组织(ISO)颁布了关于质量管理和质量保证标准——ISO9000 族标准和 ISO10006 质量管理——项目管理中的质量指南。本章详细介绍了标准的构成、特点、理论基础、相关术语及其适用范围，同时对比分析了与其他相关标准的关系。在应用层面较系统地介绍了质量审核的分类、依据，质量认证的基本要素、认证的程序和原则。最后对 ISO9000 族标准发展的趋势做了简单的预测。

思考练习题

1. ISO9000 族标准是如何产生和发展起来的?
2. ISO9000 族标准包括哪些核心部分?
3. ISO9000 族标准的结构和特点是什么?
4. 什么是八项质量管理原则? 它的重要作用是什么?
5. “以顾客为关注焦点”的内涵是什么? 怎样才能体现这一原则?
6. 什么是质量审核? 为什么要进行审核?
7. 质量审核依据的标准是什么?

8. 质量管理体系审核应该注意哪些问题？

9. 什么是过程方法？请你以自己某一项工作为例进行分析，并寻找改进的机会。

10. 质量管理体系要求与产品要求有什么不同？达到质量管理体系要求是否就达到了产品要求？

11. 何谓质量管理体系认证？质量认证包括的基本要素有哪些？

进一步阅读资料

1. 刘伟，刘国宁. 质量管理. 中国言实出版社，2005

2. 韩福荣. 现代质量管理学. 机械工业出版社，2004

3. 秦现生. 质量管理学. 科学出版社，2002

4. 张伯坚. 2000新版质量管理体系国家标准理解与实施. 国防工业出版社，2004

5. 王希曾. ISO9000质量改进技法. 华南理工大学出版社，2002

6. M. A. Salem Hiyassat. "Applying the ISO standards to a construction company", *The international Journal of Project Management*, 2000, 18(2)

参考文献

1. 邬华芝，信海红. 质量管理体系与认证(第二版). 中国标准出版社，2013

2. 李为柱，李学方，周韵笙. 2000版ISO9000族标准理解与应用. 企业管理出版社，2001

3. 罗国英，林修齐. 2000版ISO9000族标准质量管理体系教程(第三版). 中国经济出版社，2003

4. 刘义雄. ISO9000质量标准与质量体系审核. 中国经济出版社，2003

5. 张公绪. 质量管理学. 高等教育出版社，2003

6. M. A. Salem Hiyassat. "Applying the ISO standards to a construction company", *The international Journal of Project Management*, 2000, 18(2)

第九章 应用案例

9

本章导读

本章以教师公寓建设项目为例进行项目质量管理案例分析。围绕质量规划、质量保证、质量控制、质量改进这四个主要部分展开。下面分别根据具体案例进行分析。

第一节 案例背景

众所周知，全球每年社会投资项目中很大一类是建筑工程项目，建筑业也是应用项目管理最早的行业之一。在我国，建筑工程项目依据其自身的特点，经过几十年的经验摸索，已经形成了一些比较成熟的管理方式。但由于我国项目管理水平较低，建筑工程企业也是刚由计划经济模式向市场经济模式转变，合同管理、成本管理起步较晚，对建筑工程项目没有完全按照项目管理模式进行管理，致使很多工程项目实施过程中在资金、人员、质量、进度等方面严重失控，最后不是无限度地追加投资，就是无条件地追赶工期，影响到工程本身的质量。国外对于建筑工程项目完全按照现代项目管理的模式进行管理，已经形成了先进的被广泛认可的国际通用管理模式；与之相比，我国的建筑工程项目管理还存在很大差距。在21世纪，特别是我国加入WTO以后，我们要参与国际竞争和国际竞标，必须提高我们的项目管理水平。为此，我们迫切需要了解、学习和掌握国际通用的项目管理知识与技术。

本案例以教师公寓建设项目为例，依据国际现代项目管理理论，结合项目实际，说明了对建筑工程项目按照项目管理模式进行管理的国际通用做法的一般过程。本案例的特点是为读者介绍了国际上按照项目管理的思想对项目进行管理的规范做法。

本案例的主要内容有:项目概况,项目的范围描述,项目管理组织形式,项目的进度计划安排,项目的资源计划,项目的费用计划,项目的质量计划与质量保证,项目的风险计划以及项目的控制管理过程等;应用的主要方法、工具有:里程碑,工作分解结构(WBS),责任分配矩阵,网络计划技术,甘特图,资源(费用)负荷图,资源(费用)累积图,项目报告,挣得值分析法等。

一、项目简介

某大学为百年名校,全国211重点院校,随着学校规模扩大,教职员工增加,原有教师公寓已无法满足需求,因此决定建设新教师公寓,以满足教职员工的住房需求。

所征用的地皮整体呈矩形,占地面积20000m²。项目设计建造高层住宅(11层)5栋,低层住宅2栋,垃圾站、车棚各1处,车库95个,地面停车位80个,道路周边绿化,地块绿化覆盖率25%。各个配套项目已向有关单位征询,可配套解决。项目合计地上建筑面积32000m²,地下建筑面积2500m²,总建筑面积34500m²,容积率1.7。项目投资6000万人民币,建设周期两年,要求工程于2006年10月1日开工。

二、项目承包方

经过招投标,本项目由××建筑公司承担。××建筑公司是民营大型建筑一级施工企业,有三十多年的施工经历,拥有先进的技术装备和高素质的管理与施工队伍,具有土木建筑、设备安装、高级装饰、道桥修筑、技术开发、砼构件生产、房地产开发、物资贸易等综合施工经营能力,是首批通过GB/T19002—ISO9002国际质量体系认证的国内建筑企业之一。面向21世纪,公司坚持走科技兴企、质量兴业之路,建立和完善现代企业制度,努力发展成为现代化的新型企业。

公司在接到项目后,按照项目经理负责制要求,内聘了该项目的项目经理,组建了项目部,对项目全过程进行管理。基于公司的实力,公司有信心也有能力把教师公寓项目建设成为优质工程。

三、项目特点

项目部首先对建设教师公寓项目的特点进行了分析,认为本项目是一个系统的综合工程,包括勘查设计和施工工程两方面的内容,主要特点如下:

1)对大楼工程进行全过程、全专业的方案设计和施工设计

2)施工工程包括以下三个方面的工作

(1)主体结构、装修、水暖通风、电气、消防、电梯及智能化系统的施工。

(2)人防地下室、车库及地上机动车位工程。

(3)配套市政工程的道路和绿地建设。

第二节　项目范围的界定

本项目按照项目范围管理的一般性原则,进行范围管理,其中包括范围规划、范围定义、范围核实、范围变更控制等四大部分。

项目范围说明如下:

教师公寓的基本背景:上一节已经介绍,这里不再赘述。

业主对工程的质量、成本、进度要求:业主要求本项目按预定工期交付使用,并且不得超出预算价格,同时质量要求达到优良标准。

项目部从施工图设计阶段介入,直到施工准备阶段、施工阶段、竣工阶段、交付使用阶段。

教师公寓竣工交付使用,并提供相应竣工资料。

项目部进行变更申请并制订范围管理计划,如果变更由业主提出,则项目部在业主、设计方、监理方都签字同意的情况下执行变更,同时做好变更记录。

一、项目目标与项目描述

根据承包合同,项目部与项目业主、监理方等项目的相关方经过讨论协商确定了项目的目标主要为:

(1)交付物成果。设计建造一流设施和智能型的教师公寓,地上建筑面积32000平方米,地下建筑面积2500平方米,总建筑面积34500平方米;

(2)工期要求。2006年10月1日至2008年9月30日,历时两年;

(3)成本要求。总投资6000万元。

为了使项目各相关方和项目团队成员准确理解项目内容,明确项目目标,项目部用简练的表格形式对项目进行了描述,如表9-1所示。

表9-1　项目目标表

项目名称	教师公寓建设项目
项目目标	两年完成教师公寓的设计、建造工程,总投资6000万元
交付物	一幢总建筑面积34500m²、具有一流设施的智能型的教师公寓
交付物完成准则	工程设计、建造、室内和室外装修的要求
工作描述	主体结构、公用系统、智能化系统、室外道路和绿化工程
工作规范	依据国家建设建筑工程的有关规范
所需资源估计	人力、材料、设备的需求预计

续表

重大里程碑	开工日期 2006 年 10 月 1 日,工程设计完成日期 2008 年 9 月 30 日,基础完工日期 2007 年 5 月 30 日,主体工程完工日期 2007 年 11 月 21 日,安装工程完工日期 2008 年 4 月 30 日,装修工程完工日期 2008 年 9 月 19 日,工程验收日期 2008 年 9 月 30 日
项目经理审核意见:按要求保质保量完成任务	
签名:×××	日期:2006 年 10 月

二、项目工作分解

本项目涉及范围较广,工程量大,工作内容多,为了准确地明确项目的工作范围,项目部按照工作分解结构的原理对项目进行了分解,经过与业主协商讨论,确定了项目的工作范围,并将项目按照施工流程分解如图 9-1、图 9-2 所示。

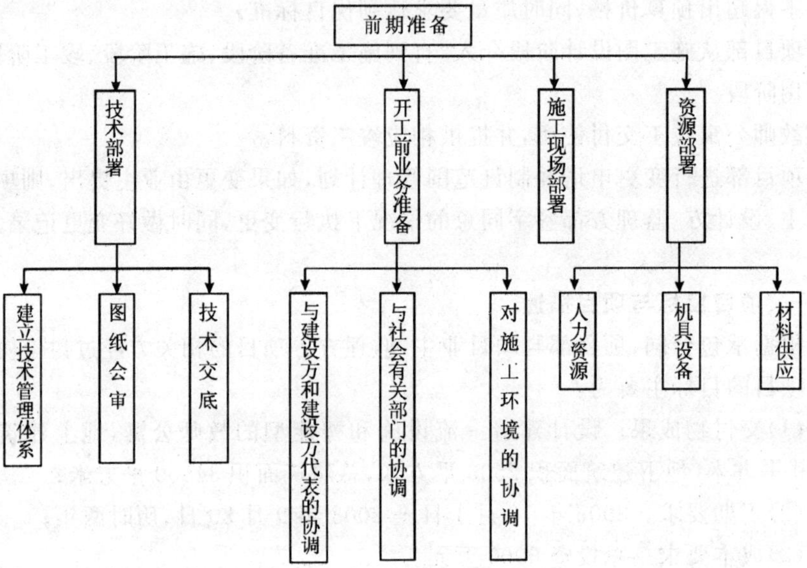

图 9-1 前期准备图

三、项目范围核实

项目范围核实工作就是对项目范围进行审查并接受和确认的工作。通过对项目范围的审查,最终确认项目范围是否包括了为实现项目目标所需的全部工作,以及有没有不属于项目范围的工作也包括在了项目范围之中,项目范围所能生成的最终结果是否与项目的要求相符等。项目范围审查的对象包括整个项目范围定义结果和项目工作分解结构等项目定义阶段给出的文件。主要是审查和确认它们的合理性和可行性。项目范围核实的工具和技术主要是核检确认技术，具体在项目范围确认中使用的核检表包括项目范围核检表，见表 9-2；项目工作分解结构核检表，见表 9-3。

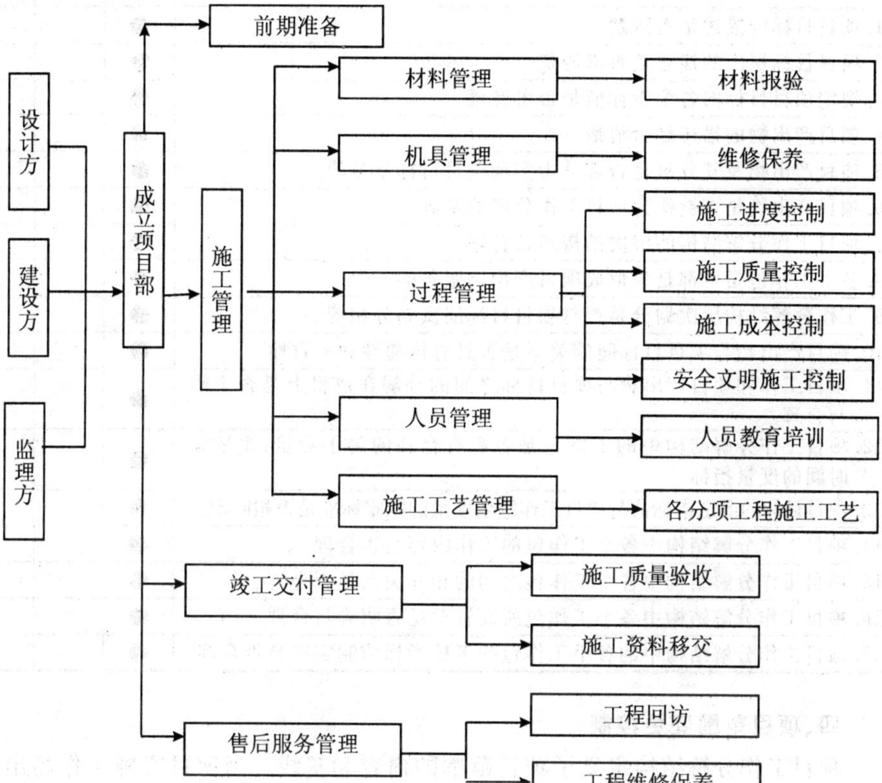

图 9-2 项目工作分解图

表 9-2 项目范围核检表

项目范围核检内容	满意程度		
	满意	一般	较差
1.项目目标是否完善和准确	●		
2.项目目标的指标是否可靠和有效	●		
3.项目的约束和限制条件是否真实和符合实际情况		●	
4.项目最重要的假设前提是否合理	●		
5.项目的风险是否可以接受	●		
6.项目的成功是否有足够的把握	●		
7.项目范围是否能够保证项目目标的实现	●		
8.项目范围所给出的项目工作最终的效益是否高于项目成本		●	
9.项目范围是否需要进一步深入研究和定义		●	

表 9-3 项目工作分解结构的核检表

项目工作分解结构核检内容	满意程度		
	满意	一般	较差
1.项目目标的描述是否清楚	●		
2.项目目标层次的描述是否都清楚	●		
3.规定项目目标的各个指标值是否可度量	●		
4.项目产出物的描述是否清楚	●		
5.项目产出物及其分解是否都是为实现项目目标服务的	●		
6.项目产出物是否被作为项目工作分解的基础	●		
7.项目工作分解结构的层次结构是否合理	●		
8.各个工作包是否都是为形成项目产出物服务的	●		
9.工作分解结构层次划分是否与项目目标层次划分相统一	●		
10.项目产出物与项目目标间的关系是否具有传递性和一致性	●		
11.项目工作和项目产出物与项目目标之间的分解在逻辑上是否正确与合理	●		
12.项目工作分解结构中的工作包是否都有合理的关于数量、质量和时间的度量指标	●		
13.项目目标的既定指标值与项目工作绩效度量的既定标准是否相匹配	●		
14.项目工作分解结构中各个工作包的工作内容是否合理	●		
15.项目工作分解结构中各个工作包之间的相互关系是否合理	●		
16.项目工作分解结构中各个工作包所需资源是否明确与合理	●		
17.项目工作分解结构中的各个工作包的考核指标值制定得是否合理	●		

四、项目范围变更控制

项目工作分解结构定义了项目范围的内容和基线。当项目实施工作超出或达不到项目工作分解结构所规定的范围要求时，实际就已经表明发生了项目范围的变更。本项目实施阶段发生变更，由项目部提出变更申请。变更申请分两部分。

1.建设方提出变更要求

1)从保安角度出发，为小区建设警卫室1座，面积20平方米，钢结构。

2)从物业管理角度出发，为小区建设物业管理办公室5间，面积80平方米，砖混结构。

2.施工方提出变更要求

1)由于甲方指定的商品混凝土公司的混凝土无法满足大模板施工工艺，要求变更混凝土供应公司，或要求原公司改变混凝土配比。

2) 由于在城市中心施工，场地相对紧张，施工方建议改变工序，先做低层建筑施工，然后再进行高层施工。

经建设方、施工方、监理方、设计方共同研究，做出决定，对变更申请处理如下。

1. 建设方要求

施工方为建设方修建警卫室、物业房屋，因其不包括在合同内，故由建设方单独追加预算。

2. 施工方要求

1)经过测算，混凝土品种改变后，总用量不变，准予变更，但是不追加预算。

2)施工方改变工序，但是由此将产生如下问题：由于先低层后高层，将产生建筑物沉降不均匀，需要施工方做出合理的地基基础处理方案，报监理方及设计方审核；由此产生的费用增加将不列入预算及竣工决算，即施工方自己承担。

以上决议经各方认可签字，并立即生效执行。

第三节　教师公寓项目质量计划的编制

项目质量计划的主要内容有：项目组成介绍；项目质量总目标及其分解目标；项目质量管理组织机构的设置，项目各级人员的质量职责(见表 9-4、图 9-3、表 9-5)；项目质量控制的规范、规程、标准(见表 9-6、表 9-7)和文件；项目质量控制程序(图 9-3)等。根据项目质量计划编制流程(参见本书第三章项目质量计划)，制订如下项目质量计划。

一、编制项目质量计划的依据

1. 质量方针

追求完美，为用户提供所期望的工程和服务。

2. 质量目标

1)施工质量等级：优良。

2)分项合格率：100%。

3)分项优良率：不低于 80%。

4)质量保证资料和技术管理资料齐全率：100%。

5)观感质量的评定得分率达到：90%以上。

6)设备安装部分质量等级达到“优良”。

7)一次成活率：100%。

8)竣工验收一次性交付。

9)回访维修及时率：100%。

二、质量管理计划

项目质量计划文件主要由三部分组成：质量管理计划、计划的实施说明、核检表。这一部分将以文字的形式表达出项目质量目标及为实现质量目标所必须采用的措施,包括必要的控制过程,项目质量计划中所采用的具体方法、工具、图表和程序等,项目全部参与人员的质量职责。

工程项目质量是国家现行的有关法律、法规、技术标准、项目合同对工程的安全、实用、经济、美观等特性的综合要求。本项目的质量管理以分项工程作为质量控制点,采用分阶段控制和分析等方法,找出偏差,采取纠偏措施,并以项目质量报告形式表达。项目部根据工程项目特点,制订如下质量计划书。

1.质量管理计划

1)项目质量的组织计划

根据保证体系组织机构,建立健全岗位责任制度和质量监督制度,坚持系统、全面、统一和职务、责任、权限、利益相一致的原则。明确职责分工,落实质量控制责任,通过定期和不定期的检查,发现问题,总结经验,纠正不足,奖优罚劣,对每个部门每个岗位实行定性和定量的考核,见表9-4管理人员结构构成表。

表9-4 管理人员结构构成表

职务	人数	责 任
项目经理	1	对工程全面负责
工程师	1	负责工程技术工作
技术员	3	负责分项工程技术
质量检查员	3	负责分项工程质量
安全员	1	负责工程安全保证
测量员	1	负责工程定位、放线
工长	8	负责分项工程质量进度等
材料员	2	负责材料采购保管发放
预算员	1	负责工程日常预算工作

2)项目质量的物资采购供应计划

(1)材料计划、订货合同及采购计划由项目的物资部门及分承包方共同负责。项目材料计划员编制单位工程材料计划、并结合施工进度编制月、季度材料需用计划,由项目物资部负责人审核,报项目经理批准后,由物资部采购员会同材料负责人根据审批后的材料采购计划与选定合格的分供方签订合同。

(2)由物资部门委托分供方供货,事先必须对分供方进行认可和评价,建立合格的分供方档案,材料的供应在合格的分供方中选择;实行动态管理,公司物资部、公司项目管理部和项目经理部等主管部门定期对分供方的业绩进行评审、考核,并做记录,不合格的分供方从档案中予以除名。

(3)必须在确定合格的分供方厂家或有信誉的供应商中采购物资,合同签订后进行登记。所采购的材料或设备必须有出厂合格证、材质证明和使用说明书,对材料、设备有疑问的禁止进货并采取必要的补救措施。

(4)加强计量检测。对所采购的物资(包括分供方采购的物资),根据国家、地方政府主管部门规定的标准、规范或合同规定要求,按批准的质量计划要求抽样检验和试验,并做好标记。当其质量有疑问时,应加倍抽样或全数检验。

3)项目质量的技术保证计划

(1)制定质量控制点,明确难点解决措施

对本工程中技术要求高、施工难度大的施工工序或环节,设置技术重点和难点。针对这些技术重点和难点,对操作人员、材料、工具、施工工艺和方法均作重点控制。针对质量通病或质量不稳定、易出不合格品的工序,事先提出控制预防措施。

(2)执行技术交底制度

项目部研究图纸一项目部向各施工班组长作技术交底一各班组长对主要工人交底一工人按交底施工。

(3)提高施工一次成活率

各工种在施工过程中严格按操作规程和施工工艺进行施工,避免返工现象,实行全方位控制,提高一次成活率。

在施工过程中工作面要干净利落,下角料要及时清理,要严格爱护材料和半成品、成品,避免污染。

4)项目质量的劳务计划

本工程选择成建制的,具有较高资质、信誉良好且同我单位长期合作的施工队伍做劳务分包;同时运用我单位对施工队伍完整的管理和考核办法,从根本上保证项目所需劳动力的高素质,从而为实现工程质量目标奠定坚实的基础。

5)项目质量的资金计划

(1)保证资金投入是确保施工质量、安全和施工资源正常供应的前提。同时为了更进一步搞好工程质量,引进激励机制,建立奖罚制度、样板制度,对施工质量优秀的班组、管理人员给予一定的经济奖励,以激励他们的工作。对施工质量低劣的班组、管理人员给予一定的经济处罚,严重的予以除名。

(2)全面履行工程承包合同,加大合同执行力度,严格监督施工队伍、专业分包的施工过程,严把质量关;同时根据监理部门的通知、指令,按照合同要求采取相应的经济措施。

6)物品保护计划

(1)在施工过程中对易受污染、破坏的成品、半成品均做有效标志——"正在施工,注意保护"。采取有效措施对成品和半成品进行保护,并设专人经常检查巡视,发现有保护措施被损坏的及时恢复。

(2)工序交接全部采用书面形式签字认可。由下道工序作业人员和成品保护负责人同时签字确认，并保存工序交接书面材料，下道工序作业人员对防止成品的污染、损坏或丢失负直接责任，设专人对成品保护负监督、检查责任。

2.计划实施说明

本计划将严格按照计划书执行，以保证质量计划的顺利实施，同时本计划将提交业主以及监理方，并由三方共同监督、执行。

3.核检表

质量检查监督以数据的检测、反馈为主，为此，特制定如下表格，见附录2。

第四节　教师公寓项目的质量保证体系

要编制完善的质量保证体系，首先要有完善的项目管理组织，并将项目管理责任进行合理的分配。

一、项目管理组织形式

1.项目组织结构形式

为适应社会主义市场经济的需要，公司已由原来的职能式管理形式改制为以项目为核心的管理模式，主要部门有人力资源部、经营计划部、财务部、技术部、工程部、采购部、质量部等，对承接的项目按照项目管理的方式进行管理。为了保证教师公寓建设项目顺利进行，需要公司各部门共同协作，实现项目总目标。按照项目经理负责制的要求，公司通过内部招聘的方式委派一名项目经理负责项目，并按照项目经理的要求与需要，组调各部门人员组成项目组织机构对项目进行管理。该建设项目组织形式，采用矩阵式组织。该项目的组织机构分为两个部分：项目的管理层——项目部，项目的作业层——作业承包队。

1）项目管理层

项目部在项目经理领导下，负责项目从开工到竣工的全过程施工生产经营的管理，是公司在该项目上的管理层，同时对作业层具有管理与服务双重职能。作业层工作的质量取决于项目部的工作质量。项目部是项目经理的办事机构，为项目经理决策提供信息依据，当好参谋；同时又要执行项目经理的决策意图，项目经理全面负责。根据项目实际情况，项目部的设置如图 9-3 所示。

2)项目作业层

项目的劳动力主要来源于公司的劳务资源（部分从社会聘用），公司的劳动力资源由人力资源部管理。项目经理部根据项目任务，编制劳动力需要量计划，交公司人力资源部和公司领导进行权衡。然后由项目经理部根据公司领导的权衡结果，进行供需见面，双向选择，与施工队签订劳务合同，明确需要的工种、人员数量、进出场时间和有关奖罚条款等，正式将劳动力组织引入项目，形成项目

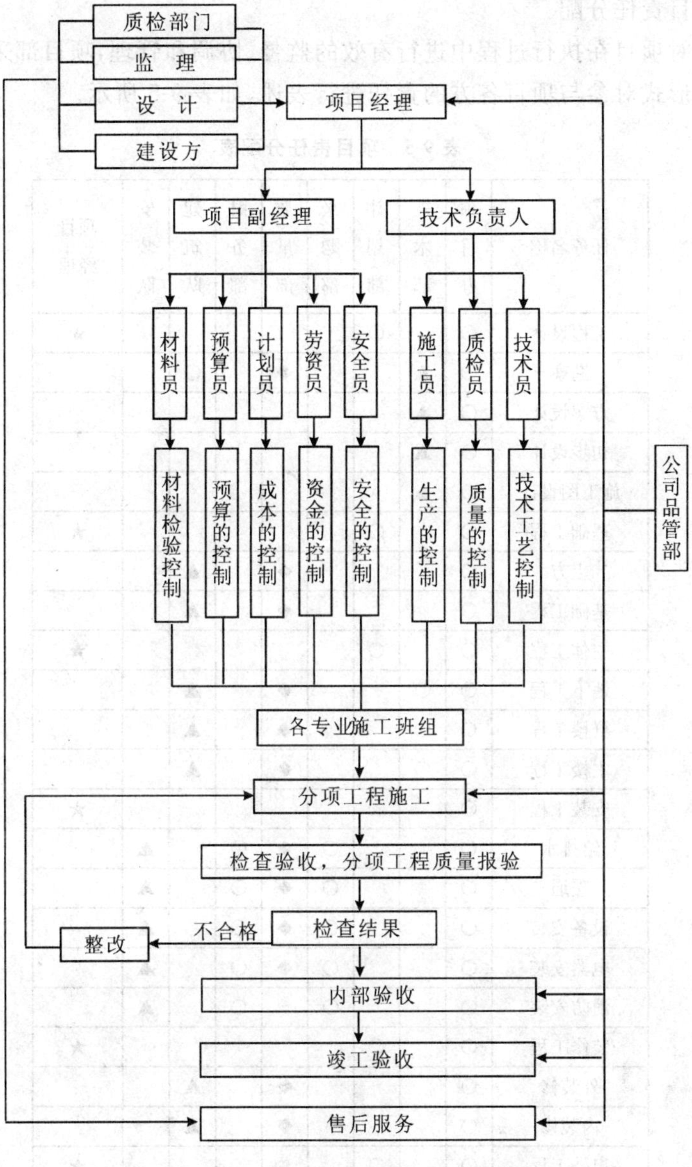

图 9-3 项目部组织结构及管理程序图

作业层。以施工队的建制进入项目后，以项目部为主，同施工队协商共同组建作业承包队。打破工种界限，实行混合编班，提供一专多能、一岗多职，形成既具有专业工种，又有协作配套人员，并能独立施工的作业承包队。对组建的作业承包队设置“项目经理作业助理”，作为项目经理在单位工程上的委托代理人，对项目经理负责，实行从单位工程开工到竣工交付使用的全过程管理。

2.项目责任分配

为了对项目在执行过程中进行有效的监督、协调和管理,项目部采用责任分配矩阵的形式对参与项目各方的责任进行表述,如表9-5所示。

表9-5 项目责任分配表

任务名称	项目办	技术部	计划部	采购部	质量部	财务部	建筑队	安装队	项目经理
工程设计	○		○						★
勘察	○	▲			◆		○		
方案设计	○	▲							
初步设计	○	▲							
施工图设计	○	▲							
基础工程	○		○						★
土方	○				◆		▲		
基础工程	○				◆		▲		
主体工程	○		○						★
地下工程	○	○			◆		▲		
群楼工程	○	○			◆		▲		
主楼工程	○	○			◆		▲		
安装工程	○		○						★
给排水	○			○	◆	○		▲	
暖通	○			○	◆	○		▲	
设备安装	○			○	◆	○		▲	
电器安装	○			○	◆	○		▲	
消防安装	○			○		○		▲	
装修工程	○		○						★
外装修	○				◆		▲		
内装修	○				◆		▲		
户外工程	○		○						★
停车场	○				◆		▲		
室外照明	○			○	◆		▲	○	
绿化	○				◆		▲		
竣工验收	▲	○	◆	○	○	○			★
项目管理	▲	○	○	○	○	○			★

注:▲——负责,○——参与,◆——监督,★——批准

二、质量保证体系的编制

为了适应新的管理形式,并作到和国际现行管理形式接轨,以达到科学管理、预先控制的目的,编制本质量保证体系。

1.编制依据

1)教师公寓工程(以下简称本工程)招标文件。

2)本工程招标设计图纸及说明。

3)本公司的技术、机械设备装备情况及管理制度。

4)国家和行业现行的施工及验收规范(见表9-6,表9-7)。

5)ISO9001:2000质量认证体系。

表9-6　规范、标准、文件一览表

序号	类别	名　称	编号或文号
1	国标	工程测量规范	GB50026—1993
2	国标	混凝土结构工程施工质量验收规范	GB50204—2002
3	国标	建筑地面工程施工及验收规范	GB50209—2002
4	国标	建筑工程质量验收统一标准	GB50300—2001
5	国标	混凝土质量控制标准	GB50164—1992
6	国标	建设工程施工现场供用电安全规范	GB50194—1993
7	国标	建筑装饰装修工程质量验收规范	GB50210—2001
8	国标	建筑给排水及采暖工程施工质量验收规范	GB50242—2002
9	国标	建筑工程施工质量验收统一标准	GB50300—2001
10	行标	混凝土泵送施工技术规程	JGJ/T10—1995
11	行标	钢筋焊接及验收规范	JGJ18—2003
12	行标	建筑机械使用安全技术规程	JGJ33—2001
13	行标	施工现场临时用电安全技术规范	JGJ46—1988
14	行标	建筑施工安全检查标准	JGJ59—1999
15	行标	建筑施工高处作业安全技术规程	JGJ80—1991
16	行标	建筑设备安装分项工程施工工艺标准	JGJ81—1991
17	行标	建筑工程冬期施工规程	JGJ104—1997

表9-7 国家现行的主要法律、法规

序号	类别	法规名称	编号或文号
1	国家	中华人民共和国建筑法	
2	国家	中华人民共和国环境保护法	
3	国家	建设项目环境保护条例	
4	国家	建筑施工质量管理办法	国务院第三产业79号文

2.质量保证体系的应用

由以上法律、法规、规范、条例，组成本工程的质量管理系统文件；并制定相应的质量管理办法，并形成文件(如钢筋工操作手册，混凝土工操作手册等)。根据具体施工班组和部位，下达到每个班组，由班组按照具体质量控制措施执行；且最后的质量验收以此为依据，并按照相应的质量检查验收规范填写表格(如混凝土质量检查表、砌筑质量检查表等)，同时将表格签字、存档，作为最后的质量总体验收依据。

质量保证体系是我公司综合管理体系的一个组成部分，致力于确保公司质量目标的实现，满足顾客及其他相关方对产品的需求、期望和要求。公司以质量体系为主线，考虑产品形成过程中的环境管理体系和职业健康安全管理体系的要求，从而形成使用共有要素的管理体系。

1)公司根据顾客要求，识别管理体系所需的过程，确定过程的顺序和相互作用，并使其处于受控状态，以实现顾客满意。并通过体系的持续改进，以增强顾客和相关方满意的程度，就公司能够提供持续满足要求的工程(产品)，向顾客和相关方满意提供信任。

2)公司建立和实施质量管理体系包括以下几方面内容：

(1)确定顾客和其他相关方的需求和期望；

(2)确定公司的质量目标并予以分解；

(3)确定实现质量目标必需的过程和职责；

(4)确定和提供实现质量目标必需的资源；

(5)规定每个过程的实现方法和准则，包括分包过程；

(6)规定测量和评价过程及过程结果有效性和符合性的方法；

(7)确定不合格的处置方法；

(8)建立和应用持续改进过程的方法。

3)建立质量方针为公司提供关注的焦点；

4)公司领导应用质量管理原则，通过采用各种措施创造员工充分参与的环境；

5)将质量管理体系形成文件，达到沟通意图，统一行动；

6)通过定期开展质量管理体系审核、评审等活动评价体系的有效性；

7)注重持续改进，以增强顾客及其相关方满意的机会；

8)应用统计技术，帮助公司了解变异、解决问题并提高有效性。

本项目应用以过程为基础的质量管理体系模式。

本项目的质量保证体系是根据公司综合管理手册的要求进行建立的，是公司质量管理体系在本工程的延续。本管理体系是以项目经理为主要负责人，项目总工和生产经理领导监控，各职能部门执行监督，并由承包方严格实施的网络化的项目组织体系。

第五节　教师公寓工程项目的质量控制方案

一、项目质量控制

1.项目质量过程控制流程

由项目部所确定的教师公寓工程质量控制的系统，如表9-8所示。

2.项目部对质量管理采取的具体管理措施

(1)按照ISO9000、IS014000建立品质保障体系。

(2)树立品质第一的思想，在关键会议上实行一票否决制。

(3)按照业主要求、国家标准、行业标准制定项目质量标准并执行。

(4)制定各阶段验收规程、施工规程，并按规程检查。

(5)明确项目的变更流程和变更事后管理。

(6)项目质量控制工作中还应该注意配合业主和监理做好质量验收工作。

3.影响项目质量的因素

根据项目质量形成过程，质量控制被划分为三个阶段来控制。无论是投入物资资源的控制还是施工安装过程的控制，都应对影响工程实体质量的五个重要因素进行全面控制，即4M1E(人、材料器材、机械设备、方案工艺和环境)。影响工程质量的因素如表9-9所示。

表 9-8 项目质量过程控制流程

时间阶段	计划内容	
事前控制	施工准备质量控制	质量保证体系审查
		机械设备质量控制
		施工质量和施工方法的审查
		材料及构件质量控制
		现场管理环境检查
	图纸会审及技术交底	
事中控制	施工过程质量控制	工序控制
		工序之间的交接检查
		隐蔽工程质量控制
	中间产品质量控制	
	分项工程质量评定	
	设计变更审查	
事后控制	竣工质量检查	联动试车
		验收审核
		竣工验收
	工程质量评定	
	质量文件的审核与建档	

表 9-9 影响工程质量的因素

影响因素	内 容
人	管理者素质
	操作者素质
材料、器材	材料、构件质量
	建筑设施、器材
机械设备	生产设备
	施工机械设备
方案、工艺	施工组织设计
	施工方案、施工计划
	工艺技术
环境	现场施工环境
	自然环境条件
	工程技术条件
	项目管理条件

抓住影响工序施工质量的主要因素，才能事先对影响项目重要部位或薄弱

环节质量的主要原因进行分析，并提出相应的措施，以便进行预控。

4.项目质量控制方法

在项目实施过程中，项目部从技术、资源、组织措施和管理措施等四方面出发，通过项目进度报告、重大突发性事件报告、项目变更申请报告、项目执行状态报告、项目关键点检查报告和项目工作完成报告等一系列记录表格来监控项目的执行状态；通过与项目计划对比，动态地分析出现的和可能出现的偏差，权衡其已造成或可能造成的影响，从而采取一定的应对措施来保证项目的顺利实施。

按照项目范围控制的届定，我们对本工程进行全方位控制和全过程控制，其中包括施工前期（施工准备期）、施工阶段、竣工验收阶段的质量控制方案。质量控制问题不是施工方单方面控制的，要施工方、监理方和业主密切合作，共同完成控制工作，这样才能达到项目质量控制的目标。期间要由施工方和监理方共同进行现场质量检查，填写相应的表格，并向业主汇报质量控制情况，同时将各质量检查表格签字备案。由于篇幅有限，我们仅以质量形成过程最重要的时期即施工阶段的质量控制为例加以论述。

二、施工阶段的质量控制

项目施工阶段是质量控制的难点、要点。这个阶段又分三个时期，即：施工前期、施工中期、竣工期。这三个阶段正好对应项目质量控制的事前控制、事中控制、事后控制这三个控制过程。现分别做详细控制分析如下。

1.项目质量的事前控制（施工前期）

（1）掌握和熟悉质量控制的技术依据。

（2）施工场地的检验验收。

（3）严格检查进场施工队伍的素质，同时严格控制分包单位。

（4）审查进场材料、构配件。严格督促购料单位按设计标准规定的质量标准组织订货，材料构配件进场要有产品合格证、试验单。对钢材、水泥等主要材料，每次进货要按规定随机抽样进行试验，试验报告经审查同意后，才能开始使用。

这个阶段的详细控制流程是根据项目质量计划和保证体系中的保证措施来制订和实施的，具有较强的计划性和前瞻性。当然，这项工作不是建设方一方独立完成的，需要建设方、设计方、监理方的通力合作，同时接受社会监督，并充分尊重业主的意见和建议，这样才能把控制工作做好。如图 9-4 所示。

对项目的具体分项工程我们主要采用的是因果图和对策表的控制方法（见本书第七章质量控制方法）。为此，我们根据本项目的特点，参考以往的施工经验，对项目的各分项工程加以具体分析研究，做出以下分析图表。如图 9-5、图 9-6。

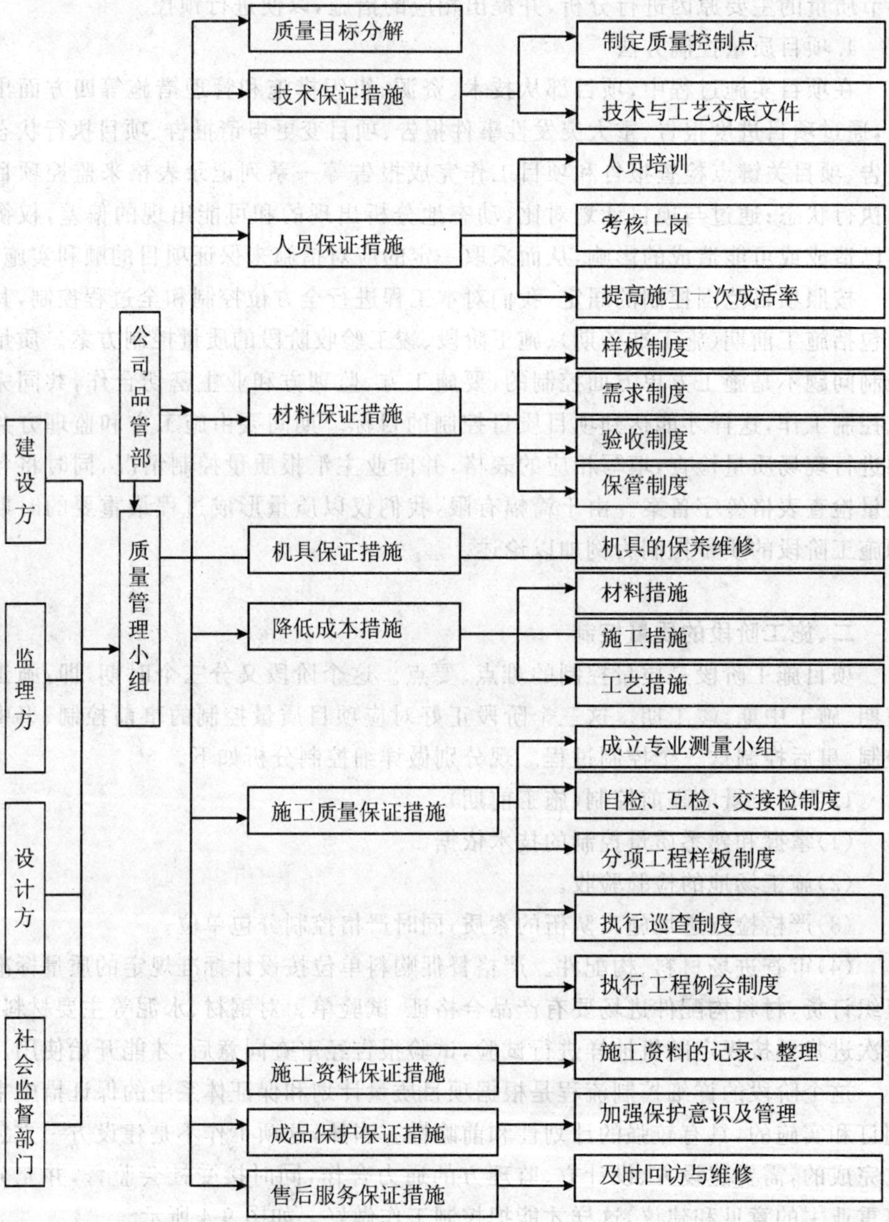

图 9-4　项目质量保证流程图

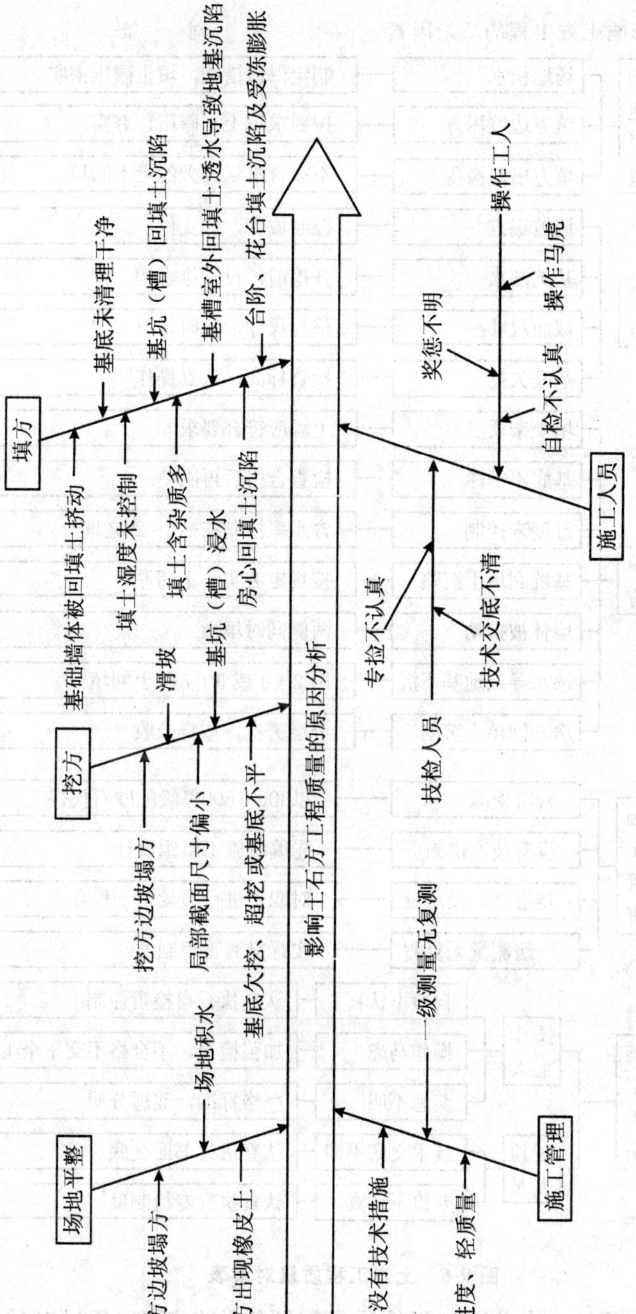

图9-5 土方工程质量因果分析图

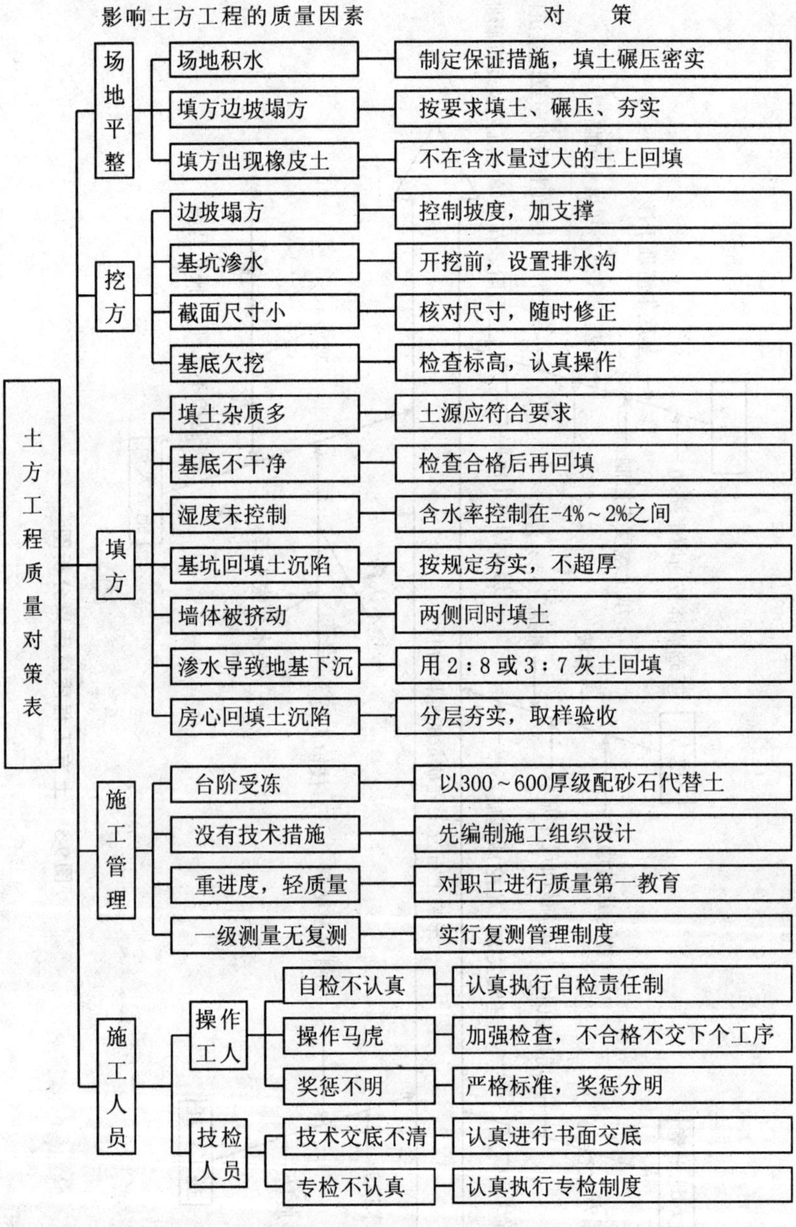

图 9-6 土方工程质量对策表

以上仅为本项目一个分项工程的质量问题细化分析图，通过对项目各具体分项工程质量问题的细化分析，找出产生质量问题的原因，提前加以控制，以达到事前控制的目的。

2.项目质量的事中控制(施工中期)

由于本项目相对比较复杂,工种、工序较多,工序交接、穿插频繁,施工工期较长,需要将项目目标进行分解,并设置相应的质量控制点,采取相应的质量控制对策和手段。所以制定如下施工中期控制方案。

1)按照项目特点,设立相应的质量控制点,并依照相关规范做好检查、检测、测量工作。表9-10为本项目的质量目标的分解、质量控制点的设立与控制手段。

表9-10　质量控制点及控制手段表

序号	工程项目	工程量	质量控制要点	控制手段
1	土方工程钎探		1.开挖范围及边线(从中线两侧测量) 2.高程 3.钎探	测量 测量 观察、复探
2	基础工程		1.位置(轴线及高程) 2.外形尺寸 3.与柱连接钢筋型号、数量、绑扎、搭接 4.混凝土强度	测量 测量 现场检查 审核原材料合格证及复试报告;审核配合比现场取样制作试件,审核试验报告
3	模板工程		1.地下管线预留孔道及不预埋 2.轴线、标高偏差 3.械板尺寸偏差 4.模板刚度及支撑 5.预留洞中心位置	现场检查 测量 测量 测量 现场检查、测量
4	现浇钢筋砼主体结构工程		1.轴线、高程及垂直度 2.断面尺寸 3.钢筋数量、规格、位置、接头 4.施工缝处理 5.混凝土强度:配合比坍落度、强度 6.预埋件:型号、位置、数量、锚固	测量 测量 现场检查、测量 旁站 现场制作试块,审核试验报告 现场检查、测量
5	砌砖工程		1.砌承重墙的砂浆强度等级(配合比) 2.灰缝、错缝 3.门窗孔位置 4.预埋件及预埋管线	砂浆配合比、试验旁站 测量 现场检查、测量
6	室内粗装修		1.材料配合比 2.室内抹灰厚度、平整度、垂直度 3.室内地坪厚度、平整度	试验 要求做样板间 要求做样板间

续表

序号	工程项目	工程量	质量控制要点	控制手段
7	门窗		1. 外门窗：位置、尺寸 2. 铝塑门窗：嵌填、定位、安装、关闭、开关	检查、测量 检查、测量
8	室内给水排水管道安装		1. 安装位置及坡度、接头 2. 管阀连接位置、接头 3. 水压试验 4. 水表、消火栓、卫生洁具、器件 5. 自动喷洒水幕、位置、间距、方向 6. 水泵安装位置、标高、试运转轴承温升 7. 排水系统通水试验	观察、测量 观察、测量 水压试验 观察、测量 观察、测量 观察、测量 通水试验
9	室内电气线安装工程		1. 变配电设备安装：位置、标高、线路、连接 2. 屏柜、附件及线槽安装 3. 绝缘、接地	观察、测量 观察、测量 观察、测量
10	电气工程		1. 设备安装：位置、标高、坡向、坡度 2. 线路及附件安装	观察、测量 观察、测量
11	安装管道及道路工程		1. 管线位置、标高、坡向、坡度 2. 管道安装、接头 3. 阀门、量表位置、接头 4. 道路压路基、路面 5. 堡坎、挡土墙位置、尺寸、强度	观察、测量 观察 观察、试压 观察、测量 观察、测量、试验

2)具体质量保证措施

(1)技术控制措施

①制定质量控制点，明确难点解决措施

对本工程中技术要求高、施工难度大的施工工序或环节，设置技术重点和难点。针对这些技术重点和难点，对操作人员、材料、工具、施工工艺和方法均做重点控制。针对质量通病或质量不稳定、易出不合格品的工序，事先提出控制预防措施。

②执行技术交底制度

项目部研究图纸－项目部向各施工班组长作技术交底－各班组长对主要工人交底－工人按交底施工。

(2)人员控制措施

①人员培训与考核

根据本工程的特点，由公司抽调技艺精湛、素质过硬的各专业施工队伍进场施工，并且必须审核特殊工种上岗人员是否持有上岗证。进场前，针对本工程的特点和重要性，对所有的工人进行教育和培训，经考核合格的工人方准予上岗。

②提高施工一次成活率

各工种在施工过程中严格按操作规程和施工工艺进行施工，避免返工现象，实行全方位控制，提高一次成活率。在施工过程中工作面要干净利落，下角料要及时清理，要爱护材料和半成品、成品，避免污染。

(3)材料控制措施

本工程所有材料的选型、材质、规格、颜色、产地等均符合图纸和标书要求。工程所用的材料和构件均可以提供产品说明书、产品合格证、产品检验证书、生产厂生产许可证(复印件)。所用的材料，大部分采用难燃材料或不燃材料，部分采用的可燃材料必须做阻燃化处理。

①材料样板制度

针对设计师及业主指定的装饰材料品牌，进场后，材料样品、样本及样板间经甲方、监理单位验收后封存，作为材料供应和竣工验收的实物标准。

②材料供应需求制度

a. 材料需求流程如图 9-7。

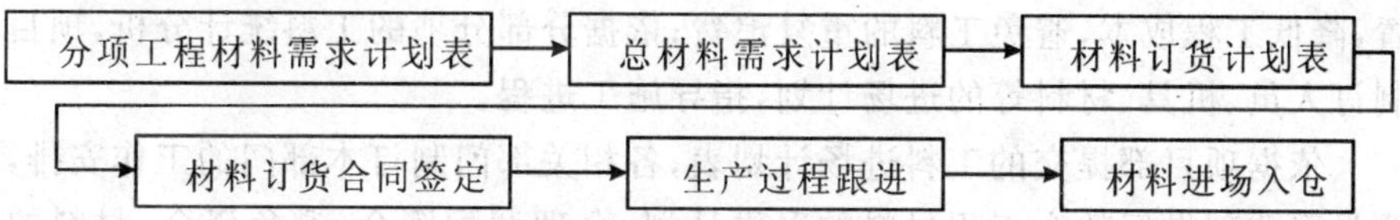

图 9-7 材料需求流程

b. 材料需用计划

根据本工程项目的设计文件、施工图纸，以及施工方案、施工措施编制而成，反映该工程项目所需的各种材料的品种、规格、数量和进场时间要求。

c. 材料来源计划

根据需用计划和所需的合格供货方编制，构成该工程装饰材料的供货渠道方向。例如，直接从专业厂家订购、分供方采购等。

③材料验收制度

主要材料的到场，须经乙方、监理单位及甲方三方验货；确定合格后，乙方才能组织材料入库。凡是资料不全或未经批准的材料，一律不准进入施工现场。在进货过程中，采购人员根据样板及有关技术指标对所购材料进行严格验收，杜绝不合要求的材料进入现场。

对材料的主要控制方法采用分层法进行控制，下面以钢筋为例做一分层法控制方案。见表 9-11。

表 9-11　按供应钢筋的工厂分层

工厂	不合格批数	合格批数	不合格率(%)
首钢	0	10	0
地方钢厂	2	8	20
合计	2	18	10

由此可见，应采用首钢产品作为本工程用料。

(4)机具控制措施

根据本工程的工程量及特点，项目部编制机械设备进场计划，配备相应数量的施工机具。库房及各专业班组对机械设备的不足部分，提前购进。施工期间，对施工机具设备随时进行维修、保养，以保证满足施工的需要。

(5)降低成本措施

在工料方面采取的降低工程成本的措施如下。

对常规所用材料采取公开招标的形式，通过试验、检验、调研等方法确定材料品牌，并与各供应商签订长期、固定的供货合同，对工程实行集中采购供应制，从质量、供货周期及售后质量保证等方面均能满足要求；实行分部分项的工料统计分析制，项目部开工前即对整个工程的工料进行科学的统计分析，做到合理配置，降低工程成本，避免工料的重复浪费；依据分部分项的工料统计分析，项目部制订人员、机具、材料等的进场计划，指导施工进程。

依据项目部提交的工料进场计划表，各相关部门制订本部门的工作安排，主要是采购部做好整个工程材料的采供计划，合理调配资金，避免资金、材料的过度闲置、占用；施工一线依据工程工料统计分析实行限额领料制度，严格控制材料消耗率，避免由于人为原因造成的材料浪费；对员工进行成本知识教育，强化成本意识，加强临水、临电的控制。在确保优良的前提下，实现工程的最低成本。此外，还要做好各工序、工种之间的协调工作，提高一次成活率。

(6)采用先进施工工艺降低工程成本、提高生产率的措施

依据统一的工程进度计划和有针对性的各工程的进度计划，加工厂制订原材料加工计划，对原材料实行计划性的集中加工配送。

对工程节点，加工厂、项目部、设计相互沟通变通工艺，对可以实现工厂加工配送、现场组装的工序或工艺将采取工厂化，尽可能地减少现场异地作业，以降低成本，保证质量。

(7)施工质量控制措施

①成立施工测量专业小组

由于工程工期短、标准高，为确保工程质量，特设施工测量专业小组，整个工程从开始的施工放线、标高控制，均由测量专业小组负责。

项目部为测量小组配备激光自动安标线平仪一台、水准仪一台。仪器使用前，应经检测校正。工程施工中测量小组将在前期进行施工放线，过程控制检查、校正，并对整体标高严格控制，确保工程顺利进行。

测量小组采取仪器固定、主要测量人员固定、观测的线路固定的方法，确保检测的科学性、合理性。

②执行分项工程样板制度

即在每一道工序开始时，先做好样板，然后邀请监理公司、业主代表、本公司技术人员一起进行检查和评定，检查该项样板的材料、工艺、效果是否满足要求；通过鉴定后，再以样板为标准展开大面积施工。

③实行班组自检、互检、交接检制度

a. 分项工程施工完毕及每道工序完成后，各班组长带头进行自检；自检不合格，不得转入下一道工序。班组长完成本班组任务后提供自检结果给项目部，在施工过程中，对本工序每步操作的自检记录存档。

b. 每一工序结束之后，由施工员组织相关的专业班组长对各工序进行互检，发现问题，及时整改，填写互检记录存档。

c. 班组与班组、工种与工种、工序与工序之间须按时进行交接。执行交接制度，便于检查本工序，服务下工序，保护工序成品，明确责任。

在各工种交接时，采取工序交接制度，交接双方对上道工序的成品和设备须进行检查并实行书面移交手续。严格执行上道工序不合格不发放下道工序材料制度。

对人员的控制主要采用分层法以及直方图进行控制，以砌筑班组为例，如下表 9-12 所示。

表 9-12　按操作者分层

操作者	不合格点数	合格点数	不合格率(%)
A 班组	4	16	20
B 班组	0	20	0
C 班组	6	14	30
合计	10	50	16

因此，项目部对 B 班组提出表扬，对 A、C 班组提出批评，并组织 A、C 班组学习操作规范，同时参观 B 班组的操作过程，以提高操作水平。同时班组之间采取奖优罚劣，比、学、赶、帮、超活动，从思想和技术两方面对操作人员进行教育和提高。图 9-8 反映了质量问题的分布状况，基本处于合理范围内。

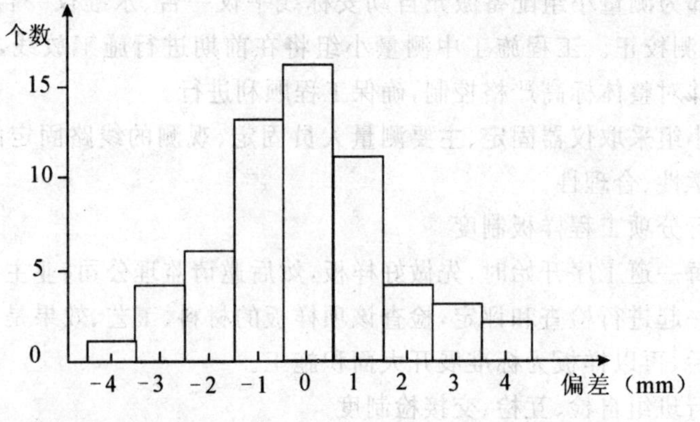

图 9-8　偏差分析直方图

④执行巡查制度

a. 质检员全天候巡视现场，发现问题马上协助本班组长及时解决，并做好记录。

b. 项目经理带领班子成员，每天下班前对工地当天工程全部巡视一次，发现问题填写"施工检查记录"；然后交给班长进行整改，整改合格后，记录存档。

c. 对工程重要部位、施工容易形成缺陷而难于纠正的部位，技术组和质检部要进行全过程监督，轮值当班，保证本工序一次成功。

⑤执行工程例会制度

每日实行工程例会制。每次会议议定内容均做书面记录，与会人员签字认可，并下发至各有关部门依照执行，资料存档。

(8)施工资料控制措施

本工程设资料员专门负责工程资料的整理工作。在施工过程中的各个阶段，认真填写各种技术资料，如施工组织设计的审批、进场材料的报验、隐蔽工程验收、分项工程验收、分项工程质量评定表、竣工验收等。各种资料均要及时请有关部门签字，并进行整理存档。

工程竣工后，按照质量保证资料和技术管理资料的分类对所有的施工资料和有关文件整理成册，按照施工资料管理的有关规定向有关部门进行移交。资料管理流程如图 9-9。

(9)成品保护控制措施

对已完工的区域，派专人负责开门和钥匙保管工作，凡未经许可一概不得进入已完成的区域内。

分层分段设专人负责成品保护、治安消防和巡视检查，操作人员凭许可证进

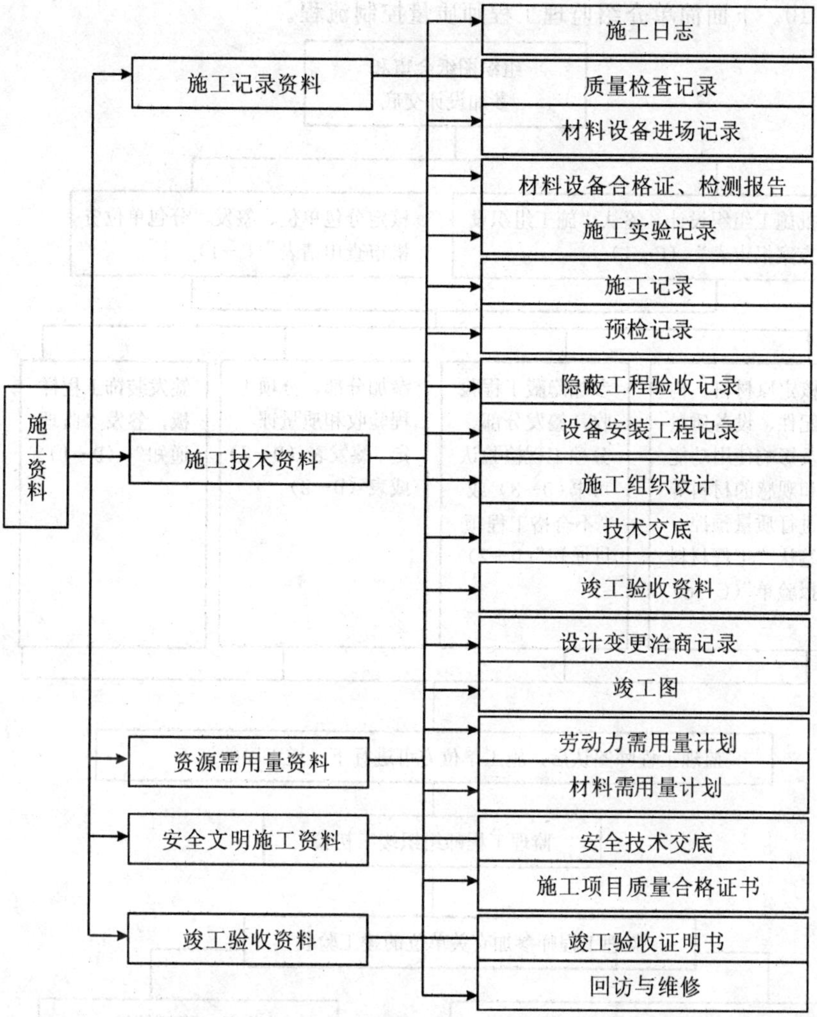

图 9-9 资料管理流程图

入施工区并办理登记手续，工作完毕由成品保护人员检查，发现问题立即查明责任者。加强成品保护教育，对于损坏成品者实行罚款制度。

(10)分项工程质量控制措施

项目部对各分部分项工程都制定了严格的检查检验机制，每一分项工程都有专人负责，并根据国家规范所制定的施工方案执行。具体控制措施见附录 1。

以上质量控制工作为施工单位内检过程，只做到这些还远远不够。按照国家监理法规规定，施工单位应接受全面监理，并配合监理工程师的工作，而监理工程师按照规定有一套完整的质量控制措施。监理工程师工程质量控制程序如

图 9-10。下面简单介绍监理工程师质量控制流程。

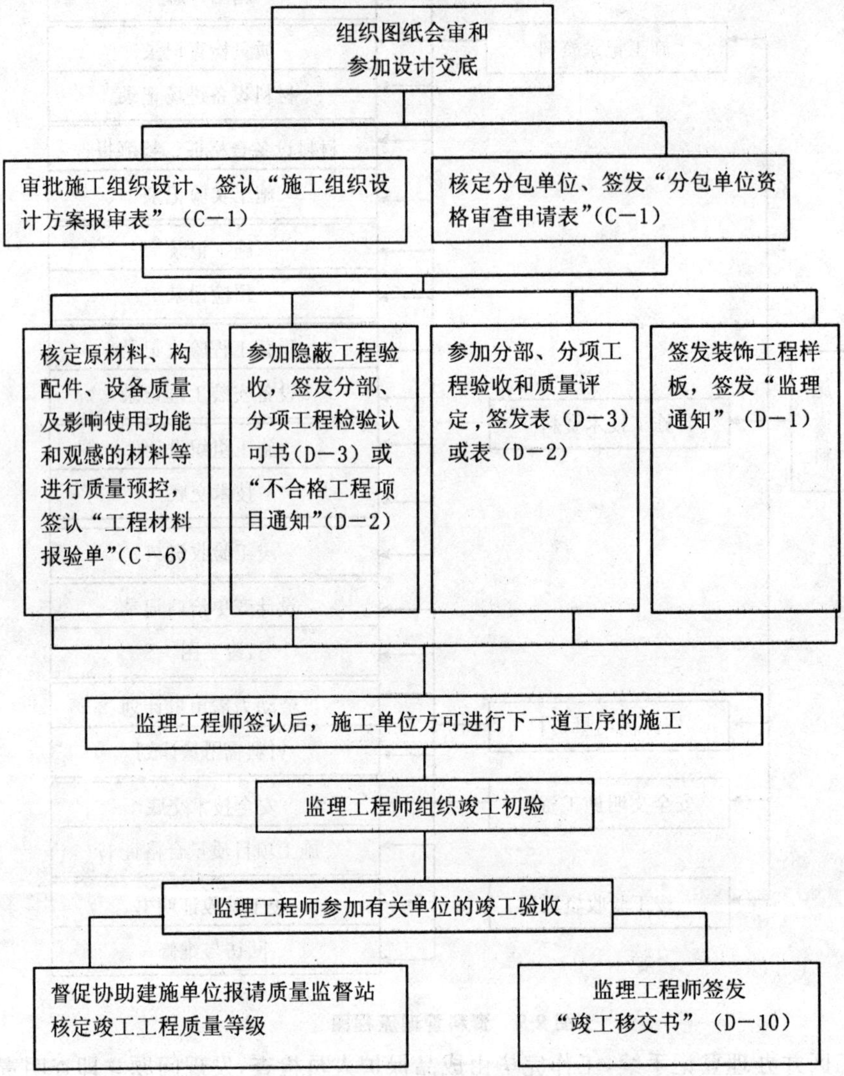

图 9-10 监理工程师工程质量控制程序

按照以上程序，施工方将会同监理方共同做好质量检查控制工作，并以表格(图中 C—×、D—×为监理通用表格)数据往来的形式对质量做出量化评估。这部分工作是质量控制最为细微也最为烦琐的部分，此阶段为质量控制的关键阶段。

3. 质量的事后控制(竣工阶段)

1)产生质量问题后的事故处理以及工程变更、索赔的控制

由于建筑工程本身的特点:工期长、工序多、机械化程度低、露天作业、干扰因素多等,因此,建设项目产生质量问题的机会也比较多,而且成因复杂。对于一般性质量问题,由于我们在质量计划阶段已经采取了预先控制措施,所以只要严格按照质量计划执行控制就可以做好。如果施工中产生重大事故,则由建设方、业主、监理方、设计方共同研究、采取相应的补救措施;同时应及时、准确地把情况反映给国家建设管理部门,不得隐瞒不报。

2)项目整体评价阶段控制

以前期的检测数据为基础对整个项目质量做出整体评价,此阶段为竣工验收阶段,其中包括竣工质量检查、工程质量评定、质量文件的审核建档。本阶段应做好大量的文件整理工作,建立完整的质量档案;同时对工程质量做出最终评价,提交项目质量报告,如表 9-13 所示;并将工程交付业主使用,在保修期内对项目质量跟踪监测,做好保修、维修工作。

表 9-13 项目质量报告

项目名称:教师公寓建设 施工单位:××建筑公司B项目部 开工日期:2003年1月1日		
建筑面积:32150平方米 结构类型:框架高层 竣工日期:2005年6月30日		
分项工程	质量登记标准	评定标准
基础工程	保证项目符合相应质量检验评定标准的规定	优良
	基本项目每项抽检查处符合相应质量评定标准的规定,其中:合格率为70%	
	允许偏差项目:80%抽查点在允许偏差范围内	
主体工程	保证项目符合相应质量检验评定标准的规定	优良
	基本项目每项抽检查处符合相应质量评定标准的规定,其中:合格率为85%	
	允许偏差项目:85%抽查点在允许偏差范围内	
装修工程	保证项目符合相应质量检验评定标准的规定	合格
	基本项目每项抽检查处符合相应质量评定标准的规定,其中:合格率为50%	
	允许偏差项目:75%抽查点在允许偏差范围内	
安装工程	保证项目符合相应质量检验评定标准的规定	优良
	基本项目每项抽检查处符合相应质量评定标准的规定,其中:合格率为85%	
	允许偏差项目:90%抽查点在允许偏差范围内	
结论:该工程为优良工程		
项目经理:××× 检查员:××× 日期:2008年9月19日		

第六节　项目质量改进

本工程建设方最终质量要求为工程整体质量优良，为达到建设方要求，项目部从组织结构、管理过程，到具体施工质量难点、重点的控制上进行了一系列的改进，并为以后更好地控制项目质量积累经验，以达到 PDCA 循环中不断改进、循环提高的目的。

一、项目组织结构的改进

本项目初期设立的是直线式的质量管理模式，由项目经理主管，下设专门控制质量的质检员。这样做的好处是可以快速反应，迅速解决质量问题。但是这样的结构有其致命缺点，即质检员很难面面俱到，无论从专业知识到具体检查部位，都很难全面进行控制，因此会留下很多质量控制的盲点。

为此，项目部做出如下调整：质量管理由项目经理和工程师共同主管，项目经理负责全面质量管理与改进，工程师负责技术指导、技术支持与技术改进。下属质检员负责检查质量执行情况，并对质量形成过程即施工过程进行有效监督；技术员负责贯彻、执行工程师提出的质量控制与改进的技术要求；测量员负责将质量控制与改进的结果测量以得出数据，形成质量控制与改进的数据表格；安全员负责全面安全质量控制；材料员负责材料质量控制，并将各批次材料质量数据归纳为表格，为这个项目的质量控制与改进提供依据。

以上项目部的组织结构改进还不足以实现质量改进的目标，最关键的施工过程控制要发动群众，进行全员质量控制与改进工作。为此，项目部要求各个施工队队长、工长不但要做好本职工作，还要把质量控制与改进的思想传达到每个班组长，再组织各个班组的工人学习，以达到全员质量控制与改进的目的。

二、项目质量改进的合同措施

由于以上组织结构变动，项目部采取合同控制手段，使质量控制与改进的结果落实到合同当中。项目部与各个质量控制人员签订相应的合同，规定其应负责的工作范围、应达到的控制结果、完成控制目标的奖励与过失处罚。这种合同以简单协议的性质签订，责任到人，十分简便、易于操作。例如，项目部与木工工长的质量控制与改进协议如下。

质量控制与改进协议

甲方：××项目部

乙方：××（木工工长）

甲方将××项目木工施工工程交乙方施工，并由乙方全面负责控制相关过程的质量。甲方将从人力、物力、财力上全面支持乙方工作，且乙方在施工过程中将承担如下责任。

1.乙方服从全项目进度、成本、质量、安全需要，配合其他工种施工。并服从技术员的技术管理。

2.乙方负责其施工过程的质量、安全。

3.乙方需在其分部、分项工程施工完成后提请甲方进行全面检查，并对甲方提出的质量改进方案全面执行。

4.乙方如按照本协议规定达到质量控制与改进的要求，甲方将奖励乙方人民币×××元。

5.乙方如不能完成以上目标，甲方将酌情处罚乙方人民币××～××元（视具体情况制定处罚金额）。

甲方：××项目部（签字　盖章）　　　　乙方：×××（签字）

工长再和所有施工人员签订类似的协议，这样就做到责任明确、奖罚分明，从合同措施和经济措施两个方面促进质量控制与改进。

三、质量改进的技术措施

项目部由工程师负责全面技术管理，并由技术员具体落实，涉及具体质量改进的方案将由项目部工程师会同设计人员、监理工程师共同协商确定，并报请建设方批准。以混凝土结构施工方案质量控制与改进为例，具体控制与改进过程如下。

1.质量目标：结构整体质量优良

2.影响质量目标实现的因素

1)钢筋质量因素

(1)钢筋质量缺陷。力学指标不合格、化学指标不合格。

(2)出厂标志不完整或没有。

(3)钢筋施工。绑扎不牢、焊接不合格、配筋错误（包括规格、位置）。

2)混凝土质量因素

(1)配比不合理。

(2)添加剂配比错误。

(3)骨料质量缺陷（粒径、化学组成）。

(4)混凝土施工：施工缝位置不合理、振捣不到位。

3)模板质量因素

(1)模板模数配置不合理。

(2)模板材质选择不恰当。

(3)模板施工。缝隙过大、支护不牢、清理不够。

根据以上影响质量的因素,本着事前处理、预先控制的原则,提出如下改进措施。

1)钢筋质量

(1)每批次在监理工程师监督下做抽样检测。

(2)严格进料手续,没有批号和出厂合格证的材料不接收、不使用。

(3)严格按照施工规范进行施工,多检查、多指导。

2)混凝土质量

(1)严格计量。

(2)通过实验作到最佳配比。

(3)有缺陷的骨料不使用。

(4)严格按照施工规范执行,多检查、多指导。

3)模板质量

(1)提前计算,找出最佳模板模数配置。

(2)根据具体部位,及施工经验,配置合适的模板材质(如混凝土板多用大型竹模板,梁柱多用钢模板,楼梯多用混合配置)。

(3)严格按照施工规范进行施工,多检查、多指导。

3.综合

混凝土施工的难点主要集中在梁、柱结点部位,此部位钢筋密集,承载力大,是影响整体质量的关键点,必须保证一次浇注成功,不允许产生蜂窝、麻面、空洞等。所以在此关键点提出如下控制方案。

1)结点钢筋施工

要注意上下左右各个方向的钢筋交错,并把梁筋绑在柱筋内,同时注意钢筋的穿过位置,尽量保持每根钢筋都在自己的轴线位置。另外,钢筋之间要留出距离以保证振捣混凝土有足够的空间,同时保证钢筋的保护层,以达到设计的握裹力。

2)结点混凝土施工

由于结点位置钢筋密集,一般混凝土中的粗骨料(即石子)很难进入结点内部,这样会造成结点强度不够,因此,此处可适当选择粗骨料粒径较小的同标号混凝土。另外,由于结点处一般有六个方向(甚至更多方向)的钢筋纵横交错,所以一般混凝土施工用的振捣器根本无法进入结点内部。因此,需要预先准备特殊振捣器进行结点振捣。如钢筋间隙过小,所有型号振捣器都无法使用,则可考虑几种方案:其一,考虑更换钢筋种类,调整钢筋间的间隙(施工前);其二,考虑先将钢筋撬开间隙，以便混凝土进入结点，同时振捣器可以使用(施工中)。但一定要注意将已经撬离位置的钢筋复位，否则钢筋不同轴线，将影响其力的传导作用。

3)模板施工

由于需要清理结点根部，所以必须预先留清扫口，待模板支护好后用水冲清洁，并从清扫口扫除垃圾，完成后封闭清扫口，保持模板的严密性。

四、质量的持续改进

质量控制改进工作是一个持续的过程，要不断改进、不断巩固，再改进、再巩固。为此，项目部收集所有质量改进资料，并在不断改进的基础上，加以整理，形成质量改进文件。并对质量改进工作做得好的班组和个人予以奖励，这样也同时结合了前面的质量控制改进的合同措施和经济措施，使全员都有质量意识，并将其落实到每个人的经济利益，使质量改进工作不断深化、细化，并为以后的施工积累经验。所以质量改进工作是一个持续的、不断提高的过程，是一项只有起点没有终点的工程。

本章小结

项目管理作为管理科学的重要分支已渗透到各行各业，并对管理实践做出了重要的贡献。项目管理不仅是大型、复杂项目成功的有效保证，而且已经成为21世纪企业组织和管理的一种主要形式。本章通过列举教师公寓建设项目质量管理案例，并围绕项目质量管理所涉及的知识点展开讨论。本案例在内容上覆盖了项目质量管理各个主要环节，包括项目范围的界定、项目质量规划、项目质量保证、项目质量控制、项目质量改进等五个主要部分。分析方法上是按照项目质量管理的一般流程展开的，主要目的是更好地帮助读者在学习项目质量管理知识体系时去思考和发表自己的见解。

附录1　具体分项工程保证措施

第一节　砌筑工程

一、施工准备

(1)砌筑所用陶粒混凝土砌块的质量、品种、规格及强度等级必须符合设计要求,具备出厂质量合格证,进场后现场取样进行试验。砌块进场堆置高度不得超过1.6m。

(2)水泥。采用P.032.5普通硅酸盐水泥,水泥须准用证及出厂合格证,出厂日期不超过3个月,严禁使用超期水泥。水泥进场后应按出厂日期分别堆放,并保持干燥,待复试各项指标合格后方可使用。

(3)砂子。使用中砂并过筛,其中不得含有杂物,含泥量不得超过3%,进场复试各项指标合格后方可使用。

(4)石灰膏。石灰膏的表观密度为1300～1400kg/m³。

(5)皮数杆。用50mm×40mm的木料制作,皮数杆上注明砖的皮数、灰缝厚、门窗洞口、拉接筋位置、圈梁过梁尺寸和标高。皮数杆间距为15m,在墙体转角处、"丁"字及"十"字相交处必须设置。

(6)主要机具。强制式砂浆搅拌机、磅秤、手推车、胶皮管、铁锹、灰桶、托线板、线坠、大铲、瓦刀、刨锛等,垂直运输采用室外电梯。

二、墙体砌筑

1.施工工艺流程

基层清理－弹线－立皮数杆－构造柱钢筋绑扎－砌筑－浇注构造柱混凝土－质量检查。

2.操作要点

(1)砌筑前,提前2天适当浇水湿润砌块,砌块表面有浮水时不得进行砌筑。同时将楼面清扫干净,弹线验线,墙体位置、宽度、门窗洞口位置必须符合图纸要求。弹线时在楼板、框架柱及梁底或板底弹出闭合墙边线,按线砌筑,严防墙体里出外进。

(2)拌制砂浆时,严格按照试验室提供配合比进行计量,投料顺序为砂子、水泥、水、石灰膏,搅拌时间不少于90秒。砂浆随拌随用,常温下砂浆应在3小时内使用完毕,气温超过30摄氏度时要在2小时内用完,砌筑砂浆要按规定制作试块。

(3)砌筑前,先在楼地面上的隔墙位置处现浇出C20素混凝土基础带,高200mm,待基础达到一定强度后在其上砌筑砌块,砌至板或梁底时留一定高度用红砖斜砌挤紧沉实。注意每天砌筑高度不得超过1.8米。

(4)砌筑时,必须遵守反砌原则,使砌块底面向上砌筑。上下皮对孔错缝搭砌,竖向灰缝相互错开1/2砌块长,并不小于120mm;如不能保证时,在水平灰缝中设置2根直径6mm的拉结钢筋。

(5)墙体砌筑灰缝横平竖直,砂浆饱满,水平缝砂浆饱满度不低于90%,竖向缝不低于80%,并在砂浆终凝前后将灰缝刮平。灰缝宽度控制在8～12mm。

(6)施工时严格按要求设置构造柱、圈梁、过梁和现浇混凝土带,并与其他专业密切配合,各种施工洞及预埋件事先设置,避免剔凿影响墙体质量。

(7)拉通线砌筑时,随砌、随吊、随靠,保证墙体垂直度、平整度达到要求,不允许砸砖修墙。

三、砌筑工程质量管理点设置(见附表1-1)

附表1-1　砌筑工程质量管理点

工程名称	班组目标	管理点设置	实施措施	检查方法	经济责任制
砌筑工程	砂浆饱满度大于80%	保证砂浆饱满度	①改善砂浆和易性 ②采用"三一"砌法 ③砌筑前,砌块浇水湿润	用百格网检查砌块底面与砂浆的粘结痕迹面积,每处掀三块取平均值	①三包三保:包质量、包数量、包材料,保优质、保工期、保节约;②凡质量未达到要求者,扣其人工费及质量奖
	平整度、垂直度	保证墙面平整度、垂直度	①检查上道工序 ②操作过程随时检查 ③加强工序自检	用2m靠尺及楔形塞尺检查	

四、质量通病防治

1.防止砂浆和易性差,沉底结硬

(1)不宜选用标号过高的水泥和过细的砂子拌制砂浆,严格执行施工配合比,保证搅拌时间。

(2)每日拌制量应根据所砌筑的部位决定,尽量做到随拌随用,控制在3小时内用完,杜绝隔日砂浆继续使用的现象。

2.防止砖缝砂浆不饱满、砂浆与砖粘接不良

(1)改善砂浆和易性,严格执行施工配合比,控制砂浆使用时间。

(2)砌筑采用一块砖、一铲灰、一揉挤的"三一"砌筑法。

(3)严禁用干砖砌墙,砌筑前1~2天将砖浇湿,将含水率控制在10%~15%。

3.防止"罗丝"墙

(1)砌墙前应先测定所砌部位基面标高误差,通过调整灰缝厚度,调整墙体标高。

(2)砌筑时应注意灰缝均匀,标高误差应分配在一步架的各层砖缝中,逐层调整。

(3)挂线两端应呼应,注意同一条水平线所砌砖的层数是否与皮数杆上的砖层数正好相符。

(4)在墙体一步架砌完前,应进行抄平弹500mm线,用500mm线向上引尺检查标高误差,墙体基面的标高误差应在一步架内调整完毕。

4.防止砌体钢筋遗漏和锈蚀

(1)砌体中钢筋与混凝土中的钢筋一样,都属于隐蔽工程项目,应加强检查,并填写检查记录存档。

(2)为了确保砖缝中钢筋保护层的质量,网片放置前,底面砖层的纵横竖缝应用砂浆填实,以增强砌体强度;同时也能防止铺灰砌筑时,砂浆掉入竖缝中而出现漏筋现象。

(3)为了使挤浆严实,严禁用干砖砌筑,应采取满铺满挤,使钢筋能很好地被砂浆包裹。

第二节 楼地面工程

一、工艺流程

基层处理－找标高、弹线－抹找平层砂浆－弹铺砖控制线－铺砖－勾缝、擦缝－养护。

二、操作要点

(1)弹线、试铺。根据房间大小形状，在房间地面取中点，拉"十"字标准线确定铺贴顺序和标准块位置，并将非标准块调整到不显眼的部位，根据现场实际尺寸试拼。试拼时将板块排好，检查、调整板块缝隙，直至符合规范要求，并确定结合层砂浆的厚度。根据试铺结果在房间主要部位弹上互相垂直的控制线，并引至墙上用以检查和控制板块的位置。

(2)刷水泥素浆。铺贴前应提前一天将基层浇水湿润，施工时再刷素水泥浆(水灰比 0.5 左右)，水泥浆应随刷随铺砂浆，并不得有风干现象。同时提前一天将预选好的板材浸水湿润，铺砌时板块底面以内潮外干为宜。

(3)铺灰、贴砖。铺干硬性水泥砂浆结合层虚铺厚度 20～30mm，配合比为 1∶2，放上板块时高出预定完成面 3mm 为宜，用铁抹子拍实抹平。砖铺贴时四角要同时着落，再用木锤着力敲击至平整，铺贴顺序应从里向外逐行挂线铺贴。缝隙宽度为 2 毫米。

(4)擦缝、养护。铺贴完成 24 小时后，经检查板块表面无断裂、空鼓，用稀水泥(颜色与地砖相近)刷缝饱满。待水泥浆初凝结后，立即将面层清洗干净，3 天内禁止上人走动，并铺洒锯末浇水养护。

三、质量要求

(1)地面砖品种、规格、颜色、质量，必须符合设计要求和有关标准的规定。

(2)基层与基层的结合必须牢固，无空鼓。

(3)表面洁净、平整、坚实，图案清晰，光亮光滑色泽一致，接缝均匀，周边顺直，板块无裂纹、掉角和缺楞。

(4)板材间与结合层以及墙角、柱处，均应紧密结合，不得有空隙。

(5)地漏和面层坡度符合设计要求，不倒泛水，无积水，与地漏结合处严密牢固，无渗漏。

(6)踢脚线表面洁净，接缝平整均匀，高度一致，结合牢固，出墙厚度适宜，基本一致。

(7)镶边用料及尺寸符合设计要求和施工规范的规定，边角整齐、光滑。

四、养护

地砖铺贴完成 24 小时后洒水养护 3 天，经检验合格后用白水泥素浆擦缝(有设计要求按设计要求接缝)。操作时动作要轻，应先将溢出的水泥浆清理干净，擦缝从里到外顺缝擦严、擦实为止。最后铺锯末(或草袋)养护，3 天内不准上人。

五、允许偏差(见附表1-2)

附表1-2 允许偏差表

项 目	允许偏差(mm)	检 查 方 法
表面平整	2	用2m靠尺和塞尺
缝格平直	2	抗5m线,不足5m拉通线,尺量
接缝高低差	0.5	尺量检查
缝隙宽度不大于	2	尺量检查

六、成品保护

(1)面砖试拼人员应穿软底鞋。

(2)铺砌板块过程中,操作人员应做到随铺砌随擦干净。当操作人员踩踏新铺砌的板块时,要穿软底鞋,并应踩踏在板块的中部。

(3)在已铺好的面层上行走时,找平层水泥砂浆的强度应达到1.2兆帕以上。

(4)剔凿和切割板块时,下边应垫木板。

第三节 室内粉刷工程

一、清理墙面

首先将墙面起皮及松动处清理干净,将灰渣铲干净,然后将墙面清理干净。

二、修补墙面

用水石膏将墙面磕碰处及坑洼缝隙等处找平,干燥后用砂纸将凸处磨掉,将浮尘扫净。

三、刮腻子

刮腻子遍数可由墙面平整程度决定,一般情况下为三遍。腻子重量配比为乳胶∶滑石粉∶纤维素=1∶5∶3.5。第一遍用胶皮刮板竖向满刮,一刮板紧接着一刮板,接头不得留槎,每刮一刮板最后收头要干净利落。干燥后磨砂纸将浮腻子及斑迹磨平磨光,再将墙面清扫干净。第二遍用胶皮刮板竖向满刮,所用材料及方法同第一遍腻子,干燥后砂纸磨平并扫干净。第三遍用胶皮刮板找补腻子或用钢片刮板满刮腻子,将墙面刮平刮光,干燥后用细砂纸磨光磨平,不得将腻子磨穿。

四、刷第一遍乳胶漆

涂刷顺序是先刷顶板后刷墙面，墙面是先上后下。先将墙面清扫干净，用布将墙面粉尘擦掉。乳胶漆用排笔涂刷，使用新排笔时，将活动的排笔毛处理掉。乳胶漆使用前应搅拌均匀，适当加水稀释，防止头遍漆刷不开。干燥后复补腻子，再干燥后用砂纸磨光，清扫干净。

五、刷第二遍乳胶漆

第二遍乳胶漆操作要求同第一遍，使用前充分搅拌，如不很稠，不宜加水或少加水，以防露底。漆膜干燥后，用细砂纸将墙面小疙瘩和排笔毛打磨掉，磨光滑后清扫干净。

六、刷第三遍乳胶漆

第三遍乳胶漆操作要求与第二遍相同。由于乳胶漆干燥较快，应连续迅速操作。涂刷时从一头开始，逐渐刷向另一头，要上下顺刷互相衔接，后一排笔接前一排笔，避免出现干燥后接头。

七、质量标准

1. 主控项目

(1)水性涂料涂饰工程所用涂料的品种、型号和性能应符合设计要求。

(2)水性涂料涂饰工程的颜色、图案应符合设计要求。

(3)水性涂料涂饰工程应涂饰均匀、粘贴牢固，不得漏涂、透底、起皮和掉粉。

(4)水性涂料涂饰工程的基层处理应符合《建筑装饰装修工程施工质量验收规范》第 10.1.5 条的要求。

2. 一般项目(见附表 1-3、附表 1-4、附表 1-5)

附表 1-3 薄涂料的涂饰质量和检验方法

项次	项目	普通涂饰	高级涂饰	检验方法
1	颜色	均匀一致	均匀一致	观察
2	泛碱、咬色	允许少量轻微	不允许	
3	流坠、疙瘩	允许少量轻微	不允许	
4	砂眼、刷纹	允许少量轻微砂眼、刷纹通顺	无砂眼，无刷纹	
5	装饰线、分色线直线度允许偏差(mm)	—	—	拉 5m 线，不足 5m 拉通线，用钢直尺检查

附表 1-4　厚涂料的涂饰质量和检验方法

项次	项目	普通涂饰	高级涂饰	检验方法
1	颜色	均匀一致	均匀一致	观察
2	泛碱、咬色	允许少量轻微	不允许	
3	点状分布	—	疏密均匀	

附表 1-5　复合涂料的涂饰质量和检验方法

项次	项目	质量要求	检验方法
1	颜色	均匀一致	观察
2	泛碱、咬色	不允许	
3	喷点疏密程序均匀，不允许连片		

第四节　电气专业

一、线管的敷设

1. 工艺流程

见附图 1-1

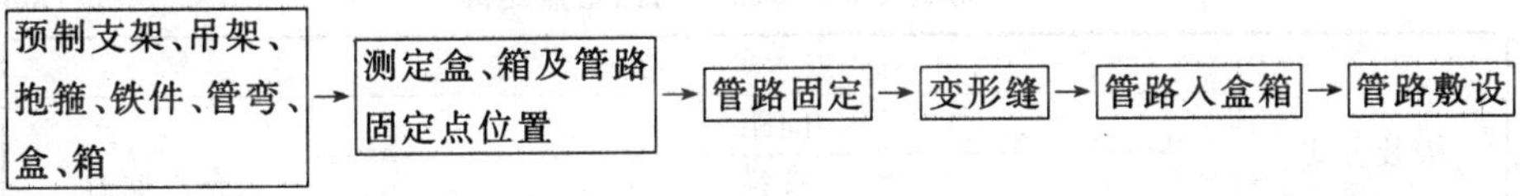

附图 1-1　管路铺设流程图

2. 各工序工艺要求

1）按照设计图加工好支架，抱箍、吊架、铁件及各种盒、箱

（1）制作各种固定件时，首先要满足设计要求，不得随意变更；其次还要考虑美观，特别是明装部分的固定件。

（2）管子煨弯时应考虑其弯曲半径应符合施工规范。暗装时弯曲半径≥6D（D 为管外径）。

（3）管子煨弯时有冷煨法和热煨法两种，Φ25 管（包括 Φ25 管）以下采用冷煨法，即使用弯管弹簧；Φ25 管以上采用热煨法，热煨时不得因煨弯使管出现烤伤、变色、破裂等现象。

2）按照设计图测出盒 、箱、出线口等准确位置，根据测定的位置，把管路的垂直、水平线弹出，按照要求标出支架、吊架固定点具体尺寸位置。固定点间距应符合规范要求。

3)管路固定

管路固定时,应先固定两端支架、吊架,然后拉直线固定中间的支架、吊架。按测定位置,遇到梁柱时,用抱箍将支架、吊架固定好。

4)管路敷设

(1)管子敷设时,管子应排列整齐,安装牢固,管口平齐。管子弯曲处无明显褶皱和凹扁现象。

(2)管子与附件连接时应使用专用胶粘剂,连接应紧密、牢固。

(3)如采用套管连接时,套管长度宜为管外径的1.5~3倍。

(4)在砖墙上剔槽敷设时,保护层厚度应不小于15mm,采用1∶2水泥砂浆抹面保护。

(5)水平敷设时,高度不应低于2000mm。垂直敷设时,不应低于1500mm;低于1500mm时,应加保护管保护。

(6)如管路较长超过下列情况时应加接线盒:①无弯时,30m; ② 有一个弯时,20m; ③ 有两个弯时,15m;④ 有三个弯时,8m;⑤如无法加装接线盒时,应将管径加大一号;⑥支架、吊架及敷设在墙上的管卡固定点与盒、箱边缘的距离为150~300mm,管路中间固定点距离见附表1-6、附表1-7。

附表1-6　管路中间固定点距离　　单位:mm

按装方式	支架 间距 管径			允许偏差
	20	25~40	50	
垂直	1000	1500	2000	30
水平	800	1200	1500	30

附表1-7　配管与管道间最小距离　　单位:mm

管道名称		配线方式 穿管配线	配线方式 绝缘导线明配线
		最小距离	
蒸汽管	平行	1000(500)	1000(500)
	交叉	300	300
暖、热水管	平行	300(200)	300(200)
	交叉	100	100
通风、上下水压缩空气管	平行	100	200
	交叉	50	100

注:括号内数据为沿管道下敷设

(7)PVC管引出地面一段,可以使用一段钢管引出,但需制作合适的过渡专用接箍，并把钢管接箍埋在混凝土中；钢管外壳做接地。

5)管路入盒、箱

管路入盒、箱一律采用端接头与内锁母连接，要求平直、牢固。

二、开关、插座的安装

1.工艺流程

清理 → 接线 → 安装

2.各工序质量要求

1)清理

用錾子轻轻地将盒子内残存的灰块剔掉，同时将其他杂物一并清除，再用湿布将盒内灰尘擦净。

2)接线

(1)开关接线规定。①同一场所的开关切断位置应一致，且操作灵活，接点接触可靠；②电器、灯具的相线应经开关控制。

(2)插座接线规定。①单相两孔插座有横装和竖装两种。横装时，面对插座的右极接相线，左极接零线；竖装时，面对插座的上极接相线，下极接零线；②单相三孔及三相四孔的接地或接零线均应在上方；③交、直流或不同电压的插座安装在同一场所时，应有明显区别，且其插头与插座配套，均不能互相代用。

3)安装开关、插座准备

先将盒内甩出的导线留出维修长度，削出线芯，注意不要碰伤线芯。将导线按顺时针方向盘绕在开关、插座对应的接线柱上，然后旋紧压头。如果是独芯导线，也可将线芯直接插入接线孔内，再用顶丝将其压紧。注意线芯不得外露。

4)开关安装规定

(1)拉线开关距地面的高度一般为2～3m，距门口为150～200mm；且拉线的出口应向下；

(2)扳把开关距地面的高度为1.4m，距门口为150～200mm；

(3)暗装开关的面板应端正、严密并与墙面平；

(4)开关位置应与灯位相对应，同一室内开关方向应一致；

(5)成排安装的开关高度应一致，高低差不大于1mm，拉线开关相邻间距一般不小于20mm；

(6)多尘潮湿场所和户外应选用防水瓷制拉线开关或加装保护；

(7)在易燃、易爆和特别潮湿的场所，开关应分别采用防爆型、密闭型，或安装在其他处所控制。

5)插座安装规定

(1)暗装和工业用插座距地面不应低于300mm;

(2)采用普通插座时,其安装高度不应低于1.8m;

(3)同一室内安装的插座高低差不应大于5mm,成排安装的插座高低差不应大于1mm;

(4)暗装的插座应有专用盒,盖板应端正严密并与墙面平;

(5)落地插座应有保护盖板。

6)暗装开关、插座

按接线要求,将盒内甩出的导线与开关、插座的面板连接好,将开关或插座推入盒内,对正盒眼,用机螺丝固定牢固。固定时要使面板端正,并与墙面平齐。

7)明装开关、插座

先将从盒内甩出的导线由塑料(木)台的出线孔中穿出,再将塑料(木)台紧贴于墙面用螺丝固定在盒子或木砖上。如果是明配线,木台上的隐线槽应先顺对导线方向,再用螺丝固定牢固。塑料(木)台固定后,将甩出的相线、地(零)线按各自的位置从开关、插座的线孔中穿出,按接线要求将导线压牢。然后将开关或插座贴于塑料(木)台上,对中找正,用木螺丝固定牢,最后再把开关、插座的盖板上好。

附录2

附录2

附表 2-1　分项目工程质量评定超差点统计表

序　号	分项目工程名称	实测项目	允许偏差	累计超差点数

附表 2-2　月份分项工程质量检评信息表

项目		分项工程			质量保证			质量检验			质量实测		
		评定项数	优良项数	优良率	合计	合格	合格率	合计	优良	优良率	实测点	合格点	合格率
合计	上月												
	本月												
	自年初累计												
基础	土　方												
	桩　基												
	砌　筑												
	模　板												
	钢　筋												
	混凝土												
	防水层												
主体	砌　筑												
	模　板												
	钢　筋												
	混凝土												
	混凝土吊装												
	钢结构												

续表

项目		分项工程			质量保证			质量检验			质量实测		
		评定项数	优良项数	优良率	合计	合格	合格率	合计	优良	优良率	实测点	合格点	合格率
楼地面	基　层												
	主　体												
	铺　贴												
	木制板												
门窗	木门窗												
	塑钢门窗												
	铝合金门窗												
装饰	一般抹灰												
	装饰抹灰												
	饰面板												
	喷　涂												
	勾　缝												
	油　漆												
	喷　浆												
	玻　璃												
	骨　架												
面层	找平层												
	隔热层												
	防水层												
	落水管												

填报单位：　　　　　　　制表：　　年　月　日

附表 2-3　月工程质量情况报表

填报单位：　　　　　　　工程名称：

经检查评定分项工程质量情况报表					
	合计	其中			
		优　良		合　格	
	（个）	（个）	（%）	（个）	（%）
自年初累计					
其中本月份					

附表 2-4　分项工程质量填报表

序号	分项工程名称	验评数量(个)		
		优良	合格	不合格
1	土方分项			
2	基础垫层			
3	灰土			
4	模板分项			
5	钢筋			
6	混凝土			
7	卷材防水分项			
8	石材			
9	铝合金龙骨			
10	砌筑			
11	屋面找平层			
12	屋面保温			
13	卷材防水屋面			
14	一般抹灰			
15	设备基础			

填报单位：　　　　　　　　　　制表：　年　月　日

后 记

本书作为南开现代项目管理系列教材之一，在2006年第一版的基础上由我们负责重新编写、修订，对我们来说，既很荣幸，也深感责任重大。在很多同志的关心支持下，现在终于完稿了。

本书的修订工作由李金海提出总体设计和策划。编写、修订工作的具体分工如下：第1章、第2章，李金海；第3章、第4章，刘炳胜；第5章、第6章，喻得华；第7章，刘风祥；第8章，侯海东；第9章，刘晋。全书由李金海、侯海东统稿。

我们感谢南开大学出版社对本书出版给予的大力支持，感谢编辑胡晓清老师，他从本书的修订到最后的出版，都给予了热情的支持，并对本书进行了精心编辑加工，使本书大为增色。

本书参考了很多文献资料，包括国内的和国外的，参考文献已列出的和未列出的，我们在此向有关作者一并致谢。

限于我们的水平，书中的疏漏、错误和不当之处一定不少，恳请读者批评指正。

编者

2013年4月

南开大学出版社网址：http://www.nkup.com.cn

投稿电话及邮箱： 022-23504636 QQ：1760493289
QQ：2046170045(对外合作)
邮购部： 022-23507092
发行部： 022-23508339 Fax：022-23508542

南开教育云：http://www.nkcloud.org

App：南开书店 app